Andreas Obenaus (Hg.)

Europas maritime Expansion

Ideen und Innovationen, Entdeckungen und Eroberungen vom 9. bis zum 18. Jahrhundert

mandelbaum *verlag*

Deutsche Bibliothek – CIP Einheitsaufnahme
Europas maritime Expansion
Ideen und Innovationen, Entdeckungen und Eroberungen
vom 9. bis zum 18. Jahrhundert
Andreas Obenaus –
Wien: Mandelbaum Verlag, 2021
ISBN 978-3-85476-958-3

Satz: Marianne Oppel, Weitra
ISBN 978-3-85476-958-3
Lektorat: Andreas Obenaus
Karten: René Tebel
Coverbild: Allegorie auf den Aufbruch Christoph Columbus' in die ‚Neue Welt'.
Nachbearbeitung aus: Girolamo Benzoni/Teodor de Bry (Hg.): America: Neuwe und gründtliche Historien von dem nidergängischen Indien, so von Christophoro Columbo im Jar 1492 erstlich erfunden, Bd. 4, Freiburg im Breisgau 1594; Vorrede, S. e;
nach: https://commons.wikimedia.org/wiki/File:Illustration_from_Grand_Voyages_by_Theodor_de_Bry,_digitally_enhanced_by_rawpixel-com_6.jpg [25.8.2020].
Umschlaggestaltung: Kevin Mitrega
Druck: Primerate, Budapest

Inhalt

Einleitung

Der Beginn Europas maritimer Expansion
Ideen und Innovationen, Entdeckungen und Eroberungen

Andreas Obenaus

In der globalhistorischen Forschung besteht heute ein relativ breiter, wenn auch mitunter unausgesprochener Konsens, dass den führenden Gesellschaften Europas vor allem im Hinblick auf ihre ökonomische und machtpolitische Bedeutung, aber auch bezogen auf ihren wissenschaftlichen und technischen Fortschritt im Vergleich zu jenen anderer Weltregionen bis weit herauf in die Neuzeit eine untergeordnete, bestenfalls jedoch gleichrangige Position zukam. Dies lässt sich beispielhaft an zwei viel beachteten, jüngeren globalgeschichtlichen Publikationen zeigen. Explizit spricht dieses Thema unter anderen der englische Historiker Peter Frankopan in seinem 2015 unter dem Titel *The Silk Roads: A New History of the World* erschienenen Werk an, in dem er für den Übergang vom 15. zum 16. Jahrhundert konstatiert: „For the first time in history, Europe lay at the heart of the world."[1] Implizit zeigt dies jedoch auch eine der jüngsten deutschsprachigen Globalgeschichten, nämlich der erste Band der von Akira Iriye und Jürgen Osterhammel herausgegebenen *Geschichte der Welt*. Darin finden frühe europäische Zivilisationen außerhalb des mediterranen Raums nur in synoptischen Überblickskapiteln oder in Kapiteln mit Titeln wie „Gebiete jenseits der Hochkulturen" Erwähnung.[2] Große Teile Europas zählten also über weite Zeitstrecken zweifellos zur globalen Peripherie.[3] Zwar weisen archäologische Forschungen auf die aus heutiger Sicht beein-

---

1 Siehe: Frankopan 2015, 219. Deutsche Übersetzung: Frankopan 2017, 317.

2 Siehe: Iriye/Osterhammel 2017, 57–262.

3 Peripherie und Zentrum sowie die nachfolgend genutzten Begriffe Welt-System, Welt-Imperium und Welt-Wirtschaft sind dem Begriffsapparat von Immanuel Wallerstein entliehen, dessen Welt-System-Analyse eines der einflussreichsten Konzepte für die Entwicklung der modernen Globalgeschichtsforschung darstellt. Zu Wallersteins Welt-System-Analyse siehe neuerdings: Wallerstein 2019.

druckende Verbreitung manch früher Kulturen auf dem europäischen Kontinent hin, darunter zum Beispiel die jungsteinzeitliche Megalithkultur speziell im Westen Europas sowie die eisenzeitliche Kultur der Kelten in weiten Teilen West- und Mitteleuropas. Diese bildeten aber nie klassische Großreiche aus und bestanden vielmehr aus einer Vielzahl an kleineren, durchaus konkurrierenden Herrschaftsgebieten, die jedoch kulturelle Gemeinsamkeiten aufwiesen und wirtschaftlichen sowie technologischen Austausch pflegten.[4]

Im Zeitraum der Antike änderte sich diese Situation dann partiell. Je nach Sichtweise hatten zumindest zwei Welt-Systeme[5] im Sinne Immanuel Wallersteins ihren Ursprung im südlichen Europa. Dabei handelte es sich einerseits um das Welt-Imperium des kurzlebigen Reiches Alexander des Großen beziehungsweise um die Welt-Wirtschaft dessen hellenistischer Nachfolgereiche sowie um das Welt-Imperium des Römischen Reiches.[6] Beide wurden jedoch gerade durch ihren Ausgriff über die Grenzen Europas hinaus – im ersten Fall vom Südbalkan in den östlichen Mittelmeerraum und über den Nahen Osten bis nach Zentralasien und Indien, im zweiten Fall von der Apenninenhalbinsel auf den gesamten Mittelmeerraum – erst zu Welt-Imperien. Inwiefern hingegen das spätantike und frühmittelalterliche Byzantinische Reich als Fortsetzung des Römischen Reiches und somit als Welt-Imperium gesehen werden darf, lässt sich diskutieren.

Einhelliger ist die Meinung der modernen globalhistorischen Forschung hingegen im Hinblick auf die übrigen europäischen Reiche während des Mittelalters. So existierten bis zum Beginn der Neuzeit keine nennenswerten Herrschaftsgebiete auf europäischem Boden, die sich als Welt-Imperien bezeichnen ließen. Selbst das Reich der Franken zur Zeit Kaiser Karls des Großen konnte sich mit den islamischen Reichen der Umayyaden und frühen Abbasiden oder gar dem mittel-

4 Zur Megalithkultur: Mohen 1989. Zur Kultur der Kelten: Birkhan 1997; Maier 2016.

5 Immanuel Wallerstein versteht unter einem Welt-System „…nicht das System der Welt, sondern ein System, das eine Welt für sich ist und das nicht den gesamten Globus umspannen muss…“. Ein Welt-Imperium ist dann, verkürzt gesprochen, ein Welt-System mit einem einzigen politischen Zentrum, aber verschiedenen Kulturen. Eine Welt-Wirtschaft wiederum besteht aus mehreren politischen Zentren und Kulturen. Siehe: Wallerstein 2019, 116.

6 Eine Einordnung der hellenistischen Reiche sowie des Römischen Reiches in die Geschichte der Welt sowie kompakte Einzeldarstellungen von Hans-Joachim Gehrke finden sich in: Iriye/Osterhammel 2017, 418–419, 499–596.

alterlichen chinesischen Kaiserreich der Tang- und Song-Dynastie an Bedeutung nicht messen und blieb im Endeffekt von regionaler Bedeutung. Europa nahm somit während des Mittelalters in jenem vormodernen Welt-System, das Asien, Europa sowie Nord- und zum Teil auch Subsahara-Afrika umschloss, eine untergeordnete Rolle ein. Die Zentren lagen im asiatischen Raum, vor allem im islamischen Nahen Osten, Indien und China.[7]

Mit dem maritimen Aufbruch Europas auf und über den Atlantik gegen Ende des Spätmittelalters änderte sich diese Situation aber allmählich. Mehrere westeuropäische Herrschaftsgebiete – allen voran Portugal und Kastilien-Aragón (Spanien) gefolgt von England, den Niederlanden und Frankreich – wurden zu führenden Protagonisten der europäischen Expansion und schrittweise auch zu globalen Playern. Dies gelang einerseits, indem man von Europa aus neue Seehandelsrouten über die Ozeane zu altbekannten und lange ersehnten Zielen wie Subsahara-Afrika, Indien oder China aufschließen konnte.[8] Diese erwiesen sich dann vielfach als profitabler und leistungsfähiger als die bestehenden Landrouten beziehungsweise Land-Seerouten und führten zum Aufbau eines Netzes europäischer Handelsstützpunkte, später von Kolonialreichen, entlang ihres Verlaufs. Andererseits vermochten die Europäer durch eine Kombination aus technologischem Vorsprung, militärischer Überlegenheit, diplomatischem Geschick und im Endeffekt auch günstigen Begleitumständen die am Ende des 15. Jahrhunderts entdeckte ‚Neue Welt' der Amerikas schrittweise zu unterwerfen und parallel dazu beziehungsweise in Folge ökonomisch auszubeuten. Rivalitäten zwischen den aufstrebenden europäischen Seemächten sollten dabei den Aufstieg (West-)Europas im Verlauf der Neuzeit eher beflügeln als hemmen. So galten in Europa geschlossene Verträge und Friedensvereinbarungen mitunter ganz bewusst nicht für die europäischen Kolonialgebiete in Übersee.[9] Dennoch war es ein langer Weg zur globa-

---

7 Vgl. Abu-Lughod 1989; Ertl/Limberger 2009, 11–28; Preiser-Kapeller 2018, 8–12; Schottenhammer/Feldbauer 2011, 12–26.

8 Zur Bedeutung von Seehandelsrouten als Wegbereiter der frühen Globalisierung siehe: Halbartschlager/Obenaus/Sutner 2019.

9 Im Rahmen des 1559 geschlossenen spanisch-französischen Vertrags von Cateau-Cambrésis soll bereits mündlich festgelegt worden sein, dass die gefassten Beschlüsse südlich des Wendekreises des Krebses keine Gültigkeit hätten. Siehe: Mattingly 1963.

len Dominanz Europas, da außereuropäische Weltmächte wie das chinesische Kaiserreich der Ming- und Qing-Dynastie oder das Osmanische Reich bis weit herauf in das späte 18. und frühe 19. Jahrhundert zumindest ebenbürtige Konkurrenten der aufstrebenden europäischen (See-)Mächte waren.[10]

Im vorliegenden Sammelband soll der Fokus nun auf die Wurzeln und den Beginn dieses Prozesses der maritimen europäischen Expansion, die Europa von der globalen Peripherie hin zur weltweiten Dominanz des 19. und frühen 20. Jahrhundert brachte, gerichtet werden.[11] Dies führt uns mitunter weit zurück in das europäische Mittelalter bis zur Herausbildung von elementaren Ideen – geografischen Vorstellungen, aber auch Hoffnungen und Sehnsüchten –, die die Grundlage für die frühe europäische Erforschung der Ozeane, anfangs speziell des Atlantiks, bildeten. Der maritime Aufbruch auf den Atlantik und seine Erforschung gerieten dabei zu einem langwierigen Prozess, der mit kleinen Erfolgen, viel öfter aber mit Scheitern verbunden war. Eine entscheidende Rolle kam ebenso den vielfältigen und meist auf Austauschprozessen beruhenden Innovationen des mittelalterlichen Europas zu, wobei gerade der mediterrane Raum zu einer Keimzelle und treibenden Kraft für Europas Weg auf und über den Atlantik werden sollte. Erste spätmittelalterliche und frühneuzeitliche (Wieder)Entdeckungen europäischer Seeleute am Atlantik und später auf anderen Weltmeeren bauten auf den zuvor gewonnenen Erkenntnissen auf und legten umgekehrt den Grundstein für die Eroberungen und die Errichtung der frühen europäischen Kolonialreiche in Übersee im Zeitraum vom

10 Eines der einflussreichsten, aber auch oft kritisierten Werke zum Aufstieg Europas zu globaler Dominanz im Zeitraum vom 16. bis zum frühen 20. Jahrhundert mit dem Titel *Das moderne Weltsystem* stammt von Immanuel Wallerstein und ist in vier Teilen erschienen. Siehe: Wallerstein 1986–2012. Eine gute Übersicht über die aktuellen Lehrmeinungen und unterschiedlichen Darstellungen zu diesem Thema bieten unter anderem: Feldbauer/Lehners 2008, 13–30; Hausberger 2015, 14–26; Kleinschmidt 2017, 6–38; Vries 2013, 14–17.

11 Zu den mittelalterlichen Wurzeln der europäischen maritimen Expansion siehe unter anderem: Feldbauer/Liedl/Morrissey 2001; Fernández-Armesto 1987. Interessante sozial- und kulturgeschichtliche Aspekte zu diesem Thema finden sich bei: Abulafia 2008. Der neuzeitliche Beginn der europäischen maritimen Expansion wird in zahllosen Publikationen behandelt. Ein kompakter, gut lesbarer Überblick von 1450 bis 1700 findet sich bei: Marboe 2004. Für den Zeitraum von 1450 bis 2015 – aber mit einem einleitenden Blick zurück ins Mittelalter – siehe: Reinhard 2016.

16. bis zum 18. Jahrhundert, die eine erste Phase der Globalisierung – oftmals als Protoglobalisierung bezeichnet – einläuteten.

Betrachten wir diese, bereits im Titel des Sammelbandes genannte Tetrade aus Ideen und Innovationen, Entdeckungen und Eroberungen jedoch noch einmal genauer. Was ist damit gemeint? Welche Aspekte sollen hier angesprochen werden?

Der Begriff der Ideen subsumiert speziell die geografischen Vorstellungen im mittelalterlichen Europa, die auf antiken Theorien zur Gestalt, dem Aussehen und der Größe der Erde sowie der Verteilung von Land- und Wassermassen darauf basierten. Sie wurden im mittelalterlichen Europa tradiert, teilweise weiterentwickelt und von verschiedenen Protagonisten der frühen europäischen Expansion für ihre Zwecke interpretiert oder gar adaptiert. Ebenso zählt aber die Sehnsucht nach einer Überwindung des Ozeans im Westen, also des Atlantiks, dazu, bei der es sich um eine zutiefst mittelalterliche Idee mit Vorläufern in der Antike handelt.[12] Selten wurde damit jedoch die Hoffnung auf Neuentdeckungen verknüpft, sondern vielmehr ging es um ein Erreichen von Bekanntem oder vermeintlich Bekanntem – darunter Indien und China – über neue maritime Wege. Wichtig ist hier auch zu verstehen, dass in der mittelalterlichen europäischen Vorstellungswelt der Atlantik zwar ein weiträumiger, aber keinesfalls ein leerer Ozean war. Zahllose Inselwelten als auch Festlandzonen – aus heutiger Sicht sowohl fiktive als auch reale – lagen verstreut über oder an diesem westlichen Ozean. Zu ihnen zählten unter anderem die Brendansinseln, Vinland oder die Fortunaten, die es zu erreichen galt und die mit Hoffnungen und Vorstellungen von Wundern, Reichtümern oder besseren Lebensbedingungen verknüpft waren.[13]

Beim Begriff der Innovationen gilt es Vorsicht walten zu lassen. In der Geschichtsforschung des 19. und frühen 20. Jahrhunderts – vor allem in der Nationalgeschichtsschreibung ehemals führender europäischer Kolonialmächte sowie in der Wissenschafts- und Technikgeschichte – dominierte mitunter die Suche nach unbedingt notwendigen Innovationen für den Beginn der maritimen Expansion und der Ausbreitung der europäischen Kolonialreiche in Übersee. Es galt damit aufzuzei-

---

12 Vgl. Baumgärtner 2019, 251–253.

13 Vgl. Obenaus 2009.

gen, dass Seefahrer, Forscher oder Erfinder einer bestimmten Nation durch gewisse wissenschaftliche oder technische Neuerungen den Weg zur europäischen Überwindung der Weltmeere und damit zur globalen Dominanz Europas geebnet hätten. Dieser Denkansatz stellt aus heutiger Sicht aber eine klare Sackgasse dar. Der Weg Europas auf den Atlantik und darüber hinaus wurde gerade während des Mittelalters, aber auch noch am Beginn der Frühen Neuzeit mit sehr unterschiedlichen Mitteln gesucht, bei denen Scheitern und Erfolg durchaus eng nebeneinander lagen. So existierten in Europa durch das gesamte Mittelalter hindurch unterschiedliche Schiffbautraditionen, die erst ab dem Spätmittelalter in einen verstärkten Austauschprozess traten und danach schrittweise miteinander verschmolzen. Eine klare Dominanz einer dieser Traditionen lässt sich dabei nicht erkennen. Die Kartografie oder gar die Navigation mit nautischen Instrumenten hingegen steckte überhaupt noch in ihren Kinderschuhen, war viel mehr ein erlerntes Handwerk als eine ernstzunehmende Wissenschaft und trug meist wenig zum Erfolg oder Scheitern von frühen atlantischen Entdeckungsfahrten bei.[14] Ebenso gab es für die Errichtung der europäischen Kolonialreiche in Übersee nicht das eine erfolgversprechende Modell, sondern auch hier zeigten sich unterschiedliche Vorgehensweisen und Muster, wobei bei weitem nicht alle von Erfolg gekrönt waren. Monokausale Erklärungen, wie es zum langfristigen Erfolg der europäischen maritimen Expansion und dem Aufbau der europäischen Kolonialreiche in Übersee kam, kann und will die heutige Forschung und dieser Band also nicht anbieten. Dennoch soll gezeigt werden, welche neuen Erkenntnisse und Entwicklungen – Innovationen also – die Bewältigung des Atlantiks und der Weltmeere sowie die Ausbreitung der frühen europäischen Kolonialreiche in Übersee zumindest begünstigten.

Unter dem Begriff Entdeckungen soll den durch europäische Seeleute seit dem Mittelalter erschlossenen maritimen Räumen ebenso wie den auf neuen Seerouten erreichten oder aus europäischer Sicht tatsächlich neuentdeckten Inseln und Festlandgebieten jenseits der Meere nachgespürt werden. Dabei muss noch einmal darauf hingewiesen werden, dass der mittelalterliche maritime Aufbruch auf den Atlantik grundsätzlich mit dem Ziel einherging, bekannte oder vermeintlich bekannte Inseln und Festlandgebiete zu erreichen, selten hingegen, um gänzlich Neues

[14] Eine gute Überblicksdarstellung zu Schiffbau und Nautik im spätmittelalterlichen und frühneuzeitlichen Europa findet sich bei: Marboe 2009.

zu entdecken. Erst mit der schrittweisen Erforschung der Ozeane durch europäische Seeleute lösten sich dann viele der fiktiven Ziele gleichsam in Luft auf und die Weite der Meere wurde erkannt. Dennoch bildete die Hoffnung auf neue Seerouten, um profitable Handelsverbindungen zu außereuropäischen Weltreichen aufzuschließen und mit diesen möglicherweise sogar Bündnisse gegen gemeinsame Gegner – hier dienten die islamischen Reiche im östlichen Mittelmeerraum, wie das Mamlukenreich oder das Osmanische Reich, wiederholt als Feindbild – weiterhin einen ausreichenden Antrieb für die Fortführung der Entdeckungsfahrten. Dass man im Rahmen der Suche nach neuen Routen zu quasi ‚altbekannten' Zielen dann aber gänzlich Neues finden sollte, war so nicht vorgesehen. Und so bildete die europäische Entdeckung der Amerikas ein völlig unerwartetes, von zeitgenössischen Protagonisten anfangs auch durchaus bezweifeltes Ereignis, das neue Herausforderungen für Europa mit sich brachte, sich jedoch als Baustein zur späteren Etablierung der globalen Dominanz herausstellen sollte. Danach änderte sich auch die europäische Sicht auf die Welt, da nun der Suche nach aus europäischer Sicht noch gänzlich unbekannten Gebieten ein klarer Platz im Rahmen der Entdeckungsfahrten eingeräumt wurde und das interessierte und zunehmend sensationslüsterne Bildungsbürgertum Europas mehr und mehr nach Berichten um reale und mitunter auch fiktive Entdeckungen von neuen Ländern und Völkern gierte.[15]

Der Begriff der Eroberungen schließlich weist auf jene Mittel hin, mit denen die europäischen Mächte ihre Kolonialreiche in Übersee errichteten. Unterschiedliche Modelle kamen dabei zur Anwendung, aber nur selten geschah dies auf rein friedlichem Weg. Militärische Konflikte mit der indigenen Bevölkerung traten früher oder später in so gut wie allen europäischen Besitzungen in Übersee auf und prägten diese nachhaltig. Dabei soll unter dem Begriff Eroberungen jedoch nicht nur der Darstellung des jeweiligen Prozesses der Unterwerfung außereuropäischer Völker oder der Etablierung der frühen europäischen Kolonialreiche sowie der damit verbundenen wirtschaftlichen Implikationen Raum geboten werden. Gerade geschichtskulturelle Aspekte dieser Entdeckungen und Eroberungen, wie die Wahrnehmung des jeweils anderen aus Sicht der Europäer als auch der Indigenen, die Reaktion der indigenen Bevölkerungsgruppen auf die europäische Missionstätigkeit oder auch der transkontinentale Austausch von Menschen, Tieren

15 Dazu unter anderem: Abulafia 2008; Schmitt 1987; Schmitt 1988.

und Nutzpflanzen verbunden mit einem nie zuvor dagewesenen Wissens- und Technologietransfer müssen dabei berücksichtigt werden.[16]

Die vier dargelegten Aspekte bilden somit in Summe eine gewisse Struktur für die in diesem Band angestrebte Darstellung der Ursprünge und Frühphase der maritimen europäischen Expansion. Ohne Zweifel werden sie zwar nicht in jedem der nachfolgenden Beiträge klar angesprochen oder gar zu gleichen Teilen berücksichtigt. Dies ist schon allein aufgrund des jeweiligen Themas und der damit verbundenen Spezialisierung weder möglich noch sinnvoll. Dennoch empfiehlt es sich, sie bei der Lektüre dieses Buches im Hinterkopf zu behalten, um den Blick auf das große Ganze nicht aus den Augen zu verlieren.

Werfen wir nun noch einen kurzen Blick auf die insgesamt elf Beiträge dieses Sammelbandes:

Den Auftakt macht René Tebel, der sich der schwierigen Aufgabe angenommen hat, die großen Entwicklungslinien im Schiffbau, den Stand der Navigationstechniken sowie die geografischen Vorstellungen und Kenntnisse von der Welt am Übergang vom Mittelalter zur Frühen Neuzeit in Europa nachzuzeichnen und somit die technisch-naturwissenschaftlichen Hintergründe dieses Aufbruchs auf den Atlantik darzulegen.

Daran schließen vier Beiträge zu den weitverzweigten Wurzeln der maritimen europäischen Expansion an. Hier beginnt Johannes Preiser-Kapeller, der die Geschichte der Atlantikerkundung bis weit in die Antike zurückverfolgt, grundsätzlich seinen Hauptfokus aber auf irische, skandinavische und arabische Atlantikfahrten im Früh- und Hochmittelalter legt.

John Morrissey wiederum zeigt in seinem Beitrag, dass die grundlegenden Strukturen der frühneuzeitlichen europäischen Kolonialmodelle in Übersee von italienischen Seehandelsstädten bereits während des Mittelalters im Mittelmeer- und Schwarzmeerraum entwickelt und erprobt wurden.

Der zunehmenden Vernetzung der beiden führenden europäischen Wirtschaftszentren in Norditalien und Nordwesteuropa, die ab dem Spätmittelalter erstmals über eine bald immer stärker frequentierte atlantische Seehandelsroute erfolgte, spürt Stephan Nicolussi-Köhler nach.

16 Dazu unter anderem: Abulafia 2008; Schmitt 1987; Schmitt 1988.

Andreas Obenaus beleuchtet gleichsam den Vorabend Europas maritimer Expansion, beginnend mit den weit gesteckten Zielen süd- und westeuropäischer Seeleute, Fernhändler und Adeliger bei ihren Atlantikexpeditionen im ausgehenden 13. Jahrhundert bis hin zu den ersten realen Erfolgen bei der Inbesitznahme und Kolonialisierung der Kanaren, des Madeira-Archipels und der Azoren während des 14. und 15. Jahrhunderts.

Weitere vier Beiträge zeigen die besondere Stellung der iberischen Mächte Portugal und Spanien im Rahmen der Frühphase der maritimen Expansion Europas. So zeichnet zum Auftakt Franz Halbartschlager Portugals langen, aber mit Erfolg gekrönten Weg bei der Umrundung Afrikas während des 15. Jahrhunderts nach, der bekanntlich zum Aufschluss eines Seewegs von Europa nach Indien führte. Dabei widmet er sich auch ausführlich den wirtschaftlichen Interessen sowie den frühen kolonialen Aktivitäten der Portugiesen entlang Afrikas Atlantikküste.

Friedrich Edelmayer beschreibt danach die Auswirkungen der Integration des amerikanischen Doppelkontinents in die frühen Globalisierungsprozesse des 16. und 17. Jahrhunderts mit ihren weitreichenden Folgen für die ‚Alte Welt' – bestehend aus Europa, Afrika und Asien – sowie den viel dramatischeren Konsequenzen für die ‚Neue Welt' der Amerikas.

Der gegenseitigen Wahrnehmung von Indigenen und Europäern im Rahmen der frühen Kulturkontakte in den Amerikas widmet sich Astrid Windus. Sie zeigt, wie vermeintliches antikes und mittelalterliches ‚Wissen' über außereuropäische Welten in die Sichtweise der frühen europäischen ‚Entdecker' einfloss, und gibt umgekehrt – trotz des geringen Quellenbestands – einen Einblick in die Wahrnehmungen der Indigenen von den europäischen Neuankömmlingen.

Eberhard Crailsheim geht schließlich der Frage nach, wie Portugiesen und Spanier ihre frühen Kolonialreiche in den Amerikas und in Asien während des 16. und beginnenden 17. Jahrhunderts aufbauten, verwalteten und im Endeffekt auch kontrollierten.

Bewusst vernachlässigt wurden in diesem Sammelband, der sich ja primär den Wurzeln und der Frühphase Europas maritimer Expansion widmet, der Blick auf die nordwesteuropäischen Seefahrts- und späteren Kolonialmächte England, Niederlande und Frankreich. Einen gewissen Ausgleich dafür bietet jedoch der Beitrag von Andrea Komlosy, die die wirtschaftlichen und sozialen Folgen Europas maritimer Expansion bis herauf ins 18. Jahrhundert thematisiert und dabei vor allem auf neue

Formen der Arbeitsteilung und den zunehmenden ungleichen Tausch im transatlantischen Raum aus globalhistorischer Perspektive fokussiert.

Von Birgit Tremml-Werner stammt der Schlussbeitrag dieses Sammelbands, der mit drei Fallbeispielen zur Expansion vormoderner Reiche (Russland, Qing-China und Tokugawa-Japan) in Asien aufwartet und als Denkanstoß gedacht ist, die gerade in der älteren Fachliteratur häufig postulierte Sonderstellung der europäischen (maritimen) Expansion kritisch zu hinterfragen und im Endeffekt aufzubrechen.

Abschließend gilt es noch zwei kurze Fragen zu klären, nämlich wozu und wem dient dieses Buch eigentlich?

Erklärtes Ziel dieses Sammelbandes ist es, einen kompakten Überblick zu den mittelalterlichen Wurzeln und dem frühneuzeitlichen Beginn der europäischen maritimen Expansion zu geben. Damit wird ein maßgeblicher Prozess jener Phase der europäischen Geschichte beleuchtet, in der Europa sich von einer Peripherie zum Zentrum eines neuen atlantischen Welt-Systems, ab dem 19. Jahrhundert sogar zum Zentrum einer ersten Weltwirtschaft entwickelte. Dies geschieht dabei im Hinblick auf die zuvor erwähnten grundlegenden Ideen und begünstigenden Innovationen sowie in Anbetracht der zahlreichen misslungenen, aber natürlich auch erfolgreichen Entdeckungen und Eroberungen – einschließlich der damit verbundenen Implikationen. Aufgrund der geforderten Kürze und Prägnanz der Artikel richtet sich dieser Band nicht primär an ein mit der Materie vertrautes und an neuen Forschungsergebnissen interessiertes Fachpublikum, sondern vielmehr an interessierte Laien sowie Studierende der Geschichtswissenschaften am Beginn ihrer Ausbildung.

Literatur

Abulafia 2008 = David Abulafia: The Discovery of Mankind. Atlantic Encounters in the Age of Columbus, New Haven–London 2008.

Abu-Lughod 1989 = Janet L. Abu-Lughod: Before European Hegemony. The World-System A.D. 1250–1350, Oxford 1989.

Baumgärtner 2019 = Ingrid Baumgärtner: Neue Karten für die Neue Welt? Kartographische Praktiken der Exploration, in: Raimund Schulz (Hg.): Maritime Entdeckung und Expansion. Kontinuitäten, Parallelen und Brüche von der Antike bis in die Neuzeit (Historische Zeitschrift Beihefte 77), Berlin–Boston, 2019, 243–268.

Birkhan 1997 = Helmut Birkhan: Kelten. Versuch einer Gesamtdarstellung ihrer Kultur, Wien 1997.

Ertl/Limberger 2009 = Thomas Ertl/Michael Limberger (Hg.): Die Welt 1250–1500, Wien 2009.

Feldbauer/Lehners 2008 = Peter Feldbauer/Jean-Paul Lehners (Hg.): Die Welt im 16. Jahrhundert, Wien 2008.

Feldbauer/Liedl/Morrissey 2001 = Peter Feldbauer/Gottfried Liedl/John Morrissey (Hg.): Vom Mittelmeer zum Atlantik. Die mittelalterlichen Anfänge der europäischen Expansion (Querschnitte 6), Wien–München 2001.

Frankopan 2015 = Peter Frankopan: The Silk Roads: A New History of the World, London 2015.

Frankopan 2016 = Peter Frankopan: Licht aus dem Osten: Eine neue Geschichte der Welt, Berlin 2016.

Fernández-Armesto 1987 = Felipe Fernández-Armesto: Before Columbus. Exploration and Colonization form the Mediterranean to the Atlantic, 1229–1492, Philadelphia 1987.

Hattendorf 1996–1997 = John B. Hattendorf (Hg.): Maritime History, Bd. 1, The Age of Discovery, Malabar 1996; Bd. 2, The Eighteenth Century and the Classic Age of Sail, Malabar 1997.

Halbartschlager/Obenaus/Sutner 2019 = Franz Halbartschlager/Andreas Obenaus/Philipp A. Sutner (Hg.): Seehandelsrouten. Wegbereiter der frühen Globalisierung, Wien 2019.

Hausberger 2015 – Bernd Hausberger: Die Verknüpfung der Welt. Geschichte der frühen Globalisierung vom 16. bis zum 18. Jahrhundert, Wien 2015.

Iriye/Osterhammel 2017 = Akira Iriye/Jürgen Osterhammel (Hg.): Geschichte der Welt, Bd. 1, Die Welt vor 600. Frühe Zivilisationen, München 2017.

Kleinschmidt 2017 = Christian Kleinschmidt: Wirtschaftsgeschichte der Neuzeit. Die Weltwirtschaft 1500–1850, München 2017.

Maier 2016 = Bernhard Maier: Die Kelten. Ihre Geschichte von den Anfängen bis zur Gegenwart, 3. Aufl., München 2016.

Marboe 2004 = René Alexander Marboe: Europas Aufbruch in die Welt, 1450–1700, Essen 2004.

Marboe 2009 = Alexander Marboe: Zur Einführung. Schiffsbau und Nautik im vorneuzeitlichen Europa; in: Alexander Marboe/Andreas Obenaus (Hg.): Seefahrt und die frühe europäische Expansion, Wien 2009; 11–35.

Mattingly 1963 = Garrett Mattingly: No Peace beyond what Line?, in: Transactions of the Royal Historical Society 5 (1963) 13, 145–162.

Mohen 1989 = Jean Pierre Mohen: Megalithkultur in Europa. Geheimnis der frühen Zivilisationen, Stuttgart–Zürich 1989.

Obenaus 2009 = Andreas Obenaus: Genuesen, Katalanen, Portugiesen. Die Anfänge der europäischen Atlantikexpansion, in: Alexander Marboe/Andreas Obenaus (Hg.): Seefahrt und die frühe europäische Expansion, Wien 2009, 93–122.

Preiser-Kapeller 2018 = Johannes Preiser-Kapeller: Jenseits von Rom und Karl dem Großen. Aspekte der globalen Verflechtung in der langen Spätantike, 300–800 n. Chr., Wien 2018.

Reinhard 2016 = Wolfgang Reinhard: Die Unterwerfung der Welt. Eine Globalgeschichte der europäischen Expansion 1415–2015, München 2016.

Schmitt 1984–1988 = Eberhard Schmitt (Hg.): Dokumente zur Geschichte der europäischen Expansion, Bd. 1, Die mittelalterlichen Ursprünge der europäischen Expansion, München 1986; Bd. 2, Die großen Entdeckungen, München 1984; Bd. 3, Der Aufbau der Kolonialreiche, München 1987; Bd. 4, Wirtschaft und Handel der Kolonialreiche, München 1988.

Schottenhammer/Feldbauer 2011 = Angela Schottenhammer/Peter Feldbauer (Hg.): Die Welt 1000–1250, Wien 2011.

Vries 2013 = Peer Vries: Ursprünge des modernen Wirtschaftswachstums. England, China und die Welt in der Frühen Neuzeit, Göttingen 2013.

Wallerstein 1986–2012 = Immanuel Wallerstein: Das moderne Weltsystem, Bd. 1, Die Anfänge kapitalistischer Landwirtschaft und die europäische Weltwirtschaft im 16. Jahrhundert, Wien 1986; Bd. 2, Der Merkantilismus. Europa zwischen 1600 und 1700, Wien 1998; Bd. 3, Die große Expansion. Die Konsolidierung der Weltwirtschaft im langen 18. Jahrhundert, Wien 2004; Bd. 4, Der Siegeszug des Liberalismus, 1789–1914, Wien 2012.

Wallerstein 2019 = Immanuel Wallerstein: Welt-System-Analyse. Eine Einführung, Wiesbaden 2019.

Nachzeichnungen historischer Schiffe/Schiffsdarstellungen

1

2

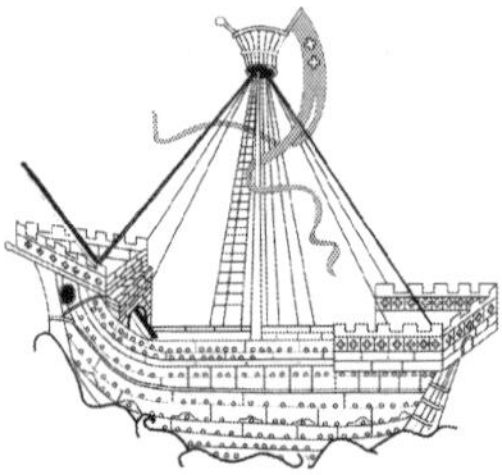

3

4

5

1 Knorr *oder* Knarr *(Nachzeichnung der OTTAR, dem Nachbau der Skuldelev 1-Knorr mit einer Entstehungszeit um 1030)*

2 Kogge *(Siegel der Hansestadt Elbing, 1242) mit der frühesten Abbildung eines Heckruders. Nachzeichnung nach Herbert Ewe.*

3 Holk *(Großes Siegel der Hansestadt Danzig, ca. 1400). Nachzeichnung nach Herbert Ewe.*

4 Karavelle mit Lateinersegeln/caravela latina *(Portulankarte des Piri Reis, 1513)*

5 dreimastige Karacke *(Holzschnitt der Stadtansicht von Antwerpen, ca. 1515)*

Schiffstypen, Navigation und Weltsicht zwischen Mittelalter und Früher Neuzeit

René Tebel

In Erinnerung an den bedeutenden
Navigationshistoriker und bemerkenswerten Menschen
Uwe Schnall (1941–2019)

Im ausgehenden 15. Jahrhundert bedienten *Galeeren* unterschiedlicher Größe und Ruderart sowie mehrmastige Handelsschiffe ein Netz an Seehandelsrouten entlang der Küsten des Mittelmeeres und verbanden die gegenüberliegenden Küsten durch die Fahrt über das offene Meer. Die mediterranen Handelsrouten verzweigten sich zudem ins Schwarze Meer und reichten über Gibraltar hinaus bis an die westeuropäische Atlantikküste und zu den Häfen in Flandern und England. Dort herrschten *Holke*, *Karacken*, *Bardsen* und *Kreier* und im Fischfang die *Büse* vor, wogegen die *Kogge* höchstens noch vereinzelt auftrat. Ihr Revier bildeten die Nordsee mit Routen nach Island und zu den nordatlantischen Fischgründen sowie Kattegat und Sund passierend die Ostsee. Für die sogenannte Baienfahrt gelangten Schiffe der Hanse mindestens bis nach Südfrankreich, während Handelsschiffe mittlerer Größe, wie der *Ewer*, auf der Elbe und auf anderen Flüssen bis tief ins Binnenland Holz, Torf, Ziegel und weitere Massengüter lieferten. In den Häfen der Iberischen Halbinsel ankerten neben *barcas*, *barinels*, *urcas* und *naos* auch der Schiffstyp der *Karavelle* (*caravela*/*carabela*), der in den portugiesischen Entdeckungsfahrten entlang der afrikanischen Küste eine bedeutsame Rolle einnahm.

Sowohl die *nao* wie auch die schlankere *Karavelle* begegnen uns im Zusammenhang mit Christoph Columbus. Im *Diario*[1], seinem soge-

[1] Im Folgenden zitiert nach Columbus/Dunn/Kelly 1991.

nannten Bordbuch, das in einer Abschrift des Dominikaners Bartolomé de las Casas aus der Zeit um 1530 vorliegt, werden alle drei Schiffe der ersten Fahrt einem dieser beiden Schiffstypen zugeordnet. So bezeichnet das *Diario* die SANTA MARIA, das Flaggschiff von Christoph Columbus, ausdrücklich als eine *nao* – also ein hochbordiges, dickbauchiges, schwerfälliges Handelsschiff, dessen Längen- und Breitenverhältnis einen Vergleich mit Nussschalen geradezu herausfordert. Im Eintrag für den 24. Oktober 1492 erfährt der Leser des *Diario*, dass die SANTA MARIA über ein Hauptsegel mit zwei Bonnets verfügte – ein Fachbegriff, der eine Antuchung am Unterliek benennt, wodurch die Segelfläche verändert werden konnte. Zudem wird ein Focksegel, eine Blinde – das Segel am Bugspriet –, ein Besansegel und am Hauptmast oberhalb des Großsegels ein Marssegel genannt, wodurch das Flaggschiff des Columbus als ein dreimastiges Schiff identifiziert werden kann [17r 45–48]. Wenngleich die *nao* nicht die besten Segeleigenschaften bot [3r 21–25; 8r 17–20], hielt sie den größten Frachtraum des Flottenverbandes bereit und sollte zu Sonnenaufgang und Sonnenuntergang den Verband anführen, weil sie auch den höchsten Ausguck bot [7v 12–14]. Demgegenüber verfügten die NIÑA und die PINTA über weit bessere Seeeigenschaften, liefen bedeutend schneller, ließen sich aber weit weniger befrachten. Sie waren *Karavellen.* Im 13. Jahrhundert ursprünglich als Tender und Fischerboot verwendet, waren die *Karavellen* des 15. Jahrhunderts zwei- bis dreimastig und mit dreieckigen Lateinersegeln ausgestattet. Neben dieser in den Quellen als *caravela latina* bezeichneten Variante fällt im Zeitraum zwischen 1463 und 1467 die erste Erwähnung ihrer Abwandlung zur *caravela redonda* mit einer Kombination von Rah- und Lateinerbesegelung.

Wenngleich Columbus seine Flottille im *Diario* als „sehr passend" [1v 22–24] beschrieb, so handelte es sich bei seinen drei Schiffen um keine speziell ausgerüsteten Expeditionsschiffe (selbst James Cook brach zu seiner ersten Reise mit einem umgebauten Kohlenschiff auf). Columbus konnte nicht einmal auf ausgesucht gute Schiffe zurückgreifen. Dennoch erfolgte die Zusammenstellung der Flotte nicht ganz zufällig: Denn abseits der im Prolog des Bordbuchs formulierten ‚offiziellen' missionarischen und diplomatischen Zielsetzung der Fahrt, durchzieht die Suche nach Gold und Reichtümern den Bericht. Somit handelte es sich bei dieser Fahrt auch keineswegs um eine Erkundungsfahrt, wie es die Portugiesen bis zur Umrundung des Kaps der Guten Hoffnung betrieben hatten und wofür ab den 1440er Jahren nahezu ausschließlich der Schiffstyp der *Karavelle* eingesetzt wurde. Die Verwendung einer *nao* neben zwei typischen Schiffen der Entdeckungszeit spricht auch dafür, dass Columbus Spanien bereits mit der festen Absicht verließ, mit den Schätzen Asiens reich beladen in seinen Heimathafen zurückzukehren.

Auch wenn uns die *Karavelle* in ihren Entwicklungsstufen und beiden Ausprägungen wohl dokumentiert vorliegt, so muss dennoch bemerkt werden, dass wir nur verhältnismäßig wenige mittelalterliche und frühneuzeitliche Schiffstypen einwandfrei nach charakteristischen Merkmalen wie Bauweise, Art der Beplankung, Anzahl der Decks und Art der Aufbauten, Anzahl der Masten, Art der Besegelung, Aufteilung der Segelfläche, Ruderart, Verhältnis von Länge zu Breite und bei Kriegsschiffen letztlich die Art der Bewaffnung, beschreiben können. Die Kenntnis europäischer Schiffstypen ist in wesentlichen Punkten noch unscharf, auch wenn sich mehrere Generationen an Schifffahrtshistorikern mit Herzblut um ihre Aufhellung bemüh(t)en.

Quellenlage

Die erhaltenen schriftlichen Quellen wie Zolllisten, Schriften von Handelshäusern, Dokumente von Behörden wie der portugiesischen *Casa da Índia* und der spanischen *Casa de la Contratación*, die Seegesetzgebung der italienischen Stadtrepubliken, Bau- und Heuerverträge, Chroniken, Reiseberichte und literarische Quellen liefern nur in Ausnahmefällen eine Detailfülle, aus denen charakteristische Merkmale eines Schifftyps abgeleitet werden können. Oft sprechen die Schriftquellen allgemein von Schiffen (*navis*, *navio*, *scheep*, *nef*, *nao*, *nau*), nennen ihre spezielle Funktion oder sprechen literarisch vom großen Handelsschiff, der *Liburne*. Selbst innerhalb einer einzigen Schriftquelle kann sich der Begriff für ein erwähntes Schiff wandeln oder in regional unterschiedlichen Quellen zum selben Ereignis ein und dasselbe Schiff anders bezeichnet werden – ganz zu schweigen davon, dass Namen von Schiffstypen zeitlich und geografisch ‚springen' können, ohne dass eine direkte Abstammung ersichtlich ist.

Zudem bewahrten Augenmaß, mündliche Überlieferung und Faustregeln über Generationen hinweg das Wissen der Schiffbauer, wogegen Originalrisse und Bauangaben erst um die Mitte des 16. Jahrhunderts in breiterer Überlieferung entgegentreten.[2] Aus dem Jahrhundert davor haben Manuskripte von Giorgio Trombetta da Modone[3], Michael von Rhodos oder anonyme Handschriften in Florenz, Wien und Greenwich mit Angaben zum Schiffbau überdauert.

Daher müssen sich die Schifffahrtshistoriker für die Analyse der mittelalterlichen und frühneuzeitlichen Schiffstypen zusätzlich auf die seltenen, fachkundigen Schiffsmodelle (wie das Mataró-Modell von etwa 1403–1429 und das Ebersdorfer Modell aus der Entstehungszeit um 1440) und maßgeblich auf bildliche Quellen stützen, wie sie uns in Siegeln (besonders für den nordfranzösischen, englischen, niederländischen und hansischen Schiffbau), Münzen, Ritzungen in Ziegelsteinen, Miniaturen in Handschriften, Abbildungen in Gemälden und im gedruckten Buch, in Kirchen, auf Deckenfresken, Deckenverzierungen, Altarbildern oder im Kartenbild vorliegen.

Ein Nachteil der Bildquellen besteht aber darin, dass sie nur selten über eine Beschriftung verfügen, die den genannten Schiffstyp oder das gezeigte Schiff namentlich benennt. Ausnahmen bilden Schiffsdarstellungen auf manchen alten Karten, wie in der Itinerarkarte von Matthaeus Parisiensis (ca. 1250), dem Portulankarten-Fragment von Piri Reis (1513), dem Fragment einer Karte der friesischen Nordseeküste von Jan van Hoirne (1526) oder in João de Castros Roteiro von Lissabon nach Goa (nach 1538), sowie die Darstellung von Schiffen berühmter Seefahrten, darunter die VICTORIA von Ferdinand Magellan und Francis Drakes GOLDEN HIND,[4] ohne dass die eingezeichneten Schiffsdarstellungen aber zwangsläufig charakteristische Merkmale des dargestellten Schiffstyps zeigen müssen. Selbst maritim kundige Zeichner und Künstler aus der Tafelmalerei liefern keine fotografisch getreue Wiedergabe, sondern lassen Raum für künstlerische Freiheit. Das Gros der Bildquellen wurde indessen von unkundiger und sogar desinteressierter Hand verfertigt.[5]

---

2 Z. B. Fernando Oliveira: *Ars nautica* (ca. 1570); Fernando Oliveira: *Livro da Fábrica das Naus* (1580); Matthew Baker: *Fragments of Ancient English Shipwrithry* (ca. 1586); *Livro Náutico* (ca. 1580-1609); João Baptista Lavanha: *Regimento Nautico* (1595); João Baptista Lavanha: *Livro Primeiro da Architectura Naval* (1609); Manuel Fernandes: *Livro de Tracas de Carpintaria* (1616).

3 In der Forschungsliteratur erscheint er ebenso unter dem Namen Timbotta.

4 Eine genaue Aufstellung zu Schiffsdarstellungen im Kartenbild, die entweder Schiffstypen, Schiffe oder Entdecker benennen, siehe Tebel 2012, 227–240.

5 Ein besonders merkwürdiges Beispiel findet sich in der *VNIVERSALIS COSMOGRAPHIA SECVNDVM PTHOLOMAEI TRADITIONEM ET*

Besonders wichtige Bestimmungshilfen für einen Schiffstyp erbringen Konstruktionsmerkmale. Ihre Kenntnis vermittelt die Schifffahrtsarchäologie. Die Zahl entdeckter Schiffsfunde steigt stetig an und liefert einen ungefilterten Einblick in die Bauweise, lässt durch die dendrochronologische Analyse Rückschlüsse auf Entstehungsort und Entstehungszeit zu und gibt Hinweise zu Besatzungszahl, Seeeigenschaften und Frachtkapazität. Ein gravierendes Problem besteht aber darin, das heterogene Quellenmaterial an Schiffsfunden im Spiegel bildlicher und schriftlicher Quellen einem bestimmten Schiffstyp zuzuweisen, weshalb sich einige Schiffsarchäologen von der Idee zunehmend lösen, grundsätzlich einen Fund mit einem Schiffstyp in Verbindung bringen zu wollen.

Trotz dieser zahlreichen Fragezeichen lässt sich aber gesichert festhalten, dass die gängigen Schiffstypen des ausgehenden 15. Jahrhunderts das Ergebnis mehrerer bedeutender technischer Entwicklungen im Schiffbau bildeten, in denen sich – in unterschiedlichem Ausmaß – Einflüsse aus den bedeutenden nord-, west- und südeuropäischen Schiffsbautraditionen verbanden.

Die großen mittelalterlichen Schiffsbautraditionen und die Entstehung der *Karacke*

Noch im 13. Jahrhundert existierten in Europa drei Schiffbautraditionen verhältnismäßig unbehelligt nebeneinander: jene des skandinavischen Nordens, die kontinentale und die des Mittelmeerraumes.[6]

Ein wichtiges Merkmal der nordischen Schiffe bestand in ihrer charakteristischen Bauweise: Ein waagrechter Kiel setzte sich am Vorder- und Achtersteven in einer aufsteigenden Kurve fort. An diesem Gerüst wurden zunächst mehrere Reihen dünner, breiter Plankengänge in überlappender Klinkertechnik mit Eisennieten befestigt. In die entstandene Bootsschale wurden anschließend Spanten eingepasst, Ruderbänke eingesetzt und das Seitenruder montiert. Der flache Boden der

AMERICI VESPVCII ALIORV[M]QVE LVSTRATIONES (Straßburg 1507). Ihre Schöpfer, Martin Waldseemüller und Matthias Ringmann, binden im Atlantik eine Schiffsdarstellung ein, die im Zusammenhang mit Amerigo Vespucci steht. Als Vorlage wählen die beiden Binnenländer aber aus Breydenbachs Pilgerreise zwei aneinander an der Reede Venedigs vertäute Schiff aus, die sie fälschlicherweise als eine einzelne Schiffsdarstellung auffassen. Siehe: Tebel 1999, 401–423.

6 In der Einteilung folge ich Ellmers/Schnall 1998, 353–354.

Schiffe ermöglichte es den Wikingern in sehr seichtes Fahrwasser vorzudringen und das Schiff gegebenenfalls auf den Strand zu setzen oder im Watt bei Ebbe trockenfallen zu lassen.

Im Laufe des 7. Jahrhunderts führten die Skandinavier ein großes rechteckiges Segel an einem Hauptmast ein, wodurch etwa eine Verdreifachung der geruderten Dauergeschwindigkeit erreicht werden konnte. Bei reinen Segelschiffen kam eine Verringerung der Zahl an Seemännern als weiterer Vorteil zum Tragen.

Wenngleich altnordische Schriftquellen zumeist erst im 13. Jahrhundert oder noch später gelegentlich über Besatzungszahl oder den Verwendungszweck informieren, so konnten die Typenbezeichnungen aus der schriftlichen Überlieferung bislang nur wenigen Schiffsfunden gesichert zugeordnet werden. Im Prinzip lassen sich im archäologischen Befund Langboote – ein Sammelbegriff für verschiedene Kriegsschiffstypen wie die *skeið* oder die *snekkja* – identifizieren, ebenso wie das größte nordische Handelsschiff, der *Knorr* oder *Knarr*.

Der früheste Fund eines Langbootes geht mit dem Nydamschiff (Entstehungszeit um 310–320) auf das Jahr 1863 zurück. Weitere wichtige Funde folgten in Norwegen mit dem Osebergschiff (Entstehungszeit um 834) und dem Gokstadschiff (Entstehungszeit um 870). Ein wahrer ‚Schiffsfriedhof' mit einer Bandbreite skandinavischer Schiffbaukunst kam 1962 mit dem dänischen Skuldelev-Fund ans Licht. Als Teil einer Absperrung in der Fahrrinne im Roskilde Fjord versenkt, rekonstruierten dänische Forscher aus den zerdrückten und verlagerten Teilen in jahrelanger Kleinarbeit insgesamt fünf Schiffe aus der ersten Hälfte des 11. Jahrhunderts.[7]

Neben zwei kleineren Langbooten – möglicherweise ein in der Region um Dublin entstandener *skeið*[8] und dem kleinsten Kriegsschiffstyp, der *snekkja*, aus der Entstehungszeit um 1030[9] – fanden die Archäologen ebenso ein kleines Handels- oder Transportschiff für die Küstenfahrt aus der Entstehungszeit um 1040[10], das Ole Crumlin-Pedersen für einen *byrðingr* oder eher für eine *skúta* hält, sowie ein weiteres Schiff[11], das eventuell als Fähre fungiert hatte.

---

7 Siehe: Crumlin-Pedersen/Olsen 2002.

8 Skuldelev 2: L.: 30 m, B.: 3,8 m, Tiefgang: 1 m, für 60 Riemen.

9 Skuldelev 5: L.: 17,3 m, B.: 2,5 m, Tiefgang: 0,6 m, für 26 Riemen.

10 Skuldelev 3: L.: 14 m, B.: 3,3 m, Tiefgang: 0,9 m, 5 Riemenpforten, Besatzung 5–8 Mann.

11 Skuldelev 6: L.: 11,2 m, B.: 2,5 m, Tiefgang: 0,5 m, 10–12 Riemen.

Besondere Aufmerksamkeit gilt aber dem frühesten Fund eines *Knorr* oder *Knarr*, dem nach skandinavischen Schriftquellen größten nordischen Lastensegler.[12] Etwa um 1030 im westnorwegischen Sognefjord gebaut, fällt der Segler durch einen völlig gebauten Bug und oben schiffseinwärts gebogenen Steven auf. Gegenüber den Langschiffen ist der *Knorr* kürzer, breiter, deutlich hochbordiger, ein reines Segelschiff und hochseetauglich. Damit konnte der *Knorr* nicht nur in der Nord- und Ostsee, sondern auch im Nordatlantik für Fahrten nach Island, Grönland und zu den Shetland-Inseln eingesetzt werden. Der *Knorr* war es auch, mit dem die Wikinger um 1002 Vinland im nordöstlichen Amerika erreichten.

Mit seinen unterschiedlichen Schiffstypen dominierte die nordische Schifffahrt die Nord- und Ostsee vom ersten Quartal des 9. Jahrhunderts bis zum dritten Quartal des 12. Jahrhunderts und beeinflusste hier auch den slawischen Schiffbau, zu dessen wichtigsten Erkennungskriterien die Verwendung von Holznägeln zählen.

Bereits davor aber gelangte der nordische Schiffbau mit der Landnahme der Angelsachsen im 5. Jahrhundert nach England. Aus den skandinavischen Vorbildern entwickelte sich in Britannien der mittelalterliche Handelsschiffstyp *Kiel*, von dem das Siegel von Dunwich (um 1200) bildliches Zeugnis ablegt. Bildquellen zeigen bereits im 12. Jahrhundert vorne wie achtern Kastelle und Kampfplattformen für Armbrustschützen, womit die Strategie des Landkrieges auch auf das Meer verlegt werden konnte.

Parallel dazu gewinnt allmählich ein Schiffstyp an Bedeutung, der im 13. und 14. Jahrhundert die skandinavischen Handelsschiffe aus den kontinentalen Häfen verdrängt: die *Kogge*.

Schiffe mit typischen Merkmalen der *Kogge* verortet Detlev Ellmers bereits um Christi Geburt an der Mittelweser und den rechten Nebenflüssen des Niederrheins.[13] Noch im 9. Jahrhundert habe die *Kogge* nach Ansicht des Bremer Gelehrten mitschiffs eine dem Wikingerschiff von Gokstad entsprechende Höhe aufgewiesen, ehe nach der Einführung

---

12 Skuldelev 1: Gilt als kleinere Knorr, die vermutlich für den Ostseeverkehr eingesetzt wurde: L.: 15,8 m, B.: 4,8 m, Tiefgang: 1 m, 2–4 Riemen, Besatzung 6–8 Mann. Zum Vergleich misst der Knorr Haithabu 3 aus der Entstehungszeit um 1025 n. Chr. 22 m Länge und 6,2 m Breite.

13 Ellmers/Schnall 1998, 360. Detlev Ellmers sieht im Tonmodell von Leese aus dem 3.–2. Jahrhundert v. Chr. den frühesten Beleg für eine Kogge. Für eine Abbildung des Tonmodells siehe Ellmers 1985, 83.

von durchgehenden Querbalken im späten 12. Jahrhundert zusätzliche Plankengänge aufgesetzt werden konnten.[14]

In der Mitte des 12. Jahrhunderts setzt die schriftliche Überlieferung der *Kogge* ein, an deren Beginn zwei Hinweise aus Akkon (1147, 1163) und die Erwähnung in der Chronik von Nieuwport (1163) stehen dürften. Für den Ostseeraum erfolgt ihre früheste Erwähnung in Heinrich von Lettlands *Livländischer Chronik* für das Jahr 1206. Laut Reinhard Paulsen ist sie im selben Jahrhundert „bis in die Gascogne hinunter ein gängiger Schiffstyp, u. a. bedingt durch den Gascogner Weinhandel mit England."[15]

Anhand von Siegelabbildungen entwickelte Paul Heinsius in seiner 1956 unter dem Titel *Das Schiff der hansischen Frühzeit*[16] gedruckten Dissertation eine Beschreibung der Charakteristika der *Kogge*. Demnach stellte sich Heinsius den Handelssegler einmastig mit einem großen Rahsegel vor. Den Bug formte ihm zufolge ein gerader Steven. Zudem ging Heinsius von einer Bauweise in Klinkertechnik aus, die wir bereits vom nordischen Schiffbau kennen, und unterschied mit der Mecklenburger Bauform, der Holsteiner Bauform, der Elbing-Danziger Bauform, der Pommerschen Bauform und der Süderseeisch-flandrischen Bauform mehrere regionale Abwandlungen im Aussehen der Hansekogge.[17]

Mit dem Siegel von Elbing (1242) wird in bildlichen Quellen[18] zudem ein Wandel in der Steuerung sichtbar: Zeigten ältere Siegel Hansekoggen mit einem Seitenruder, liefern jüngere Darstellungen zunehmend ein Abbild von *Koggen* mit Heckruder und Pinne. Nach der Einführung des Rahsegels und des durchgehenden Querbalkens stellte die Entwicklung des Heckruders[19] eine weitere technische Revolution dar, wurde doch hiermit das Steuerverhalten hochbordiger *Koggen* verbessert.

[14] Siehe u. a. Ellmers 1980, 23.

[15] Paulsen 2016, 143.

[16] Heinsius 1956.

[17] Heinsius 1986, 58–62.

[18] Durch archäologische Funde lässt sich die Einführung des Heckruders sogar auf ca. 1170 vorverlegen. Siehe Ellmers 2010, 126.

[19] Andreas Obenaus weist darauf hin, dass im Roten Meer, dem Persischen Golf und im Indischen Ozean das Heckruder „vielleicht schon ab dem späten 10. Jahrhundert, sicher aber vom frühen 12. Jahrhundert an bekannt war." Obenaus 2010, 226.

Heinsius' Charakterisierung der *Kogge* sollte noch sehr wichtig werden: Denn im Oktober 1962 wurde bei Abbaggerung eines Uferstreifens zur Erweiterung der Weser gegenüber dem Bremer Europahafen ein Schiffswrack unbekannten Alters freigelegt, das vermutlich in unfertigem Zustand bei Hochwasser vom Bauplatz abgetrieben war. Der damalige Leiter der Abteilungen „Mittelalter" und „Schifffahrt" im Bremer Focke-Museum sollte innerhalb weniger Stunden den wissenschaftlichen Wert des Fundes klären. Nicht zuletzt durch Paul Heinsius' Vorarbeiten identifizierte Siegfried Fliedner das Schiff als *Kogge*. Damit stand zwar noch ein dornenreicher Weg bis zur Konservierung des Schiffes bevor[20] – es war aber bereits gerettet und die Keimzelle des späteren nationalen Deutschen Schifffahrtsmuseums (DSM) in Bremerhaven gelegt.

Dendrochronologische Untersuchungen der TU-Berlin bestätigten die mittelalterliche Entstehungszeit dieser *Kogge* und grenzten sie auf einen Zeitraum um 1380 ein. Wie Heinsius angenommen hatte, ragt der gerade Steven steil auf. Der Rumpf des Handelsseglers ist breit ausladend und hochbordig. Während der Boden in Kraweeltechnik Stoß an Stoß gefertigt wurde, gingen seine aufgesetzten breiten Planken in die Klinkertechnik über. Ähnlich den Wikingerschiffen, wurde beim Bremer Schiff erst eine Rumpfschale gebaut und danach die Spanten eingefügt. Mit 23,27 Meter Länge und einer größten Breite von 7,62 Meter fasste der einmastige Segler eine Last von etwa 80 Tonnen oder 40 Last nach hansischer Rechnung.

Technische Untersuchungen und praktische Experimente mit Repliken verdeutlichten die Segeleigenschaften der *Kogge*. Es stellte sich heraus, dass der Frachtensegler auf raumen Kursen eingesetzt werden konnte, allerdings Schwächen bei Gegenwind offenbarte.[21] Damit bestätigten sich schriftliche Quellen, wonach die Besatzung von Hansekoggen neben dem Beladen und Löschen der Fracht viel Zeit damit verbrachte, auf einen günstigen Wind zu warten oder Stürme in Sicherheitshäfen über sich ergehen zu lassen. In einer üblichen hansischen Fahrtsaison zwischen 22. Februar und 11. November konnte eine Hamburger *Kogge*

---

20 Zum Einsatz von Siegfried Fliedner und Rosemarie Pohl-Weber zur Rettung des Schiffes siehe u. a. Hoffmann 2003, 60–63.

21 Abschlussbericht der Technischen Universität Berlin für das Deutsche Schifffahrtsmuseum Bremerhaven: Experimentelle Ermittlung der Segelleistung von einem originalgetreuen Nachbau der Hansekogge von 1380 (Berlin 1994) insb. 59 und 73.

beispielsweise etwa drei Flandern-Fahrten unternehmen, zwei bis drei Fahrten nach England oder eine nach Nowgorod.

Bei aller Freude über das erworbene Wissen liegt aber ein kleiner Makel auf dem Bremer Schiff von 1380. Es ist nämlich zwar extrem wahrscheinlich, aber nicht völlig gesichert, dass es sich bei dem Schiff überhaupt um eine *Kogge* handelt. Für einen Koggenfund gibt es stichhaltige Argumente: Neben der charakteristischen Form sichern den Schiffstyp mehr als 50 zeitgenössische Illustrationen und spezielle Konstruktionsmerkmale ab. Insbesondere Timm Weski knüpft aber seine Kritik an drei Siegelbilder, die in beigefügten Urkunden zu *Koggen* erklärt werden. Dabei machte er darauf aufmerksam, dass manche Bezüge der Textstellen nicht unbedingt klar sind und diese zudem erst bis zu 150 Jahre nach der Fertigung der Siegel verfasst wurden.[22] Weski erkannte ebenso, dass eine der Siegelabbildungen gar keine *Kogge* zeigt, sondern als *„ad similitudinem Cochae"* (nach Art der *Kogge*) beschrieben wurde.[23]

Ein weiterer Zweifel entsteht durch die Größe der *Kogge*. Mit einem Fassungsvermögen von etwa 40 Last würde die *Kogge* einen kleinen Vertreter ihres Schiffstyps abgeben. Führt man auch ins Treffen, dass – wie im Schiffbau der Wikinger auch – Schiffstypen unterschiedlicher Größe denselben Schiffsbauplan besaßen, könnte es sich bei dem Bremer Schiff ebenso um einen *Ewer* oder einen *Kreier* handeln. Aus Archivalien des 14. und 15. Jahrhunderts geht nämlich hervor, dass diese mittleren Schiffstypen bis etwa 90 Last beziehungsweise zwischen 35 und 70 Last fassen konnten und beispielsweise in der Amsterdamer Hafenordnung von 1413 in einem Zug mit *„kogghen, hulcs, crayers, ever of andere zeescepe, die buyten duynen varen"*[24] genannt wurden. Allerdings konnten beide Schiffstypen bislang noch nicht identifiziert werden.

Abseits dieser Diskussion steht in jedem Falle außer Frage, dass die *Kogge* als wirtschaftlich wichtigstes Hanseschiff verstanden werden kann, auch wenn der Schiffstyp nicht ausschließlich von den Hansen gebaut wurde.

Ein weiterer Umstand verleiht der *Kogge* sogar eine europäische Bedeutungsdimension: Für das Jahr 1304 vermerkt der Florentiner Gio-

22 Verschiedentlich Timm Weski, u. a. Weski 2006, 94.

23 Dies war aber Detlev Ellmers 1972 aufgefallen. Deswegen schlug er bereits damals vor, dieses Siegel aus der Quelle der Koggen zu streichen. Siehe: Ellmers 1972, 59.

24 Szymanski 1985, 4.

vanni Villany in einer vielzitierten Textstelle sinngemäß, dass in diesem Jahr Seeräuber aus Bayonne mit *Koggen* durch die Straße von Gibraltar ins Mittelmeer gelangt seien. Dort hätten sie nicht alleine großen Schaden angerichtet, sondern auch die Genuesen, Venezianer und Katalanen dazu veranlasst, die *Koggen* zu übernehmen, weil sie seefester und kostengünstiger zu betreiben wären.[25]

Diesen Umbruch im mediterranen Schiffbau macht Villany ausdrücklich an *Koggen* aus der Biskaya fest und nicht an deren Vertretern aus dem Bereich der Hanse. Wenngleich in der jüngsten Forschung davon ausgegangen wird, dass besonders große *Koggen* bereits an den Kreuzzügen teilnahmen und diese in Akkon oder anderen Häfen im Mittelmeerraum auch ausgebessert werden mussten, so ist durch Villanys Hinweis Bayonne als möglicher technologischer Mittler zwischen Nord und Süd in den Blickpunkt der Seefahrtshistoriker gerückt. Es zeichnet sich ab, dass diese Stadt im 14. Jahrhundert zur nördlichen Schiffbautradition mit der Klinkerbauweise zählte und enge Handelsbeziehungen zu England unterhielt, unter dessen politischen Einfluss sie ab 1154 (als englisches Lehen) auch geriet.

Baskische Handelsschiffe befuhren im 13. Jahrhundert die Biskaya, den Ärmelkanal sowie das westliche Mittelmeer und bedienten mit ihren *Koggen* im folgenden Jahrhundert die Handelsroute von Palma nach Flandern.[26] Einblick in das Aussehen der *Koggen* aus Bayonne gewähren uns zwei zeitgenössische Darstellungen: Ein Relief aus dem späten 13. oder 14. Jahrhundert in der Kathedrale Santa Maria in Vitoria-Gasteiz und ein Schlussstein in der Kathedrale von Bayonne aus dem späten 14. Jahrhundert.[27] Ähnelt erstgenannter der Bremer Hansekogge frappierend, zeigt die Koggendarstellung in der Kathedrale von Bayonne einen deutlich gerundeten Vordersteven, den manche Forscher als charakteristisches Merkmal der Bayonner Koggen deuten.

Im Mittelmeerraum erfolgte die Übernahme der *Kogge* allerdings nicht als exakte Kopie. Die italienischen Schiffsbauer verbanden vielmehr die Vorteile der *Kogge* – das Heckruder und das viereckige Großsegel – mit ihrer gewohnten Skelettbauweise und Beplankung in Kraweeltechnik. Das Verfahren, die Planken Stoß an Stoß zu legen, kam gegenüber der Klinkerbauweise mit weniger Nieten und Nägeln aus, ließ stärkere

25 Siehe auch Eberenz 1975,109–110.

26 Siehe Zwick 2016, 651–652.

27 Alberdi Lonbide/Aragón Ruano 1998, 13–33, insbesondere 33.

Planken zu und erleichterte deren Austausch, wodurch die Dienstzeit der Schiffe höher lag. Vom rechteckigen Rahsegel und dem Heckruder profitierte wiederum die Manövrierfähigkeit der mediterranen *Kogge* gegenüber mediterranen Schiffen mit Lateinerbesegelung, zumal das Senkrechtstellen der Spiere bei Wendemanövern entfiel. Zudem kamen Schiffe mit Rahbesegelung mit weniger Besatzung aus.

Einen wichtigen Beleg dafür, welche Merkmale im Mittelmeerraum für eine *Kogge* standen, liefert Hans-Jochen Nickel mit einem Bauvertrag aus Ragusa aus dem Jahr 1382. Ein bereits im Bau befindliches Mittelmeerschiff sollte demnach auf Wunsch der Auftraggeber „*in formam coche*" gebracht werden, wofür der Boden breiter, die Seitenwände höher und der Rumpf gestreckt gebaut wurden. Das Schiff erhielt den Namen Sanctus Nicolaus und wurde in späteren Reisen als *navis quadra* bezeichnet, ein Ausdruck der nach Nickel in Dalmatien und in Venedig synonym für *cocha* gebraucht wurde.[28]

Zudem begannen die mediterranen Schiffbauer mit der Anzahl der Masten und der Aufteilung der Segelfläche zu experimentieren. Zeitgenössische Bildquellen, wie die Portulankarte der Gebrüder Pizigano von 1367 und die Portulankarte des Genuesers Battista Beccario von 1426, zeigen hinter dem Hauptmast einen kleineren zweiten Mast, den Besanmast. Knapp davor lässt sich der Weg zum mehrmastigen Segelschiff auch in Schriftquellen belegen: So erwähnt eine katalanische Quelle aus dem Jahr 1353 eine *cocha* mit Hauptmast, Besanmast und Bugspriet und das *Llibre de les Ordinaciones de l'Administrador de les Places* zeigt 1409 mit Fock-, Haupt- und Besanmast die älteste bekannte Darstellung eines Dreimasters.[29] In der zweiten Hälfte des 15. Jahrhunderts tauchte mitunter ein vierter Mast hinter dem Besanmast auf, der Bonaventurmast.

Noch im 15. Jahrhundert setzt im mediterranen Raum ebenso eine Aufteilung der Segelfläche ein: Dem Hauptmast wurde eine weitere Spiere aufgesetzt, die sogenannte Marsstenge, die nun an einer weiteren, kleineren Rah das Marssegel trug. Die frühesten Darstellungen dieses Segels finden sich bei Jean Foucquet etwa um 1480, auf der Portulankarte des Battista Beccario (1482) und im selben Jahr erstmals im Ostseeraum auf dem Revaler Altarbild. Die *cocha* hatte sich zum mehrmastigen Segelschiff entwickelt, das anscheinend in England weithin *Karacke* genannt wurde, im Italienischen *nave*, im Spanischen *nao*

[28] Nickel 1999, 72–76.

[29] Mott 1994, 39–40.

und bei den Portugiesen *nau*, also eigentlich in allgemeinster Form als Schiff bezeichnet wurde.

Dass Engländer, Niederländer und Hansen die einmastige *cocha* und die späteren mehrmastigen Kraweelschiffe schon sehr früh kennenlernen konnten, ergibt sich daraus, dass Genua bereits um 1340 für seine Flandern- und Englandfahrt die großen Handelsgaleeren durch einmastige Mittelmeerkoggen ersetzte. Hinzu kommen in den ersten beiden Dezennien des 15. Jahrhunderts Berichte über Erwerb und Kaperung mehrmastiger *Karacken*, die der englischen Marine einverleibt wurden. Hansen auf Baienfahrt konnten *Karacken* oder *naos* in bretonischen Häfen sehen, wo vielleicht auch kleinere Reparaturen an ihren Schiffen ausgeführt wurden. Zudem befuhren mittlerweile dreimastige Schiffe auch Sund und Ostsee, wie die Ritzung auf einem Ziegelstein in Helsingör aus der Entstehungszeit um 1430 und die Ankunft der PIERRE DE LA ROCHELLE, der spätere PETER VON DANZIG, 1462 in Danzig belegen.[30]

Allerdings bestand ein gravierender Unterschied zwischen der Kenntnis, dem Besitz eines mehrmastigen Kraweels und der Fähigkeit, ein solches selbst zu bauen. In diesem Technologietransfer spielte damit das Anwerben von Schiffsbauern eine Rolle. Im Zusammenhang mit dem frühesten Bau eines *craveelschep* in Seeland, erwähnt der Chronist Johann Reygersberg einen Bretonen als Schiffsbauer. Auf der anderen Seite ist aus Danzig bekannt, dass für das erste Kraweel der PETER VON DANZIG Modell stand.

Die neue Technik kam anscheinend ebenso zur Anwendung für *Bardsen* und für *Büsen*, Fischerboote, die einen Mast während des Fangs umlegen konnten. Ob indessen auch der *Holk* – ein schwer fassbarer Schiffstyp – ebenso auf Kraweelbauweise umgestellt wurde, ist noch umstritten.

Nach gängiger Theorie wird der *Holk* mit stevenlosen Rundkaffen, Planken in Klinkertechnik und einem Rumpf mit ausgeprägter ‚Bananenform' charakterisiert.[31] Als frühester Bildbeleg gilt das Siegel von New Shoreham (1295), dessen Umschrift „[…] *hoc hulci signo* […]"[32] direkt auf den *Holk* verweist.[33] Im Jahr 1400 erscheint der einmastige

30 Zum PETER VON DANZIG siehe: Mozejko 2020.

31 Ellmers 1999/2000, 119–128.

32 Siehe Umzeichnung von Ewe 1972, 165.

33 Einen Vorläufer des Holks könnte eine Ritzzeichnung auf einer Riemenzunge des frühen 7. Jahrhunderts aus dem Departement Pas-de-Calais zeigen. Ellmers 1999/2000, 120.

geklinkerte Holk im großen Siegel Danzigs und drei Jahre danach im Siegel von Amsterdam. Detlev Ellmers geht davon aus, dass der *Holk* im 15. Jahrhundert die Kogge bereits an Größe übertraf und durch seine Konstruktion einen besseren Lateralplan besaß. Zudem konnte der *Holk* mehrmastig geriggt werden. Dennoch wird er bald von den Kraveelen abgelöst. Maik-Jens Spiekermann stuft den *Holk* wiederum als schwerfällig, breit, rundbauchig und mit hoher Ladekapazität ein, durch eine innere Wegerung, ein doppelter Boden zum Trockenhalten von Waren wie Getreide, für den Transport von Schüttgut geeignet.[34] Holke fungieren auch noch im späten 16. Jahrhundert als Versorgungsschiffe, wie das Beispiel des ursprünglich Rostocker *Holks*, El Gran Grifón, zeigt, der einen Verband an Holken zur Versorgung der spanischen Armada im Jahr 1588 anführte.[35]

Dass aber der Kraweelbau die Klinkertechnik bei den Großschiffen nicht sofort ablöste, zeigt die Entwicklung des Baus von Kriegsschiffen in England. Bis ins 16. Jahrhundert hielt die englische Krone an Neubauten in nordischer Klinkerbauweise fest. Daneben besaß die englische Marine aber auch angekaufte und gekaperte Kraweele. Dies wird besonders plastisch an Schiffsfunden im Hamble bei Bursledon deutlich. In nächster Nähe zueinander wird das Wrack der Holigost vermutet, der erbeuteten und umbenannten spanischen *Karacke* Santa Clara, und die Grace Dieu, das letzte der *great ships*, das während der Regentschaft Heinrichs V. gebaut wurde. Die Grace Dieu wurde 1418 in Klinkertechnik mit drei übereinander gelegten Planken fertiggestellt. Ihre unglaublichen Dimensionen machte M. W. Prynne ersichtlich, indem er aufzeigte, dass das Seitenprofil der Grace Dieu mit ihren Aufbauten Schwedens Wasa aus dem 17. Jahrhundert und sogar die HMS Victory, Nelsons Flaggschiff bei Trafalgar übertraf.[36] Allerdings war dem beeindruckenden Schiff nur eine kurze Geschichte und eine Fahrt beschieden. Danach wurde das Schiff bereits auf den Hamble geschleppt, wo es nach einem Blitzschlag 1439 bis zur Wasserlinie abbrannte.

In Klinkerbauweise tritt in der englischen Marine noch 1515 die Great Galley (1523 zum Kraweel umgerüstet) entgegen, ehe sie aus

34 Siehe Springmann 2016, 219–286; Springmann 2014.

35 Die Schiffsliste der spanischen Armada findet sich u. a. in: Rodríguez-Salgado 1988, 154–155.

36 Prynne 1968, 115–128.

dem englischen Kriegsschiffbau ab den 1520er Jahren vollends verschwand. Diese Entwicklung ging mit zwei technischen Neuerungen im Kriegsschiffbau Hand in Hand: Um 1500 war es nun möglich, Kanonenpforten im Zwischendeck der Kraweelschiffe einzubauen, während dies aus Gründen der Stabilität bei Schiffen in Klinkertechnik nicht möglich war. Damit entstand ein Wettlauf, die *Karacken* mit immer höheren Vorder- und Heckaufbauten zu versehen, um die Zahl der Kanonen zu steigern. Zum anderen kam es zur Einführung des Plattgatts. Das Heck des Schiffes war nicht mehr halbrund zulaufend, sondern senkrecht abfallend, wodurch auch achtern Kanonen postiert werden konnten. Das Plattgatt ermöglichte es aber auch, die Heckaufbauten ausladender, mit sogenannter Gillung, zu bauen.

Diesen Weg der Entwicklung verdeutlicht die sogenannte *Anthony Roll* aus der Entstehungszeit von 1545, in der alle größeren Kriegsschiffe Heinrichs VIII. einzeln dargestellt wurden. Neben der Mary Rose (1509 gebaut) und der Jesus von Lübeck (ca. 1515 gebaut) ist darin auch die Henry Grace a Dieu von 1514 mit dreistöckigen Aufbauten am Bug und vier Decks am Heck zu erkennen. Von ihr ist bekannt, dass sie mit 186 Geschützen ausgestattet war. Damit sahen die englischen *Karacken* gegenüber den ‚Seemonstern' der Spanier, Portugiesen oder manchem Mittelmeerstaat dennoch fast zierlich aus. Von der portugiesischen São João Baptista ist beispielsweise bekannt, dass sie 366 Geschütze tragen konnte und die spanische Santa Catarina do Monte Sinai sogar über vier- und fünfstöckige Aufbauten verfügte. Diese schwimmenden Festungen boten ob der Höhe ihrer Aufbauten allerdings dem Wind eine große Angriffsfläche. Dies verschlechterte ihre Manövrierfähigkeit erheblich, weshalb sich etwa in der Mitte des 15. Jahrhunderts in Spanien und insbesondere in England die Entwicklung eines wegweisenden Typs an Kriegsschiffen anbahnte, der länger und schmäler war sowie ohne extrem hohe Aufbauten auskam: die *Galeone*.

Die Navigation in Nord- und Südeuropa

Bis weit ins 16. Jahrhundert bestanden in der Navigation fundamentale Unterschiede zwischen dem Nord- und Ostseeraum sowie dem Mittelmeer. Dies begründete sich aus den unterschiedlichen Anforderungen an den Seemann, die sich aus der Beschaffenheit des Meeresgebietes, den meteorologischen Verhältnissen, den zurückzulegenden Distanzen und den Möglichkeiten der eingesetzten Schiffe ergaben. Dabei spielte sowohl im Norden wie auch im Süden grundsätzlich mündlich weitergegebenes und revierbezogenes Erfahrungswissen eine bedeutende Rolle.

Der Bereich der Nordsee ist gekennzeichnet durch eine verhältnismäßig geringe Meerestiefe. Unter Wasser liegende Sandbänke wie die über 300 Kilometer lange Doggerbank befinden sich stellenweise nur 13 Meter unter dem Meeresspiegel; die „Breite Vierzehn" vor der niederländischen Küste führt ihre Tiefe in Faden sogar im Namen an. Vorgelagerte Sandbänke vor der Küste Westjütlands, die Gezeiten des Wattenmeeres und härtere meteorologische Verhältnisse bildeten die Herausforderung für den Seemann. In Kattegat, Sund, Großen Belt und Fehmarnbelt, den Verbindungen in die Ostsee, mussten zahlreiche Inseln in nächster Nähe passiert werden und selbst die Meerestiefe der Ostsee misst nicht nur in Küstennähe stellenweise weniger als 15 Meter.

Mit dem Anwachsen des Massengüterverkehrs und einem – nicht linearen – Anstieg der Schiffsgröße ab dem 12. Jahrhundert konnten die Strecken nicht mehr in Tagfahrten und mit Übernachtungen an Land bewältigt werden. Die seichten Küstengewässer, gepaart mit schwierigen Windverhältnissen, stellten nun für Großschiffe ein unkalkulierbares Risiko dar. Lösung bot die Nutzung möglichst fester Schifffahrtswege mit Ansteuerungspunkten wie Helgoland, Gotland oder Rügen, von denen die Routen oft strahlenförmig ausgingen.

Als einzig nachweisbares Hilfsmittel der Navigation stand im nördlichen Europa das Lot zur Verfügung, das bereits in der Antike bekannt war. Diese Form der Navigation empfand der venezianische Kamuldensermönch Fra Mauro derartig erwähnenswert, dass er in seiner berühmten enzyklopädischen Weltkarte aus dem Jahr 1459 eigens in einer Schriftvignette mitteilte, dass in der Ostsee nicht mit Karte und Kompass, sondern mit Hilfe des Lotes navigiert werde.[37] Das Lot erbrachte dabei in der Nacht wie auch bei schlechter Sicht, sowohl bei der Küstenfahrt wie auch auf offener See wertvolle Information, die wir als geistige ‚Karte des Meeresbodens' beschreiben können. Dies lag an der Besonderheit des Geräts: Ein Bleikegel bildete am unteren Ende eine Aushöhlung, die mit einer klebrigen Masse wie Wachs gefüllt wurde. An dieser sogenannten Lotspeise blieben Sedimente des Meeresbodens hängen und informierten den Seemann über seinen Standort.

Den zweiten Grundpfeiler der Navigation im Hanseraum bildete die Beobachtung der Küstenlinie. Wichtige Informationen erbrachten der

37 Westrem 2001, Eintrag Nr. 2676.

küstenseitige Anblick von Hügeln, Bergen, einzelnen Bäumen, Baumgruppen, Flussmündungen, aber ebenso künstliche, markante Bauten. Hierzu zählen die Kirchtürme von Hansestädten am südlichen Ufer der Ostsee, darunter der 117 Meter hohe Kirchturm der Rostocker Petrikirche, der bei klarer Sicht noch in einer Entfernung von 28 Seemeilen zu erkennen war. Um die Schifffahrt sicherer zu gestalten, kamen im 9. Jahrhundert in Skandinavien Seezeichen auf, die auch ab dem 13. Jahrhundert im Hanseraum bekundet sind.

Angaben zu Lotungen, Ansteuerungshinweisen, Entfernungen und die Erwähnung markanter Bauten finden sich ebenso in den Seebüchern, den schriftlichen Hafenanweisungen, die aus dem 15. Jahrhundert aus dem niederdeutschen Raum, aus England und Frankreich und sogar schon aus der Mitte des 13. Jahrhunderts aus Italien bekannt sind. Den Kompass finden wir im Hanseraum aber nicht vor 1400; Seekarten, Astrolabien und der Jakobsstab kommen erst zu Beginn des 16. Jahrhunderts auf.

Gerade Kompass und Seekarte standen hingegen im praktischen Gebrauch des mediterranen Seemanns. Schon um das Jahr 1300 war vermutlich der Magnetkompass mit Kompassrose in Amalfi aufgekommen. Seine Einführung könnte auch in direkter Verbindung zur Seekarte des Mittelmeerraumes stehen, der sogenannten Portulan- oder Portolankarte.[38] Ihre stetige Entwicklung und über die Jahrhunderte ansteigende Zahl lässt vermuten, dass es sich bei der Portulankarte um eine eigenständige mittelalterliche Entwicklung handelt. Ohne erkennbare Vorläufer tritt sie Ende des 13. Jahrhunderts erstmals mit der sogenannten Pisaner Karte entgegen und umfasst zunächst die Gestade des Mittelmeeres und des Schwarzen Meeres. Bis 1500 haben sich etwa 180 Vertreter dieses Kartentyps erhalten, die meisten davon aus der Hand von venezianischen und mallorquinischen Kartenmachern.[39] Allerdings handelt es sich bei den erhaltenen Portulankarten um Repräsentationsstücke. In der Praxis verwendete Seekarten haben nach heutiger Quellenlage vermutlich durch Salzwasser und natürlichen Verschleiß nicht überdauert.

---

[38] Im folgenden Abschnitt konzentriere ich mich auf die nautische Bedeutung des Kartentyps. Unerwähnt bleibt die Binneneinzeichnung von Portulankarten des katalanischen Stils und den zu Weltkarten ausgebauten Portulankarten.

[39] Zu den Portulankarten grundlegend: Campbell 1986, 67–94 (mit einer Liste der bekannten Portulankarten); Campbell 1987, 371–434.

Dennoch lässt sich insbesondere aus italienischen Portulankarten die Grundfunktion klar erkennen. Auf das Pergament – dessen Halsstück sichtbar blieb – wurde zunächst zumeist ein Kreis gezeichnet, der 16 Punkte in gleichem Abstand trägt. Verschiedenfarbige Linien für die Haupt-, Halb- und Viertelwinde verbanden diese Punkte untereinander und mit dem Kreismittelpunkt, wodurch ein charakteristisches Strahlennetz entstand. Basierend auf einem einheitlichen Maßstab erfolgte nun die Einzeichnung der Küstenlinie mit stark überzeichneten Buchten und Kaps sowie grell hervorgehobenen kleinen Inseln, Untiefen und Riffen. Ihr Verwendungszweck als Seekarte wird ebenso durch die landeinwärts gerichtete Beschriftung mit Küstentoponymen und Ortsnamen ersichtlich, wodurch es vermieden wurde, Küstenlinie und Meeresbereiche zu verstellen.

Dem Nutzer führte die Portulankarte während der Küstenfahrt den aktuellen Meeresabschnitt markant vor Augen. Sie half aber ebenso zur Positionsbestimmung auf hoher See und zur Festlegung des Kurses vor Fahrtantritt. Hierfür hatte der Nautiker eine Rumbenlinie auf der Karte aufzufinden, die parallel zum geplanten Kurs lag. In der genordeten Karte gab diese Linie nun auch die Kompassrichtung an.

Mit einer unglaublichen Genauigkeit der Portulankarte von ±40 km, die in der Kartenkunst erst wieder im 17. Jahrhundert erreicht werden sollte, konnte der mediterrane Seemann schon um 1300 den gesamten Mittelmeerraum erfassen und zielsicher befahren.[40]

Einen plastischen Eindruck der südeuropäischen Kunst des Navigierens liefert eine Textstelle in Gutierre Díaz de Gamez *El Victorial* aus dem Jahr 1431. Darin beschreibt er ein Ereignis, das bereits 1404 stattgefunden hatte. Demnach befand sich Pero Niño, Conde de Buelna, mit einigen Schiffen auf der Rückfahrt von Nordafrika nach Spanien, als er gemeinsam mit dem Schiffsrat den Kurs festlegen musste:

> „Die Seeleute trafen ihre Vorbereitungen. Sie stellten die Bussolen mit Magnetnadeln bereit, sie öffneten die Seekarten und begannen mit den Zirkeln zu messen, denn die Fahrtroute war lang und der Wind konträr. Sie beobachteten die Sanduhr und vertrauten ihre Aufsicht einem verlässlichen Matrosen an. Sie hissten die Segel und empfahlen sich Gott […].“[41]

[40] Siehe Mesenburg 1994, 59–75, insbesondere 70.

[41] Zitiert nach Schnall 1991, 42; Editon: Díaz de Games/Llavador 1997.

Gutierre Díaz de Gamez beschrieb hier in wenigen Zeilen das Verfahren der Koppelnavigation. Üblicherweise kennt der Navigator den Kurs zwischen Abfahrthafen und Zielpunkt. Vom Zeitpunkt der Abreise an bestimmt der Navigator seinen aktuellen Standort, indem er die Entfernung bis zu einer Kursänderung mittels Zeitmessung und geschätzter (= gegisster) Geschwindigkeit ermittelt und auf eine Karte überträgt. Dieser Vorgang wiederholt sich bei weiteren Kursänderungen oder definierten Zeitspannen, wodurch die Route aus Teilstrecken aneinandergereiht, also ‚gekoppelt' wird.

Allerdings gab es im Spätmittelalter und in der Frühen Neuzeit noch viele unwägbare Faktoren, wodurch die Koppelnavigation nur als Richtwert dienen konnte: Für die Geschwindigkeitsmessung von Segelschiffen stand bis zur Einführung der Logge (1574) lediglich das Reelingslog zur Verfügung. Ein Holzstück wurde vom Vorschiff in das Meer geworfen und die Zeit geschätzt, die das Schiff dafür benötigte, um das Holz zu passieren. Hans-Günter Gierloff-Emden zeigte am Rechenbeispiel der SANTA MARIA auf, dass schon die Differenz von einer Sekunde bei einem Schiff von 20 Meter Länge und 9 Sekunden Passage (= 4,5 Knoten) zu einem Geschwindigkeitsfehler von 12 Prozent führt.[42] Hinzu traten die Ungenauigkeit der Sanduhr, die auf längeren Fahrten oft nicht zeitgerecht gewendet wurde und überdies bei hohem Seegang unregelmäßig rieselte, und – ganz zu Schweigen – Koppelfehler bei häufigem Kurswechsel.

Für die Bestimmung der geografischen Breite standen den süd- und südwesteuropäischen Seemännern etwa ab dem letzten Viertel des 15. Jahrhundert mehrere Geräte zur Verfügung, um den Winkel zwischen Gestirnen und dem Horizont zu messen. Diese erwiesen sich zur Positionsbestimmung auf Fahrten in Nord-Süd-Richtung als nützlich: Je weiter nach Süden wir uns in der nördlichen Erdhalbkugel bewegen, desto niedriger steht der Polarstern über dem Horizont. Südlich des Äquators ist er nicht mehr zu sehen. Um die aktuelle Polhöhe zu messen, standen dem Piloten neben der Fingerspanne als ‚Winkelmesser' Geräte wie der Jakobsstab (erstmals 1518/20 im maritimen Gebrauch erwähnt), das maritime Astrolabium (erstmals 1482 auf dem Meer nachgewiesen) oder der Quadrant (ab dem letzten Viertel des 15. Jahrhunderts im maritimen Gebrauch) zur Verfügung. Uwe Schnall und Erik Lindt wiesen aber eigens darauf hin, dass die Messung auf einem schwan-

42 Gierloff-Emden 1994, 189.

kenden Schiff so seine Tücken hatte, zumal sich alleine ein Irrtum von einem Grad in der Messung als Fehler von 60 Seemeilen auswirkte.[43]

An eine genaue Berechnung der geografischen Länge war hingegen in Spätmittelalter und Früher Neuzeit noch nicht zu denken. Das dabei auftretende Problem der exakten Zeitmessung konnte erst im 18. Jahrhundert durch den Marinechronometer von John Harrison (*Harris 4*) befriedigend gelöst werden, dessen Nachbau James Cook 1772 erstmals auf seiner zweiten Fahrt mitführte.

Dass Hilfsmittel der Navigation tatsächlich als solche betrachtet wurden, zeigt eine Episode aus der ersten Fahrt des Columbus. Am Tag nach der Ankunft auf Guanahani stellte Columbus in seinem *Diario* fest, dass die Bewohner dieser Insel dieselbe Hautfarbe hätten wie die Bewohner der Kanaren. Es verwunderte ihn auch nicht, weil sich beide Inselgruppen auf derselben Ost-West-Linie befänden – also auf derselben geografischen Breite [9v; S. 69m].

Auch wenn sich die technischen Hilfsmittel verbesserten, stützten sich Navigatoren noch tief im 16. Jahrhundert bei Fahrten über den Atlantik oder im Indischen Ozean auf empirische Beobachtungen. Landnähe kündeten verschiedene Vogelarten an, die abends ihre Schlafplätze an Land aufsuchen würden, sowie die Sichtung von Pflanzenbüschel, der Salzgehalt des Meereswassers oder das Auftauchen großer Wolkenmassen auf dem Meer, die als Anzeichen nahenden Landes gewertet wurden. Ganz im Sinne von Uwe Schnall gilt also:

> „Nicht die Entwicklung neuer technischer Navigationsmittel machte die beeindruckenden Entdeckungsfahrten dieser Zeit möglich, oder zumindest war sie nicht die conditio sina qua non. In mancher Hinsicht verlief der Einfluß genau anders herum: Die Langfahrten halfen dazu, Navigationsmittel zu entwickeln, zu verbessern oder neu zu erfinden, um die Schiffahrt sicherer zu machen."[44]

Grundzüge des geografischen Weltbildes

Zu den Unzulänglichkeiten der nautischen Hilfsmittel trat in der frühen Zeit der Expansion, dass die Seefahrer nur eine sehr vage Vorstellung von der Lage der Kontinente und der Größe der Erde besaßen. So

---

43 Schnall/Lindh 1983, 29.

44 Schnall 1997, 341–358.

konnten sich die Portugiesen bis zur Umrundung des Kaps der Guten Hoffnung nicht sicher sein, ob es überhaupt eine Verbindung zwischen Atlantik und Indischem Ozean gäbe. Columbus und seine Zeitgenossen gingen davon aus, dass Westeuropa und Ostasien nur durch einen Ozean getrennt wären, da man aus europäischer Sicht zu diesem Zeitpunkt ja nur drei Kontinente kannte. Auf halber Seestrecke rechneten sie übrigens auch mit einigen mythischen Inseln.

Diese Beispiele fußen auf dem geografischen Weltbild jener Zeit. Dieses war – abgesehen von der Portulankarte des Mittelmeerraumes und einigen wenigen lokalen Karten – bis zum 15. Jahrhundert in erster Linie von zwei unterschiedlichen Traditionen überwiegend schematischer Weltkarten geprägt: Im Kontext naturwissenschaftlicher und astronomischer Werke standen die sogenannten Hemisphärenkarten. Sie fußten auf einer antiken griechischen Vorstellung, wonach die Welt als Ganzes in fünf waagrechte Zonen eingeteilt werden könne. Dabei befinden sich an beiden Polkappen kalte und unbewohnbare Zonen. An jede von ihnen schließt eine gemäßigte und bewohnbare Zone an, die durch eine fünfte, heiße und unbewohnbare Zone voneinander getrennt sind. In der nördlichen milden Zone wurde sich die bekannte Welt gedacht. Die bewohnbare Zone im Süden entsprach der antiken Antipodenvorstellung. In dieser Zone erhoffte man sich im Portugal des 15. Jahrhunderts mit dem Reich des Priesterkönigs Johannes einen christlichen Verbündeten vorzufinden.

Die zweite wichtige mittelalterliche Kartentype bilden die TO- oder Ökumenekarten, die mittelalterlichen Ursprungs sind. Die TO-Karten gehen auf Isidor von Sevilla zurück, der darin die Angaben von Orosius und Augustinus kombiniert. In der *Historiae adversus paganos* hatte Orosius die drei bekannten Kontinente ohne Größenrelationen behandelt. Augustinus präzisierte in seiner *De civitate dei* die Angaben, wonach Asien als mächtigster und bedeutendster Kontinent die Hälfte der bewohnbaren Erde einnimmt, während sich Europa und Afrika die andere Hälfte teilen. Isidor von Sevilla verband beide Aussagen in einem Kreis mit einem eingeschriebenen T. Den Schaft teilten sich Europa und Afrika, den Halbkreis erhielt Asien. Nachdem die schematischen wie auch die zu einem Memoiregerüst ausgebauten *Mappae mundi* das Heilsgeschehen und somit den bewohnten Teil der Erde ins Zentrum rückten, ist der die Welt umgebende Ozean zu einem schmalen Streifen reduziert und die Karte auf das irdische Paradies im Osten (*oriens*) ausgerichtet, weswegen wir auch heute noch von orientieren sprechen.[45]

Die seit der Antike gängige Einteilung der bewohnten Welt in die drei bekannten Kontinente findet sich ebenso in der *Geographikè Hyphégesis* des Claudius Ptolemäus (um 100–170), die Ende des 14. Jahrhunderts in mehreren Abschriften aus Byzanz nach Florenz, Venedig und Rom verbracht wurde und deren früheste lateinische Übersetzung 1406 als *Cosmographia* zum Abschluss gelangte. In seinem Werk hatte der in Alexandria wirkende Gelehrte Kegelprojektionen entwickelt, eine Anweisung zum Zeichnen von Landkarten gegeben und 8 000 Orte der damals bekannten Welt mit ihren geografischen Koordinaten aufgelistet.

In gedruckter Form erschien die *Cosmographia* erstmals 1475 in Vicenza, allerdings noch ohne den Kartenteil. Karten finden sich in den späteren Ausgaben wie jenen aus Rom (1478) und Ulm (1482), in denen der Indische Ozean – gleich früheren ptolemäischen Manuskriptweltkarten – als Binnenmeer dargestellt wurde. Somit ging von der ptolemäischen Kartentradition keine Bestätigung für die portugiesische Ambition aus, Indien über den Seeweg nach Afrika zu erreichen. Eine solche fand sich hingegen in der bereits erwähnten Weltkarte des Fra Mauro, die Einflüsse der mönchischen Kartografie – von der sie sich durch Südung der Karte und der nicht mehr zentralen Lage Jerusalems als Kartenmittelpunkt absetzte – mit dem Wissen aus den Portulankarten, Marco Polos Reisebericht und portugiesischen Informationen verwob. In dieser Auftragsarbeit[46] für den portugiesischen König Alfons V. zeigt ein die Kontinente umströmender Meereskranz die Möglichkeit an, die Südspitze Afrikas zu umrunden und in den Indischen Ozean zu gelangen. Diese Annahme bestätigte sich durch die Umrundung des Kaps der Guten Hoffnung durch Bartolomeo Diaz 1488 und durch Vasco da Gama, der 1498 Indien erreichte.

Die ptolemäische *Cosmographia* stand aber im Mittelpunkt einer weiteren Frage, die den Verlauf des Entdeckungsgeschehens nachhaltig beeinflussen sollte. Der wissenschaftliche Ansatz von Ptolemäus, mittels Pro-

---

45 Zur mittelalterlichen Kartografie besonders empfehlenswert: Edson/Savage-Smith/Von den Brincken 2005; Edson 1997; Woodward 1987, 286–370; Arentzen 1984.

46 Das Original ist verschollen. Die erhaltene Fra Mauro-Karte stellt eine zeitgleiche Kopie dar.

jektionsverfahren und Gradnetz die Erdkugel kartografisch zu ‚verebnen', eröffnete die Möglichkeit, die Ausdehnung des Meeres zwischen Westeuropa und Ostasien besser abzuschätzen. Ptolemäus ging davon aus, dass die eurasische Landmasse – aufgerundet – 180° einnimmt und sich die Land- und Wasserfläche damit gleichmäßig verteilen.

In seinem Werk bespricht Ptolemäus auch die Vorstellung eines weiteren antiken Autors, den wir heutzutage nur durch die Erwähnung in der *Cosmographia* kennen: Marinus von Tyrus. Dieser ging wiederum von einer Erstreckung der eurasischen Landmasse von 225° aus, wodurch sich der Seeweg nach Ostindien auf 135° verkürzen würde. Den quellenkritisch arbeitenden Kartenmachern erschien um 1490 diese Angabe glaubwürdiger, zumal insbesondere Marco Polos Reisebericht zur Erkenntnis geführt hatte, dass Chinas Ausdehnung in der ptolemäischen Vorstellung nur ungenügend berücksichtigt war.[47]

Im Kartenbild zeigt sich diese Vorstellung in der Karte des Henricus Martellus (um 1490) und im Behaimschen Erdapfel (1492), dem frühesten erhaltenen Globus des Abendlandes. Auf ihm finden sich mythische Inseln im Atlantik eingezeichnet, die bereits in manchen Portulankarten aufgetreten waren und auch eine Inselkette mit Japan vor Ostasien, die auf Marco Polos Schilderung zurückging.

Im Hinblick auf die Erkenntnisse und Entdeckungen europäischer Seeleute am Übergang vom 15. zum 16. Jahrhundert verfuhren die Kartenmacher dann nach gewohnter Manier: Basierend auf einer geografischen Grundkonzeption wurden die neuen Detailinformationen in diese integriert.[48] Dies zeigt sich deutlich in der fächerförmigen Weltkarte von Matteo Contarini und Francesco Roselli (1506), in der die Entdeckung des Columbus als Teil einer Japan (*Cipangu*) vorgelagerten Inselwelt Eingang fand. Eine ungeheure Landmasse verweist hingegen bereits auf Amerigo Vespucci, der in einem in Druck gegangenen Brief seine Meinung äußerte, er habe einen bislang unbekannten Kontinent entdeckt. Diese Vermutung bildete auch schließlich den Grund für die Benennung Amerikas. Denn auf ihn wurden die beiden Deutschen Martin Waldseemüller (Ilacomilus) und Matthias Ringmann aufmerksam und benannten den neuen Kontinent in ihrer *VNIVERSALIS COSMOGRAPHIA SECVNDVM PTHOLOMÆI TRADITIONEM ET AMERICI VESPVCII ALIORV[M]QVE LVSTRATIONES* (Straßburg oder St. Dié 1507) in Abwandlung von Vespuccis Vorna-

[47] Siehe genauer Tebel 2005b, 19–28.

[48] Siehe genauer Tebel 2005a, 32–38.

men Amerika. Doch zeichnete sich bereits hier die Entwicklung der nächsten Jahrzehnte ab. Das Sammeln und Verarbeiten des geografischen Wissens verschob sich zunächst von Italien und dem Römisch-Deutschen Reich hin zur Iberischen Halbinsel. Dort wurde nun in eigens geschaffenen Behörden der Entdeckungsfortschritt überwacht und der geografische Wissensstand in Manuskriptkarten auf den neuesten Wissensstand gebracht und – nach Möglichkeit – geheim gehalten. In den alten Zentren der Kartenkunst war man nun in erster Linie auf das Sammeln und Auswerten von Reiseberichten angewiesen, die aus der Hand von Kapitänen und Fahrtteilnehmern stammten. Die Zeit der großen Reisesammlungen war angebrochen.

Literatur

Alberdi Lonbide/Aragón Ruano 1998 = Xabier Alberdi Lonbide/Álvaro Aragón Ruano: La construcción naval en el País Vasco durante la Edad Media, in: Itsas Memoria. Revista de Estudios Marítimos del País Vasco 2 (1998), 13–33.

Arentzen 1984 = Jörg-Geerd Arentzen: Imago Mundi Cartographica. Studien zur Bildlichkeit mittelalterlicher Welt- und Ökumenekarten unter besonderer Berücksichtigung des Zusammenwirkens von Text und Bild (Münstersche Mittelalterschriften 53), München 1984.

Campbell 1987 = Tony Campbell: Portolan Charts from the Late Thirteenth Century to 1500, in: J. B. Harley/David Woodward: The History of Cartography, Bd. 1: Cartography in Prehistoric, Ancient and Medieval Europe and the Mediterranean, Chicago–London 1987, 371–434.

Campbell 1986 = Tony Campbell: Census of Pre-Sixteenth-Century Portolan Charts, in: Imago Mundi 38 (1986), 67–94.

Columbus/Dunn/Kelley 1991 = Christoph Columbus/Oliver Dunn/James E. Kelley, Jr. (Hg.): The Diario of Christopher Columbus's First Voyage to America 1492–1493. Abstracted by Fray Bartolomé de las Casas. Transcribed and Translated into English, with Notes and a Concordance of the Spanish, by Oliver Dunn and James E. Kelley, Jr., Norman–London 1991.

Crumlin-Pedersen/Olsen 2002 = Ole Crumlin-Pedersen/Olaf Olsen (Hg.): The Skuldelev Ships I. Topography, Archaeology, History, Conservation and Display (Ships and Boats of the North, Vol. 4.1), Roskilde 2002.

Díaz de Games/Llavador 1997 = Gutierre Díaz de Games/Rafael Beltrán Llavador (Hg.): El Victorial, Salamanca 1997.

Eberenz 1975 = Rolf Eberenz: Schiffe an den Küsten der Pyrenäenhalbinsel. Eine kulturgeschichtliche Untersuchung zur Schiffstypologie und -terminologie in den iberoromanischen Sprachen bis 1600, Frankfurt am Main 1975.

Edson 1997 = Evelyn Edson: Mapping Time and Space. How Medieval Mapmakers viewed their World. (The British Library Studies in Map History I), London 1997.

Edson 2005 = Evelyn Edson/Emilie Savage-Smith/Anna-Dorothee von den Brincken: Der mittelalterliche Kosmos. Karten der christlichen und islamischen Welt, Darmstadt 2005.

Ellmers 1972 = Detlev Ellmers: Frühmittelalterliche Handelsschiffahrt in Mittel- und Nordeuropa, Neumünster 1972.

Ellmers 1980 = Detlev Ellmers: Es begann mit der Kogge. Neue Forschungsergebnisse zur Schiffahrt der Hanse, in: Stadt und Handel im Mittelalter. Ausstellungskatalog, Stade 1980.

Ellmers 1985 = Detlev Ellmers: 200 Jahre Schiffsarchäologie im Flussgebiet der Weser. In: Deutsches Schiffahrtsarchiv 8 (1985), 43–94.

Ellmers 1999/2000 = Detlev Ellmers: Zur Herkunft des spätmittelalterlichen Schiffstyps Holk, in: Zeitschrift für Archäologie des Mittelalters 27/28 (1999/2000), 119–128.

Ellmers 2010 = Detlev Ellmers: Koggen kontrovers, in: Hansische Geschichtsblätter 128 (2010), 113–140.

Ellmers/Schnall 1998 = Detlev Ellmers/Uwe Schnall: Schiffbau und Schiffstypen im mittelalterlichen Europa, in: Uta Lindgren (Hg.): Europäische Technik im Mittelalter 800 bis 1400. Tradition und Innovation. 3. Aufl., Berlin 1998, 353–370.

Ewe 1972 = Herbert Ewe: Schiffe auf Siegeln, Rostock 1972.

Friel 1994 = Ian Friel: The Carrack. The Advent of the Full Rigged Ship, in: Robert Gardiner/Richard W. Unger (Hg.): Cogs, Caravels and Galleons. The Sailing Ship 1000–1650, London 1994, 77–90.

Gierloff-Emden 1994 = Hans-Günter Gierloff-Emden: Die erste Entdeckungsreise des Columbus. Nautische und Ozeanische Bedingungen (Münchener Geographische Abhandlungen, Reihe B, 19), München 1994.

Heinsius 1956 = Paul Heinsius: Das Schiff der hansischen Frühzeit (Quellen und Darstellungen zur hansischen Geschichte, Neue Folge 12), Weimar 1956.

Heinsius 1986 = Paul Heinsius: Das Schiff der hansischen Frühzeit (Quellen und Darstellungen zur hansischen Geschichte, Neue Folge 12) 2. verbesserte Aufl., Köln–Wien 1986.

Hoffmann 2003 = Gabriele Hoffmann: Was nicht in den Berichten steht, in: Gabriele Hoffmann/Uwe Schnall (Hg.): Die Kogge. Sternstunde der deutschen Schiffsarchäologie, Hamburg 2003, 60–63.

Mesenburg 1994 = Peter Mesenburg: Portulankarten. Die „vermessene“ Welt des Mittelalters, in: Horst Wenzel/Friedrich Knittler/Manfred Schneider (Hg.): Gutenberg und die Neue Welt, München 1994, 59–75.

Mott 1994 = Lawrence V. Mott: A three-masted ship depiction from 1409, in: The International Journal of Nautical Archaeology 23 (1994), 39–40.

Mozejko 2020 = Beate Mozejko: Peter von Danzig. The story of a great caravel, 1462–1475, Leiden 2020.

Nickel 1999 = Hans-Jochen Nickel: Was macht ein Schiff zur Kogge? In: Das Logbuch 35 (1999) 2, 72–76.

Obenaus 2010 = Andreas Obenaus: Eine islamische Dimension der europäischen Expansion in den Atlantik, ungedr. Dissertation, Wien 2010.

Ortega Villoslada 2008 = Antonio Ortega Villoslada: La coca en el intercambio mercante Atlántico-Mediterráneo, in: Anuario de Estudios Medievales 38 (2008) 1, 429–444.

Paulsen 2016 = Reinhard Paulsen: Hanse und Europa im Mittelalter. Schiffe am Beispiel Hamburgs, europäische Entwicklungslinien und die Forschung in Deutschland (Quellen und Darstellungen zur hansischen Geschichte, Neue Folge 73), Köln–Weimar–Wien 2016.

Prynne 1968 = M. W. Prynne: Annual lecture for the Society of Nautical Research: Henry V's Grace Dieu, in: The Mariner's Mirror 54 (1968) 2, 115–128.

Rodríguez-Salgado 1988 = M. J. Rodríguez-Salgado et al: Armada. 1588–1988. An international Exhibition to commemorate the Spanish Armada, London 1988.

Rieth 2016 = Érik Rieth: Navires et construction navale en Moyen Âge. Archéologie nautique de la Baltique à la Méditarranée, Paris 2016.

Schnall/Lindh 1983 = Uwe Schnall/Carl Erik Lindh: Überblick über die geschichtliche Entwicklung der Seekarten, in: [Carl Erik Lindh (Hg.):] Die Welt der Seekarten. Die Küsten Westeuropas. Sonderausstellung im Schwedenspeicher Museum, Stade 4. Juni – 17. Juli 1983, Bremen 1983, 13–56.

Schnall 1991 = Uwe Schnall: Navigationstechnische Voraussetzungen der Entdeckungsfahrten im 15. Jahrhundert, in: Anzeiger des Germanischen Nationalmuseums (1991), 41–44.

Schnall 1997 = Uwe Schnall: Probleme der praktischen Navigation auf den neuen Seewegen um die Erde im 16. Jahrhundert, in: Deutsches Schiffahrtsarchiv 20 (1997), 341–358.

Springmann 2014 = Maik-Jens Springmann: Schifffahrt und Schiffbau im Übergang zur Frühen Neuzeit im Ostseeraum. Tradition versus Innovation, ungedr. Dissertation Greifswald 2014.

Springmann 2016 = Maik-Jens Springmann: Normierung und Standardisierung im Schiffbau zur Zeit des Überganges zur Frühen Neuzeit: Eine vornehmlich auf den Frachtraum gerichtete Untersuchung und ein Beitrag zum Verständnis der tiefgreifenden Umwälzungen der Schifffahrtsverhältnisse im Ostseeraum, in: Hansische Geschichtsblätter 134 (2016), 219–286.

Szymanski 1985 = Hans Szymanski: Der Ever der Niederelbe. Ein Beitrag zur Geschichte der deutschen Schiffahrt und zur Volkskunde Niedersachsens, Hamburg 1985.

Tebel 1999 = René Tebel: Die Vorlagen der maritimen Illustrationen in Hartmann Schedels Weltchronik, in: Deutsches Schiffahrtsarchiv 22 (1999), 401–423.

Tebel 2005a = René Tebel: „...dass dieses Land keine Insel, sondern ein Kontinent ist..." Zur frühen Wiedergabe Südamerikas im Kartenbild, in: Friedrich Edelmayer/Bernd Hausberger/Barbara Potthast (Hg.): Lateinamerika 1492–1850/70, Wien 2005, 32–38.

Tebel 2005b = René Tebel: Was sah Kolumbus, als er die Karibik sah? Zu den Hintergründen eines Irrtums, in: Bernd Hausberger/Gerhard Pfeisinger (Hg.): Die Karibik. Geschichte und Gesellschaft 1492–2000, Wien 2005, 19–28.

Tebel 2012 = René Tebel: Das Schiff im Kartenbild des Mittelalters und der Frühen Neuzeit. Kartographische Zeugnisse aus sieben Jahrhunderten als maritimhistorische Bildquellen (Schriften des Deutschen Schiffahrtsmuseums 66), Wiefelstede 2012.

Weski 2006 = Timm Weski: Wurde wirklich eine Kogge gefunden?, in: Antike Welt 37 (2006) 1, 91–96.

Westrem 2001 = Scott D. Westrem: The Hereford Map. A Transcription and Translation of the Legends with Commentary (Terrarum Orbis. Histoire des représentations de l'espace: textes, images. History of the Representation of Space in Text and Image 1), Turnhout 2001.

Woodward 1987 = David Woodward: Medieval Mappaemundi, in: J. B. Harley/ David Woodward (Hg.): The History of Cartography, Bd. 1: Cartography in Prehistoric, Ancient and Medieval Europe and the Mediterranean, Chicago–London 1987, 286–370.

Zwick 2016 = Daniel Zwick: Bayonese cogs, Genoese carracks, English dromons and Iberian carvels: Tracing technology transfer in medieval Atlantic shipbuilding, in: Itsas Memoria. Revista de Estudios Marítimos del País Vasco 8 (2016), 647–680.

Nordatlantik

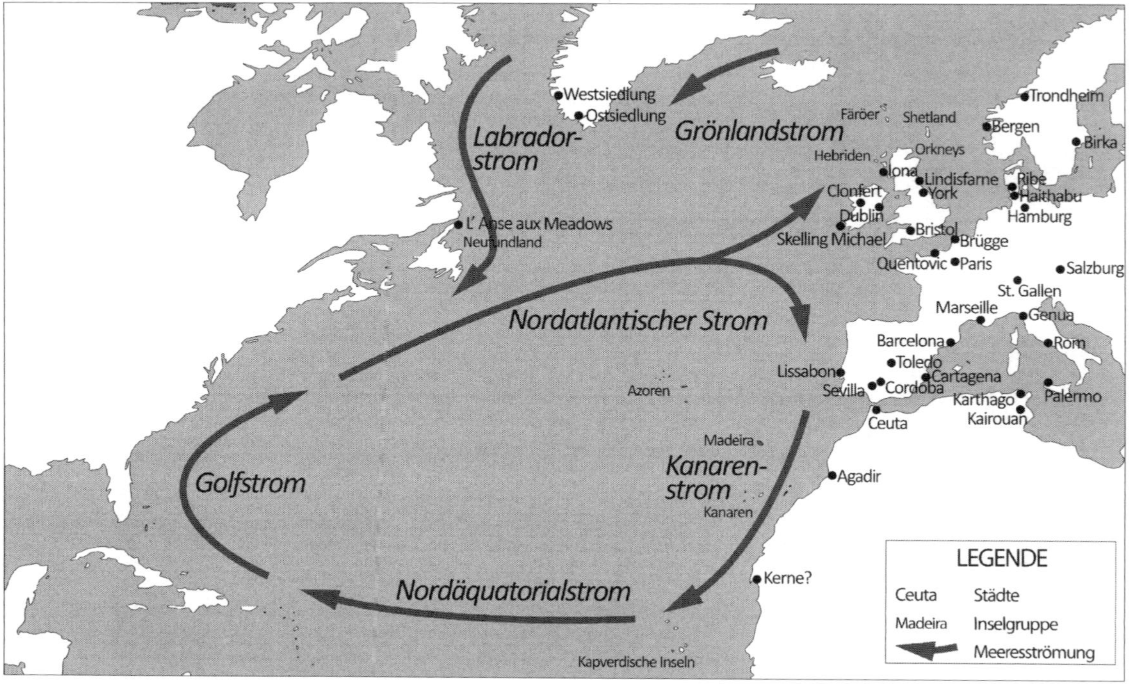

Irische Mönche, skandinavische Siedler und arabische Entdecker

Seereisende der Alten Welt im Atlantik von der Antike bis zum Hochmittelalter

Johannes Preiser-Kapeller

Antiken und mittelalterlichen Seefahrten von Europa und Afrika hinaus auf den Atlantik galt das besondere Interesse der Forschung, aber auch der breiteren Öffentlichkeit, deutete man sie doch als Vorläufer der europäischen Entdeckung der ‚Neuen Welt'. Erst in den letzten Jahrzehnten wurde vermehrt daran erinnert, dass auch die westlichen Teilmeere des Atlantiks schon vor Christoph Kolumbus von den Native Americans befahren wurden; Seehandel und maritime Migrationsbewegungen vernetzten etwa die Inseln der Karibik in hoher Dichte, weiterreichende Handelsbeziehungen verbanden Mesoamerika und die Kulturen im Einzugsgebiet des Mississippi.[1] Diese Fahrten reichten aber eben nie über den Ozean hinweg in Richtung ‚Alte Welt'. Im Alternativgeschichte-Bestseller des französischen Autors Laurent Binet *Civilizations* von 2019 (2020 unter dem Titel *Eroberung* ins Deutsche übersetzt) gelingt hingegen einem kleinen Trupp wagemutiger Inkas nach der Manier der Konquistadoren Hernán Cortés oder Francisco Pizarro die Unterwerfung weiter Teile des politisch zerstrittenen Westeuropas des 16. Jahrhunderts.[2] Vorbedingung ist allerdings auch bei Binet die Vermittlung nautischen und metallurgischen Wissens durch in diesem Szenario weit nach Süden vorstoßende Wikinger, auf dessen Grundlage die ‚Indianer' dann Christoph Kolumbus und anderen Europäern militärisch auf Augenhöhe begegnen können.[3]

---

1 Gunsenheimer/Schüren 2016, 109–112, 333–346.

2 Binet 2020.

3 Tatsächliche Kontakte zwischen den Wikingern und den Kulturen Mesoamerikas postulierte u. a. kürzlich Hansen 2020, allerdings auf sehr spekulativer Grundlage, was ihr Kritik für ihr ansonsten hochgelobtes Buch einbrachte. Vgl.

Das folgende Kapitel konzentriert sich – nach einer Einleitung zu Atlantikfahrten in der Antike – auf drei mittelalterliche, miteinander verzahnte maritime Traditionen der Ozeanfahrt in der ‚Alten Welt' ausgehend von Irland, Skandinavien und der Iberischen Halbinsel.

Erkundung und Imagination des Atlantiks in der Antike

Zwar bestanden immer über Zwischenstationen Austauschbeziehungen zwischen dem östlichen Mittelmeerraum und den Atlantikküsten Europas und Afrikas, doch waren es vor allem die Phönizier (aus dem heutigen Libanon), die nach der ersten Jahrtausendwende v. Chr. vermehrt über die Straße von Gibraltar nach Westen vorstießen. Sie lockten der Metallreichtum der Iberischen Halbinsel, etwa um Tartessos in Südspanien, aber auch die Zinnvorkommen der Britischen Inseln. Schon davor gab es regen Handelsverkehr zwischen den Regionen rund um Ost- und Nordsee und Nordwestatlantik, der nun vom Einfluss des mediterranen Schiffbaus profitierte.[4]

Ab der Mitte des 1. Jahrtausends v. Chr. sind Berichte von weiterreichenden Seereisen der Phönizier erhalten. Angeblich schon um 600 v. Chr. sollen phönizische Seefahrer im Auftrag des Pharaos Necho II. (reg. 610–595 v. Chr.) vom Roten Meer aus rund um Afrika herum bis in den Atlantik gesegelt und über die Straße von Gibraltar ins Mittelmeer zurückgekehrt sein, doch bleibt zweifelhaft, wie weit diese Entdecker wirklich gelangten.[5] Auf sichererem Boden befinden wir uns mit den Erkundungsfahrten, die um 500 v. Chr. vom als phönizische Kolonie gegründeten Karthago (im heutigen Tunesien) aus unternommen wurden. Himilko stieß nach Norden wohl bis Südengland und Irland vor. Teile seines Berichts fanden ebenso Eingang in das griechische Geschichtswerk des Herodot (ca. 490–420 v. Chr.) wie jener von der noch größeren Fahrt des Hanno, der angeblich mit 60 Schiffen und 30 000 Männern und Frauen, die neue Siedlungen gründen sollten, die afrikanische Küste entlang nach Süden segelte. Als südlichste Kolonie wurde Kerne, vielleicht im heutigen Grenzgebiet zwischen Mauretanien und dem marokkanisch beherrschten Westsahara, angelegt; doch stieß die Flotte des Hanno wohl noch weiter nach Süden

etwa https://literaturkritik.de/hansen-das-jahr-1000-sandelholz-aus-java-und-arabischer-weihrauch-in-china,27427.html [13.01.2021].

4 Schulz 2016, 47–52, 128–132; Cunliffe 2017, 358–371.

5 Schulz 2016, 44–47; Schulz 2019, 84–85.

bis in das Gebiet des heutigen Kamerun vor.[6] Wie weit Karthager nach Westen segelten, ist umstritten; die küstennahen Kanarischen Inseln wurden sicher von ihnen angelaufen und allgemeiner Teil des antiken Weltbilds. Auch eine Anfahrt zu den weiter vom Festland entfernten Inseln um Madeira und den Azoren wird durch Winde und Strömungen begünstigt (siehe die Karte am Ende des Beitrags), doch gibt es hier keine eindeutigen Belege für eine Präsenz der Karthager.[7]

Ab dem 7. Jahrhundert v. Chr. unternahmen auch griechische Seefahrer Vorstöße in den Atlantik in Richtung Norden und Süden, doch sperrten die Karthager ab dem frühen 5. Jahrhundert v. Chr. dieser Konkurrenz die Durchfahrt durch die Straße von Gibraltar. In den 30er oder 20er Jahren des 4. Jahrhunderts v. Chr. musste der Grieche Pytheas aus Massalia (Marseille) deshalb durch Südfrankreich an den Atlantik reisen, um von dort nach Norden segeln zu können. Er umfuhr die größte der Britischen Inseln (Großbritannien) und gelangte dann aufgrund von Angaben der einheimischen Bevölkerung vermutlich von den Orkney-Inseln aus zu einer noch weiter nördlich gelegenen Insel. Er gab deren Namen als „Thule" wieder und beschrieb das Phänomen der Mitternachtssonne und des gefrorenen Eismeers. Ob es sich dabei um die Küste Norwegens oder gar um Island handelte, ist bis heute umstritten. Sein Bericht fand jedenfalls weite Verbreitung, und „Ultima Thule" wurde zum Symbol für den nördlichsten Rand der Welt, etwa beim römischen Dichter Vergil (70–19 v. Chr.) in seinen *Georgica* (Buch 1, Vers 30).[8]

Die Kontrolle Karthagos über die Straße von Gibraltar endete mit seiner Niederlage gegen die Römer; kurz nach der Eroberung der Stadt im Jahr 146 v. Chr. unternahm der griechische Diplomat Polybios im Auftrag des Feldherrn Scipio Africanus des Jüngeren eine Erkundungsfahrt auf den Spuren des Hanno und Himilko, die ihn bis Kerne und vermutlich noch weiter in den Süden und im Norden bis an die Mündung der Loire führte. Mit der Eroberung Galliens (durch Julius Cäsar, zwischen 58 und 50 v. Chr.) und später Britanniens (unter Kaiser Claudius, um 43 n. Chr.) erlangten die Römer schließlich direkten Zugang zum Nordwesten Europas; ihre Seefahrten beschränkten sich aber auf Regionen in relativer Nähe zu den Reichsgrenzen. Ähnliches galt für den Raum westlich und südlich von Gibraltar. Zwar entwarf

---

6 Schulz 2016, 153–162; Cunliffe 2017, 301–307; Roller 2019, 124–125.

7 Cunliffe 2017, 57–58, 307–310.

8 Schulz 2016, 219–225; Cunliffe 2017, 310–321; Roller 2019, 121–131.

Eudoxos von Kyzikos um 100 v. Chr. den kühnen Plan, um Afrika herum in Richtung Indischer Ozean zu segeln, doch verschlug es ihn zuerst hinaus auf den Atlantik, vielleicht bis Madeira, und von dort an die afrikanische Küste, wo er schließlich im Königreich Mauretanien landete. Dessen König Juba II. (reg. 25 v. Chr.–23 n. Chr.) organisierte ebenfalls eine Erkundungsfahrt, die wohl bis zu den Kanarischen Inseln gelangte.[9] Sie markierten auch den westlichsten Längengrad in der Karte des Claudius Ptolemäus, der in der ersten Hälfte des 2. Jahrhunderts n. Chr. den geographischen Horizont der römischen Welt absteckte. Dem gegenüber stehen moderne Spekulationen über antike Seefahrten weiter in den Westen bis nach Amerika, die in den letzten Jahren selbst in renommierten Verlagen Aufnahme finden.[10] Solche transatlantische Reisen wären zwar seetechnisch möglich gewesen; aber da sich alle vermeintlichen archäologischen Belege dafür bislang als Fälschung oder zumindest als fragwürdig erwiesen, liegt kein sicherer Beweis vor.[11]

Dafür setzte die antike Vorstellung an den westlichen Rand der bekannten Welt auch verschiedene imaginierte Eilande, von den „Inseln der Seligen" bis hin zur Atlantis-Erzählung des Philosophen Platon (428/427–348/347 v. Chr.), die manchmal mit tatsächlich angelaufenen Inseln wie den Kanaren verknüpft wurden, in ihrer genauen Lage aber meist unbestimmt blieben. Zumindest regten sie dazu an, über noch kaum oder unbekannte Landstriche jenseits der in der Sage vom Halbgott Herakles/Herkules an der Meerenge von Gibraltar errichteten ‚Säulen' (eigentlich zwei Felsenberge) nachzudenken. Über christliche Gelehrte wie den Bischof Isidor (ca. 560–636) des durch den schiffbaren Guadalquivir mit dem Atlantik verbundenen Sevilla wurde tatsächliches und fantastisches Wissen über den Ozean auch nach dem Zerfall des Weströmischen Reiches an das Mittelalter weitergegeben.[12]

---

9 Schulz 2016, 219–225; Cunliffe 2017, 310–321; Roller 2019, 121–131.

10 Siehe z. B. Giffhorn 2013.

11 Schulz 2016, 313–317, 416–420, 430–432; Cunliffe 2017, 339–340, 560; Schulz 2019, 106–107.

12 Obenaus 2013, 186–188, 259–260; Egeler 2015, 24–30, 393–416; Schulz 2016, 71–98, 428–430, 439–449; Cunliffe 2017, 28–30; Schulz 2019, 93–94; Kolditz 2019, 173–177.

Pilger zur See
Irische Mönche im Nordatlantik und in der „Anderswelt“

Der Zusammenbruch der römischen Herrschaft zuerst ab 410 in Britannien, dann bis um 476 in ganz Westeuropa störte etablierte Verteilungsnetzwerke für römische Produkte, auch für Eliten außerhalb der Reichsgrenzen.[13] Ganz unterbrochen wurde der maritime Austausch rund um die Nordsee und angrenzende Meere jedoch nie, und ab dem 7. Jahrhundert entstanden neue Handelszentren wie Dorestad (in den heutigen Niederlanden), damals im Siedlungsgebiet der Friesen, die bis zum 9. Jahrhundert eine wichtige Rolle als Kaufleute spielten.[14]

Vom Westen her partizipierten auch Händler aus Irland an diesen Netzwerken in Richtung Schottland, Wales und England sowie Nordfrankreich. Irland lag zwar außerhalb des Imperiums der Römer, sie erwarben aber doch einige Kenntnisse über Umfang und Bevölkerung der Insel.[15]Für küstennahe Fahrten, aber auch weitere Reisen benutzten die Iren den Schiffstyp des *Curragh*, bei dem ein leichtes, bis zu fünf oder sechs Meter langes Holzgerippe mit Leder oder Leinwand überzogen wurde.[16] Aus dem Römischen Reich gelangten auch das Christentum und später die Idee des Mönchtums nach Irland. Letzteres hatte sich im frühen 4. Jahrhundert in Ägypten entwickelt, wo sich Eremiten und Asketen-Gemeinschaften in die Wüste zurückzogen. Für ihre irischen Nachahmer wurde die weite See das Gegenstück zur Wüste, auf der sich einzelne oder mehrere Mönche in einer dauerhaften Pilgerfahrt (lat. *peregrinatio*) weg von der Heimat begaben. Rückzugsmöglichkeiten nahe der Küste boten exponierte kleine Inseln, wie etwa Skellig Michael (12 Kilometer vor der Südwestküste Irlands).[17] Andere Mönche reisten als Missionare weiter über die Irische See in Richtung Britannien, wo 563 vor der Küste Schottlands durch Columban den Älteren (521–597) auf der Hebrideninsel Iona ein berühmtes Kloster

---

13 Cunliffe 2017, 378–380, 408–410.

14 Hines/IJssennagger 2017. Vgl. auch Hoffmann 2014, 71–75; Pye 2015, 28–38.

15 Charles-Edwards 2000, 145–176, 588; O’Sullivan/Breen 2007, 150–155; Cunliffe 2017, 372–373.

16 O’Sullivan/Breen 2007, 108–110, 137–142; Cunliffe 2017, 334–336.

17 Charles-Edwards 2000, 8–9, 82, 103, 214–233; O’Sullivan/Breen 2007, 124–131; Mackley 2008, 50–52; Egeler 2015, 281–282; Cunliffe 2017, 12–13, 25–26, 402–405; Kolditz 2019, 179–180. Skellig Michael wurde zuletzt wieder weltbekannt als Drehort für die Zuflucht von Luke Skywalker in der aktuellen Star Wars-Trilogie.

entstand, von dem aus wiederum 635 ein weiteres Kloster auf der Insel Lindisfarne vor der Küste Northumbrias gegründet wurde. Über Britannien hinaus zogen manche wie Columban der Jüngere (540–615) auf das europäische Festland, wo sie Klöster und Bistümer von Frankreich bis Norditalien, aber auch im Ostalpen- und Donauraum (St. Gallen, Salzburg) errichteten.[18] Und andere irische Mönche unternahmen noch gefährlichere Pilgerfahrten in Richtung Nordatlantik auf die Orkneys und Shetlands nördlich von Schottland, bis zu den Färöer-Inseln und schließlich vermutlich sogar bis Island noch vor den Wikingern (siehe unten). Die Lebensbeschreibungen der später als Heilige verehrten Asketen und Klosterchroniken bewahrten Berichte über solche Fahrten. Dieser Mönche wurde sogar in einer eigenen „Litanei der irischen Pilgerheiligen" gedacht, die zwischen 800 und 900 entstand.[19] Darüber hinaus entwickelte sich ab dem 8., vielleicht schon im späten 7. Jahrhundert die Textgattung des *Immram* (Plural *Immrama*, altirisch wörtlich „Herumrudern") im Sinn einer Seereise-Erzählung. Darin mischten sich reale Reiseerfahrungen mit Imaginärem, sowohl aus der Bibel (z. B. Elemente aus der Paradieserzählung) beziehungsweise der antiken Tradition (wie die „Inseln der Seligen", siehe oben) als auch aus älteren keltischen Vorstellungen von wundersamen „Anderswelten", die mehr oder weniger weit jenseits des Meers verortet wurden.[20]

Einen in Europa im Mittelalter später vielgelesenen Höhepunkt fanden diese verschiedenen irischen Erzähltraditionen in der *Navigatio Brendani* aus dem späten 9. oder frühen 10. Jahrhundert. Sie knüpft an eine historische Persönlichkeit an: Brendan, als Heiliger verehrter Abt des um 558 von ihm gegründeten Klosters Clonfert (im County Galway im westlichen Irland), gestorben am 16. Mai 575, angeblich im Alter von 94 Jahren. Ihm wurden auch in zeitnäheren Texten Pilgerfahrten zur See, aber eher im engeren maritimen Umfeld Irlands, vielleicht bis hin zu den Hebriden, zugeschrieben. In der *Navigatio* werden diese aber zu einer siebenjährigen Odyssee auf einer spiralförmigen Route ausgebaut, die Brendan und seine Gefährten immer an hohen kirchlichen Feiertagen auf dieselben wundersamen Eilande führt, bis hin zum „Gelobten Land der Heiligen" (lat. *terra repromissionis sanctorum*), von dem der

18 Charles-Edwards 2000, 280–326, 344–390; Egeler 2015, 313–314; Cunliffe 2017, 405–406.

19 Egeler 2015, 285–286, 310–315; Cunliffe 2017, 406; Kolditz 2019, 178–179.

20 Mackley 2008, 21–22, 55–62; Egeler 2015, 263–280, 297–310; Pye 2015, 14–15; Cunliffe 2017, 25–28.

Pilgermönch schließlich im hohen Alter nach Irland zurückkehrt und kurz danach stirbt. Trotz der eindeutig allegorischen Ausrichtung des Texts suchten (und suchen) viele Gelehrte darin einen ‚realen' Kern. So wollte man die am Ostersonntag angelaufene „Insel der Schafe" mit den Färöern (altnordisch „Schafsinseln") identifizieren, hinter der Beschreibung einer Insel voll höllischem Feuer, von wo wilde Schmiede Brendan und seine Gefährten mit glühender Schlacke bewerfen, eine Darstellung des Vulkanismus auf Island erkennen und eine gewaltige Kristallsäule mitten im Meer als Begegnung mit einem Eisberg deuten.[21] Die Schilderung einer paradiesischen Insel, auf der Trauben groß wie Äpfel wuchsen, verglich man mit den späteren Berichten der Wikinger über Vinland („Weinland", siehe unten) und erhob damit Brendan zu einem noch früheren Entdecker Amerikas. Der vor kurzem verstorbene britische Abenteurer Tim Severin (1940–2020) unternahm 1976 bis 1977 sogar mit einer waghalsigen Crew eine Seereise in einem rekonstruierten *Curragh*-Lederboot von Irland bis Neufundland. Seetechnisch wurde somit eine solche Reise als theoretisch möglich erwiesen, allerdings „mit Unterstützung von Radar, Funk, Wetterwarnungen, genauen Seekarten und einer Ausbildung an der Royal Navy Safety Equipment and Survival School".[22] De facto bleibt somit eine Atlantiküberquerung Brendans reine Spekulation, auch wenn seine *Navigatio* und andere irische Erzählungen wie jene von der Wunderinsel *Hy-Brasil* schon die Fantasie mittelalterlicher Entdecker beflügelten und man in Landkarten ab dem 14. Jahrhundert teilweise bis ins 19. Jahrhundert versuchte, solche Eilande irgendwo im Atlantik zu verorten.[23]

Verlässlichere Informationen bot in seinem *Liber de Mensura Orbis Terrae* um 825 der irische Mönch Dícuil am Hof der Karolinger im Frankenreich, wo er verschiedene Berichte aus seiner Heimat zusammenfasste:

---

21 Mackley 2008, bes. 1–4, 43–55, 64–65; Obenaus 2013, 260–261; Egeler 2015, 285–297.

22 Severin 1978. Zur Bemerkung über die technische Ausrüstung Severins siehe Mackley 2008, 54, fn. 190. In den Raum der Britischen Inseln führt auch die Legende von der Seefahrt des walisischen Prinzen Madoc, der um 1170 weit westlich bis nach Amerika gelangt sein und dort eine Siedlung gegründet haben soll; sie taucht aber erst ab dem 16. Jahrhundert, also nach der tatsächlichen ‚Entdeckung' Amerikas auf, vgl. https://www.wales.com/de/ueber-uns/kultur/die-verbindungen-zwischen-amerika-und-wales [13.01.2021].

23 Obenaus 2013, 263; Cunliffe 2017, 32.

> „Es gibt noch jene anderen kleinen Inselchen [im Ozean], die beinahe alle durch enge Meeresstraßen voneinander getrennt sind; auf diesen haben für fast hundert Jahre Eremiten gelebt, die zu Schiff aus unserem Irland kamen. Aber wie sie vom Beginn der Welt an immer verlassen waren, so sind sie jetzt aufgrund der nordischen Piraten leer von Einsiedlern und voll von zahllosen Schafen und verschiedenen, über alle Maßen vielen Arten von Seevögeln. Niemals haben wir diese Inseln in den Büchern der antiken Autoren erwähnt gefunden.“[24]

Die beschriebenen Inseln „voll von zahllosen Schafen“ sind am ehesten mit den bereits erwähnten Färöern zu identifizieren, die um diese Zeit von Wikingern aus Skandinavien – sie sind die genannten „nordischen Piraten“ – besiedelt wurden, die dort offenbar schon länger bestehende Gemeinschaften irischer Mönche verdrängten. Schon davor hatten Wikinger die Klöster auf Lindisfarne (793) und Iona (795) geplündert. Und schließlich erreichten sie um 870 auch Island, wo vielleicht ebenfalls schon Mönche aus Irland gesiedelt hatten. Zumindest erwähnt Dícuil 825 eine große Insel im Norden, in der die Sonne im Sommer nicht untergeht und in deren Nähe das Meer gefroren ist. Er nutzte allerdings auch antike Quellen, die auf den Bericht des Pytheas von Massalia (siehe oben) zurückgingen, sodass diese Passagen nicht unbedingt auf zeitgenössischen Augenzeugenberichten irischer Pilger fußen müssen.[25] Doch berichtet auch das um 1125 verfasste *Íslendingabók* über die Zeit der ersten Wikingeransiedlung auf Island um 870 Folgendes:

> „Da waren hier [auf Island] christliche Männer, die die Nordleute *papar* [vom altirischen *pápa*, das wiederum vom lateinischen Begriff für einen Geistlichen entlehnt ist] nennen, und sie fuhren dann weg, weil sie hier nicht mit Heiden zusammen leben wollten; und sie ließen irische Bücher und Glocken und Krummstäbe zurück; daraus konnte man ersehen, dass sie Männer aus Irland waren.“[26]

Aber auch an der Authentizität dieser 250 Jahre nach den Ereignissen niedergeschriebenen Darstellung wurde gezweifelt.[27] Der Frage der tat-

---

[24] Übersetzung zitiert nach Egeler 2015, 284. Vgl. auch Charles-Edwards 2000, 587.

[25] Charles-Edwards 2000, 586–587; Crawford 2005, 3; Egeler 2015, 283–284; Pye 2015, 15–16; Cunliffe 2017, 406–407; Kolditz 2019, 180–184.

[26] Übersetzung zitiert nach Egeler 2015, 282. Vgl. auch Crawford 2005, 3; Cormack 2007, 227–231; Mackley 2008, 54–55.

[27] Crawford 2005, 3; Egeler 2015, 283.

sächlichen Verbreitung der irischen Mönchsgemeinschaften im Nordatlantik widmet sich seit den frühen 2000ern ein eigenes Papar-Projekt unter der Leitung von Barbara E. Crawford an der University of the Highlands and Islands in Schottland.[28] Sie zog neben den wenigen Schriftquellen auch Ortsnamen mit dem Element pap- heran, die auf den Hebriden, Orkneys, Shetlands, Färöern und Island belegt sind und auf dortige frühe irische Mönchssiedlungen hinweisen könnten. Allerdings, so führt Matthias Egeler aus, „ist (…) anzumerken, dass ein Teil dieser Ortsnamen (…) auf Traditionen dieser [wiederum erst ab dem 12. Jahrhundert belegten] Ortsnamengebung zurückgeht, die sich in anderen skandinavischen Kolonien ausgebildet haben könnten."[29] Somit lässt die tatsächliche Reichweite der irischen Pilgerfahrten in den Nordatlantik bei aller Plausibilität von Seereisen bis hin nach Island doch nach wie vor viel Raum für gelehrte Diskussionen.

Bis zum Rand der Welt
Die Wikinger als Entdecker und Siedler zwischen Skandinavien und Nordamerika

Mit der Gründung von Dublin um 842 besetzten Wikinger[30] auch einen Teil der Heimat der irischen Mönche.[31] Warum die Seefahrer aus Skandinavien ab dem späten 8. Jahrhundert vom friedlichen Handel zur Plünderung und Eroberung übergingen, wird bis heute heftig diskutiert. Im früheren 8. Jahrhundert blühten jedenfalls ähnliche Handelsplätze wie Dorestad (siehe oben) auch in Skandinavien auf. Zu diesen zählten Ribe in Dänemark, Birka in Schweden oder ab ca. 770 Haithabu in Schleswig-Holstein. Die wachsende Komplexität und Reichweite der Handelsnetzwerke wurde durch neue Schiffstypen und navigatorische Kenntnisse begünstigt, auf die wiederum die Wikinger für ihre Fahrten zurückgreifen konnten.[32] Dass Überbevölkerung die wikingischen Raub- und Eroberungsfahrten verursacht hätte, findet keine archäolo-

---

28 Crawford 2005.

29 Egeler 2015, 283. Siehe auch Crawford 2005, 4–5.

30 Zum Ursprung und zur Bedeutung des Begriffs Wikinger im Sinne von Seeräuber siehe Simek 2016a, 7–8; Simek 2016b, 21–22; Hjardar 2017, 17; Staecker/Toplak 2019, 20–22; Price 2020, 7–8.

31 O'Sullivan/Breen 2007, 120–124; Pye 2015, 16–17, 110–112; Kolditz 2019, 195–197.

32 Brink/Price 2012, 563–566, 571–578, 598–599; Jesch 2015, 22–23, 31–32; Simek 2016a, 63–65, 129; Simek 2016b, 26–28; Price 2020, 475–482.

gischen Belege im damals nach wie vor dünn besiedelten Skandinavien. Ebenso wenig kam es – fasst man die Schätzung über die Zahl jener, die über das Meer migrierten, zusammen – zu einer wirklichen ‚Massenauswanderung', die maßgebliche Teile der Bevölkerung mobilisiert hätte. In den letzten Jahren wurden in der Forschung andere Eigenheiten der skandinavischen Gesellschaften ins Treffen geführt, vor allem der Wettstreit zwischen den Eliten um Land, Herden und Prestigegüter. Gleichzeitig bedingte und verstärkte schon die Vorbereitung einer Raubfahrt – der Bau und die Ausrüstung eines Schiffes, die Bewaffnung und Versorgung der Krieger – etablierte Organisations- und Machtstrukturen.[33] Der Wikinger-Experte Anders Winroth hält deshalb fest: „Warlords waren der Motor der Auswanderung zur Zeit der Wikinger, nicht überdurchschnittlicher Bevölkerungsdruck (…)."[34]

Zu den frühen Zielen solcher Migration gehörten um 820 die aufgrund der dort vorgefundenen Schafsherden so benannten Färöer, wo die Nordmänner und -frauen vermutlich bereits ansässige irische Mönche verdrängten (siehe oben). Letztere hatten vielleicht auch schon den Seeweg nach Island genutzt, das bei günstigen Winden in wenigen Tagen von den Färöern zu erreichen war. Um 870 begann eine intensivere Ansiedlung der Skandinavier auf der von ihnen als „Eisland" benannten Insel. Die naturräumlichen Bedingungen waren, obgleich um diese Zeit allmählich eine im Durchschnitt wärmere Klimaperiode im Nordatlantik begann, durchaus eine Herausforderung. Wiederkehrende Eruptionen verwandelten weite Teile im Inneren Islands in eine ‚Vulkanwüste', sodass nur etwa ein Sechstel der 103 000 Quadratkilometer bewohnbar war. Die ursprünglich dichten Waldungen verschwanden, vermutlich durch Abholzung und Abweidung, bis um 920 weitgehend, sodass man dann auf den teuren Import von Bauholz oder auf Treibholz angewiesen war. Als Baumaterial traten Grasziegel, als Brennmaterial Torf an die Stelle von Holz. Auch die Tierwelt war weniger reichhaltig als jene Nordeuropas; so fehlten größere Landsäugetiere, die man hätte bejagen können, während die einheimischen Robben- und Walrossbestände, letztere ähnlich wie später in Grönland auch wegen ihres Elfenbeins (siehe unten), bald weitgehend dezimiert waren. Die Verteilung und Nutzung der raren fruchtbaren Böden waren durch Ungleichheit

33 Simek 2016b, 73–88; Winroth 2016, 59–61, 73–74, 104–107; Staecker/Toplak 2019, 173–183; Price 2020, 274–282, 303–305, 308–317, 337.

34 Winroth 2016, 73–74. Vgl. auch Simek 2016a, 13–14.

gekennzeichnet; so dominierten einige hundert Großbauern das wirtschaftliche und politische Leben.[35]

Zwischen den mächtigen Familien herrschte, ähnlich wie in der skandinavischen Heimat, oft Gewalt und Fehde; dies bot auch den Anlass für die Auswanderung mehrerer hundert Menschen nach Grönland.[36] Schon wenige Jahre nach der Ansiedlung auf Island waren Seefahrer an die Küste dieser weiter westlich gelegenen Insel verschlagen worden. Eine Kolonisation erfolgte aber erst ab 986 unter der Führung von Eirik dem Roten, der einige Jahre zuvor wegen mehrerer Gewalttaten aus Island verbannt worden war. Wie das *Íslendingabók* angibt, wählte Eirik den eigentlich für eine zu 80 Prozent mit Eis bedeckte Insel nicht allzu treffenden Namen aus Marketinggründen:

> „Das Land, das Grönland genannt wird, wurde von Island aus entdeckt und besiedelt. Eirik der Rote hieß ein Mann aus dem Breidafjord, der von hier hinausfuhr und dort Land nahm, wo es seither Eiriksfjord heißt. Er gab dem Land einen Namen und nannte es Grönland [auf Deutsch Grünland], denn er meinte, die Leute würden darauf drängen, dorthin zu fahren, wenn das Land einen guten Namen habe."[37]

Die Überfahrt von Island war gefährlich; nur 14 der 25 aufgebrochenen Schiffe erreichten ihr Ziel nahe der Südspitze Grönlands, wo die später so benannte Ostsiedlung entstand. Wenig später gründeten einige der Wikinger 650 Kilometer weiter nordwestlich an der Küste die Westsiedlung. Die Schätzungen für die Höchstzahl der Skandinavier auf Grönland liegen zwischen 1500 und 6000 Menschen, wobei die meisten Forscher eher den niedrigeren Zahlen zuneigen. Die Siedler brachten auf den Schiffen Haustiere mit; Getreideanbau war nur in sehr bescheidenem Rahmen oder überhaupt nicht möglich. Umso wichtiger war die Ergänzung des Speisezettels durch die Jagd auf die einheimische Tierwelt, insbesondere im Winter, und durch den Fischfang; neben Rentieren machte vor allem die marine Fauna, darunter Meeressäuger wie Robben und Wale, einen wachsenden Anteil an der Ernährung der Skandinavier in Grönland aus. Eine besondere Bedeu-

---

35 Brink/Price 2012, 563–566, 571–578, 598–599; Jesch 2015, 22–23, 31–32; Simek 2016a, 63–65, 129; Price 2020, 475–482.

36 Brink/Price 2012, 563–566, 571–578, 598–599; Jesch 2015, 22–23, 31–32; Simek 2016a, 63–65, 129; Simek 2016b, 26–28; Price 2020, 475–482.

37 Übersetzung zitiert nach Simek 2016b, 45. Vgl. auch Somerville/McDonald 2020, 319.

tung hatte die alljährliche Reise zu weiter nördlich gelegenen Küstenregionen für die Jagd auf Walrösser, deren Stoßzähne als Elfenbein wie jene von Elefanten einen hohen Preis in Europa erzielten. Diese Erlöse wiederum erlaubten es den ‚Grönländern' Werkzeuge, Baumaterial und Nahrungsmittel aus Europa zu importieren.[38]

Besonderer Mangel herrschte in Grönland ähnlich wie in Island an Bauholz, vor allem für Schiffe. Man musste es teuer aus Nordeuropa einführen oder auf gelegentliches Treibholz hoffen. Letzteres gelangte vor allem aus den Wäldern Nordamerikas vor die Küsten Grönlands; und in diese weiter westlich gelegenen Regionen stießen Grönländer schon bald nach der Besiedelung 986 vor, wobei spätere Quellen Eiriks Sohn Leif eine prominente Rolle zusprechen. Im Gebiet des heutigen Kanada stießen sie auf ein Gebiet, dem sie aufgrund der vielen Bäume den Namen Markland (Waldland) gaben und das vielleicht mit Baffinland oder der Küste Labradors gleichzusetzen ist. Einer weiter südlich liegenden Region gab Leif, dem Vorbild seines Vaters folgend, den noch verheißungsvolleren Namen Vinland, wobei vielleicht auch die schon in früheren irischen Texten vermittelte Vorstellung einer „paradiesischen" Insel mit Trauben groß wie Äpfel (siehe oben) eine Rolle spielte. Wo genau dieses „Weinland" lag, ist bis heute unklar; manche Forscher wollen es aufgrund der Schilderung üppiger Vegetation in einem Abschnitt an der Ostküste Nordamerikas im Bereich des heutigen Maine oder sogar noch weiter südlicher suchen. Andere lokalisieren Vinland weiter nördlich und näher an Grönland. Ein Kandidat ist Neufundland, wo 1961 die bislang einzige Wikingersiedlung Nordamerikas bei L'Anse aux Meadows ausgegraben wurde. Sie bot Raum für bis zu 100 Personen; allerdings war sie offenbar nur wenige Jahre besiedelt und wurde planmäßig aufgegeben. Über die Ursachen wird gerätselt – spätere Sagas deuten Konflikte mit den Native Americans an. Ein Grund mag ebenso gewesen sein, dass die relativ kleine Bevölkerung Grönlands den Betrieb einer weiteren, so entfernt liegenden Kolonie nicht gewährleisten konnte. Die Entdeckungen gerieten aber nicht in Vergessenheit; noch 1327 wurde ein Schiff auf dem Weg von Island nach Grönland nach Markland verschlagen und sammelte dort Bauholz, bevor es nach Grönland segelte.[39]

---

38 Brink/Price 2012, 566–569, 588–601, 613–617; Jesch 2015, 23, 39–40; Winroth 2016, 85–86; Simek 2016b, 35–40; Nedkvitne 2018; Barrett u. a. 2020.

39 Brink/Price 2012, 604–612; Pye 2015, 114–119; Jesch 2015, 23–24; Simek 2016b, 8–13, 53–71, 119–126; Simek 2016a, 67–71; Winroth 2016, 93–100; Price 2020, 486–490, 500.

Die Kunde von diesen fernen Landstrichen war bis um 1070 auch nach Europa gelangt; der Gelehrte Adam von Bremen (ca. 1050–1085) schrieb dazu in seiner Geschichte des Erzbistums Hamburg, dem zeitweilig ganz Skandinavien zum Zwecke der Christianisierung unterstellt war:

> „Außerdem erzählte er [der dänische König Sven Estridsson, reg. 1047–1076], viele Männer hätten in diesem Ozean noch eine weitere Insel entdeckt; sie heiße Vinland, weil dort wilde Weinstöcke wuchsen, die besten Wein bringen. Nicht ausmalenden Vermutungen, sondern zuverlässigen dänischen Berichten entnehme ich auch, dass dort ohne Aussaat reichlich Getreide wächst. Nach dieser Insel, sagte er, finde man in diesem Ozean kein bewohnbares Land mehr."[40]

Man baute die neuen Entdeckungen aber in das von der Antike überlieferte Schema von den drei Kontinenten ein. Deshalb nahm man in skandinavischen Weltbeschreibungen ab dem 12. Jahrhundert an, dass eine Landbrücke Grönland mit Europa verband und Vinland an Afrika anschloss, sodass die beiden Gebiete als äußerste Ausläufer der ‚Alten Welt' und nicht als Teile einer ‚neuen' galten.[41]

Integriert wurden die Siedlungen im Nordatlantik auch in die neuen politischen und religiösen Machtstrukturen Skandinaviens, die ab dem 10./11. Jahrhundert durch die Ausbildung größerer Königreiche (Dänemark, Norwegen, Schweden) und die Expansion der Kirche gekennzeichnet waren. Um 999/1000 bekehrten sich die Isländer offiziell zum Christentum, kurz danach auch die Wikinger auf Grönland; ab 1056 residierten Bischöfe auf Island, ab 1126 einer sogar auf Grönland. Beide Inseln waren ab 1152 dem Erzbistum Trondheim (Nidaros) in Norwegen unterstellt. Um 1262 mussten die Isländer und Grönländer auch die weltliche Oberhoheit der norwegischen Krone anerkennen und regelmäßige Abgaben leisten. Sogar der Papst im fernen Rom interessierte sich gelegentlich für diese nördlichsten Sprengel seiner Kirche; 1327 etwa wurde eine nach Rom abzuführende Kreuzzugssteuer auch von den Bistümern in Island und Grönland eingehoben.[42]

---

40 Übersetzung zitiert nach Simek 2016b, 109. Vgl. auch Kolditz 2019, 188–195; Somerville/McDonald 2020, 322–323.

41 Simek 1990, 159–189, 205–211, 324–325; Kolditz 2019, 197–198. Zur auch im Mittelalter großteils anerkannten Kugelgestalt der Erde siehe Vogel 1995.

42 Nordeide 2015, bes. 43–49; Kolditz 2019, 199–200.

Allerdings waren die skandinavischen Siedlungen auf Grönland um diese Zeit schon in eine Krise geraten. Neue Studien an den von dort exportierten Wallrosszähnen weisen darauf hin, dass im Lauf der Zeit immer mehr kleinere, vor allem auch weibliche Tiere erlegt wurden, was auf eine Übernutzung der Jagdgründe schließen lässt. Um ausreichende Mengen an Wallrosselfenbein zu gewinnen, mussten immer weiter entfernte Gebiete aufgesucht werden. Gleichzeitig erleichterte die wachsende Vernetzung Europas mit ‚orientalischen' Märkten den Import von Elefantenelfenbein aus Afrika und Indien, das zu einer kostengünstigeren und auch modisch ‚angesagteren' Konkurrenz der grönländischen Ware wurde. Beide Entwicklungen machten den vormaligen Hauptexportschlager der Grönländer weniger profitabel.[43] Dazu sanken mit dem Übergang von der Mittelalterlichen Klima-Anomalie zur Kleinen Eiszeit ab dem späteren 13. Jahrhundert die Durchschnittstemperaturen im Nordatlantik, während die Frequenz extrem kalter Winter und ausgedehnter Perioden, in denen die Meere um Grönland zufroren, stieg.[44] Gleichzeitig suchten Witterungsextreme, Missernten, Hunger und ab 1350 die Pest auch die skandinavischen Länder, mit denen die Grönländer Handel trieben, heim. Das ansonsten jährlich aus Bergen in Norwegen kommende Schiff ist ein letztes Mal um 1369 belegt, und ein letzter Bischof wurde für Grönland 1377 entsandt.[45] Um diese Zeit war die Westsiedlung bereits aufgegeben, und die Nachrichten zur Ostsiedlung wurden immer spärlicher. Der letzte schriftliche Beleg stammt von 1408, als der Kapitän eines Schiffes, das aus Island kam, in der Ostsiedlung eine Einheimische heiratete, aber dann mit ihr Grönland verließ. Ihnen taten es wohl die meisten verbliebenen Nachkommen der Wikinger gleich, und die europäische Siedlung auf Grönland endete.[46]

Auch in Island war die generelle Abkühlung ab 1260/1280 zu spüren; das Jahr 1370 brachte den kältesten Winter seit der Landnahme 500 Jahre zuvor. Zudem behinderte Packeis zeitweilig sogar im Sommer die Schifffahrt.[47] Trotzdem blieben die Kontakte zum nordeuropä-

---

43 Barrett u. a. 2020. Vgl. auch Jesch 2015, 41.

44 Hoffmann 2014, 327–329. Ausführlicher zu klimatischen und umwelthistorischen Aspekten der Wikingersiedlung im Nordatlantik und ihrem Ende siehe die entsprechenden Kapitel in Preiser-Kapeller 2021.

45 Brink/Price 2012, 566–569, 588–601, 613–617; Jesch 2015, 40–42; Winroth 2016, 87–88.

46 Brink/Price 2012, 567; Jesch 2015, 40–42.

47 Hoffmann 2014, 334–338.

ischen Festland im Gegensatz zu Grönland aufrecht, weil Island ab den 1290ern durch den Export von getrocknetem Dorsch (oder Kabeljau) als Stockfisch zur Deckung der wachsenden Nachfrage nach diesem Produkt beitrug.[48] Auf der Suche nach neuen Fischgründen drangen flämische, holländische und englische Fischer, zum Teil in Partnerschaft mit italienischen Finanziers, dann im späten 15. Jahrhundert immer weiter in den Nordatlantik vor, nicht nur in die Meere um Island, sondern noch weiter westlich bis in die Gegend vor Neufundland. Dass der Italiener Giovanni Caboto (ca. 1450–1498) von Bristol aus 1497 auf einem englischen Schiff wenige Jahre nach der ersten Fahrt des Christoph Kolumbus Nordamerika ‚(wieder)entdecken' konnte, war somit kein Zufall. Die nordatlantische Expansion der Wikinger in Richtung Amerika fand nach 500 Jahren ihre Fortsetzung.[49]

Vorstoß ins „Meer der Finsternis"
Arabisch-muslimische Seefahrten und Beschreibungen des Atlantiks

Im Jahr 844 stießen Wikinger erstmals gegen den seit dem frühen 8. Jahrhundert arabisch-islamisch beherrschten Teil der Iberischen Halbinsel (al-Andalus) vor und plünderten mehrere Küstenstädte. Dieser unerwartete Angriff motivierte die Emire der Umayyaden-Dynastie in ihrer Hauptstadt Córdoba, in den Flottenbau auch an der Atlantikküste zu investieren; weitere Raubfahrten der Wikinger 858/859 sowie 860/861 konnten danach schon teilweise auf See abgefangen werden. Gleichzeitig stieg das Interesse an den Herkunftsregionen der Angreifer; Gesandte und Reisende brachten neues Wissen über den Nordwesten Europas, etwa über die politischen Verhältnisse auf den Britischen Inseln oder über den Walfang in der Nordsee, in die arabische Welt.[50]

Schon nach ihrer Eroberung Nordafrikas gelangten arabische Truppen unter ‘Uqba ibn Nāfi‘ (622–683) um 682 im heutigen Marokko an die Atlantikküste. Ibn Nāfi‘ soll damals mit seinem Pferd in den Ozean geritten sein, um anzuzeigen, dass die Armeen Allahs nun die

48 Hoffmann 2014, 334–338. Zur Fischerei um Island nun ausführlich Holterman 2020.

49 Sicking/Abreu-Ferreira 2009; Hoffmann 2014, 332–333; Reinhard 2016, 107–109; Cunliffe 2017, 543–549.

50 Dunlop 1957; Picard 2005; Obenaus 2013, 40–49; Christys 2015; Green 2016; Cunliffe 2017, 444–448.

Grenzen der Welt erreicht hatten.[51] Auch spätere arabische Geografen wie al-Masʿūdī (ca. 895–957) übernahmen antike Vorstellungen, demnach die Straße von Gibraltar den westlichen Rand der bekannten Welt markierte:

> „An der Stelle, wo sich das Mittelmeer und der Atlantische Ozean verbinden, steht jener Leuchtturm aus Kupfer und Stein, den einst der riesenhafte König Herkules erbaute. Er ist mit Inschriften bedeckt und von Statuen überragt, die ihre Hände so halten, also wollten sie allen, die vom Mittelmeer in Richtung Ozean fahren, sagen: ‚Hinter mir gibt es weder Weg noch Straße!' Der Atlantische Ozean ist nämlich ein Meer, in dem kein Schiff fährt, kein bebautes Land zu finden ist und keine Menschenseele lebt. Man weiß nicht, wie groß es ist, und man kennt weder seine Grenzen noch sein Ende. Es wird das ‚Meer der Dunkelheit', ‚das Grüne Meer' und auch ‚das Umfassende Meer' genannt."[52]

Trotz dieser wenig verheißungsvollen Benennung bestand vor allem nach der islamischen Eroberung des spanischen Westgotenreichs ab 711 unter dem Feldherrn Tāriq ibn Ziyād (von dem Gibraltar – Ǧabal Ṭāriq, „Berg des Ṭāriq" – auch seinen Namen erhielt) regelmäßiger Schiffsverkehr zwischen der Iberischen Halbinsel und Nordafrika. Dort kontrollierten die Umayyadenherrscher von al-Andalus auch einige Küstenstädte; nach dem Zerfall ihres Reiches zwischen 1009 und 1031 waren es wiederum Berberdynastien aus Nordafrika wie die Almoraviden (ab 1080 bis 1147) und die Almohaden (zwischen 1147 und 1269), die nach al-Andalus übergriffen.[53]

Jedoch waren Informationen über die westlich von Gibraltar im Ozean liegenden Inseln ursprünglich vor allem der antiken Tradition wie etwa den Schriften des Claudius Ptolemäus entlehnt. Neben realen Örtlichkeiten wie den Kanarischen Inseln wurden auch imaginierte Eilande wie die „Ewigen Inseln" oder die „Glückseligen Inseln" in die arabische Vorstellung des Atlantiks übernommen.[54] Der im Gibraltar gegenüberliegenden Ceuta geborene und später vor allem in Sizilien tätige Geograf al-Idrīsī (ca. 1100–1166) etwa schrieb:

---

51 Obenaus 2013, 24–25; Cunliffe 2017, 396–397.

52 Übersetzung aus al-Masʿūdī 1978, 51–52. Vgl. auch Dunlop 1957; Obenaus 2013, 179–182; Cunliffe 2017, 30. Zur Beschreibung der Kugelgestalt der Erde bei al-Masʿūdī siehe Vogel 1995, 107–110.

53 Ausführlich dazu Obenaus 2013, 51–130.

54 Dunlop 1957; Ulbrich 1989/2006, 63–65; Obenaus 2013, 182–211 (für das Zitat); Green 2016; Cunliffe 2017, 30–31, 396–397.

„Es gibt 27 000 Inseln in diesem Meer [im Atlantik], einige sind bewohnt, andere nicht. Wir haben diejenigen erwähnt, die dem Festland am nächsten liegen und bewohnt sind. Die anderen müssen hier nicht erwähnt werden.“[55]

Informationen zu ausgedehnteren Seefahrten von al-Andalus in den Atlantik sind überschaubar und wurden von Andreas Obenaus in seinem Standardwerk 2013 zusammengefasst und analysiert.[56] Al-Mas῾ūdī berichtet z. B. von einer Unternehmung eines Ḫašḫāš ibn Sa῾īd, der – vermutlich in der zweiten Hälfte des 9. Jahrhunderts, also kurz nach den oben erwähnten Angriffen der Wikinger – mit einer Schar „junger Leute“ von Córdoba in den Atlantik fuhr und nach längerer Abwesenheit „bepackt mit Beute“ zurückkehrte. Letztere Information deutet daraufhin, dass es sich eher um einen Raubzug gegen christliche Küstengebiete weiter im Norden der Iberischen Halbinsel und in Frankreich handelte und nicht um eine Entdeckungsreise weiter hinaus auf den Ozean.[57]

Al-Idrisī nennt hingegen eine Schar von Abenteurern aus Lissabon, die „auf den Ozean segelten, um ihn zu erforschen“. Für etwa elf Tage, so die Erzählung, fuhren sie nach Westen, fanden dort aber nur „raue See und die Luft von üblen Gerüchen erfüllt“ sowie „zahlreiche Riffs bei nur geringem Tageslicht“. Deshalb wandten sie sich nach Süden und erreichten nach zwölf Tagen Fahrt eine Insel mit fließendem Wasser und voller Schafe (aber wohl nicht die viel weiter nördlich liegenden Färöer, siehe oben). Nach weiteren zwölf Tagen Reise in Richtung Süden wurden sie von den Bewohnern einer weiteren Insel gefangengenommen und dann von dort in drei Tagen auf das marokkanische Festland gebracht, von wo sie nach Hause zurückkehren konnten. Trotz der teilweise legendenhaften Elemente vermutet man hinter dem Text eine tatsächliche ausgedehntere Atlantikfahrt, die vielleicht von Lissabon bis zu den Azoren und dort über Madeira auf die (bewohnten) Kanarischen Inseln und schließlich nach Nordafrika führte.[58] Zu datieren ist diese Reise wohl ins 11. oder spätestens frühe 12. Jahrhundert,

55 Zitat nach Cunliffe 2017, 30. Vgl. auch Dunlop 1957; Rubinacci 1980; Obenaus 2013, 183–184; Pye 2015, 14.

56 Obenaus 2013.

57 Obenaus 2013, 213–216 (auch für die Zitate); Dunlop 1957; Ulbrich 1989/2006, 64–65; Sezgin 2006, 18–19; Cunliffe 2017, 31, 396–397.

58 Obenaus 2013, 216–226 (auch für die Zitate); Dunlop 1957; Ulbrich 1989/2006, 66–71; Cunliffe 2017, 31.

da Lissabon im Jahr 1147 mit Hilfe von Kreuzfahrern aus verschiedenen Regionen rund um die Nordsee, die eigentlich auf dem Weg ins Heilige Land waren, von christlichen Truppen erobert wurde.[59] Noch davor zwischen 1106 und 1143, so berichtet ebenfalls al-Idrīsī, plante der Flottenkommandant der Almoraviden Aḥmad ibn ʿUmar aufgrund der Informationen der Abenteurer aus Lissabon eine See-Expedition zu den „Ewigen Inseln", wohl den Kanaren, die aber wegen des unerwarteten Todes des Ibn ʿUmar nicht verwirklicht wurde.[60] Zur Bekehrung der Bewohner dieser Inseln zum Islam brach hingegen der um 1208 verstorbene Abū Yaḥyā al-Sā'ih aus einem nicht genannten Hafen auf und kehrte von dort, angeblich nach erfolgreicher Missionierung, wieder zurück. Ähnlich wie bei den irischen Mönchen hat dieser Bericht einen stark hagiographischen Charakter.[61] Unbeabsichtigt wurde hingegen ungefähr um dieselbe Zeit nach einem vor 1286 verfassten Bericht ein gewisser Ibn Fāṭima von al-Andalus aus in einem Sturm auf den Atlantik verschlagen und beobachtete einen „Leuchtenden Berg", ehe ihm die Heimkehr gelang. Ähnlich erging es laut der Erzählung des Šams al-Dīn al-Dimašqī (1256–1327) anderen unfreiwilligen Ozeanfahrern aus al-Andalus, die auf den bewohnten „Ewigen Inseln" (wohl wieder die Kanaren) im Atlantik landeten und von dort „wundersame und vorzügliche Dinge" mitbrachten.[62]

Diese letztgenannte Reise ist vielleicht ins späte 13. Jahrhundert zu datieren. Um diese Zeit hatten christliche Mächte die exklusive muslimische Kontrolle über die Straße von Gibraltar bereits gebrochen. 1248 fiel die Stadt Sevilla an das Königreich Kastilien, vermutlich um 1262 der wichtige Atlantikhafen Cádiz. Ab 1277 transportierten genuesische Schiffe Waren aus dem Mittelmeer direkt in das Handelszentrum von Brügge in Flandern. Und im Jahr 1291 unternahmen Vadino und Ugolino Vivaldi aus Genua eine Entdeckungsreise in den Atlantik entlang der Küste Nordafrikas auf der Suche nach neuen Möglichkeiten des Handels (angeblich wollten sie bereits einen Seeweg nach Indien finden); zwar verschwanden ihre zwei Galeeren bei Kap Nun

59 Obenaus 2013.

60 Obenaus 2013, 226–230; Cunliffe 2017, 30–31.

61 Obenaus 2013, 239–245. Eine weitere angebliche Atlantikfahrt soll vor 1312 vom westafrikanischen muslimischen Königreich Mali ausgegangen sein, vgl. Sezgin 2006, 19; Obenaus 2013, 224–225.

62 Ulbrich 1989/2006, 64; Obenaus 2013, 230–239, 245–251.

südlich von Agadir, aber die europäische Präsenz in diesen Gewässern sollte in den kommenden Jahrzehnten wachsen, bis hin zu den portugiesischen Erkundungen rund um Afrika auf dem Seeweg nach Indien und der spanischen ‚Entdeckung' Amerikas.[63]

Dabei folgten sie sowohl den Spuren der antiken als auch der arabischen Seefahrer. Ähnlich wie zu antiken Amerikafahrten gibt es auch Spekulationen über eine frühere islamische Entdeckung Amerikas, die zuletzt ebenso in angesehenen Verlagen Aufnahme fanden, etwa auf Grundlage der Hypothesen des anerkannten Orientalisten und Wissenschaftshistorikers Fuat Sezgin (1924–2018), der in der Karte des osmanischen Admirals Pīrī Re'īs (ca. 1470–1554) Spuren vorkolumbianischen Wissens muslimischer Reisender über Amerika entdeckt haben wollte.[64] Eine ähnliche Meinung vertrat 2014 der türkische Präsident Recep Tayyip Erdoğan, da Christoph Kolumbus in seinem Tagebuch angeblich eine bereits bestehende Moschee in der ‚Neuen Welt' erwähnt hätte. Jedoch zog der Entdecker nur einen Vergleich zwischen einem gesichteten Hügel und der Kuppel eines islamischen Gebetsbaus.[65]

Insgesamt wurden die Atlantikfahrer der Neuzeit wohl genauso von fantastischen Geschichten wie jene um Brendan oder die „Inseln der Seligen" motiviert wie von tatsächlichen früheren Entdeckungsfahrten, wie ein letztes Beispiel zeigen mag.[66] Eine Legende besagte, dass zur Zeit der arabischen Eroberung der Iberischen Halbinsel im frühen 8. Jahrhundert sieben Bischöfen aus dem Westgotenreich die Flucht auf den Ozean in Richtung Westen gelang, wo sie auf einer großen Insel landeten und dort sieben reiche Städte gründeten. Diese Insel erhielt den Namen Antillia (vielleicht von portugiesisch „Ante-Illha" im Sinn von „Gegen-Insel"), und die Entdecker des 15. Jahrhunderts versuch-

---

63 Fernández-Armesto 1987, 152–153; Ulbrich 1989/2006, 71–74; Obenaus 2013, 118–120, 266–269; Cunliffe 2017, 510–511; Scheller 2019, 335–336; Jaspert 2019, 54–59, 61–67. Vgl. auch die Beiträge von Stephan Nicolussi-Köhler und von Andreas Obenaus im vorliegenden Band.

64 Siehe Billig 2017 und Sezgin 2006. Ein Beispiel für frühere derartige Spekulationen auf der Grundlage von chinesischen Quellen bietet Li 1960/1961.

65 https://www.zeit.de/gesellschaft/2014-11/erdogan-amerika-entdeckung-verteidigung [13.01.2021]. Zur Übersetzung der entsprechenden Passage im Tagebuch vgl. http://www.sprachlog.de/2014/11/16/die-moschee-des-kolumbus/ [13.01.2021].

66 Schulz 2016, 458–462; Cunliffe 2017, 531–534; Elvert 2019.

ten sie auf ihren Seekarten ebenso zu verorten wie sicher lokalisierte Eilande. Nach 1492 wurde Antillia mit verschiedenen Inseln der ‚Neuen Welt' identifiziert und schließlich (erstmals auf einer Karte von 1502) namensgebend für die Antillen in der Karibik.[67]

Literatur

al-Masʿūdī 1978 = Al-Masʿūdī: Bis zu den Grenzen der Erde. Auszüge aus dem „Buch der Goldwäschen", aus dem Arabischen übertragen und bearbeitet von Gernot Rotter, Tübingen–Basel 1978.

Barrett u. a. 2020 = James H. Barrett u. a.: Ecological Globalisation, serial Depletion and the Medieval Trade of Walrus Rostra, in: Quaternary Science Reviews 229 (2020), online: https://doi.org/10.1016/j.quascirev.2019.106122 [13.01.2021].

Billig 2017 = Susanne Billig: Die Karte des Piri Re'is. Das vergessene Wissen der Araber und die Entdeckung Amerikas, München 2017.

Binet 2020 = Laurent Binet: Eroberung. Roman, aus dem Französischen übersetzt von Kristian Wachinger, Hamburg 2020.

Brink/Price 2012 = Stefan Brink/Neil Price (Hg.): The Viking World, London–New York 2012.

Charles-Edwards 2000 = Thomas M. Charles-Edwards: Early Christian Ireland, Cambridge 2000.

Christys 2015 = Ann Christys: Vikings in the South. Voyages to Iberia and the Mediterranean, London 2015.

Cormack 2007 = Margaret Cormack: Irish and Armenian Ecclesiastics in Medieval Iceland, in: Beverley Ballin Smith/Simon Taylor/Gareth Williams (Hg.): West over Sea. Studies in Scandinavian Sea-Borne Expansion and Settlement Before 1300. A Festschrift in Honour of Dr. Barbara E. Crawford, Leiden–Boston 2007, 227–234.

Crawford 2005 = Barbara E. Crawford: The Papar Project. Inception, Parameters and Purpose, 2005, online: http://www.paparproject.org.uk/introduction.pdf [13.01.2021].

Cunliffe 2017 = Barry Cunliffe: On the Ocean. The Mediterranean and the Atlantic from Prehistory to AD 1500, Oxford 2017.

Dunlop 1957 = Douglas M. Dunlop: The British Isles according to Medieval Arabic Authors, in: The Islamic Quarterly 4 (1957), 11–28.

Egeler 2015 = Matthias Egeler: Avalon, 66° Nord. Zu Frühgeschichte und Rezeption eines Mythos, Berlin–Boston 2015.

Elvert 2019 = Jürgen Elvert: Die Formierung der neuzeitlichen atlantischen Welt, in: Raimund Schulz (Hg.): Maritime Entdeckung und Expansion. Kontinui-

[67] Rubinacci 1980, 273; Obenaus 2013, 262–263; Cunliffe 2017, 30–32. Zum geografischen Weltbild sowie zu Aspekten des Schiffsbaus und der Nautik der frühen Entdecker siehe den Beitrag von René Tebel im vorliegenden Band.

täten, Parallelen und Brüche von der Antike bis in die Neuzeit, Berlin–Boston 2019, 205–220.

Fernández-Armesto 1987 = Felipe Fernández-Armesto: Before Columbus. Exploration and Colonization from the Mediterranean to the Atlantic, 1229–1492, Philadelphia 1987.

Giffhorn 2013 = Hans Giffhorn: Wurde Amerika in der Antike entdeckt? Karthager, Kelten und das Rätsel der Chachapoya, München 2013.

Green 2016 = Caitlin Green: Britain, the Byzantine Empire, and the Concept of an Anglo-Saxon 'Heptarchy': Harun ibn Yahya's ninth century Arabic Description of Britain, Blog-Eintrag 16. April 2016, online: https://www.caitlingreen.org/2016/04/heptarchy-harun-ibn-yahya.html [13.01.2021].

Gunsenheimer/Schüren 2016 = Antje Gunsenheimer/Ute Schüren: Amerika vor der europäischen Entdeckung, Frankfurt am Main 2016.

Hansen 2020 = Valerie Hansen: Das Jahr 1000: Als die Globalisierung begann, München 2020.

Hines/IJssennagger 2017 = John Hines/Nelleke IJssennagger (Hg.): Frisians and their North Sea Neighbours. From the Fifth Century to the Viking Age, Woodbridge 2017.

Hjardar 2017 = Kim Hjardar: Vikings. Raiders from the Sea, Oxford–Philadelphia 2017.

Hoffmann 2014 = Richard C. Hoffmann: An Environmental History of Medieval Europe, Cambridge 2014.

Holterman 2020 = Bart Holterman: The Fish Lands. German trade with Iceland, Shetland and the Faroe Islands in the late 15th and 16th Century, Berlin–Boston 2020.

Jaspert 2019 = Nikolas Jaspert: Die Reconquista. Christen und Muslime auf der Iberischen Halbinsel 711–1492, München 2019.

Jesch 2015 = Judith Jesch: The Viking Diaspora, London–New York 2015.

Kleingärtner 2017 = Sunhild Kleingärtner: Die Wikinger und ihre Schiffe, Stuttgart 2017.

Kolditz 2019 = Sebastian Kolditz: Imaginationen des Ozeans und atlantische Erkundungen im frühen Mittelalter, in: Raimund Schulz (Hg.): Maritime Entdeckung und Expansion. Kontinuitäten, Parallelen und Brüche von der Antike bis in die Neuzeit, Berlin–Boston 2019, 173–204.

Li 1960/1961 = Hui-lin Li: Mu-lan-p'i: A Case for Pre-Columbian Transatlantic Travel by Arab Ships, in: Harvard Journal of Asiatic Studies 23 (1960/1961), 114–126.

Mackley 2008 = Jude S. Mackley: The Legend of St Brendan. A Comparative Study of the Latin and Anglo-Norman Versions, Leiden–Boston 2008.

Malbos 2017 = Lucie Malbos: Les Ports des mers nordiques à l'époque viking (VIIe–Xe siècle), Turnhout 2017.

Nedkvitne 2018 = Arnved Nedkvitne: Norse Greenland: Viking Peasants in the Arctic, London 2018.

Nordeide 2015 = Sæbjørg Walaker Nordeide: Papal Delegations to the Edge of the World: Visits from the Papal Curia to Norway Between 1050 and 1536, in: Marianne O'Doherty/Felicitas Schmieder (Hg.): Travels and Mobilities in the Middle Ages. From the Atlantic to the Black Sea, Turnhout 2015, 31–54.

Obenaus 2013 = Andreas Obenaus: Islamische Perspektiven der Atlantikexpansion, 2 Bde., Wien–Berlin 2013.

O'Sullivan/Breen 2007 = Aidan O'Sullivan/Colin Breen: Maritime Ireland. An Archaeology of Coastal Communities, Stroud, Gloucestershire 2007.

Picard 2005 = Christophe Picard: Les arsenaux musulmans de la Méditerranée et de l'océan Atlantique (VIIIe–XVe siècle), in: Damien Coulon u. a. (Hg.): Chemins d'outre-mer: Etudes d'histoire sur la Méditerranée médiévale offerts à Michel Balard, Paris 2005, 691–710.

Preiser-Kapeller 2021 = Johannes Preiser-Kapeller: Der Lange Sommer und die Kleine Eiszeit. Klima, Pandemien und der Wandel der Alten Welt von 500 bis 1500 n. Chr., Wien 2021.

Price 2020 = Neil Price: The Children of Ash and Elm. A History of the Vikings, London 2020.

Pye 2015 = Michael Pye: The Edge of the World. A Cultural History of the North Sea and the Transformation of Europe, New York–London 2015.

Reinhard 2016 = Wolfgang Reinhard: Die Unterwerfung der Welt. Globalgeschichte der europäischen Expansion 1415–2015, München 2016.

Roller 2019 = Duane W. Roller: Der Atlantische Ozean und die griechisch-römische Welt, in: Raimund Schulz (Hg.): Maritime Entdeckung und Expansion. Kontinuitäten, Parallelen und Brüche von der Antike bis in die Neuzeit, Berlin–Boston 2019, 121–136.

Rubinacci 1980 = Roberto Rubinacci: The Island of ash-Shāṣland in Al-Idrīsī's Geography, in: Oriente Moderno 60 (1980), 273–277.

Scheller 2019 = Benjamin Scheller: Kaufleute als Ethnographen. Die Berichte über die Expeditionen zu den Kanarischen Inseln und an die Küste Westafrikas des 14. und 15.Jahrhunderts, in: Raimund Schulz (Hg.): Maritime Entdeckung und Expansion. Kontinuitäten, Parallelen und Brüche von der Antike bis in die Neuzeit, Berlin–Boston 2019, 335–360.

Schulz 2016 = Raimund Schulz: Abenteurer der Ferne. Die großen Entdeckungsfahrten und das Weltwissen der Antike, Stuttgart 2016.

Schulz 2019 = Raimund Schulz: Ozeanische Seewege nach Indien. Der große Traum des Westens in der Antike, in: Raimund Schulz (Hg.): Maritime Entdeckung und Expansion. Kontinuitäten, Parallelen und Brüche von der Antike bis in die Neuzeit, Berlin–Boston 2019, 81–108.

Severin 1978 = Tim Severin: The Brendan Voyage: Across the Atlantic in a Leather Boat, London 1978.

Sezgin 2006 = Fuat Sezgin: Die Entdeckung des amerikanischen Kontinents durch muslimische Seefahrer vor Kolumbus, Vorabdruck aus: Geschichte des arabischen Schrifttums, Bd. 13, Frankfurt am Main 2006, 1–39, online: https://www.uni-frankfurt.de/59003140/Sezgin_deutsch.pdf [13.01.2021].

Sicking/Abreu-Ferreira 2009 = Louis Sicking/Darlene Abreu-Ferreira (Hg.): Beyond the Catch. Fisheries of the North Atlantic, the North Sea and the Baltic, 900–1850, Leiden–Boston 2009.

Simek 1990 = Rudolf Simek: Altnordische Kosmographie. Studien und Quellen zu Weltbild und Weltbeschreibung in Norwegen und Island vom 12. bis zum 14. Jahrhundert, Berlin–New York 1990.

Simek 2016a = Rudolf Simek: Die Wikinger, München 2016.

Simek 2016b = Rudolf Simek: Vinland! Wie die Wikinger Amerika entdeckten, München 2016.

Somerville/McDonald 2020 = Angus A. Somerville/R. Andrew McDonald: The Viking Age. A Reader, Toronto–Buffalo–London 2020.

Staecker/Toplak 2019 = Jörn Staecker/Matthias Toplak (Hg.): Die Wikinger. Entdecker und Eroberer, Berlin 2019.

Ulbrich 1989/2006 = Hans-Joachim Ulbrich: Die Entdeckung der Kanaren vom 9. bis zum 14. Jahrhundert: Araber, Genuesen, Portugiesen, Spanier, in: Almogaren 20 (1989) 1, 60–138, online (mit Ergänzungen und Korrekturen des Autors von 2006): http://www.almogaren.org/ic-digital/ICDigital_Almogaren_XX-1-6_(1989).pdf [13.01.2021].

Vogel 1995 = Klaus Anselm Vogel: Sphaera terrae - das mittelalterliche Bild der Erde und die kosmographische Revolution, ungedr. Dissertation, Georg-August-Universität zu Göttingen 1995.

Winroth 2016 = Anders Winroth: Die Wikinger. Das Zeitalter des Nordens, Stuttgart 2016.

Die Expansion der Italiener im Mittelalter

John Morrissey

Handelsstützpunkte in Übersee: *funduq*

Die Kreuzfahrer dürften ziemlich erstaunt gewesen sein, als sie 1098 bei der Eroberung der syrischen Handelsmetropole Antiochia durch ein Viertel der Amalfitaner zogen. Wussten die Franken, dass sie auf die wahrscheinlich erste Kolonie europäischer Kaufleute in der Levante gestoßen waren? Denn schon im späten 8. Jahrhundert hatte dort ein „Mauro, *vicarius* von Antiochia und Vater des ersten Regenten der autonomen Republik,"[1] residiert. Ob unter Byzantinern oder Muslimen, fast 300 Jahre lang konnten die Amalfitaner weitgehend ungestört ihren Geschäften nachgehen. Das erklärt wohl auch, warum sich die Kampanier als einzige der italienischen Republiken aus dem Ersten Kreuzzug heraushielten und die Erfolge der Kreuzfahrer wohl mit gemischten Gefühlen betrachteten.

Amalfi war seit 839 eine eigenständige Republik, die eher informell der Herrschaft des Byzantinischen Reiches entschlüpft war, aber weiterhin dem einstigen Machtzentrum verbunden blieb. Diese Beziehung sowie die geografische Nähe zu den neuen Machthabern in Süditalien und Sizilien, den Langobarden und Muslimen, boten die Voraussetzung für Amalfis Aufstieg zur ersten ‚international' vernetzten Kaufmannsrepublik. Die Amalfitaner hatten als maritime Dienstleister seit dem späten 5. Jahrhundert reichlich nautische und interkulturelle Expertise gesammelt. Außerdem erfreute sich die Republik auf seinem eigenen Territorium und im benachbarten Hinterland des Zugriffs auf weithin begehrte Produkte: Leinen, Hasel- und Walnüsse, Kastanien, getrocknete Früchte, Wein und Holz. Dazu kam Getreide aus Apulien.

Besonders bedeutend im Handel mit den Muslimen war Bauholz, denn es galt als strategischer Rohstoff für die Herstellung von Schiffen

---

1 Gargano 2014b, 72.

und Waffen. Exporte in die islamische Welt wurden daher von Päpsten und Fürsten mit Argwohn beobachtet und immer wieder mit Embargos belegt, was aber die Amalfitaner wenig beeindruckte. Von dieser pragmatischen Haltung profitierten unter anderem die muslimischen Herrscher in Ifrīqiya, das ungefähr dem heutigen Tunesien entspricht. Diese zahlten häufig mit Gold, das auf Karawanenrouten von Regionen südwestlich der Sahara an die nordafrikanische Küste gelangte. Damit erwarben die Amalfitaner im östlichen Mittelmeerraum die Luxusgüter des Orients: Gewürze, Seide Elfenbein, Papier und Glas.

Gold gegen Holz oder Haselnüsse – womit wir auf einen wesentlichen und häufig übersehenen Aspekt der Handelsgeschichte des Mittelalters stoßen: die Rolle unverzichtbarer Massenware, unspektakulär und daher von der Forschung oft zugunsten teurer und exotischer Waren übersehen. „Es scheint unglaublich, dass solch ein alltägliches landwirtschaftliches Produkt wie Haselnüsse aus Hainen, die im 10. Jahrhundert gepflanzt wurden, sich in Seide, Gewürze und Gold verwandelten – durch die Alchemie des Handels."[2]

969 eroberte die muslimische Dynastie der Fatimiden, von Tunesien aus vorstoßend, Ägypten und bald folgten ihnen amalfitanische Kaufleute, die sich noch vor der Jahrtausendwende in Kairo niederließen. Der Kalif übergab den Süditalienern ein Stadtviertel, das *funduq* oder *fondaco* genannt wurde. Das Wort lässt sich vom griechischen *pandocheion* ableiten und umfasst mehrere Bedeutungen wie Hier-gibt-es-alles, aber auch Herberge oder Karawanserei. Dieser Begriff fand bald Eingang ins Arabische und von dort in viele andere mediterrane Sprachen.

Die Kolonie verfügte über Hafenanlagen, Handelskontore, Backstuben, Fleischereien, Badehäuser, Läden aller Art, Werkstätten, Kirchen, Klöster und Gasthäuser. Dort galt amalfitanisches Recht, die Administration entsprach jener der Mutterstadt. Doch ungeachtet des extraterritorialen Status und weitgehender Handelsprivilegien unterstand der *funduq* dem Herrscher des Gastlandes. Ob Muslime, Byzantiner oder Franken in den Kreuzfahrerstaaten – Konflikte zwischen Italienern und Bewohnern außerhalb des Stadtviertels wurden von Funktionären des Kalifen, Kaisers oder Fürsten geregelt.

Die Einrichtung von Kaufmannskolonien folgte jahrhundertelang diesem Muster. Das gilt für Venezianer, Pisaner und Genuesen, aber ebenso für Leute aus Südfrankreich, Katalonien und aus dem östlichen Mittelmeerraum. Die Wertschätzung für die Fremden zeigt sich in der

2 Guérin 2013, 73.

Dienstanweisung eines ägyptischen Spitzenbeamten im 11. Jahrhundert: „Behandle die Kaufleute aller Länder, Zungen und Farben so, dass sie gerne daran zurück denken, nimm sie selbst und ihre Waren in deine Obhut, und unternimm alles Erdenkliche, um sie vor Schäden und Fährnissen zu bewahren."[3] So lukrativ dieses System von *funduqs* für Kaufleute war, es barg auch einige Risiken. Politische Kalamitäten im Gastland konnten zu diskriminierenden Maßnahmen oder zum Entzug der Privilegien führen, auch ein Herrschaftswechsel barg diese Gefahr. „Auf jeden Fall blieb die Existenz der *outposts* prekär, denn sie konnten einseitig von den Herrschern im Osten aufgelöst werden, was tatsächlich häufig passierte."[4]

Als Dank für militärische und logistische Unterstützung bei der eingangs erwähnten Eroberung Antiochias gewährten die Franken den Genuesen die Nutzung eines Stadtviertels in der Nähe des amalfitanischen *funduq*. „Das wird ausdrücklich in einer Urkunde erwähnt, was für die längere Existenz einer amalfitanischen Kolonie in Antiochia spricht."[5]

Genuas Auftauchen in der Levante lässt allerdings erkennen, dass die Position Amalfis als führende Handelsmacht von Neuankömmlingen in Frage gestellt wurde. Neben den Genuesen beteiligten sich Venezianer, Pisaner, Katalanen und Südfranzosen am Wettlauf um Stützpunkte und Handelsprivilegien. Es bot sich die Gelegenheit, im östlichen Mittelmeerraum Fuß zu fassen, und letztendlich wurden die Kaufleute zu den eigentlichen Profiteuren der Kreuzzugsbewegung.

Im Gegensatz zu den fränkischen Baronen war ihnen die Kontrolle größerer Territorien unwichtig, ebenso politische Macht. Es reichte ihnen, eine Region ökonomisch zu durchdringen, die in mehreren Hinsichten lukrativ war. Einerseits zum Erwerb von Produkten der Levante, allen voran das in Europa immer stärker nachgefragte Zuckerrohr und die ebenso beliebte Baumwolle, außerdem Indigo, Metallwaren, Glas und Papier. Andererseits führten Karawanenrouten zu den Seidenproduktionszentren des Kaspischen Meeres und ins Zweistromland, wo Baumwolle angebaut wurde. Dazu kamen natürlich die Gewinne, die man mit dem Transport von Pilgern, Kriegern, Pferden, Waffen und Lebensmitteln erzielte. Wegen dieser Dienstleistungen wurden

3 Zitiert nach Allmendinger 1967, 95 f.

4 Jacoby 2017, 46.

5 Morrissey 2020, 116.

ihnen Handelskonzessionen und Steuererleichterungen gewährt. Und so verfügte bald jede bedeutende levantinische Hafenstadt über *funduqs* westlicher Kaufleute, wie Akkon, Tyros, Beirut, Sidon, Antiochia und Laodicea.

Im westlichen Mittelmeerraum verlief die Entwicklung ähnlich. Wo die Amalfitaner bereits über Stützpunkte verfügten, tauchten ab dem 11. Jahrhundert die Konkurrenten aus dem Norden auf, meist Pisaner und Genuesen. Die Expansion der Norditaliener war oft vom Krieg gegen die Muslime Nordafrikas und Spaniens geprägt, obwohl die Toskaner und Ligurer gleichzeitig friedliche und vertraglich abgesicherte Kontakte zu den Sarazenen und Mauren pflegten. Die Italiener erwarben in Tortosa, Almería und Málaga feinstes Leder, Papier aus Córdoba sowie Olivenöl aus Sevilla, im nordafrikanischen Bougie und Ceuta hingegen Gold aus dem transsaharischen Afrika und Gewürze aus Alexandrien.

Dennoch entschieden sich Pisa und Genua in vielen Fällen für die kriegerische Option, um ihre handelspolitische Expansion voranzutreiben. Häufig taten sie das im Dienst der christlichen Könige Spaniens, die ihnen für militärische Hilfe die üblichen Begünstigungen gewährten – ironischerweise oft Privilegien aus muslimischer Zeit. Nach der Eroberung Sevillas 1248 berief sich der Herrscher Kastiliens dezidiert auf seine Vorgänger, die Mauren. Bald danach galt Sevilla den Zeitgenossen als „*un'atra Zenoa*“[6], ein anderes Genua. Die Handelsmetropole kontrollierte die Straße von Gibraltar und auch den Verkehr auf dem Guadalquivir, der Córdoba mit dem Atlantik verband.

Im östlichen Mittelmeerraum kamen sich besonders Venedig, Pisa und Genua in die Quere. In den oft eng nebeneinander liegenden *funduqs* lieferten die Italiener einander häufig Scharmützel, die manchmal in veritablen Kolonialkriegen gipfelten. Wer einen Konkurrenten in der Levante Schaden zufügte, konnte davon auch im westlichen Mittelmeer profitieren. So standen sich Pisa und Genua wegen Sardinien, Korsika und anderer westmediterraner Regionen als Todfeinde gegenüber. Wegen der Hegemonie in der Ägäis und im Schwarzen Meer lieferten sich Venedig und Genua erbitterte Kämpfe, die auch in der Adria geführt wurden. Nicht selten wurden sogar Bürgerkriege in Übersee ausgetragen. Beispielsweise griff 1324 die päpstlich orientierte Republik Genua die kaiserlich gesinnte genuesische Kolonie Pera an. Unterstützt von türkischen Hilfstruppen siegte Pera.

---

[6] Zitiert nach Zazzu 1993, 69.

1261 bereiteten die Byzantiner assistiert von Genua dem Lateinischen Kaiserreich ein Ende und in gewohnter Manier gewährte der Kaiser seinen Alliierten Privilegien, die ihnen quasi eine Monopolstellung im Schwarzmeerhandel einräumten. In Konstantinopel erhielten die Ligurer auf der nördlichen Seite des Goldenen Horns den Stützpunkt Pera/Galata. Dieser *funduq* entwickelte sich zu einer florierenden kosmopolitischen Stadt mit Geschäftsverbindungen nach England, Flandern, Indien und China. Und er fungierte als Scharnier zwischen dem Mittelmeerraum und der Schwarzmeerregion, wo sich die Genuesen um 1280 in Kaffa auf der Halbinsel Krim niederließen.

Venedig wollte aber die genuesische Vorherrschaft nicht akzeptieren und baute seine bald nach dem Vierten Kreuzzug entstandenen Krimstützpunkte Soldaia und Tana aus, dazu kam 1319 die kleinasiatische Hafenstadt Trapezunt. Zu wichtig waren die Getreidelieferungen aus Bulgarien und Russland und zu lukrativ der Handel mit Sklaven, Pelzen und Seide, um diese Region den Genuesen zu überlassen.

Nun saßen die Italiener am Endpunkt der interkontinentalen Seidenstraße, auf der dank *Pax Mongolica* die Waren Zentral- und Ostasiens in das südrussische Reich der Kiptschak-Tartaren, auch Goldene Horde genannt, strömten.

Bei aller Rivalität schienen sich die norditalienischen Konkurrenten in einem Ziel einig gewesen zu sein: die Griechen mit allen Mitteln zu schwächen. „Die Hauptopfer der kommerziellen Rivalität zwischen Venedig und Genua waren die Byzantiner.“[7] Der griechischen Metropole widerfuhr ein Schicksal, das später viele außereuropäische Städte erleiden sollten. „Für die Italiener spielt Konstantinopel in dieser Epoche eine ähnliche Rolle wie Schanghai im 19. und 20. Jahrhundert für die Europäer. Mit der Zeit verschlingen die unersättlichen Fremden alles.“[8]

Als die Osmanen 1453 Konstantinopel eroberten, brauchten sie nur jene Frucht zu pflücken, die Venedig und Genua jahrhundertelang ausgehöhlt hatten. Die erfolgreiche türkische Expansion kann also durchaus als Konsequenz rücksichtsloser Kolonialpolitik gesehen werden. Die Italiener ahnten allerdings nicht, dass ihre zu veritablen Städten angewachsenen Niederlassungen jenseits des Bosporus die nächsten Opfer sein würden. Bis 1475 gerieten alle Schwarzmeerstützpunkte unter Herrschaft der Osmanen.

---

7 Nicol 1999, 413.

8 Braudel 1990, 26.

Der Beginn des modernen Kolonialismus?

Als um 1050 ein Wettlauf Pisas und Genuas um Sardinien begann, gab es auf der Insel vier unabhängige Monarchien. Sardinien war die ideale Zwischenstation für Schiffe, die Richtung al-Andalus und Maghreb fuhren sowie nach Süditalien, Sizilien und in das östliche Mittelmeer. Die Insel selbst hatte einiges zu bieten: Silber, Wolle, Salz, Getreide, Wein und Käse. Der muslimische Geograf al-Idrīsī schrieb um 1150: „Sardinien hat Minen mit bestem Silber, dieses Metall wird in zahlreiche Landesteile der *rūm* gebracht.“[9] Mit *rūm*, eigentlich Römer, sind hier allgemein Christen gemeint.

Die sardischen Herrscher wollten sich durch Steuerprivilegien, Handelskonzessionen sowie Nutzungsrechte für Silberminen und Salinen die Toskaner und Ligurer gewogen halten und so von deren kommerziellen Aktivitäten profitieren. Dadurch wurden die Italiener zu den eigentlichen Beherrschern Sardiniens, das nun Schauplatz heftiger Auseinandersetzungen um die Hegemonie wurde. Ähnlich umkämpft war Korsika, das Getreide, Bauholz, Pech, Metalle und Sklaven zu bieten hatte. Es brauchte im Jahr 1133 einen Schiedsspruch von Papst Innozenz II., um die Rivalen auseinander zu halten. Damit fiel Sardinien fast zu Gänze an Pisa, Korsika hingegen galt nun als Einflusszone Genuas – aber beide Seiten waren jederzeit bereit, im Machtbereich des Rivalen Unruhe zu stiften. Trotzdem konnten die Pisaner ihre ohnehin seit Jahrzehnten praktizierte ökonomische Durchdringung Sardiniens ungehindert fortsetzen.

Zwecks effizienter Ausbeutung der Ressourcen führten die Toskaner Strukturen ein, die in ihrer heimatlichen Republik undenkbar gewesen wären. Sie stabilisierten ihre Herrschaft, „in dem sie feudale Regime, einen para-feudalen Kolonialismus etablierten“.[10] Wobei die Pisaner auf der Insel Verhältnisse vorfanden, die ihre Politik der Unterwerfung leicht machten, denn ein Großteil der Bevölkerung hatte schon in vorkolonialer Zeit in Abhängigkeit gelebt, während einheimische Adelige dem italienischen Festland kulturell, wirtschaftlich und sogar verwandtschaftlich eng verbunden gewesen waren. Die Landwirtschaft wurde radikal auf Export umgestellt. Der größte Teil des sardischen Getreides war für die Ausfuhr bestimmt, während die auf den Äckern arbeitende Bevölkerung eine Hungersnot nach der anderen ertragen musste. Ähnlich prekär wie die Bauern lebten die Arbeiter in den Salinen und

9 Zitiert nach Galoppini 2003, 210.

10 Jones 1997, 559.

Bergwerken. „Es gibt nur eine korrekte Bezeichnung für den Umgang Pisas und Genuas mit Sardinien: Ausbeutung.“[11]

Gleichzeitig ermutigte die Republik ihre Bürger, sich in Sardinien niederzulassen. Dadurch entstanden in den Hafenstädten pisanische Viertel, die in ihrer Aufbauphase an *funduqs* erinnern. Allerdings blieb es in der Regel nicht bei einem begrenzten Kaufmannsquartier und sehr rasch wurden die Städte, zu denen einfache Sarden meist keinen Zutritt hatten, durch massive Immigration regelrecht italianisiert. Sie verfügten über ein beachtliches Ausmaß an Autonomie, mussten sich aber an die Vorgaben der Republik halten. „Der Kolonie stand in gewohnter Weise ein von der Mutterstadt ernannter Konsul vor. Er repräsentierte die Republik und war oberster Richter.“[12]

Ein wesentlicher Unterschied zum *funduq* war der Aktionsradius der Stadtbevölkerung, denn die Pisaner kontrollierten die Küste und das gesamte Inselinnere. Überall galt das Recht der toskanischen Metropole. Zur Durchsetzung ihrer Macht wurde um 1215 eine trutzige Festung in Cagliari errichtet, das auch über einen leistungsfähigen Hafen verfügte. Diese Rahmenbedingungen wussten nicht nur Adelige zu nutzen, sondern auch einfache Bürger Pisas. „Für einige Familien war Sardinien ein wahres Sprungbrett zum relativ raschen ökonomischen und sozialen Aufstieg.“[13]

So auch für einen gewissen Neri da Riglione, der im späten 13. Jahrhundert durch Handel und Finanzgeschäfte reich wurde. Er investierte in den Bergbau, exportierte Silber und importierte Luxusgüter aus Syrien, Nordafrika und Spanien. Dazu kamen Geschäfte mit Olivenöl und Getreide. Leute wie er „waren Könige auf Sardinien und zur gleichen Zeit einfache Bürger in Pisa.“[14] Die Städte zogen quer durch alle soziale Schichten Migranten vom toskanischen Festland an: Handwerker, Kaufleute, Großgrundbesitzer, Bankiers. Sie nahmen nicht nur ihre Lebensgewohnheiten mit, sondern auch ihre Kultur – vor allem die Architektur. Kirchen und Burgen orientierten sich in ihrer Baustruktur und Ästhetik an toskanischen Vorbildern.

Die Bedeutung Sardiniens für Pisa wuchs parallel zum Rückzug der Republik aus dem östlichen Mittelmeerraum, wo sie seit den Kreuzzügen über zahlreiche *funduqs* verfügt hatte. Dort fielen sie innerhalb

---

11 Abulafia 2013, 362.

12 Mitterauer/Morrissey 2011, 173.

13 Tangheroni 1991, 134.

14 Galoppini 2003, 212.

eines Jahrhunderts dem beinharten Wettbewerb mit Venedig und Genua zum Opfer. Aber mit einer flächenmäßig sehr großen und ressourcenreichen Kolonie vor der Haustür konnten die Verluste im Osten wohl mehr als nur kompensiert werden.

Dank Sardiniens Agrarprodukten sicherte Pisa die zuverlässige Lebensmittelversorgung der Republik ab und verlieh dem Fernhandel neue Impulse, unter anderem durch Exporte in muslimisch beherrschte Regionen des Mittelmeerraums. Noch lukrativer waren Silber und Salz. "Der hohe Gewinn, der in diesen Bereichen zu erwarten war, scheint für Pisa ein Hauptmotiv dafür gewesen sein, Sardinien in ein Verhältnis kolonialer Abhängigkeit zu bringen und in diesem Status zu erhalten."[15] Auch hier trägt die pisanische Überseepolitik durchaus moderne Züge: Kaufleute und Investoren setzten nicht nur auf intensive Landwirtschaft, sondern ebenso auf den Abbau von Metallen und Mineralien. Montanistische Erfahrungen hatten die Toskaner schon im 11. Jahrhundert auf Elba und in der Maremma gesammelt, wo sie die Förderung und Verarbeitung von Eisen kontrollierten. Etwa 200 Jahre später sollten die Genuesen ähnlich vorgehen, als sie die Alaunvorkommen des kleinasiatischen Focea in Besitz nahmen.

Die Sarden wurden nicht nur ökonomisch, sondern auch kulturell unterworfen. Das führte zu einer Spaltung der Gesellschaft, die auch heute deutlich fühlbar ist – beispielsweise in der Sprache. Vor der pisanischen Herrschaft war Sardisch eine einheitliche und verschriftlichte Sprache. Dann aber erhob man Pisanisch zum Standard und Sardisch wurde zum schriftlosen Idiom der Kolonisierten. Nicht anders verhält es sich mit der Musik. Der heute als faszinierend-archaisch empfundene polyvokale Gesang Sardiniens hat sich seit dem 12. Jahrhundert nicht verändert. Ähnliches gilt für die Ernährung. Die sardische Küche ist eine der Hirten und Knechte – *cucina dei poveri* mit Hülsenfrüchten, Gerste, Weizenschrot, Wildkräutern und Käse. An der Küste hingegen dominieren Pasta, Gemüse, Fisch und Fleisch.

Pisas Herrschaft über Sardinien dauerte bis 1326. Nach einer verheerenden Niederlage im Jahr 1284 gegen die Genuesen hatte die Republik nicht mehr die Kapazität, eine starke Flotte aufzustellen. Man konnte dem Druck der genuesischen Rivalen, aber auch den Ambitionen der expandierenden Katalanen nicht standhalten. Was immer Pisa diplomatisch und militärisch unternahm, es war vergebens. Nach zweijährigem Krieg fiel die Insel an Katalonien-Aragón.

15 Mitterauer 2005, 97.

Venedigs Weg vom *funduq* zur Beherrschungskolonie begann 1124. Nach einem fulminanten Seesieg gegen die Fatimiden erhielten die Venezianer im Umland von Tyros das Nutzungsrecht für Zuckerrohrplantagen und -mühlen, die unter arabischer Herrschaft angelegt worden waren. Dank der enormen Nachfrage in Europa handelt es sich dabei um eine wahre Goldgrube. Die exportorientierte Agrarproduktion auf eigenem Land bedeutete eine Umorientierung venezianischer Politik, nämlich die Hoheit über ein Territorium auszuüben und seine Ressourcen direkt zu nutzen. Die Kaufleute zeigten dabei kaum Interesse an der Vielfalt landwirtschaftlicher Produkte, welche die regionale Nachfrage befriedigte, sondern an *cash crops* wie Baumwolle und Zucker. Die Serenissima setzte dabei zur effizienten Bewirtschaftung Frondienst und vermutlich auch Sklavenarbeit ein.

Diese Produktionsweise fand einige Jahrhunderte später Anwendung auf den iberischen Atlantikinseln. „Die mediterrane Zuckerindustrie kann tatsächlich als die Schule der Kolonialherren auf Madeira, auf den Kanarischen Inseln und im tropischen Amerika gesehen werden."[16] Trotzdem ist Tyros keine typische Beherrschungskolonie wie Sardinien oder die iberischen Überseeterritorien, denn die Venezianer konnten trotz ihrer Unentbehrlichkeit bei Handel und Transport nicht in den Kreuzfahrerstaaten so agieren, wie sie wollten. Das wussten auch die Pisaner und Genuesen. Die Kaufleute mussten in der Regel Arsenalgebühren, Schiffsliegegelder und Pilgersteuern akzeptieren. Meist auch das Strandrecht, welches dem Herrscher gestrandete Schiffe samt Ladung zusprach.

Venedigs Handelspolitik erfuhr 1204 durch den Vierten Kreuzzug eine entscheidende Veränderung. Die ‚Umleitung' einer bewaffneten Pilgerfahrt nach Konstantinopel (ursprüngliches Ziel war Ägypten) verhalf Venedig nach dem Fall der byzantinischen Metropole zu einer ungeahnten Machtposition. Doge Enrico Dandolo verzichtete nach der Gründung eines fränkischen Lateinischen Kaiserreiches auf den ursprünglich vereinbarten Landgewinn. Er forderte nur strategisch wertvolle Häfen (Modon und Koron am Südende des Peloponnes) und einige Inseln (unter anderem Negroponte/Euböa). Kreta, das ursprünglich einem fränkischen Fürsten zugesprochen worden war, erwarb man für eine relativ geringe Summe. Dieser Kauf kam gerade rechtzeitig, denn auch Genua erhob Anspruch auf die Insel und hielt sie durch einen Korsaren namens Enrico Pescatore mehrere Jahre besetzt. Erst nach Vertrei-

16 Galloway 1989, 32.

bung des Genuesen im Jahr 1211 konnte die Dogenrepublik ihre Herrschaft auf Kreta stabilisieren und sukzessive ausbauen. Sie handelten *alla pisana*, indem sie Anleihen beim Feudalismus nahmen, wie man ihn in der Lagunenstadt nicht kannte und niemals akzeptiert hätte.

Die Serenissima setzte dabei nicht auf die Kooperation mit den einheimischen Eliten, sondern auf Enteignung kirchlichen und weltlichen Besitzes. Dieses Land wurde als Lehen an 132 Ritter und 408 Soldaten vergeben. Im Gegenzug waren die Belehnten verpflichtet, Wehrdienst zu leisten und administrative Aufgaben zu übernehmen. Die Aussicht auf Wohlstand lockte bis ins 14. Jahrhundert zahllose Venezianer nach Kreta – einfache Leute ebenso wie Mitglieder der bekanntesten Adelsfamilien.

Es kam wegen dieser radikalen Venezianisierung immer wieder zu Aufständen, an denen sich alle Schichten der griechischen Bevölkerung beteiligten, denn die griechischen Bauern mussten Leibeigenschaft und Zwangsarbeit erdulden, während der griechische Adel unter Steuerdruck und Machtlosigkeit litt. 1383 führte der Widerstand gegen die Kolonialverwaltung zu einer Rebellion, der sich sogar venezianische Aristokraten anschlossen. Es dauerte vier Jahre, bis die Serenissima die Unruhen niederschlagen konnte. Der Schrecken über den angerichteten Schaden leitete einen Nachdenkprozess ein. Die Regierung der Dogenrepublik erkannte, dass massive Auspressung und Rechtlosigkeit kontraproduktiv wirkten. So wurde der Druck auf die griechische Bevölkerung reduziert und die von Venedig eingesetzte Inselregierung musste sich streng an die Vorgaben der Mutterstadt halten. Offensichtlich entspannte das die Lage und leitete eine neue Phase des Zusammenlebens ein. „Die Akkulturation zwischen Griechen und Lateinern schritt voran.“[17]

Kreta verfügte zu Beginn der venezianischen Herrschaft zwar über eine Vielfalt an Agrarprodukten, durch die extensive Anbauweise war man jedoch nicht in der Lage, ausreichende Mengen an Wein, Käse, Getreide, Leder und Wolle für den Export bereitzustellen. Daher unternahm die Republik gewaltige Anstrengungen zur Intensivierung der Landwirtschaft: Bewässerungsanlagen und Mühlen, Bodenschutzmaßnahmen, die gezielte Ansiedlung von Griechen aus der Ägäis sowie (von der Forschung heute kontrovers diskutiert) wahrscheinlich der Einsatz von Sklaven. Bald exportierte die Insel in großen Mengen Getreide, dessen Preis vom Staat geregelt war, um die eigene Bevölkerung in der

[17] Edbury 1999, 309.

Lagunenstadt preisgünstig zu versorgen. Stark nachgefragt war auch Käse, der bis Byzanz und Ägypten geliefert wurde.

Als die Getreideproduzenten die Konkurrenz billigen Korns aus Sizilien, vom Balkan und aus Südrussland zu spüren bekamen, reagierte die Republik mit einer Reduktion der Anbauflächen und setzte immer mehr auf Wein. Vor allem Malvasier, den die Venezianer vom Peloponnes eingeführt hatten, erfreute sich in der Markusrepublik großer Beliebtheit, was sich noch heute an den Straßennamen ablesen lässt: „In fast jedem Sestier findet sich eine *Calle della Malvasia.* In San Marco gibt es deren gleich zwei.“[18] Dieser prestigeträchtige Wein fand auch den Weg nach Konstantinopel sowie nach Flandern und England. Ab dem späten 14. Jahrhundert wurde außerdem die Baumwoll- und Zuckerproduktion forciert. Seit der muslimischen Herrschaft zwischen 824 und 961 produzierte man auf Kreta Zucker, doch die Venezianer mussten nun aufgrund der Nachfrage massiv die Plantagenflächen erweitern. Was wieder auf Kosten des Getreideanbaus ging und zu Problemen beim Nahrungsmittelangebot auf Kreta und sogar in Venedig führte.

Zucker spielte ebenfalls eine entscheidende Rolle in der Wirtschaft Zyperns. Nach der Eroberung der letzten von Kreuzfahrern gehaltenen Territorien im Jahr 1291 erwarb der nun landlose König von Jerusalem die Insel Zypern. Seine ursprünglich aus dem Poitou stammende Familie vom Geschlecht der Lusignan sollte sie bis 1489 beherrschen.

> „Mit dem Fall von Akkon verschob sich dann die Lage einseitig zugunsten der Insel; ihre Häfen übernahmen die Rolle der syrischen Küstenstädte … hier entstanden die Hauptkontore der Banken und Handelsfirmen von Genua, Venedig, Pisa, Florenz, Barcelona und Montpellier, die neuen Niederlassungen syrischer Handelshäuser. Der Handel von Famagusta reichte weit über den Nahen Osten hinaus nach Persien und Indien, Sibirien und China.“[19]

Zypern galt den Zeitgenossen als unvorstellbar reich. Allerdings verstellen die hymnischen Reisebeschreibungen den Blick auf die Tatsache, dass die lokale Bevölkerung oft jämmerliche Lebensumstände zu akzeptieren hatte und dass immer mehr venezianische sowie genuesische Unternehmer die Politik des Landes bestimmten. Wieder spielten bei dieser Entwicklung die mehrfach geschilderten Privilegien eine Rolle. 1218 und 1232 wurde den Genuesen das Recht auf uneingeschränk-

---

18 Feldbauer/Liedl/Morrissey 2010, 105.

19 Mayer 1982, 100.

ten Handel und Steuerfreiheit eingeräumt. 70 Jahre später folgte Venedig mit ähnlichen Begünstigungen. Womit wieder die bekannten Rivalen den Kampf um die ökonomische Hegemonie aufnahmen. Diesmal dauerte der Kolonialkrieg mehr als zwei Jahrhunderte und dabei dominierten lange Zeit die Ligurer: Von 1372 bis 1464 war Zypern quasi ein genuesisches Protektorat. Diese Macht geriet aber immer mehr ins Wanken, nicht zuletzt wegen innenpolitischer und ökonomischer Krisen in Genua selbst, was sich massiv auf die Kolonien auswirkte.

So stieg Venedig, nicht zuletzt von einer Thronfolgekrise der Lusignan profitierend, zur beherrschenden Kraft in Zypern auf. Dabei bediente sich die Dogenrepublik eines in der Geschichte wohl einzigartigen Kunstgriffs, um der Annexion einen legalen Anstrich zu verpassen. Nach dem Tod König Jakobs II. im Jahr 1492 setzte ein regelrechter Wettlauf heiratswilliger Söhne aus Europas Hocharistokratie ein, um die Witwe Caterina Cornaro zu ehelichen und Zypern als Mitgift zu gewinnen. "Mit viel Sinn für Symbolik und zeremonieller Grandezza wurde die Königin von der Serenissima als ‚Tochter der Republik' adoptiert."[20] Caterina trat nach diesem Staatsakt zurück und überließ die Insel der Mutterstadt.

Begünstigt wurde diese Machtübernahme durch seit dem 13. Jahrhundert aufgebaute Strukturen in der zypriotischen Wirtschaft. Das gilt vor allem für die Familie der Cornaro, auch Corner genannt, die man wohl als die Zuckerbarone des Mittelalters bezeichnen könnte.

> „Wasserbetriebene Mühlen zermalmten das Rohr, aber die industriellen Aktivitäten beschränkten sich nicht auf die Erstverarbeitung des Produktes. Im Gegensatz zu den in Amerika während des 17. und 18. Jahrhunderts praktizierten Methoden, wo der Zucker nicht an Ort und Stelle raffiniert wurde, sondern in spezialisierten europäischen Fabriken, lieferte Zypern im 14. Jahrhundert Fertigprodukte in Form von Zuckerbrocken oder Streuzucker. Zu diesem Zweck benützten die Cornaro riesige, in Italien hergestellte Kupferkessel."[21]

Das Familienunternehmen war auch in anderen Bereichen aktiv, beispielsweise bei der Herstellung von Baumwolle und der Gewinnung von Salz. Die Cornaro galten als eine der mächtigsten und reichsten Familien Venedigs. Doch auch andere venezianische Familien hatten schon früh auf Zypern Fuß gefasst. Sie agierten wie die Cornaro als Pri-

---

20 Feldbauer/Liedl/Morrissey 2010, 112.

21 McNeill 1974, 76.

vatpersonen und nicht im Namen der Republik, die solche Freiheiten offensichtlich nicht goutierte. Daher schuf der Senat 1489 gesetzliche Rahmenbedingungen, welche die einflussreichen Eliten an die kurze Leine legten. Es wurden Gouverneure ernannt, auf zwei Jahre bestellte weisungsgebundene Beamte, die immer wieder von Inspektoren kontrolliert wurden. Man forcierte auch den Anbau von Wein und Maulbeerbäumen, was die Verluste im Zuckerhandel ab dem 15. Jahrhundert (durch die Konkurrenz der portugiesischen Atlantikkolonie Madeira) ausgleichen konnte. Von besonderer Bedeutung war dabei auch Baumwolle, mit der Venedig die Textilindustrie Europas belieferte.

Ab dem späten 15. Jahrhundert verlor Zypern seine herausragende Position als Handelsdrehscheibe. Wegen massiver politischer Unruhen in Zentralasien galten die Landrouten in den Iran und nach China als unsicher. Außerdem hatten die Mamluken das christliche Reich von Kleinarmenien schon im späten 14. Jahrhundert unterworfen, womit die Schiffsroute von Laodicea nach Zypern an Bedeutung verlor, wovon Alexandria und Beirut profitierten. Dazu kam der Druck der Osmanen, dem man auf Dauer nichts entgegensetzen konnte. 1571 wurde Zypern schließlich von ihnen erobert.

Als 1261 die Ära des 1204 ausgerufenen Lateinischen Kaiserreichs zu Ende ging und die Byzantiner wieder die Herrschaft übernahmen, gab es einen Hauptprofiteur: Genua. Als Dank für diplomatische und militärische Unterstützung überließ Kaiser Michael Paleologos dem genuesischen Großunternehmer, Diplomaten und Kommandanten einer kampferprobten privaten Flotte Benedetto Zaccaria die Nutzungsrechte über das in Focea bei Smyrna/Izmir produzierte Alaun. Der Ligurer verfügte über ein weit verzweigtes Netzwerk, das von Flandern über die südspanische Atlantikküste bis zum Schwarzen Meer reichte.

1301 wandte sich Zaccaria jedoch gegen die Byzantiner und besetzte die Insel Chios, die in jeder Hinsicht ein Juwel war: zur Kontrolle der Route von der Ägäis nach Konstantinopel und ins Schwarze Meer, als Bollwerk zur Sicherung der nahegelegenen Alaunminen von Focea sowie als Drehscheibe im kleinasiatisch-ägäischen Warenverkehr. Binnenrouten führten von der kleinasiatischen Küste in die Seidenanbaugebiete des Kaukasus und nach Persien, das Perlen lieferte. Kleinasien hatte neben Alaun auch anderes zu bieten: Holz, Pech, Getreide, Baumwolle und Farbstoffe. Auch lag Chios günstig für den Handel mit dem Balkan, von wo Sklaven, Früchte und Textilien kamen.

Darüber hinaus konnte die fruchtbare Insel ein einzigartiges Produkt anbieten – Mastix. Gewonnen von hochspezialisierten Bauern im Süden der Insel, einer Region, die auch heute Mastichochoria heißt und wo noch immer nach uralter Methode dieses wundersame Harz geerntet wird. Es dient als Pflegemittel für Zähne und Zahnfleisch, als Medizin für den Verdauungstrakt und als Aromastoff bei Cremen, Marmeladen und Getränken.

Um 1330 übernahm wieder Byzanz die Insel, verlor sie aber 1346 endgültig an die Genuesen. Dabei erinnert das Vorgehen der Ligurer an jenes der Venezianer im Vierten Kreuzzug. Eine Flottenexpedition gegen Monaco wurde mangels zu bekämpfender Gegner (übrigens rebellische Genuesen, darunter auch die Grimaldi, deren Nachfahren heute den Kleinstaat regieren) in die östliche Ägäis umgeleitet, um einen Kreuzzug gegen kleinasiatische Türken zu unterstützen und um genuesischen Kolonien auf der Krim im Kampf gegen die Goldene Horde beizustehen. Daraus wurde ebenfalls nichts, denn es lockte ein attraktiveres Ziel – Chios. Die ohnehin von dynastischen Problemen gebeutelten Byzantiner konnten dem Angriff nicht standhalten. Die Insel unterstand nach der Eroberung theoretisch noch immer Byzanz, die Administration unterlag aber ausschließlich den Genuesen. Die Betonung liegt auf ‚Genuesen' – und nicht auf Republik Genua. Das heißt, die Republik konnte die von privaten Investoren vorfinanzierte Expedition nicht bezahlen und überließ ihnen daher alle Nutzungsrechte auf Chios und in Focea. Im Falle einer Tilgung der Schulden wären die Insel und die Alaunstadt an die Republik übergegangen. „Die Geldgeber konnten sich beruhigt zurücklehnen. Nominell blieb Genua für die Verwaltung zuständig, tatsächlich lagen jedoch alle administrativen, militärischen und fiskalischen Aufgaben bei den Investoren."[22]

Dieses Finanzierungsmodell geht auf das frühe 13. Jahrhundert zurück. Aufgaben, die der Staat nicht übernehmen konnte, wurden in die Hände von Kapitalgesellschaften gelegt, die dadurch aber nach und nach zur eigentlichen Macht in der Republik wurden. Damit dürfen die Genuesen als Vorreiter einer deregulierenden Wirtschaftspolitik gesehen werden, wie sie heute im Sinne Friedmanns und Hayeks propagiert wird. Für die Masse der Bevölkerung Genuas hatte die Selbstaufgabe des Staates verheerende Folgen. Die Armut wuchs und der Missmut entlud sich regelmäßig in Straßengewalt und manchmal sogar in

[22] Feldbauer/Liedl/Morrissey 2010, 63.

Bürgerkriegen. Verstärkt wurde diese Situation durch die Rivalität der genuesischen Eliten und ihrer Investorenkonsortien.

Nach der Eroberung Konstantinopels durch die Osmanen im Jahr 1453 gerieten die Krimkolonien und Chios immer stärker unter Druck. Einige Jahrzehnte konnten sich die Ligurer mittels Tributzahlungen die Türken noch vom Leib halten und gleichzeitig versuchten sie, christliche Allianzen gegen die Osmanen zu schmieden. Alles vergeblich. Um 1475 eroberte Sultan Mehmed II. die Halbinsel Krim, 1566 übergaben die Genuesen angesichts einer gewaltigen osmanischen Flotte die Mastixinsel Chios ohne Kampf.

Vom *funduq* zur Territorialkolonie

Das Netzwerk der *funduqs* stellte ein Konzept der Interaktion zwischen Gastland und Fremden auf Augenhöhe dar, bei dem man von einem System des ‚gleichberechtigten Tausches' reden kann. Man erkennt darin Kaufmannskolonien, die trotz ihrer ökonomischen Macht keinesfalls danach strebten, ihr Partnerland kulturell, politisch oder wirtschaftlich zu beherrschen. Dieses ‚amalfitanische Modell' prägte vor allem den Handel mit der muslimischen Welt. Sehr früh erkannte auch Venedig die Vorzüge eines merkantilen Netzwerks, dessen Funktionieren auf friedlicher Koexistenz beruhte, und blieb ab etwa 1130 den islamfeindlichen Expeditionen und Eroberungszügen der europäischen Christen fern. Bezeichnenderweise dirigierten die Venezianer den vom Papst zwecks Eroberung Ägyptens ausgerufenen Vierten Kreuzzug um. Stattdessen wurde bekanntlich 1204 das christliche Konstantinopel erobert. Selbst die Pisaner und Genuesen, die gerne den Sarazenen und Mauren gegenüber eine Politik der militärischen Gewalt pflegten, sahen den Vorteil bilateraler Abkommen, die ihnen Unterschlupf und Handelsprivilegien in muslimischen Hafenstädten gewährten. Diese pragmatische Haltung entsprach allerdings auch der Erkenntnis, dass die Herrscher islamischer Staaten schlichtweg militärisch zu stark waren, um im Maghreb oder in Ägypten Städte oder Territorien dauerhaft von diesen zu annektieren.

Es ist daher kein Zufall, dass die Beherrschungskolonien Venedigs und Genuas nicht in muslimischen Regionen entstanden, sondern auf Inseln des machtpolitisch dahintaumelnden Byzanz, allen voran auf Kreta und Chios. Diese Kolonialisierung mag als tragischer Treppenwitz für die Byzantiner gesehen werden. Schließlich hatten sie ab dem späten 11. Jahrhundert den Venezianern (auf Kosten Amalfis) sowie im

12. Jahrhundert den Pisanern und Genuesen Privilegien eingeräumt, die oft weit über die üblichen *funduq*-Vereinbarungen hinausgingen. Eine Appeasement-Politik, die es den Italienern ermöglichte, das Byzantinische Reich systematisch auszuhöhlen.

Dabei fielen auch die Pisaner dem beinharten Konkurrenzkampf im östlichen Mittelmeerraum zum Opfer, aber die Toskaner konnten diesen Positionsverlust durch die Unterwerfung Sardiniens kompensieren. Dort hatte die einheimische Nobilität hohe Bereitschaft gezeigt, den Toskanern die vollständige Kontrolle über die Wirtschaft zu überlassen und mit den Neuankömmlingen zu kooperieren. Womit wir auf ein konstituierendes Element ‚moderner' Kolonialpolitik stoßen: die Korrumpierung der indigenen Eliten zur Bewahrung ihres sozialen Status und Lebensstandards.

Darüber hinaus zeigt das auf Sardinien und Korsika, auf Kreta und Zypern sowie auf Chios entwickelte Modell alle Charakteristika jener Vorgangsweise in Übersee, wie wir sie von späteren europäischen Mächten kennen: Umstellung einer extensiven und vielfältigen Agrarwirtschaft auf in Monokulturen produzierte *cash crops*, Unterwerfung der bäuerlichen Bevölkerung zur beliebigen Verfügbarkeit von Arbeitskräften, Zerschlagung beziehungsweise Übernahme von Handwerk und Gewerbe, dirigistische Handelspolitik zur Versorgung des Mutterlandes oder für den Export. „Das System des ‚ungleichen Tauschs' wurde von den Seerepubliken systematisch und höchst effektiv praktiziert."[23] Die Entwicklungslinie einer Kolonialpolitik im klassischen Sinn führt also weit ins Mittelalter zurück.

Vor diesem Hintergrund sollten Reisende vielleicht auch die Basilika des Heiligen Markus in Venedig deuten. Prominent ragt eine Pferdegruppe über dem Hauptportal, die 1204 in Konstantinopel geraubte Quadriga. Ebenso erging es der Tetrarchen-Figurengruppe, die an der Ecke zum Dogenpalast in Augenhöhe der Betrachter aufgestellt wurde. Die Dekoration des ohnehin im byzantinischen Stil erbauten Doms mit dieser Beute diente der Glorifizierung des Vierten Kreuzzugs sowie der Untermauerung des Anspruchs, legitime Nachfolgerin Byzanz' zu sein und somit auch oströmisches Territorium rechtmäßig zu beherrschen. Ob daher im Sinne der seit einigen Jahren laufenden Debatten um koloniale Raubkunst je Restitutionsforderungen an Venedig gestellt werden, wird sich zeigen.

---

[23] Mitterauer 2005, 105.

Literatur

Abulafia 2013 = David Abulafia: Das Mittelmeer. Eine Biographie, Frankfurt am Main 2013.

Abu-Lughod 1987 = Janet Lippman Abu-Lughod: Before European Hegemony. The World System A.D. 1250–1350, New York–Oxford 1987.

Allmendinger 1967 = Karl Heinz Allmendinger: Die Beziehungen zwischen der Kommune Pisa und Ägypten im Hohen Mittelalter (Vierteljahrzeitschrift für Sozial- und Wirtschaftsgeschichte, Beiheft 54), Wiesbaden 1967.

Arbel 1996 = Benjamin Arbel (Hg.): Intercultural Contacts in the Medieval Mediterranean, London 1996.

Argenti 1958 = Philipp P. Argenti: The Occupation of Chios by the Genoese and Their Administration of the Island. 1346–1566, Cambridge 1958.

Ashtor 1986 = Eliyahu Ashtor: East-West Trade in the Medieval Mediterranean, London 1986.

Balard 1978 = Michel Balard: La Romanie genoise. XIIe-début XVe siècle (Atti della Società Ligure di Storia Patria, nuova serie 18), Genua 1978.

Braudel 1990 = Fernand Braudel: Sozialgeschichte des 15.–18. Jahrhunderts. Aufbruch zur Weltwirtschaft, München 1990

Crouzet-Pavan 2001 = Élisabeth Crouzet-Pavan: Venezia trionfante. Gli orrizonti di un mito, Turin 2001.

Day 1984 = John Day: La Sardegna e i suoi dominatori dal secolo XI al secolo XIV, in: Giuseppe Galasso (Hg.): Storia d'Italia, Turin 1984.

Edbury 1999 = Peter Edbury: The Latin East 1291–1669, in: Jonathan Riley-Smith (Hg.): The Oxford History of the Crusades, Oxford 1999, 291–322.

Epstein 1996 = Steven A. Epstein: Genoa and the Genoese 958–1528, Chapel Hill–London 1996.

Feldbauer/Liedl/Morrissey 2010 = Peter Feldbauer/Gottfried Liedl/John Morrissey: Venedig 800– 1600. Die Serenissima als Weltmacht, Wien 2002.

Feldbauer/Morrissey 1999 = Peter Feldbauer/John Morrissey: Italiens Kolonialexpansion im östlichen Mittelmeer, in: Peter Feldbauer/Gottfried Liedl/John Morrissey (Hg): Von der mediterranen zur atlantischen Macht. Geschichte der europäischen Expansion bis in die frühe Neuzeit, Wien 1999, 54–67.

Galloway 1989 = J. H. Galloway: The sugar cane industry. A historical geography from its origins to 1914, Cambridge–New York 1989.

Galoppini 2003 = Laura Galoppini: Pisa e la Sardegna. Un legame millenario, in: Marco Tangheroni (Hg.): Pisa e il Mediterraneo. Uomini, merci, idee dagli Etruschi ai Medici, Mailand 2003, 209–215.

Gargano 2014a = Giuseppe Gargano: Amalfi e il Mediterraneo medievale, in: Pasquale Natella (Hg.): Funduq. Repertorio dei fondaci amalfitani d'Oltremare, Amalfi 2014, 7–89.

Gargano 2014b = Giuseppe Gargano: La navigazione mercantile amalfitana. Rotte, navi, leggi marittime, in: Bruno Figliuolo/Pinuccia F. Simbula (Hg.): Interscambi socio-culturali ed economici fra le città marinare d'Italia e l'Occidente dagli osservatori mediterranei (Atti del Convegno Internazionale di Studi 12), Amalfi 2014, 71–87.

Guérin 2013 = Sarah M. Guérin: Forgotten Routes? Italy, Ifrīqiya and the Trans-Saharan Ivory Route, in: Al-Masāq. Journal of the Medieval Mediterranean 25 (2013) 1, 70–91.

Jacoby 2017 = David Jacoby: Western Commercial and Colonial Expansion in the Eastern Mediterranean and the Black Sea in the Middle Ages, in: Gherardo Ortalli/Alessio Sopracasa (Hg.): Rapporti mediterranei, pratiche documentarie, presenze veneziane. Le reti economiche e culturali. XIV–XVI secolo, Venedig 2017, 3–44.

Jaspert 2013 = Nikolas Jaspert: Die Kreuzzüge, Darmstadt 2013.

Jones 1997 = Philip Jones: The Italian City-State. From Commune to Signoria, Oxford 1997.

Lane 1980 = Frederic C. Lane: Seerepublik Venedig, München 1980.

Lopez 1996 = Roberto S. Lopez: Storia delle colonie Genovesi nel Mediterraneo, Genua 1996.

Luzzatto 1995 = Gino Luzzatto: Storia economica di Venezia dall' XI al XVI secolo, Venedig 1995.

Mayer 1980 = Hans Eberhard Mayer: Geschichte der Kreuzzüge, Stuttgart–Berlin–Köln 1980.

McNeill 1974 = William H. McNeill: Venice. The Hinge of Europe 1081–1797, Chicago–London 1974.

Mitterauer 2005 = Michael Mitterauer: Kaufleute an der Macht. Voraussetzungen des Protokolonialismus in den italienischen Seerepubliken am Beispiel Pisa, in: Peter Feldbauer/Gottfried Liedl/John Morrissey (Hg.): Mediterraner Kolonialismus. Expansion und Kulturaustausch im Mittelalter, Wien 2005, 82–110.

Mitterauer/Morrissey 2011 = Michael Mitterauer/John Morrissey: Pisa. Seemacht und Kulturmetropole, Wien 2011.

Morrissey 2001 = John Morrissey: Die Mongolen. Feinde oder Partner?, in: Beiträge zur historischen Sozialkunde 31 (2001) 1, 13–23.

Morrissey 2016 = John Morrissey: *Civitas lo vult.* Die italienischen Seerepubliken und der Erste Kreuzzug, in: Philipp A. Sutner/Stephan Köhler/Andreas Obenaus (Hg.): Gott will es. Der Erste Kreuzzug – Akteure und Aspekte, Wien 2016, 61–78.

Morrissey 2020 = John Morrissey: Amalfi – Moderne im Mittelalter, Wien 2020.

Nicol 1999 = Donald M. Nicol: Byzantium and Venice. A Study in Diplomatic and Cultural Relations, Cambridge 1999.

Ortalli 1998 = Gherardo Ortalli (Hg.): Venezia e Creta. Atti del convegno internazionale di studi, Venedig 1998.

Pittioni 2011 = Manfred Pittioni: Genua. Die versteckte Weltmacht, Wien 2011.

Tangheroni 1991 = Marco Tangheroni: Pisa e la Sardegna ai tempi di Dante, in: Ottavio Banti/Cinzio Violante (Hg.): Momenti di storia medioevale pisana, Pisa 1991, 129–140.

Verlinden 1970 = Charles Verlinden: The Beginnings of Modern Colonization, Ithaca–London 1970.

Verlinden 1972 = Charles Verlinden: From the Mediterranean to the Atlantic. Aspects of an Economic Shift (12th–18th Centuries), in: The Journal of European Economic History 1 (1972) 3, 625–646.

Von Wartburg 1995 = Marie-Louise von Wartburg: Production du sucre de canne à Chypre, in: Michel Balard/Alain Ducellier (Hg): Coloniser au Moyen Âge, Paris 1995, 126–131.

Zazzu 1993 = Guido Nathan Zazzu: Il volo del Grifo. Storia di Genoa dagli inizi al 1892, Genua 1993.

Europäische Messeorte und Handelsrouten im Mittelalter

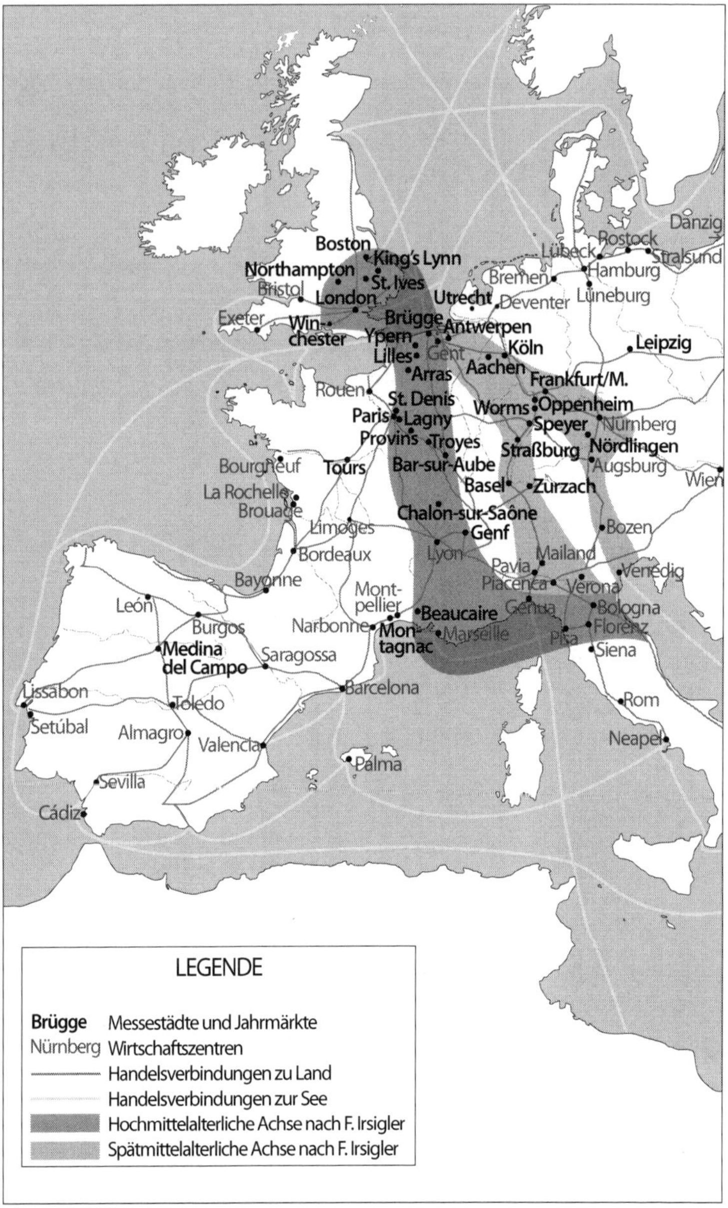

Vom Mittelmeer zur Nordsee

Der atlantische Handel im Spätmittelalter

Stephan Nicolussi-Köhler

Einleitung

Mit dem Begriff des atlantischen Handels wird zumeist der sogenannte Dreieckshandel verbunden. Dabei dreht es sich um seit dem 16. Jahrhundert etablierte Wirtschaftskreisläufe zwischen Amerika, Afrika und Europa, bei denen afrikanische Sklaven mit Fertigwaren aus Europa oder Asien eingekauft wurden, die wiederum mit Zucker und Edelmetallen aus Amerika bezahlt wurden.[1] Als Folge der Entdeckung Amerikas und der europäischen Expansion waren diese Veränderungen – nicht nur für die betroffenen Gesellschaften – zweifellos tiefgreifend. Nicht umsonst hat daher Immanuel Wallerstein im Rahmen seines bedeutsamen Weltsystem-Konzepts den Zeitraum der europäischen Expansion als Ausgangspunkt für das moderne Welt-System, bei dem die Länder der Dritten Welt und die industrialisierten Länder Europas und Nordamerikas in einem kapitalistischen System miteinander verbunden sind, gesehen.[2]

Wie aber steht es um die globale Verflechtung und den atlantischen Handel in einer Zeit vor der ‚Entdeckung' Amerikas?[3] War der mittelalterliche europäische Atlantikhandel ein Vorbote jener im 15. Jahrhundert einsetzenden Entwicklungen, die zur kolonialen Herrschaft Nordwesteuropas über große Teile der Welt geführt haben? Zweifellos war Nordwesteuropa, allen voran Frankreich, Flandern, die späteren Niederlande und England, ein Kerngebiet dynamischer Veränderungen. Allerdings wäre es eine allzu verkürzte Sichtweise, den zunehmenden Handel zwischen dem Mittelmeerraum und atlantischen Hafenstäd-

---

1 Dieser Seehandel wurde durch die spätere europäische Expansion nach Osten auch auf Asien ausgedehnt. Hausberger 2008, 359; Hausberger 2015, 78–120.

2 Wallerstein 1974; Wallerstein 1980; Wallerstein 1989.

3 Vgl. Abu-Lughod 2005, 131; Limberger/Ertl 2009, 11.

ten wie Brügge, Antwerpen oder Southampton im Mittelalter als eine historische Notwendigkeit darzustellen, die zwangsläufig zur europäischen Expansion und zum Aufstieg des Westens geführt hat.[4]

Der Sieg der atlantischen Route über die schon lange etablierten Landhandelsrouten war eine Folge innereuropäischer Entwicklungen. Neben dem bestehenden Zentrum der europäischen Wirtschaft im Mittelalter, den prosperierenden Städten Norditaliens, etablierte sich ab dem Hochmittelalter eine zweite stark urbanisierte Region zu einem tonangebenden Wirtschaftsplatz, nämlich die Region um die flandrischen Messestädte Brügge, Ypern, Torhout und Messines.[5] Die Verbindung dieser beiden wirtschaftlichen Pole durch die atlantische Schifffahrt war daher mehr Folge als Ursache dieser Verschiebung des wirtschaftlichen Schwerpunkts Europas vom Mittelmeer hin zum Atlantik.

Dieser Beitrag setzt sich mit der Frage nach der Bedeutung und den Auswirkungen des mittelalterlichen Atlantikhandels für die maritime Expansion Europas auseinander und untersucht die ihm vorangegangenen historischen Entwicklungen. Bezüglich der diesem Band zugrundeliegenden Frage nach den Wurzeln der Expansion Europas werden vor allem Entwicklungen in den Bereichen *Ideen* und *Innovation*, weniger in den Bereichen *Entdeckungen* und *Eroberungen*, aufgezeigt werden, welche die europäische Wirtschaft nachhaltig veränderten.

Europa, der Mittelmeerraum und ein vormodernes Weltwirtschaftssystem

In der umfangreichen älteren universalgeschichtlichen Literatur – und auch noch Teilen der neuen Globalgeschichte – lauert eine verlockende Erzählung, welche die maritime(n) Expansion(en) Europas in evolutionäre Entwicklungsmuster einschreibt, die zum modernen kapitalistischen Weltsystem unter Vorherrschaft der Industrienationen führten. Keine einzige Forscherin und kein einziger Forscher hat diese Erzählung in dieser Weise so explizit beschrieben und doch war die Suche nach den Ursprüngen und Ursachen von Europas Aufstieg zur hegemonialen Weltmacht lange die „Königsfrage".[6] Max Weber hat in der Vorbemerkung seiner *Gesammelten Aufsätze zur Religionssoziologie* mit

[4] Dazu Ertl 2013, 11.

[5] Köhler 2019, 47.

[6] Ertl 2013, 9.

folgenden Worten nach der universalgeschichtlichen Zentralstellung der Rolle Europas für die Moderne gefragt:[7]

> „Welche Verkettung von Umständen hat dazu geführt, dass gerade auf dem Boden des Okzidents, und nur hier, Kulturerscheinungen auftraten, welche doch – wie wenigstens wir uns gern vorstellen – in einer Entwicklungsrichtung von universeller Bedeutung und Gültigkeit lagen?“[8]

Die Antworten und der Umgang mit dieser Frage sind sehr unterschiedlich ausgefallen.

Immanuel Wallerstein und andere etablierten Welt-Systeme anstelle des Nationalstaates als Analyseeinheiten für historische Entwicklungen. Studienobjekte waren „historische Systeme“, die in drei Varianten existierten: Minisysteme und Welt-Systeme, wo bei letzteren wiederum zwischen Welt-Ökonomien und Welt-Imperien unterschieden wird.[9] Auf Immanuel Wallerstein geht die Vorstellung zurück, dass man seit dem Beginn der europäischen Expansion ab dem 15./16. Jahrhundert von einem einzigen europäisch dominierten Weltsystem sprechen kann.[10] Im geografischen Zentrum dieses Systems findet man kapitalistische Markt- und Arbeitsverhältnisse (freie Arbeit, hoher Mehrwert in der Herstellung von Fertigprodukten), in der Peripherie existiert hingegen unfreie Arbeit mit niedrigem Mehrwert in der Produktion von Rohstoffen und Halbfabrikaten (ungleicher Tausch).[11] Nach einer langen Entwicklung seit dem 16. Jahrhundert umfasst die westliche Welt-Ökonomie tatsächlich die ganze Welt. Gegen diese Sichtweise wurde eingewandt, dass Europa erst um 1800 – also knapp 200 Jahre nach Wallersteins vermeintlichem Beginn des europäischen Weltsystems – an den anderen Weltregionen vorbeigezogen sei.[12] Davor war Europa, wenn überhaupt, nur eines von vielen Weltsystemen, das existierte.

---

7 Kuchenbuch 2003, 410 f.

8 Weber 1920/1921, 1.

9 Wallerstein 2019, 22.

10 Wallerstein 1974; Wallerstein 2019, 21–23; Braudel 1986a, 76. Braudel unterscheidet zwischen der ganzheitlichen Weltwirtschaft *(économie-mondiale)* und Weltwirtschaftssystemen *(économie-monde)*, die aus miteinander verbundenen Märkten autonomer Wirtschaftsregionen der Welt bestehen. Zur Periodisierung der Weltsystem-Debatte siehe: Feldbauer/Liedl 2009.

11 Braudel 1986b, 17–43.

12 Zur Debatte der *Great Divergence* siehe: Bin Wong 1997; Pommeranz 2000.

Im Unterschied zu Wallerstein identifizierte Fernand Braudel die Ursprünge eines europäischen Weltwirtschaftssystems bereits im Mittelalter in Norditalien und dem Mittelmeerraum, wo sich erste kapitalistische Produktionsformen entwickelten.[13] Dieses Weltsystem existierte aber neben anderen bestehenden Weltwirtschaftssystemen.

In diese Richtung argumentierte auch Janet Lippman Abu-Lughod in ihrem Buch mit dem vielsagenden Titel *Before European Hegemony* und verwies dort auf das mongolische Weltreich, das bereits im 13. Jahrhundert große Teile der bekannten Welt miteinander verbunden hat.[14] Zentrum dieses vormodernen Weltsystems war nicht Europa oder der atlantische Handelsraum zwischen Westeuropa, Amerika und Afrika, sondern das Mongolenreich. Abu-Lughods Einwand ist in mehrfacher Hinsicht bedeutend. Erstens stellt sich dadurch die Frage, ob ein vormodernes Weltwirtschaftssystem zwangsläufig europäisch dominiert sein muss. Und zweitens muss eine Untersuchung über vormoderne Weltsysteme auch danach fragen, ob es nicht Weltsysteme ohne europäische Beteiligung gegeben hat.[15]

Lange vor dem 15. Jahrhundert war Europa sicherlich Teil, aber nicht Zentrum eines vormodernen Welt(wirtschafts)systems. Erst die maritime Expansion einiger westeuropäischer Staaten, allen voran Spanien und Portugal, weitete die bestehenden Netzwerke aus. Durch die Einbeziehung Amerikas veränderte sich die Welt nachhaltig. Warum dieser Expansionsschub letztendlich von Westeuropa und nicht von China oder der islamischen Welt ausging, bleibt ein viel diskutiertes Thema. Bei der Frage nach dem Warum läuft man Gefahr, einer Sendungs-teleologischen Sichtweise zu erliegen, welche die maritime Expansion Europas und die Kolonisierung großer Teile der Welt als fortschreitende Entwicklung beschreibt.[16] Dass die Frage nach historischen Wandlungen in Europa vor der atlantischen Expansion fruchtbarer Natur ist, haben zahlreiche Arbeiten gezeigt.[17]

Der Mittelmeerraum nimmt in der europäischen Geschichte eine zentrale Rolle ein.[18] Im Mittelalter verdichteten sich die Austauschprozesse und es wehte jener neue Wind über das Mittelmeer, den Roberto

13 Schmieder 2003, 104.

14 Abu-Lughod 1991; Abu-Lughod 2005.

15 Schmieder 2003, 104; Feldbauer/Lehners 2008.

16 Feldbauer/Lehners 2008, 15.

17 Braudel 1974, 258f. Vgl. Mitterauer mit der Frage nach einem europäischen Sonderweg: Mitterauer 2003. Dazu Kuchenbuch 2008.

18 Horden/Purcell 2000, 9–49.

López als „Kommerzielle Revolution" bezeichnete.[19] Steigende Erträge und Überschüsse in der Landwirtschaft führten in bestimmten Regionen, allen voran Norditalien, zum Anfachen der Gewerbeproduktion und zu einer Intensivierung des Handels. Diese wurde durch spezifische Kulturtechniken wie ausgeklügelte neue Vertragsformen für Handels- und Kreditgeschäfte, die teils mittelalterlichen Ursprungs waren, teils von benachbarten Regionen übernommen wurden, noch gesteigert. In Italien entstanden erste Handelsgesellschaften mit Haftungsbeschränkung und Risikominimierung sowie Seeversicherungen, welche die Weiterverteilung von Gütern erleichterten.[20] Italienische Stadtstaaten wie Pisa und Genua etablierten ein als Protokolonialismus bekanntes Wirtschaftssystem basierend auf ungleichem Tausch im westlichen Mittelmeerraum.[21] Diese wirtschaftliche Ausbeutung einiger Mittelmeerinseln wie Sardinien und Korsika nahm die Auswirkungen des Kolonialismus der Neuzeit vorweg. Es scheint, dass der Mittelmeerraum vieles (kapitalistische Produktionsformen, Kolonialismus, effiziente Organisation von Handelsunternehmungen) schon bereitstellte, was sich später im transatlantischen Handel identifizieren lässt. Von einer direkten Entwicklung mediterraner Handelspraktiken über den Atlantik bis zur Karibik kann aber nicht gesprochen werden, wie unten gezeigt wird. Stattdessen müssen auch die „Seiten- und Umwege, die Sackgassen und Stillstände" der Vernetzungsprozesse berücksichtigt werden.[22]

Ziel dieser Untersuchung muss es folglich sein, die plurifaktorielle Qualität der Entwicklungen des europäischen Raumes und seiner Nachbarregionen zu erforschen, ohne damit eine anschließende Progressivität der europäischen Region in der Neuzeit zu unterstellen.[23] Dadurch wird das Aufkommen der atlantischen Schifffahrt im Hoch- und Spätmittelalter nicht automatisch als Vorstufe der atlantischen Expansion, sondern als Folge interner und externer Einflüsse erklärt.

---

19 Die genauen Ursachen und Abläufe der kommerziellen Revolution sind umstritten. Vgl. López 1971; Braudel 1986b, 96-100; Cipolla 1993, 209–211; Epstein 2009, 70–99.

20 Braudel 1974, 259 f.

21 Mitterrauer 2005. Siehe dazu auch den Artikel von John Morrissey in diesem Band.

22 Hausberger 2015, 10.

23 Zu dieser Frage ausführlich Kuchenbuch 2008, 416.

Phase 1 – Expansion mediterraner Handelskreisläufe zwischen West und Ost

Wenn wir die Entwicklung des Handels betrachten, sollten zuerst einige unvermeidbare Problemstellungen angesprochen werden. Erstens, das Mittelmeer kann sicher dabei helfen zu verstehen, wie verschiedene (Welt-)Regionen über weite Strecken miteinander vernetzt waren.[24] Dabei wird jedoch ein allzu offensichtlicher Punkt gerne außer Acht gelassen: globale Desintegration gehört genauso zur historischen Entwicklung wie globale Integration.[25] Dem Aufstieg der Atlantikroute im 13. und 14. Jahrhundert ging ein markanter Rückgang beziehungsweise eine Krise interkontinentaler Landrouten voraus. Der Zusammenbruch vorher verbundener Räume öffnete zwangsläufig Platz für neue Entwicklungen – er ist jedoch nicht mit einer linearen Integration in ein (vormodernes) Weltsystem verbunden. Zweitens verschleiert der Handel über die Seidenstraße nach Asien, im Mittelmeerraum oder zwischen den atlantischen Häfen lokale und regionale Handelskreisläufe, die das Rückgrat des damaligen Handels darstellten. Die Fahrt Eriks des Roten nach Grönland (um 982), der Brüder Vivaldi auf den Atlantik (1291) oder die Reiseberichte eines Marco Polo aus China (1271–1291) haben den Horizont der Europäer über den Fernhandel und mögliche Profite zwar erweitert, aber diese Erkenntnisse zeigten nur sehr langsam Einfluss auf bestehende Austauschsysteme und das Konsumverhalten der breiten Masse der Bevölkerung. Der Handel mit Massengütern wie Getreide, Holz, Metall, Olivenöl, Fisch, Wolle oder Häute machte nach Meinung einiger Forscher immer noch den Großteil des Volumens des Mittelmeerhandels aus – Archibald Lewis spricht von 90 Prozent.[26] Das heißt aber nicht, dass die Entwicklungen im Fern- und Luxushandel zu vernachlässigen sind, sondern vielmehr sollte ihr Einfluss auf die betroffenen Gesellschaften genau untersucht werden.[27] Und drittens muss ein globalhistorischer Zugang zur maritimen Expansion Europas auch Beziehungen und Verflechtungen mit ‚externen' Regionen berücksichtigen, sprich die Etablierung der atlantischen

24 Horden/Purcell 2006, 740.

25 Greene 2018, 146.

26 Lewis 1987a; Wickham 2005; Epstein 2009, 70, Feldbauer 2019, 50 f.

27 Oder, wie es Bernd Hausberger formuliert hat: „[A]b wann bedeutet ein quantitativer Unterschied eine qualitative Differenz?“ Siehe: Hausberger 2015, 12.

Schifffahrt kann nicht ausschließlich durch Veränderungen im Mittelmeerraum erklärt werden.

Der Mittelmeerhandel erfuhr durch zahlreiche Veränderungen ab dem 12. Jahrhundert einen enormen wirtschaftlichen Aufschwung, der zunächst durch interne Prozesse ausgelöst wurde.[28] Die frühe christliche Seefahrt stand schon sehr bald in Verbindung mit militärischen Unternehmungen, seien sie religiös (Kreuzzüge) oder handelspolitisch (Piraterie) motiviert gewesen.[29] Leidtragende dieser aggressiven Handelspolitik einiger europäischer Hafenstädte waren vor allem ihre umliegenden Nachbarn, die islamische Mittelmeerwelt, das Byzantinische Reich und süditalienische Hafenstädte wie Amalfi.[30] Die Kreuzzüge ermöglichten zudem einen direkten (temporären) Zugang zu den lukrativen Handelsrouten nach Asien und intensivierten darüber hinaus noch bestehende Kontakte zur islamischen Welt. Das im 13. Jahrhundert neu entstandene Mongolische Weltreich verband Regionen von Ostasien über den Persischen Golf bis zur Schwarzmeerküste, wo es wiederum Anschluss an europäische Handelskreisläufe fand, und fungierte als willkommene Alternative zu den südlich verlaufenden Handelsrouten nach Asien über den Persischen Golf.[31]

Von Europa aus betrachtet eröffnete diese Reichsgründung neue Möglichkeiten für den Handel. Güter wie Alaun, das in der Textilindustrie Verwendung fand, diverse Heilmittel, Gewürze, Farbstoffe und später auch Baumwolle und Zucker wurden in großer Menge durch italienische, provenzalische und katalanische Händler aus der Levante nach Europa importiert. Es etablierte sich ein lukrativer Dreieckshandel zwischen den europäischen Häfen, dem Byzantinischen Reich und der islamischen Welt.[32] Begleitet wurden diese Entwicklungen von der Entstehung neuer Handelstechniken in Norditalien: Seeversicherungen, Bankhäuser und bargeldloser Zahlungstransfer erleichterten die Abwicklung der Handelsbeziehungen zwischen Norditalien und Nordafrika sowie dem östlichen Mittelmeerraum.[33] Von Beginn an hatten die europäischen Händler nur wenige hochwertige Güter im Tausch für die nachgefragten östlichen Waren anzubieten und so wurden bis zum 13.

---

28 Epstein 2009, 77–79.

29 López 1937; Mitterauer 2005.

30 Feldbauer 2019, 74 f.; Morrissey 2020, 195–205.

31 Abu-Lughod 2005, 144–147.

32 Jaspert 2009, 155–158; Feldbauer 2019, 73–90; Köhler 2019, 45–47.

33 Köhler/Skambraks 2019, 156–159.

Jahrhundert vielfach unverarbeitete Rohstoffe wie Holz, Metalle, Pelze, Getreide oder auch Menschen als Sklaven gehandelt.[34] Das führte mittelfristig zu einem Handelsbilanzdefizit der europäischen – vornehmlich italienischen, katalanischen und provenzalischen – Händler gegenüber ihren muslimischen Handelspartnern, das zunächst mit dem umfangreichen Export von Barrensilber ausgeglichen wurde.

Im 13. Jahrhundert setzte allmählich eine spürbare Silberknappheit in Europa ein, gleichzeitig kam es zu einem Niedergang des islamischen Textilgewerbes – vor allem in Ägypten.[35] Als Reaktion darauf begannen europäische Kaufleute Gewerbeprodukte, allen voran Textilien, zu exportieren. Der Handel mit der Levante öffnete neue Absatzmöglichkeiten für die europäische Industrie und das europäische Textilgewerbe erreichte ein bisher nie dagewesenes Wachstum. Die bemerkenswerte Entwicklung des europäischen Textilgewerbes hatte ihren Ursprung am anderen Ende Europas, nämlich im Norden in der Region Flandern. Dadurch wurden die bestehenden Handelskreisläufe zwischen Südwesteuropa und dem Mittelmeer um die Gebiete in Nordwesteuropa erweitert.

Phase 2 – Integration nordwesteuropäischer Gebiete in bestehende Kreisläufe: die Champagnemessen

In Flandern und den benachbarten Regionen kam es seit dem 11. Jahrhundert zu einer Veränderung der Gewerbeproduktion. Die politische Stabilität sowie eine erhöhte Produktivität in der Landwirtschaft führten dort zu einem Bevölkerungswachstum, das den Bewohnern erlaubte, neben der Landwirtschaft weiteren Tätigkeiten nachzugehen.[36] Aufgrund dieser günstigen sozioökonomischen Entwicklungen und der geographischen Nähe Flanderns zu England, das der wichtigste Exporteur für Wolle war, entwickelte sich in zahlreichen flämischen Städten eine spezialisierte Textilproduktion. Durch technologische Neuerungen wie der Nutzung von Wasserkraft und der Verbesserung von Webtechniken kam es zu einer Steigerung der Produktion

[34] Jacoby 2005.

[35] So nachweisbar in zahlreichen genuesischen und provenzalischen Handelsverträgen. Braudel 1986b, 118; Feldbauer 1995, 154–176; Abulafia 1996, 26; Epstein 1996, 61.

[36] Postan 1952, 183; López 1971, 27–60; Köhler 2019, 47 f.

um das Drei- bis Fünffache.[37] Dabei entstand bereits früh eine Diversifizierung der Produktion für Textilien unterschiedlicher Färbung und Art. Die flämischen Textilzentren suchten kurz darauf nach neuen Absatzmärkten und wurden weiter im Süden fündig. 1127 werden in Flandern erstmals Lombarden, was dem mittelalterlichen Sprachgebrauch entsprechend mit Italiener gleichzusetzen war, erwähnt und im 13. Jahrhundert lassen sich nordwesteuropäische Kaufleute regelmäßig in den norditalienischen Städten nachweisen. Die flämischen Textilerzeugnisse wurden durch Italiener, Katalanen und Provenzalen über die europäischen Mittelmeerhäfen weiter gehandelt und fanden schon bald neue Absatzmärkte in der Levante und Nordafrika. Umgekehrt führte diese neue Gewerbeproduktion in Europa zu einer erhöhten Nachfrage nach Alaun, dessen Bedeutung für das italienische und französische Textilgewerbe kaum überschätzt werden kann.[38] Dieser Rohstoff wurde ab dem 13. Jahrhundert in großen Mengen aus Ägypten importiert. Die veränderte Textilproduktion in Europa hatte also auch Auswirkungen auf bestehende Handelsverbindungen mit der islamischen Welt und verband erstmals die nordwesteuropäischen Textilzentren, die europäischen Mittelmeerhäfen und die islamischen Küstengebiete in einem, um es in den Worten Braudels oder Wallersteins auszudrücken, Weltsystem.

Es dauerte nicht lange bis europäische Fernhändler erkannten, dass es günstiger war, sich auf einen Marktplatz zwischen den Mittelmeerhäfen und Flandern zu einigen. Die wohlwollende Handelspolitik der Grafen der Champagne haben die Messen der Städte Troyes, Bar-sur-Aube, Provins und Lagny als Austauschplatz für den europäischen Handel als beste Wahl erscheinen lassen. Die semi-autonomen Grafen der Champagne garantierten allen Kaufleuten sichere An- und Abreise sowie – was weit wichtiger war – eine schnelle und unparteiische Rechtsprechung. Die Messen fungierten für beinahe zweihundert Jahre als Marktplatz und Clearing-House des europäischen Fernhandels. Die Grafschaft Champagne lag zwischen den beiden Kernzonen der damaligen europäischen Wirtschaft – Italien im Süden und Flandern im Norden – und verfügte auch aufgrund ihrer Anbindung an das auf antike Wurzeln zurückreichende Straßennetz über eine günstige Verkehrslage.[39] Durch die peri-

37 Cipolla 1993, 137–143.

38 Feldbauer 2019, 83.

39 Gleichzeitig entwickelte sich ein weitreichendes Handelsnetz zwischen Nordsee, Ostsee und den angrenzenden Gebieten des Baltikums, das durch die Hanse

odische Abfolge der Messen in den vier Städten, die sich beinahe über das gesamte Jahr erstreckte, stellten sie einen permanenten Markt dar.[40] Mit Hilfe von Fuhrleuten wurde der Transport zwischen dem Mittelmeerraum, den Champagnemessen und Flandern abgewickelt. Diese professionellen Transporteure (lateinisch *vectuarii*), die regelmäßig mit Packtieren oder Karren zwischen den Messen und Flandern beziehungsweise Norditalien verkehrten, boten Kurier- und Transportdienste an. Die Landroute führte von den Messestädten nach Südosten Richtung Lyon und von dort über das Rhônetal bis zum Mittelmeer. Eine andere Route verlief östlich von der Champagne durch Burgund und Savoyen über den Alpenpass des Mont Cenis nach Norditalien (siehe Karte).[41] Die etwa 620km lange Strecke zwischen den Messestädten und den Mittelmeerhäfen wurde dabei in knapp 25 Tagen zurückgelegt.[42]

Die Messen zogen Kaufleute aus ganz Europa an. Italienische Kaufleute bezogen Textilstoffe und Rohstoffe für die Weiterverarbeitung und den Export auf den Messen und brachten selbst mediterrane Produkte wie Alaun, Datteln, Mandeln, Wachs, Leder und Rosinen aus dem islamischen Spanien und Nordafrika. Aus dem Nahen Osten wurden Gewürze, Drogen, Dufthölzer, Textilien und Seide importiert. Über arabische Zwischenhändler wurden Fernhandelsgüter aus Indien wie Safran, Zimt, Zitronen, Ingwer, Kümmel, Pfeffer und andere hochwertige Gewürze zu den Messen gebracht. Die Messen wurden zu dem Zentrum der damaligen europäischen Wirtschaft und verbanden erstmals dauerhaft Nordwesteuropa mit dem Mittelmeerraum. Den Grundstein für diese Veränderungen bildeten die demographische Entwicklung in Europa, die zunehmende Gewerbeproduktion in Nordwesteuropa sowie die sich intensivierenden Handelsbeziehungen zwischen (Süd)Europa und der islamischen Welt, die wiederum von lokalen Entwicklungen entscheidend geprägt wurden.[43]

und andere Kaufleute genutzt wurde. Braudel 1986b, 106–111; Kümper 2020, 74–83.

40 Abu-Lughod 1991, 51–75, Cipolla 1993, 188–193; Edwards/Ogilvie 2012; Köhler 2019, 48–51.

41 Zu den Verkehrswegen zwischen Flandern und dem Mittelmeerraum im mittelalterlichen Europa siehe: Koller 1973; Irsigler 2007.

42 Face 1958; Face 1959; Munro 1999; Köhler 2019, 51–53.

43 Für die islamische Welt im Nahen Osten sind die Entwicklungen unter den Fatimiden und Ayyubiden für den Handel mit Europa von entscheidender Bedeutung, für den Fernhandel mit Asien die Bildung und der Zerfall des Mongolischen Weltreichs. Auf beides kann an dieser Stelle nicht näher eingegangen werden.

Phase 3 – Neue Ideen und Innovationen? Die atlantische Route

Ab den 1290ern etablierten die italienischen Seerepubliken, allen voran Genua und Venedig, unter Umgehung der Champagnemessen einen direkten Seeweg entlang der Atlantikküste zu den flandrischen und englischen Häfen. Dem Siegeszug dieser atlantischen Handelsroute zwischen Mittelmeerraum und Nordwesteuropa ging eine Desintegration bestehender Handelskreisläufe voraus, nämlich der Niedergang der Champagnemessen. Auf den Messen der Champagne hatte sich ein funktionierendes Wirtschaftssystem herausgebildet, das erstmals den Norden mit dem Süden Europas durchgehend verbinden konnte. Diese Landhandelsroute wurde allerdings im späten 13. Jahrhundert von der Atlantikroute abgelöst. Seit dem Spätmittelalter verkehrten katalanische, genuesische und venezianische Schiffe regelmäßig zwischen den Mittelmeerhäfen und der Nordsee.[44] Nicht durch ‚Entdeckung' neuer Routen – die atlantische Küste war den Seefahrern Nordwesteuropas schon lange Zeit wohl vertraut –, sondern durch politische und ökonomische Veränderungen in Europa und dem Mittelmeerraum wurde diese Entwicklung ausgelöst.[45]

Sicherlich gibt es keine monokausale Erklärung für die Etablierung der Atlantikroute als vorherrschende Verbindung zwischen Nord- und Südeuropa. Wichtige Faktoren dafür finden sich aber in folgenden Veränderungen: 1285 wurde die Grafschaft Champagne mit der Krondomäne des Königreichs Frankreich vereint, wodurch die Messen ihre überparteiische Stellung und objektive Rechtsprechung verloren (1); der 1337 ausbrechende Hundertjährige Krieg und damit verbundene Kampfhandlungen zwischen Frankreich und England erhöhten die Kosten und das Risiko für alle Landhandelsrouten (2); die Öffnung der Meerenge von Gibraltar durch den Vorstoß christlicher Mächte bis nach Südspanien erleichterte die Schifffahrt vom Mittelmeer in den Atlantik (3)[46]; Missernten und die Pest sorgten für einen starken Bevölkerungsrückgang im 14. Jahrhundert und damit einhergehende ökonomische Einbrüche in ganz Europa (4); die Protoindustrialisierung großer Teile Norditaliens im 14. Jahrhundert führte zu einer damit verbundenen sinkenden Nachfrage nach nordwesteu-

---

44 López 1951.

45 Köhler 2019, 60–67.

46 Zur Bedeutung der Straße von Gibraltar und zur Schifffahrt nordwesteuropäischer Seeleute Richtung Mittelmeer siehe: Lewis 1978b.

ropäischen Textilien (5); der technologische Fortschritt im Schiffbau erlaubte die Nutzung der direkten Seeverbindung zwischen Genua oder Venedig und den nordwesteuropäischen Handelszentren wie Brügge (6); ein Wandel in der Arbeitsweise der großen Handelsgesellschaften führte zu höherer Sesshaftigkeit von Kaufleuten, die nicht mehr selber reisten, sondern ihre Geschäfte über vor Ort ansässige Faktoren abwickelten (7).[47]

Keine dieser Entwicklungen alleine hat dazu geführt, dass die neue Route entstand. Die Atlantikroute führte zu einer Intensivierung des Austausches zwischen dem Mittelmeerraum und Nordwesteuropa, gleichzeitig gab es aber auch Verlierer. Die Messen der Champagne verloren ihre zentrale Stellung und die wirtschaftlichen Auswirkungen für die Region sollten noch lange spürbar sein. In Flandern sollten neue Zentren an Stelle der alten Messestädte treten, erst Brügge, dann Antwerpen und schließlich Amsterdam.

Der Niedergang der Messen war ein Punkt, die Rentabilität der atlantischen Schifffahrt ein anderer. Die technologischen Voraussetzungen für das Befahren des Atlantiks waren zweifellos schon vor dem 14. Jahrhundert gegeben. Es rechnete sich schlicht nicht für mediterrane Händler den sechs- bis siebenmal längeren Seeweg nach Flandern zu wählen.[48] Während Kaufleute auf dem Landweg nach Norden zahlreiche prosperierende Messestädte passierten, die lukrative Handelsmöglichkeiten boten, gab es entlang der atlantischen Küste nur wenige Hafenstädte, die Waren für den Fernhandel bereitstellten.[49] Zudem war England aufgrund fehlender Kaufkraft ein schlechter Abnehmer mediterraner Produkte und bot bis ins späte 13. Jahrhundert kaum Waren an, die im Mittelmeerraum nachgefragt wurden. Das änderte sich mit dem Aufkommen der Textilindustrie im 12. und 13. Jahrhundert. Während im Norden Produkte wie Alaun, das für das Färben von Textilien wichtig war, stärker nachgefragt wurden, entstand gemeinsam mit dem norditalienischen Textilgewerbe auch eine Nachfrage nach englischer Wolle im Mittelmeerraum. Entscheidend waren diese

---

47 Vgl. Abu-Lughod 1991, 70–73.

48 Zur Verschiebung des Landhandels zugunsten des Seehandels siehe: López 1987, 374.

49 Die atlantischen Häfen des Golfs von Biskaya, der Gascogne oder des Aunis waren sehr wohl am internationalen Handel beteiligt, nur boten sie keine Produkte von größerem Interesse für mediterrane Fernhändler. Die dort gehandelten Massengüter waren für andere Handelsaktivitäten geeigneter. Vgl. López 1951, 1165.

Veränderungen für den Handel insofern, da jetzt neben Luxusartikeln (Gewürze, Seide, usw.) auch Massengüter zwischen Nord und Süd in großer Menge zirkulierten, welche die Auslastung großer Frachtschiffe erst rentabel machten. Die damit verbundene Intensivierung des Handels mit Kastilien und Portugal machte die Atlantikroute zusätzlich noch attraktiver, da unterwegs noch Güter wie Getreide oder Baumwolle geladen werden konnten.[50]

Neben diesen historischen Entwicklungen lohnt es sich aber nach Ideen und Innovationen zu fragen, welche das Aufkommen der Atlantikroute begleitet haben. Besonders im Handel kam es seit dem Mittelalter zu nachhaltigen Veränderungen: die Kosten der Kommerzialisierung, Transaktions- und Transportkosten, wurden gesenkt.[51] Am drastischsten ist dies im Transportwesen zu erkennen, wo durch andauernde militärische Konflikte in Nordwesteuropa Handelswege über Land unsicher oder gar blockiert wurden, was zu enormen Mehrkosten führte. Die Transportkosten des Seetransportes wurden hingegen durch die Nutzung neuer Schiffstypen mit besserem Seegang und höherer Tonnage reduziert. Die wichtigsten Veränderungen im Austausch zwischen Nordwesteuropa und dem Mittelmeerraum ergaben sich aber nicht aus dem Warenaustausch, der eine nie zuvor dagewesene Bandbreite an Gütern erreichte, sondern in den Ausprägungen des Geld- und Kreditmarktes auf den Champagnemessen.[52] Bargeldloser Zahlungstransfer, Nutzung von Buch- und Rechnungsgeld sowie die Führung von Handelsgesellschaften aus der Distanz waren damals zwar nicht neu, erreichten aber erstmals eine internationale Verbreitung, welche die Aktivitäten global-agierender europäischer Handelsgesellschaften vorweg nahmen. Das Aufkommen neuer Handelsinstitutionen, wie Messen oder Bankgesellschaften, reduzierte die Transaktionskosten nachhaltig (weniger Risiko durch bargeldlose Zahlungsleistungen, wegfallende Wechselspesen, Anfänge der Versicherungsverträge, höhere Markttransparenz, usw.).[53]

---

50 Dieser Befund wird durch genuesische und englische Handelsverträge und Zolllisten bestätigt. Vgl. López 1951, 1170.

51 Transaktionskosten sind die unvermeidlichen Kosten einer Transaktion. Sie umfassen herauszufinden, mit wem man den Handel abschließen möchte, das Aushandeln der Bedingungen, die Kosten für den Vertrag, Überwachungskosten gegenüber Handelsagenten, im schlimmsten Fall auch Klagekosten vor Gericht, usw. Vgl. Malanima 2009, 217.

52 Abu-Lughod 1991, 69.

53 North/Thomas 1973, 53–64.

Dem Historiker Fernand Braudel nach offenbart sich hier der Zusammenhang von Ereignis, Konjunktur und Struktur: Vordergründig mögen die politischen Ereignisse durch die militärischen Konflikte zu dem Niedergang der Champagnemessen geführt habe. Mittelfristig waren es die neuen Seeverbindungen mit größeren Schiffen, die nun regelmäßig zwischen dem Mittelmeerraum und Brügge verkehrten. Strukturell gesehen wogen jedoch neue Handelstechniken am schwersten. Kaufleute reisten weniger und Waren wurden alleine verschickt. Die Handelsgesellschaften wurden durch Korrespondenzen ferngesteuert und machten das Treffen auf halbem Weg zwischen Italien und den Niederladen obsolet.[54] Für die maritime Expansion Europas waren jedenfalls diese Entwicklungen am nachhaltigsten spürbar. Nicht die neue Route, sondern die ihr zugrundeliegenden strukturellen Veränderungen prägten daher den europäischen Fernhandel nachhaltig.

Der mittelalterliche Atlantikhandel – (K)ein Wegweiser einer frühen Globalisierung

Seit dem Mittelalter nahm der atlantische Handel stetig zu. Erstmals kam es zu regelmäßigen Handelsfahrten zwischen dem Mittelmeer und Nordwesteuropa. Später wurden noch die atlantischen Häfen Kastiliens, Portugals und Frankreichs in diesen Handelskreislauf integriert. Die Verschiebung des wirtschaftlichen Schwerpunktes vom Mittelmeerraum zu den Champagnemessen und anschließend zum Atlantik erlaubt einige Schlussfolgerungen daraus zu ziehen:

1. Die Verschiebung des Zentrums der Wirtschaft zu den Champagnemessen und anschließend in die Niederlande macht deutlich, dass externe geopolitische Umstände dafür bedeutend sind, ob gewisse Gebiete überregionale wirtschaftliche Bedeutung erlangen beziehungsweise verlieren.
2. Wirtschaftliche Zentren sind von der ökonomischen Entwicklung ihrer Nachbarregionen abhängig. Ohne die Textilzentren in Nordfrankreich und Flandern und dem finanztechnischen Know-how wäre die Stellung der Messestädte nicht zu erklären. Gleichzeitig führte der Aufschwung des italienischen Textilgewerbes und die damit verbundene Nachfrage nach englischer Wolle dazu, dass direkte Handelsbeziehungen zwischen Norditalien und England unter Umgehung der Messestädte der Champagne aufgenommen wurden.

[54] Braudel 1986b, 116–121.

3. Neue Ideen und Innovationen im Bereich der Finanz- und Handelstechniken sorgten für eine langanhaltende Umstrukturierung des Handels. Messeplätze als Orte des Warenumschlags und Treffpunkt der Kaufleute verloren ihre Bedeutung. Handelsgesellschaften schickten nun Faktoren direkt zu den Produktionsstätten und Absatzmärkten. Neue Technologien im Handel, wie bargeldloser Zahlungsverkehr, Handelbarkeit von Schuld- und Anteilsscheinen oder Gesellschaften mit beschränkter Haftung, erleichterten Fernhandelsaktivitäten, senkten Transaktionskosten und ermöglichten gewaltige Investitionen. Technologische Fortschritte in der Nautik begleiteten diese Entwicklungen und sollten sich vor allem bei der europäischen Expansion auf dem Atlantik Richtung Westen beweisen, waren aber bei der Etablierung der ‚ersten Atlantikroute' nur von untergeordneter Bedeutung.

Dem Aufschwung der Atlantikhäfen (Gent, Brügge, Antwerpen, Amsterdam) ging die teilweise Desintegration West- und Mitteleuropas voraus, die durch den Hundertjährigen Krieg entstand. Die damaligen Kerngebiete der europäischen Wirtschaft, die Champagnemessen, wurden zur Peripherie und eine andere Region, Nordwesteuropa, stieg zum wirtschaftlichen Zentrum der Euroméditerranée auf.[55] Diese Veränderung vollzog sich durch unterschiedliche interne (Verlust der Autonomie der Grafschaft Champagne, Französisch-Flämischer Krieg von 1297–1305, etc.) und externe (Hundertjähriger Krieg, Aufbau der italienischen Textilindustrie, etc.) Faktoren. Erfolg und Misserfolg mussten nicht zwangsläufig ‚verdient' sein, oft reichten schon Veränderungen außerhalb der eigenen Gesellschaft aus, um globale Veränderungen einzuleiten.

In der Einleitung wurde nach dem Beitrag der mittelalterlichen Atlantikroute für die europäische Expansion in der Frühen Neuzeit gefragt. Zweifellos erkennt man viele Aspekte der späteren Weltwirtschaft schon im ausgehenden Mittelalter, doch kann man von keiner linearen Entwicklung und schon gar nicht von dem Aufstieg des Westens sprechen. Eine Erweiterung der Perspektive über Westeuropa hinaus zeigt, dass während das atlantische Europa nach Westen expandierte, es im Osten zu keiner vergleichbaren Entwicklung kam.[56] Die

[55] Feldbauer/Liedl 2009, 22.

[56] Knapp 150 Jahre nach Etablierung der Atlantikroute wurde Konstantinopel vom Osmanischen Reich erobert, das die Hegemonie Venedigs im Osten gefährdete. Diese Entwicklung lässt sich auf den größeren technologischen

Atlantikroute führte zwar zum wirtschaftlichen Aufstieg Nordwesteuropas und hatte somit einen wichtigen Anteil an der späteren Entwicklung Europas, sie ist jedoch nicht mit dem Beginn einer europäischen Weltwirtschaft gleichzusetzen. Auch wenn vom mittelalterlichen Atlantikhandel ein großer Teil der wirtschaftlichen Dynamik Europas ausgehen sollte, war das Weltsystem des Spätmittelalters polyzentrisch und keineswegs allein auf (West)Europa ausgerichtet. Es wäre historisch verkürzt, die atlantische Expansion allein als das Ergebnis einer europäischen Aufstiegsgeschichte zu interpretieren. Vielmehr müssen dafür auch außereuropäische Entwicklungen in anderen Weltregionen berücksichtigt werden.

Literatur

Abu Lughod 1991 = Janet Lippman Abu-Lughod: Before European Hegemony. The World System A.D. 1250–1350, New York 1991.

Abu-Lughod 2005 = Janet Lippman Abu-Lughod: Das Weltsystem im 13. Jahrhundert: Sackgasse oder Wegweiser?, in: Peter Feldbauer/Gottfried Liedl/John Morrissey (Hg.): Mediterraner Kolonialismus. Expansion und Kulturaustausch im Mittelalter, Wien 2005, 131–154.

Abulafia 1996 = David Abulafia: Marseille, Acre and the Mediterranean, 1200–1291, in: David Abulafia: Italy, Sicily and the Mediterranean, 1100–1400 (Variorum reprint; collected studies series 250), London 1996, XV.

Bin Wong 1997 = Roy Bin Wong: China Transformed. Historical Change and the Limits of European Experience, Ithaca 1997.

Braudel 1974 = Fernand Braudel: Europäische Expansion und Kapitalismus: 1450–1650, in: Ernst Schulin (Hg.): Universalgeschichte, Köln 1974, 255–294.

Braudel 1986a = Fernand Braudel: Die Dynamik des Kapitalismus, Stuttgart 1986.

Braudel 1986b = Fernand Braudel: Sozialgeschichte des 15.–18. Jahrhunderts. Aufbruch zur Weltwirtschaft, München 1986.

Cipolla 1993 = Carlo M. Cipolla: Before the Industrial Revolution. European Society and Economy 1000–1700. 3. Aufl., New York–London 1993.

Edwards/Ogilvie 2012 = Jeremy Edwards/Sheilagh Ogilvie: What lesson for economic development can we draw from the Champagne fairs?, in: Explorations in Economic History 49 (2012), 131–148.

Epstein 1996 = Stephan A. Epstein: Genoa and the Genoese 958–1528, Chapel Hill 1996.

Epstein 2009 = Steven A. Epstein: An Economic and Social History of Later Medieval Europa, 1000–1500, Cambridge 2009.

Fortschritt europäischer Staaten in der Nautik gegenüber dem restlichen Militärwesen zurückführen. Cipolla 1991, 209–213.

Ertl 2013 = Thomas Ertl: Einleitung, in: Thomas Ertl (Hg.): Europas Aufstieg. Eine Spurensuche im späten Mittelalter, Wien 2013, 9–16.

Face 1958 = Richard D. Face: Techniques of Business in the Trade between the Fairs of Champagne and the South of Europe in the Twelfth and Thirteenth Centuries, in: The Economic History Review 10 (1958) 3, 427–438.

Face 1959 = Richard D. Face: The "vectuarii" in the Overland Commerce between Champagne and Southern Europe, in: The Economic History Review. New Series 12 (1959) 2, 239–246.

Feldbauer 1995 = Peter Feldbauer: Die islamische Welt, 600–1250: ein Frühfall von Unterentwicklung?, Wien 1995.

Feldbauer 2019 = Peter Feldbauer: At-Tiğāra. Handel und Kaufmannskapital in der Islamischen Welt des 7.–13. Jahrhunderts, Wien 2019.

Feldbauer/Lehners 2008 = Peter Feldbauer/Jean-Paul Lehners: Globalgeschichte. Die Welt im 16. Jahrhundert, in: Peter Feldbauer/Jean-Paul Lehners (Hg.): Die Welt im 16. Jahrhundert, Wien 2008, 13–30.

Feldbauer/Liedl 2009 = Peter Feldbauer/Gottfried Liedl: 1250–1620. ‚Archaische' Globalisierung?, in: Peter Feldbauer/Gerald Hödl/Jean-Paul Lehners (Hg.): Rhythmen der Globalisierung. Expansion und Kontraktion zwischen dem 13. und 20. Jahrhundert, Wien 2009, 17–54.

Greene 2018 = Molly Greene: The Mediterranean Sea, in: David Armitage/Alison Bashford/Sujit Sivasundaram (Hg.): Oceanic Histories, Cambridge 2018, 134–155.

Hausberger 2008 = Bernd Hausberger: Das Reich, in dem die Sonne nicht unterging. Die iberische Welt, in: Peter Feldbauer/Jean-Paul Lehners (Hg.): Die Welt im 16. Jahrhundert, Wien 2008, 335–372.

Hausberger 2015 = Bernd Hausberger: Die Verknüpfung der Welt. Geschichte der frühen Globalisierung vom 16. bis zum 18. Jahrhundert, Wien 2015.

Horden/Purcell 2000 = Peregrine Horden/Nicholas Purcell: The Corrupting Sea. A Study of Mediterranean History, Oxford 2000.

Horden/Purcell 2006 = Peregrine Horden/Nicholas Purcell: The Mediterranean and "the New Thalassology", in: The American Historical Review 111 (2006) 3, 722–740.

Irsigler 2007 = Franz Irsigler: Rhein, Maas und Mosel als Handels- und Verkehrsachsen,
in: Stephan Freund/Matthias Hardt/Petra Weigel (Hg.): Flüsse und Flusstäler als Wirtschafts- und Kommunikationswege (Siedlungsforschung 25), Bonn 2007, 9–32.

Jacoby 2005 = David Jacoby: Commercial Exchange across the Mediterranean: Byzantium, the Crusader Levant, Egypt and Italy (Variorum reprint; collected studies series 836), Aldershot 2005.

Jaspert 2009 = Nikolas Jaspert: Austausch-, Transfer- und Abgrenzungsprozesse. Der Mittelmeerraum, in: Thomas Ertl/Michael Limberger (Hg.): Die Welt 1250–1500, Wien 2009, 138–174.

Koller 1973 = Franck Koller: Le Commerce médiéval Flandres-Espagne: une conclusion géographique, in: Norois 80 (1973), 676–383.

Köhler 2019 = Stephan Köhler: Der mittelalterliche Atlantikhandel. Eine neue Route für alte Handelskreisläufe?, in: Franz Halbartschlager/Andreas Obenaus/Philipp A. Sutner (Hg.): Seehandelsrouten. Wegebereiter der frühen Globalisierung, Wien 2019, 42–73.

Köhler/Skambraks 2019 = Stephan Köhler/Tanja Skambraks: What is Credit?, in: Ulla Kypta/Julia Bruch/Tanja Skambraks (Hg.): Methods in Premodern Economic History. Case Studies from the Holy Roman Empire, c. 1300–c. 1600, eBook 2019, 146–163.

Kuchenbuch 2003 = Ludolf Kuchenbuch: Kontrastierter Okzident. Bemerkungen zu Michael Mitterauers Buch „Warum Europa? Mittelalterliche Grundlagen eines Sonderwegs",in: Historische Anthropologie 14 (2006) 3, 410–429.

Kümper 2020 = Hiram Kümper: Der Traum vom Ehrbaren Kaufmann. Die Deutschen und die Hanse, Berlin 2020.

Lewis 1978a = Archibald Lewis: Mediterranean Commerce. A.D. 300–1100 Shipping and Trade, in: Settimane di studio del Centro italiano sull`alto Medioevo 25. La navigazione mediterranea nell`alto Medioevo 2, Spoleto 1978, 481–501.

Lewis 1978b = Archibald Lewis: Northern European Sea Power and the Straits of Gibraltar, 1031–1330 A.D., in: Archibald Lewis: The Sea and Medieval Civilizations (Variorum reprint; collected studies series 82), London 1987, X.

Limberger/Ertl 2009 = Michael Limberger/Thomas Ertl: Vormoderne Verflechtungen von Dschingis Khan bis Christoph Columbus. Eine Einleitung, in: Thomas Ertl/Michael Limberger (Hg.): Die Welt 1250–1500, Wien 2009, 11–28.

López 1937 = Roberto S. López: Aux origines du capitalisme génois, in: Annales d'histoire économique et sociale 47 (1937) 9, 429–454.

López 1951 = Roberto S. López: Majorcans and Genoese on the North Sea Route in the Thirteenth Century, in: Revue belge de philologie et d'histoire 29 (1951) 4, 1163–1179.

López 1971 = Roberto S. López: The Commercial Revolution of the Middle Ages, 950–1350, Cambridge 1971.

López 1987 = Roberto S. López: The Trade of Medieval Europe: the South, in: M. Miller/Michael M. Postan (Hg.): The Cambridge Economic History of Europe. Vol. 2: Trade and Industry in the Middle Ages. 2. Aufl., Cambridge 1987.

Malanima 2009 = Paolo Malanima: Europäische Wirtschaftsgeschichte. 10.–19. Jahrhundert, Wien/Köln/Weimar 2009.

Mitterauer 2003 = Michael Mitterauer: Warum Europa? Mittelalterliche Grundlagen eines Sonderwegs, München 2003.

Mitterauer 2005 = Michael Mitterauer: Kaufleute an der Macht. Voraussetzungen des Protokolonialismus in den italienischen Seerepubliken am Beispiel Pisa, in: Peter Feldbauer/Gottfried Liedl/John Morrissey (Hg.): Mediterraner Kolonialismus. Expansion und Kulturaustausch im Mittelalter, Wien 2005, 82–110.

Morrissey 2020 = John Morrissey: Amalfi – Moderne im Mittelalter, Wien 2020.

Munro 1999 = John H. Munro: The Low Countries' Export Trade in Textiles with the Mediterranean Basin, 1200–1600: a Cost-Benefit Analysis of Comparative Advantages in Overland and Maritime Trade Routes, in: International Journal of Maritime History 9 (1999) 2, 1–30.

North/Thomas 1973 = Douglass C. North/Robert P. Thomas: The Rise of the Western World. A New Economic History, Cambridge 1973.
Pomeranz 2000 = Kenneth Pomeranz: The Great Divergence. Europe, China, and the Making of the Modern World Economy, Princeton 2000.
Postan 1952 = Michael M. Postan: The Trade of Medieval Europe: the North, in: Michael M. Postan/Edwin E. Rich (Hg.): The Cambridge Economic History of Europe. Vol. II. Trade and Industry in the Middle Ages, Cambridge 1952, 119–256.
Wallerstein 1974 = Immanuel Wallerstein: The Modern World-System, Vol. 1: Capitalist Agriculture and the Origins of the European World-Economy in the Sixteenth-Century, New York 1974.
Wallerstein 1980 = Immanuel Wallerstein: The Modern World-System, Vol. 2: Mercantilism and the Consolidation of the European World-Economy, New York 1980.
Wallerstein 1989 = Immanuel Wallerstein: The Modern World-System, Vol. 3: The Second Great Expansion of the Capitalist World-Economy, 1730–1840, San Diego 1989.
Wallerstein 2019 = Immanuel Wallerstein: Welt-System-Analyse. Eine Einführung. Herausgegeben und übersetzt von Julien Bucher, Felix Merz und Sylke Nissen, eBook 2019.
Weber 1920/1921 = Max Weber: Gesammelte Aufsätze zur Religionssoziologie, Bd. 1, Tübingen 1920/21.
Wickham 2005 = Chris Wickham: Framing the Early Middle Ages. Europe and the Mediterranean 400–800, Oxford 2005.

Zentral- und ostatlantische Inseln sowie nordwestafrikanische Küste

Weit gesteckte Ziele und reale Erfolge der spätmittelalterlichen Atlantikexpansion

Andreas Obenaus

In den Annalen der Seestadt Genua, die im Zeitraum von 1280 bis 1294 von Jacopo Doria, einem Mitglied der berühmten Patrizierfamilie Doria, geführt wurden, findet sich für das Jahr 1291 ein für den Beginn der spätmittelalterlichen europäischen Atlantikexpansion bedeutender Eintrag. So schreibt Jacopo Doria:

> „In demselben Jahr [1291] schickten sich Tedisio Doria [Thedisius Aurie], Ugolino Vivaldi [Ugolinus de Vivaldo] und dessen Bruder zusammen mit einigen anderen Bürgern Genuas an, eine Fahrt zu unternehmen, wie sie bis dahin noch kein anderer gewagt hatte. Sie rüsteten nämlich zwei Galeeren aufs trefflichste aus, versahen sie mit Proviant, Wasser und sonstigem Bedarf und sandten sie im Monat Mai in Richtung der Meerenge von Ceuta [*strictum Septe*] aus, damit sie durch den Ozean nach den Gestaden Indiens [*ad partes Indie*] führen, um von dort gewinnversprechende Handelsgüter zu holen. An Bord [der Schiffe] begaben sich auch die besagten beiden Brüder Vivaldi selbst sowie zwei Minoritenbrüder. Dies dünkt freilich nicht nur denen wunderbar, die es selber sahen, sondern auch denen, die davon hörten. Und seitdem sie die Stelle, die Gozora [vermutlich das Kap Juby im Süden des heutigen Marokko] heißt, passiert haben, ist keine sichere Kunde mehr von ihnen zu uns gelangt. Der Herr aber möge sie behüten und sie gesund und unversehrt in die Heimat zurückkehren lassen."[1]

Diese kurze Textpassage stellt den ältesten heute bekannten Beleg dafür dar, dass europäische Seeleute versuchten über den Atlantik neue Seehandelsrouten zu den Großreichen Asiens – in diesem Fall nach Indien –

---

[1] Deutsche Übersetzung nach: Schmitt 1986, 43–44.

aufzuschließen. Sie wird daher auch gerne als ältester Nachweis für den Beginn der europäischen Atlantikexpansion gesehen.[2]

Atlantikerkundungen durch europäische Seeleute hatte es jedoch bereits zuvor gegeben. So befuhren während des Frühmittelalters irische und wikingische Schiffe auf der Suche nach neuem Land und ungenutzten Rohstoffquellen den Nordatlantik, wobei den Wikingern mit der Entdeckung und Besiedlung von Island, Grönland und Vinland – wohl im kanadischen Neufundland gelegen – sogar ein gewisser Erfolg beschieden war. Weiter südlich unternahmen Seeleute aus dem muslimischen al-Andalus von Häfen der Iberischen Halbinsel aus vermutlich durch Neugier getrieben ebenso Erkundungsfahrten am Atlantik. Berichte darüber finden sich vereinzelt in mittelalterlichen arabischen Quellen. Über konkrete Ergebnisse lässt sich aufgrund der vagen Angaben aber nur wenig aussagen.[3]

Das Unternehmen der Genueser Seeleute von 1291 stellt im Gegensatz dazu aber tatsächlich etwas Neues dar, mit anderen Vorstellungen und Hoffnungen verknüpft. Die Ursachen und Gründe für dieses Vorhaben lassen sich dabei im 13. Jahrhundert ausmachen. So wurde einerseits im östlichen Mittelmeerraum die Machtposition der christlichen Kreuzfahrerstaaten und der mit ihnen verbündeten italienischen Seerepubliken ab der Mitte des 13. Jahrhunderts durch die ägyptischen Ayyubiden- und Mamluken-Herrscher stetig geschwächt, bis schließlich um 1300 die letzten Reste der Kreuzfahrerstaaten sogar gänzlich verschwanden. Andererseits gelang es den christlichen Machthabern der Iberischen Halbinsel in der ersten Hälfte des 13. Jahrhunderts, große Erfolge gegen das muslimische Herrschaftsgebiet von al-Andalus zu feiern. Dadurch wurde die muslimische Präsenz an der Straße von Gibraltar zurückgedrängt, wichtige atlantische Hafenstädte von Alcácer do Sal bis Cádiz gelangten unter portugiesische beziehungsweise kastilische Herrschaft und christliche Seehändler des westlichen Mittelmeerraums bauten nun atlantische Destinationen verstärkt in ihr Seehandelsnetz ein.[4]

---

2 Vgl. Scheller 2019, 336.

3 Siehe dazu den Artikel von Johannes Preiser-Kapeller in diesem Band. Zu den Fahrten der Iren und Wikinger ebenso: Kolditz 2019; Morison 1971, 13–80; Simek 2016. Zur mittelalterlichen islamischen Atlantikerkundung: Obenaus 2013; Obenaus 2017a.

4 Siehe dazu den Artikel von Stephan Köhler in diesem Band sowie Obenaus 2009, 95–96; Santamaría Arández 1980, 63–66.

Für die großen italienischen Seehandelsstädte, wie eben Genua, bedeuteten die erwähnten machtpolitischen Veränderungen des 13. Jahrhunderts, dass der Levantehandel schwieriger, der Atlantikhandel hingegen zunehmend attraktiver wurde. Daher verwundert es nicht, dass gerade Genua zu den Vorreitern bei der Etablierung von Seehandelsrouten vom (westlichen) Mittelmeer hinaus auf den Atlantik zählte. Zwei Hauptstoßrichtungen bildeten sich dabei heraus. So gelang es einerseits zum ersten Mal direkte maritime Handelskontakte vom Mittelmeerraum entlang der Atlantikküste Westeuropas bis zu den Handelszentren der Nordsee zu errichten. Die beiden ältesten heute bekannten Belege dafür stammen aus den Jahren 1277 und 1278 und erwähnen genuesische Fahrten mit Handelsgaleeren nach Flandern und England. Die neue Route nutzten im späten 13. Jahrhundert jedoch ebenso Seehändler der mediterranen Hafenstadt Palma de Mallorca und spätestens ab dem frühen 14. Jahrhundert Venezianer, was zu einer zunehmenden Verknüpfung der europäischen Wirtschaft sowie zu einem verstärkten Austausch- und Anpassungsprozess zwischen mediterraner und nordeuropäischer Schiffbautradition führen sollte.[5] Andererseits schlossen westmediterrane Seehandelsmächte, allen voran Pisaner und Genuesen, bereits in den 1130ern mit den Almoraviden und in den 1150ern und 1160ern dann mit den Almohaden, den islamischen Herrscherdynastien im Süden der Iberischen Halbinsel und im westlichen Maghreb, weitreichende Friedens- und Handelsverträge. Dies führte dazu, dass pisanische und genuesische Fernhändler bereits in der zweiten Hälfte des 12. Jahrhunderts wiederholt durch die Straße von Gibraltar auf den Atlantik hinaus steuerten und in südlicher Richtung die muslimischen Küstenstädte des heutigen Marokko anliefen.[6] Ihrem Beispiel folgten bald provenzalische, katalanische und andere (süd-)europäische Fernhändler, so dass in der ersten Hälfte des 13. Jahrhunderts das seit Jahrhunderten etablierte muslimische Seehandelsnetz am Atlantik zwischen der Iberischen Halbinsel und dem westlichen Maghreb stark zurückgedrängt und – nicht zuletzt auch als Folge der Reconquista auf der Iberischen Halbinsel – ab der Mitte des 13. Jahrhunderts faktisch von christlichen Seehändlern übernommen wurde.[7]

Mit dieser Erschließung neuer Atlantikrouten durch Seeleute aus dem christlich-mediterranen Raum wanderte gegen Ende des 13. Jahr-

5 Vgl. Köhler 2019, 57–60; López 1951; Santamaría Arandéz 1980, 63–69.

6 Vgl. Picard 1997, 411–414.

7 Vgl. Obenaus 2013, Bd. 1, 129–130.

hunderts offenbar der Blick mancher noch weiter in die Ferne. Zu ihnen zählten die eingangs erwähnten Brüder Vivaldi. Welche Vorstellungen vom Atlantik diese aber zu ihrer Fahrt veranlassten und welche Route sie zu wählen gedachten, verschweigen uns die Quellen. Einiges spricht dafür, dass die Vivaldis der Atlantikküste Afrikas nach Süden folgen wollten, um nach einer Umrundung dieses Kontinents nach Indien zu gelangen.[8] Nicht gänzlich auszuschließen ist jedoch die Möglichkeit, dass sie bereits eine Westroute am Atlantik suchten.[9] Im ersten – und wahrscheinlicheren – Fall darf man sie als Vorreiter der portugiesischen Bemühungen einer Umrundung Afrikas sehen, die gegen Ende des 15. Jahrhunderts mit Erfolg gekrönt wurde.[10] Im zweiten – eher unwahrscheinlichen Fall – wären Sie dem Projekt von Christoph Columbus zwei Jahrhunderte zuvorgekommen.

Als gesichert gilt einzig, dass die Hoffnungen des Chronisten Jacopo Doria sich nicht erfüllten. Die Galeeren der Vivaldis kehrten nicht mehr in ihre Heimatstadt Genua zurück. Vermutlich fand diese Expedition irgendwo am Atlantik oder an der westafrikanischen Küste ihr Ende. Dennoch blieb die Erinnerung daran – ausgeschmückt mit fantastischen Vorstellungen und Hoffnungen über den Verbleib der Teilnehmer – erhalten. Dies belegen Erwähnungen in spätmittelalterlichen Kartenlegenden, im fiktiven, jedoch populären Reisebericht des *Libro del conosçimiento de todos los rregnos e tierras e señoríos*, das vermutlich in der zweiten Hälfte des 14. Jahrhunderts von einem anonymen kastilischen Mönch verfasst wurde, oder in einem im Jahr 1455 verfassten Brief eines genuesischen Seemanns namens Antoniotto de Usodimare, der in portugiesischen Diensten die westafrikanische Atlantikküste erforschte und vermutete, dort auf Nachfahren der Vivaldi-Expedition gestoßen zu sein.[11]

---

8 Die durch spätmittelalterliche Karten gut abgesicherte Identifizierung von Gozora mit dem Kap Juby oder einem anderen nahegelegenen Kap weist auf eine Südroute am Atlantik entlang der afrikanischen Küste hin. Auch die erwähnte Verwendung von Galeeren stützt diese Vermutung, da dieser Schiffstyp für küstennahe Fahrten am Atlantik durchaus eingesetzt wurde, für Hochseefahrten jedoch kaum geeignet war.

9 Im Mittelalter war – entgegen manch populärer Darstellung – die Kugelgestalt der Erde gerade in gebildeten Kreisen oder auch bei Seeleuten allgemein anerkannt. Vgl. Schmieder 2017, 51–53.

10 Siehe dazu den Artikel von Franz Halbartschlager in diesem Band.

11 Vgl. Schmitt 1986, 41–47.

Atlantikvorstellungen und weit gesteckte Ziele im spätmittelalterlichen Europa

Gelehrte und Seeleute des mittelalterlichen Europa verstanden den Atlantik als Teilmeer eines riesigen Ozeans, der die gesamte bekannte Ökumene – bestehend aus Europa, Afrika und Asien – umschloss. Diese Vorstellung hatte man aus der griechisch-römischen Antike übernommen und teilte sie unter anderem mit der mittelalterlichen islamischen Welt.[12] Der umfassende Ozean – und speziell auch sein westliches Teilmeer – galten jedoch aufgrund von naturräumlichen Gegebenheiten, wie widrigen Winden, hohem Wellengang, Dunkelheit oder dichten Nebelbänken, als für die Seefahrt überaus ungeeignet. Daher wurde bis weit herauf ins Mittelalter – wenn überhaupt – vor allem der küstennahe Atlantikraum regelmäßig von Schiffen befahren, wobei die Angst vor Kälte und Eismassen in nördlicher Richtung sowie vor Hitze und Trinkwassermangel in südlicher Richtung die Zonen dieses nautisch genutzten Atlantikraums weiter einschränkte. Europäische und nordafrikanische Seeleute waren also am Beginn des Spätmittelalters im besten Fall mit dem küstennahen Atlantikraum, der von Island und Skandinavien im Norden bis in den Süden des heutigen Marokko reichte, vertraut. Weiter auf diesen Ozean hinaus segelten nur Fischer auf der Suche nach ergiebigeren Fischfanggründen und in seltenen Fällen auch Seehändler, die bessere Wind- und Strömungsverhältnisse für die Reise zu einem bekannten Zielhafen nutzen wollten.

Im ausgehenden 13. und dem für Europa krisenhaften 14. Jahrhundert setzte hier aber ein Umdenken ein. Europäische Fernhändler sahen nun immer öfter eine Möglichkeit, über den Atlantik neue und direkte Seefahrtsrouten zu weit entfernten und lukrativen Zielen aufzuschließen. Schwierige Landrouten mit zahlreichen Zwischenstationen und großem zeitlichen Aufwand wollte man dadurch vermeiden. Ebenso war der Transport großer Warenmengen per Schiff einfacher und kostengünstiger, was im Vergleich zur Verwendung der etablierten Landhandelswege eine Gewinnsteigerung für die Händler mit sich brachte. Solche Überlegungen zusammen mit dem ab der Mitte des 13. Jahrhunderts schrittweise zunehmenden Seehandelsverkehr zwi-

---

12 Zu den mittelalterlichen Vorstellungen vom Atlantik im christlichen Europa siehe: Kolditz 2019; Mauntel 2017; Obenaus 2013, Bd. 2, 259–264. Zu den mittelalterlichen Vorstellungen vom Atlantik im islamischen Raum siehe: Obenaus 2013, Bd. 2, 179–182; Obenaus 2017a, 81–85.

schen Mittelmeer und küstennahem Atlantikraum führten offensichtlich dazu, dass manche Seeleute nun bereit waren, ein noch größeres Wagnis einzugehen. Indien wurde, wie man der Quellenstelle zur Fahrt der Brüder Vivaldi entnehmen kann, zu einem dieser weit gesteckten Ziele. Man erhoffte sich von dort – und ganz allgemein aus Süd- und Ostasien – in Europa nachgefragte Luxusprodukte wie Gewürze zum Veredeln und Haltbarmachen von Nahrungsmitteln, Arzneistoffe oder wertvolle Textilien aus Seide und Baumwolle billig über den Seeweg importieren zu können.[13] Noch häufiger fand in den Quellen des 14. und frühen 15. Jahrhunderts jedoch ein sagenhafter Goldfluss Erwähnung, der irgendwo an der westafrikanischen Küste in den Atlantik münden sollte. Der reale Hintergrund dazu lag in den wachsenden europäischen Kenntnissen von den westafrikanischen Goldabbaugebieten des Nigerbogens. Muslimische Händler transportierten bereits seit dem späten Frühmittelalter westafrikanisches Gold mit Hilfe von Karawanen über die Transsahararouten bis zu den Mittelmeerhäfen Nordafrikas, von wo es weiter nach Europa gelangte. Muslimische Geografen wiederum fassten ihr grobes Wissen über die „Goldreiche" Westafrikas und den Handel mit diesen spätestens seit dem ausgehenden 9. Jahrhundert in ihren Schriften zusammen.[14] Im Spätmittelalter erlangte der christlich-europäische Raum durch islamische Vermittlung vermehrt Kenntnis über die Herkunft des westafrikanischen Goldes, das im 13. und 14. Jahrhundert vor allem aus dem an den Flussläufen von Niger und Senegal gelegenen Reich von Mali stammte. Der Goldfluss – oder auch konkret das Reich von Mali – wurden somit zu einem weiteren Wunschziel der spätmittelalterlichen europäischen Atlantikexpansion, was durch Darstellungen und Erwähnungen auf spätmittelalterlichen Karten und in geografischen Schriften gut belegt ist.[15] Gold – und ganz allgemein Edelmetalle – stellten für die europäische Wirtschaft ein begehrtes Gut dar, das man benötigte, um in Europa nachgefragte Luxuswaren, wie eben Gewürze oder Seidenstoffe, aus dem Fernen Osten zu erwerben. Aus Mangel an alternativen hochpreisigen Tauschwaren flossen daher im Verlauf des Mittelalters große Mengen

---

13 Vgl. Lehners 2001, 177–178; Wallerstein 1986, 49, 52.

14 Zu den frühesten muslimischen Gelehrten, die über das Gold Westafrikas berichteten, gehört der gegen Ende des 9. Jahrhunderts tätige ostislamische Gelehrte al-Yaʿqūbī. Siehe: Al-Yaʿqūbī 2019, Bd. 2, 498.

15 Vgl. Fernández-Armesto 1987, 140–148; Obenaus 2009, 98–99; Schmitt 1986, 53–56.

an Edelmetallen aus Europa über das Byzantinische Reich und die Islamische Welt nach Indien und China ab.[16]

Es vergingen jedoch noch eineinhalb bis zwei Jahrhunderte, bis europäische Seeleute diese ersehnten, aber weit entfernten Ziele über den Atlantik tatsächlich erreichten. So stießen portugiesische Schiffe erst um die Mitte des 15. Jahrhunderts bis zur Atlantikmündung des Senegal und in den 1470ern bis zu jener des Niger vor, während die Flotte des Vasco da Gama bekanntlich im Jahr 1498 an Indiens Westküste landete. Dennoch verzeichneten europäische Seeleute aber bereits zuvor einige – vermutlich unbeabsichtigte – Teilerfolge bei ihrer Atlantikerkundung. Diese waren zwar nicht so glamourös wie erhofft, befriedigten aber mehrere elementare Bedürfnisse des spätmittelalterlichen Süd- und Westeuropa. So wurden neuentdeckte oder auch wiedergefundene Atlantikinseln relativ rasch zu Rohstofflieferanten für die wachsenden Metropolen dieser Regionen – vor allem im Hinblick auf den Bedarf an Nahrungsmitteln, Holz und Färbemitteln. Ebenso fand der Adel ein neues Betätigungsfeld bei der Unterwerfung besiedelter oder bei der Urbarmachung unbesiedelter Überseegebiete. Und nicht zuletzt gelangten billige Arbeitskräfte über den Atlantik ins spätmittelalterliche Europa. Gemeint sind hier konkret Sklaven von den Kanaren, später auch aus Westafrika.[17] Diese hier kurz angerissenen Punkte gilt es in den nachfolgenden Kapiteln jedoch noch ausführlicher darzulegen.

Neuentdeckte oder wiedergefundene Atlantikinseln?

Trotz aller Warnungen vor Seefahrten auf dem Atlantik hatten antike und mittelalterliche Gelehrte diesen Ozean nie als ‚leer' betrachtet. Antike Autoritäten, wie Pomponius Mela (gestorben um 45 n. Chr.) und Plinius der Ältere (23/24–79 n. Chr.), erwähnen in ihren Werken bereits zahlreiche Atlantikinseln.[18] Ihre Informationen wurden von spätantiken Gelehrten, wie Isidor von Sevilla (ca. 560–636),[19] und mittelalterlichen Geografen, wie al-Idrīsī (ca. 1100–1166), bereitwillig wiederholt und mitunter erweitert. So schätzte al-Idrīsī die Zahl der

16 Vgl. Wallerstein 1986, 48–49; Lehners 2001, 177–178.

17 Vgl. Wallerstein 1986, 50–54. Speziell aus Sicht Portugals: Lehners 2001, 176–183. Mit einer etwas anderen Perspektive auch: Oliveira Marques 2001, 79–92.

18 Pomponius Mela 1994, 160–167, 182–185 (Buch III, 46-57, 99–102); Plinius der Ältere 1996, 135–141 (Buch VI, 36).

19 Isidor von Sevilla 2008, 531–532 (Buch XIV, 6).

Atlantikinseln sogar auf 27 000, wobei er jedoch nur einen Bruchteil dieser unzähligen Inseln näher beschreibt.[20] Unter den in antiken und mittelalterlichen Schriften explizit erwähnten Atlantikinseln finden sich dabei reale, wie die Britischen Inseln, fantastische, bei denen es sich oftmals um mythische Sehnsuchts- oder Schreckensorte handelte, sowie solche, bei denen Realität und Fiktion ineinander übergingen. Zu den letztgenannten zählten speziell Inseln, die im Westen der Iberischen Halbinsel und des nordwestlichen Afrika verortet wurden und die in lateinischen Quellen zumeist als *Fortunatae Insulae*, also Glückliche Inseln, Erwähnung fanden. Als reales Pendant dieser Inseln zieht die moderne Forschung primär die Kanaren, die rund 100 bis 500 km westlich der Festlandküste des südlichen Marokko im Atlantik liegen, in Betracht – möglicherweise auch den Madeira-Archipel, etwas über 600 km westlich der marokkanischen Atlantikküste, oder sogar die Azoren, mit über 1400 km westlich der Iberischen Halbinsel.[21] Nur eine dieser drei Inselgruppen, nämlich die Kanaren, waren am Beginn des Spätmittelalters besiedelt. Wann genau die Ureinwohner der Kanaren, die Altkanarier, auf die sieben Hauptinseln dieser Inselgruppe gelangten und wann und warum die Verbindungen mit dem afrikanischen oder auch europäischen Kontinent abrissen, ist bis heute nicht geklärt. Archäologische Funde zeigen, dass die Besiedlung der Kanaren zumindest bis in das 10. Jahrhundert v. Chr. zurückreicht und bis ins das 3. Jahrhundert n. Chr. regelmäßiger Austausch mit dem Festland, konkret den römischen Provinzen in Nordafrika und auf der Iberischen Halbinsel, bestand.[22] Von der Spätantike bis zum Beginn des Spätmittelalters gab es hingegen keinen oder bestenfalls sporadischen Kontakt mit den Altkanariern.[23]

---

20 Al-Idrīsī beruft sich bei dieser Schätzung interessanterweise auf Ptolemaios, in dessen erhaltenen Werken aber keine 27 000 Atlantikinseln Erwähnung finden. Siehe: Al-Idrīsī 1999, 124–129.

21 Vgl. Frenschkowski 2016, 60–66.

22 Dazu speziell: Atoche Peña 2013. Auf Lobos, einer heute unbesiedelten Insel der östlichen Kanaren, konnte vor einigen Jahren auch eine Werkstatt zur Purpurherstellung, die dem römischen Kulturkreis vom 1. Jahrhundert v. Chr. bis zum 1. Jahrhundert n. Chr. zuzuordnen ist, nachgewiesen werden. Vgl. Arco Aguilar u. a. 2016.

23 Möglicherweise erreichten Seeleute der westislamischen Reiche während des Früh- und Hochmittelalters gelegentlich die Kanaren. Vgl. Obenaus 2013, 331–338. Obenaus 2017a, 90.

Spätestens im frühen 14. Jahrhundert wurden die Kanaren durch europäische Seeleute jedoch wieder- oder neuentdeckt. Der älteste bekannte Hinweis auf eine solche (Wieder-)Entdeckung stammt von einer im Jahr 1339 in Palma de Mallorca fertiggestellten Portulankarte des Kartografen Angelino Dulcert. Diese zeigt westlich der marokkanischen Atlantikküste relativ eindeutig die heutigen Kanareninseln Lanzarote, Lobos und Fuerteventura und weist in einem zugehörigen lateinischen Eintrag auf eine Entdeckung durch einen Genuesen namens Lanzarotus Marocelus hin. Wann genau dessen Expedition jedoch stattfand und welche Ziele er eigentlich am Atlantik verfolgte, bleibt offen. Die moderne Forschung datiert dieses Unternehmen eher zeitnah in die 1320er oder frühen 1330er. An vermeintlichen Gründen für diese Fahrt mangelt es dabei nicht. Sie reichen von einer sturmverschlagenen Handelsfahrt zur marokkanischen Atlantikküste über die Erforschung eines Seewegs zu den zuvor erwähnten weit gesteckten Zielen, wie dem westafrikanischen Goldfluss oder dem Seeweg nach Indien, bis zur Suche nach Spuren der verschollenen genuesischen Landsleute der Vivaldi-Expedition.[24]

Nach dieser Expedition rissen die europäischen Fahrten zu den Kanaren dann aber nicht mehr ab. Im Jahr 1341 erfolgte im Auftrag der Krone Portugals, aber mit kastilischer, florentinischer und genuesischer Beteiligung, eine Expedition zu den Kanaren, von der ein schriftlicher Bericht erhalten ist, der neben geografischen Beschreibungen auch mit ersten ethnografischen Informationen zu den Altkanariern, ihren Gebräuchen und ihrer Sprache aufwartet.[25] Bekannt sind heute ebenso vier Lizenzen aus dem Jahr 1342, ausgestellt durch die Krone des Inselkönigreichs Mallorca, die verschiedenen Konsortien von Händlern und Seeleuten das Auslaufen zu diesen Atlantikinseln gestatteten. Ob alle diese Lizenzen genutzt und die Kanaren tatsächlich erreicht wurden, ist aufgrund des Mangels an weiteren Quellen jedoch ungewiss.[26]

Inwiefern in spätmittelalterlichen Schriftstücken ausschließlich die Kanaren gemeint waren, wenn von neuentdeckten Atlantikinseln oder den Fortunaten berichtet wurde, ist jedoch fraglich. Gerade Portulankar-

---

24 Vgl. Fernández-Armesto 1987, 154–155; Obenaus 2009, 101–102.

25 Dieser Bericht basiert auf Briefen von Florentiner Kaufleuten in Sevilla, die vermutlich durch den florentinischen Gelehrten Giovanni Boccaccio zusammengefasst wurden. Deutsche Übersetzung bei: Schmitt 1986, 48–53. Zu dieser Expedition: Schmitt 1986, 47–48; Scheller 2019, 340–349.

26 Vgl. Fernández-Armesto 1987, 156–158; Obenaus 2009, 104–105. Sevillano Colom 1972.

ten des 14. und beginnenden 15. Jahrhunderts legen den Schluss nahe, dass europäische Seeleute ab der Mitte des 14. Jahrhunderts bereits den Madeira-Archipel und in der zweiten Hälfte des 14. Jahrhunderts auch die östliche und mittlere Inselgruppe der Azoren erreicht hatten. Diese Entdeckungen könnten sich bei der Suche nach günstigen Winden für eine Rückkehr von den Kanaren oder der marokkanischen Atlantikküste auf die Iberische Halbinsel zufällig ergeben haben. Im Unterschied zu den Kanaren waren diese Inseln vor der Ankunft der Europäer aber unbesiedelt und boten somit wohl wenig Berichtenswertes.[27] Erste schriftliche Quellen zur Entdeckung dieser Inselgruppen stammen dann aus dem frühen 15. Jahrhundert. Sie erwähnen eine sturmverschlagene portugiesische Fahrt zum Madeira-Archipel im Jahr 1418 oder 1419 sowie eine portugiesische Entdeckung der östlichen Azoren gegen Ende der 1420er oder am Beginn der 1430er.[28]

Die spätmittelalterliche Kolonisation der Atlantikinseln

Schon die frühesten erhaltenen schriftlichen Zeugnisse zur spätmittelalterlichen (Wieder-)Entdeckung der Kanaren weisen uns daraufhin, dass es den Seeleuten und Finanziers aus dem christlich-europäischen Raum nicht nur um die Erforschung zuvor unbekannter Meeresgebiete und Inselgruppen ging, sondern dass gerade der Frage nach den Herrschaftsansprüchen auf diese neuentdeckten Gebiete und deren Inbesitznahme eine zentrale Rolle zukam. So führte die Expedition von 1341 im Auftrag der Krone Portugals Waffen, Pferde und Belagerungsgeräte mit, um vermeintliche Städte und Burgen der neuentdeckten Inseln zu erobern,[29] während in den mallorquinischen Lizenzen von 1342 den Konsortien das Recht eingeräumt wurde, einige oder auch alle diese Inseln im Namen der Krone Mallorcas in Besitz zu nehmen.[30] In beiden Fällen kam es aber offensichtlich nicht dazu. Die Gründe dafür sind heute unbekannt.

Nur zwei Jahre später, 1344, griffen bereits Papst Clemens VI. und die Römische Kurie in diese Angelegenheit ein und ernannten

27 Vgl. Fernández-Armesto 1987, 159–166; Obenaus 2013, 296–299; Schmitt 1986, 57–63.

28 Vgl. Obenaus 2009, 110–111; Obenaus 2013, 300–303; Fernández-Armesto 1995.

29 Siehe: Schmitt 1986, 48.

30 Siehe: Sevillan Colom 1972, 44, 46.

einen gewissen Luis de la Cerda, der einer Seitenlinie des kastilischen Königshauses entstammte und zu dieser Zeit in französischen Diensten stand, auf dessen Bitte hin zum Fürsten der Glücklichen Inseln (*Princeps Fortunia*). Diese Belehnung und vor allem die schriftliche Aufforderung des Papstes an führende europäische Seemächte – nämlich die Königreiche von Portugal, Kastilien, Aragón, Frankreich, Sizilien und die Seerepublik Genua – Luis de la Cerda bei der Inbesitznahme seines neuen atlantischen Reiches zu unterstützen, führten jedoch zu gehörigen Verstimmungen. So wiesen König Afonso IV. von Portugal und König Alfonso XI. von Kastilien auf eigene Besitzansprüche im Hinblick auf diese neuentdeckten Inseln hin. Einzig König Pedro IV. von Aragón, zu dessen Machtbereich seit kurzem auch das Königreich Mallorca zählte, ließ Unterstützung für Luis de la Cerda anklingen. Zu einer tatsächlichen Umsetzung der Pläne kam es aber nicht und so sollte Luis de la Cerda, der bereits vor der Mitte des 14. Jahrhunderts verstarb, sein Reich am Atlantik nie betreten.[31]

Der Papst und die Krone von Aragón zeigten jedoch weiterhin Interesse an den Kanaren – vor allem an den noch heidnischen und aus europäischer Sicht unzivilisierten Altkanariern. 1351 wurde daher ein Bistum der *Insulae Fortunatae* gegründet und ein erster Bischof bestellt. Von Palma de Mallorca aus organisierte die Krone von Aragón mit päpstlicher Billigung in Folge wiederholt Fahrten zu den Kanaren und man errichtete unter Führung mallorquinischer Missionare auf Gran Canaria einen ersten Bischofssitz, der sich zur späteren Stadt Telde entwickelte. Die Evangelisation der indigenen Bevölkerung dieser Inseln sollte dabei auf friedlichem Wege und mit Hilfe bereits christianisierter Altkanarier erfolgen, die im Rahmen früherer Expeditionsfahrten nach Palma de Mallorca gelangt, dort getauft und ausgebildet worden waren. Über die Erfolge und Misserfolge des Bistums von Telde erfährt man aus den erhaltenen Quellen relativ wenig. Es scheint aber, dass die Missionstätigkeit in Summe eher schleppend verlief und nicht über Gran Canaria hinausging. Bereits gegen Ende des 14. Jahrhunderts endete die aragonesisch-mallorquinische Missionstätigkeit auf Gran Canaria, vermutlich infolge von großangelegten Sklavenrazzien durch kastilische Seeleute auf mehreren Kanareninseln im Jahr 1393. Spätere Quellen deuten ein blutiges Ende an, da die Einheimischen den Missionaren

31 Schmitt 1986, 205–218. Vgl. Abulafia 2008, 72; Fernández-Armesto 1987, 171–172; Obenaus 2009, 105.

die Schuld für die Ankunft der kastilischen Sklavenjäger gaben und sich an ihnen rächten.[32]

Parallel zur aragonesisch-mallorquinischen Missionstätigkeit auf Gran Canaria zeigte auch das Königreich Portugal weiterhin Interesse an der Inbesitznahme der Kanaren. So erhielt im Jahr 1370 ein gewisser Lanzarote da Framqua die Inseln Lanzarote (*Nosa Señora a Framqua*) und La Gomera (*Gumeyra*) vom portugiesischen König Fernando I. zum Lehen. Deren Eroberung gelang jedoch aufgrund des Widerstands der Einheimischen sowie aufgrund von Konflikten mit kastilischen Konkurrenten nicht, wobei Lanzarote da Framqua bei Kampfhandlungen auf diesen Inseln noch vor 1385 den Tod fand.[33]

Mit dem Beginn des 15. Jahrhunderts setzten dann erneut Bemühungen ein, die Kanaren endgültig in Besitz zu nehmen. Den Anfang machten dabei zwei nordfranzösische Adelige, Jean de Béthencourt und Gadiffer de la Salle, die 1402 von La Rochelle aufbrachen und ihren Hauptsitz auf Lanzarote errichteten. Ihre Expedition hatte grundsätzlich zwar das Ziel, die Kanaren zu unterwerfen. Aus dem von zwei mitreisenden Geistlichen verfassten, umfangreichen Bericht zu diesem Unternehmen mit dem Titel *Le Canarien* geht aber klar hervor, dass de Béthencourt und de la Salle diese Inseln eigentlich als Stützpunkt für weitere Unternehmungen entlang der afrikanischen Atlantikküste sahen, speziell für die Suche nach dem westafrikanischen Goldfluss.[34] In Summe war diese Expedition jedoch dafür und selbst für die Inbesitznahme der Kanaren unzureichend ausgerüstet. Bereits im Jahr 1403 musste man um kastilische Unterstützung ansuchen und im Gegenzug die Oberhoheit des kastilischen Königs Enrique III. akzeptieren. Neben Lanzarote gelang es in den folgenden Jahren noch Fuerteventura, El Hierro und möglicherweise La Gomera zu unterwerfen, während man an den größeren und bevölkerungsreicheren Kanareninseln scheiterte. De la

32 Vgl. Rumeu de Armas 1960. Dazu auch: Abulafia 2008, 67, 70–75.

33 Die Authentizität der portugiesischen Quellen zu diesen Ereignissen ist in der Forschung umstritten. Ebenso wurde wiederholt diskutiert, ob es sich beim genuesischen Entdecker Lanzarotus Marocelus und dem hier erwähnten portugiesischen Adeligen um dieselbe Person handeln könnte. Vgl. Schmitt 1986, 271–275. Dazu: Fernández-Armesto 1987, 172–173; Verlinden 1995a, 72.

34 Dabei stützten sich die Planungen von de Béthencourt und de la Salle auf das im einleitenden Kapitel erwähnte *Libro del conosçimiento de todos los rregnos e tierras e señoríos* eines anonymen kastilischen Mönchs aus der zweiten Hälfte des 14. Jahrhunderts. Siehe: Bontier/Le Verrier 2010, 91–109.

Salle zog sich daher und aufgrund von Konflikten mit de Béthencourt schon bald aus dem gemeinsamen Projekt zurück, während der inzwischen hochverschuldete Jean de Béthencourt schließlich 1418 die durch die Krone von Kastilien gewährten Rechte an den Kanaren – auch aus politischen Gründen – an die andalusischen Grafen von Niebla aus der Familie de Guzmán verkaufte.[35]

Die damit beginnende und zugleich letzte Phase der Inbesitznahme der Kanaren durch europäische Mächte stand primär im Zeichen der Krone Kastiliens. Einzig Portugal machte im Verlauf des 15. Jahrhunderts Kastilien dieses Recht wiederholt streitig und versuchte zumindest Teile der Kanaren für sich zu beanspruchen und zu besetzen. Ohne auf Details eingehen zu wollen, lässt sich diese letzte Phase der kastilischen Eroberung in zwei große Abschnitte gliedern, eine Eroberungsphase durch den kastilischen Adel und eine durch die kastilische Krone.

So kam es von 1403 beziehungsweise 1418 bis um 1475 zu wiederholten Eroberungs- und Kolonisationsversuchen durch kastilische, vornehmlich andalusische Adelsfamilien, die mit Bewilligung der Krone, aber ohne direkte Einflussnahme erfolgten. Dabei konnten zwar kleinere Erfolge erzielt werden, im Endeffekt scheiterten diese Eroberungszüge jedoch zumeist an den finanziellen Möglichkeiten der Adelsfamilien. Mit dem zwischen Kastilien und Portugal ausgefochtenen Erbfolgekrieg von 1474 bis 1479, der auch die Kanaren zu einem Nebenkriegsschauplatz machte, und den anschließenden Friedensschlüssen von Alcáçovas (1479) und Toledo (1480), in denen Portugal nun endgültig die Rechte an den Kanaren an Kastilien abtrat,[36] begann die Krone Kastiliens bei der Eroberung der Kanaren selbst aktiv zu werden. Mit höheren finanziellen Mitteln und größeren militärischen Ressourcen ausgestattet gelang es in den nachfolgenden Jahren und Jahrzehnten, die bevölkerungsreichen Inseln Gran Canaria (1482), La Palma (1493) und schließlich Teneriffa (1496) zu unterwerfen und die Eroberung der Kanaren endgültig abzuschließen. Dabei kam es zu überaus blutigen und brutalen Kämpfe mit den Altkanariern,

35 Vgl. Abulafia 2008, 76–82; Fernández-Armesto 1987, 175–185; Schmitt 1986, 276–278.

36 Umgekehrt sicherte sich Portugal 1479/80 die Herrschaftsrechte über den Madeira-Archipel, die Azoren, die Kapverden und – sehr allgemein gehalten – über alle Gebiete südlich der Kanaren Richtung Guinea.

die bereits als Vorbote des spanischen Vorgehens gegen die indigenen Reiche in der Neuen Welt gesehen werden müssen.[37]

In wesentlichen Bereichen anders gelagert verlief hingegen die – abschließend noch kurz zu betrachtende – Kolonisation des Madeira-Archipels und der Azoren. Obwohl beide Inselgruppen vermutlich in der zweiten Hälfte des 14. Jahrhunderts durch europäische Seeleute (wieder-) entdeckt wurden, lassen sich vor dem frühen 15. Jahrhundert keine Anzeichen einer Kolonisationstätigkeit auf diesen Inseln erkennen. Der Hauptgrund dafür lag wohl darin, dass diese Inseln weder über eine indigene Bevölkerung, noch über auf den ersten Blick besonders wertvoll erscheinende Rohstoffe verfügten. So dauerte es selbst bis einige Jahre nach den portugiesischen (Wieder-)Entdeckungen, dass diese Inselgruppen schrittweise als reine Siedlerkolonien erschlossen wurden. Federführend verantwortlich war der portugiesische Infant Henrique – im Deutschen besser als Prinz Heinrich der Seefahrer bekannt. Dieser wurde zum Initiator und bis zu seinem Tod im Jahr 1460 zum Schirmherr der portugiesischen Entdeckungsfahrten entlang der Küste Westafrikas. Ebenso forcierte er die Erforschung und Kolonisation der ost- und zentralatlantischen Inselwelten.

Auf Madeira und Porto Santo begann die portugiesische Kolonisation vermutlich um die Mitte der 1420er durch Gefolgsleute des Infanten, die mit Brandrodungen die Inseln für eine Besiedelung vorbereiteten. 1433 erhielt Henrique dann von seinem Bruder, dem portugiesischen König Duarte, den Madeira-Archipel zum Lehen und ließ dort schrittweise Siedlerkolonien errichten.[38] Parallel dazu begannen in den späten 1430ern Vorbereitungen für die Kolonisation der damals bekannten Azoreninseln, bei denen es sich um die zwei Inseln der Ostgruppe (São Miguel und Santa Maria) sowie die fünf Inseln der Zentralgruppe (Terceira, Graciosa, São Jorge, Pico und Faial) handelte. Auf diesen ließ Henrique Schafe aussetzen und suchte in der Folge um eine Belehnung beim neuen portugiesischen König Afonso V. an, mit dem Versprechen, diese Inseln ebenso zu besiedeln. Der Bitte des Infanten kam man 1439 nach, wobei die eigentliche Kolonisation dieser sieben Azoreninseln frühestens in den 1440ern begann und anfangs wohl noch schleppender als jene des Madeira-Archipels verlief. Erst ab der Mitte

37 Vgl. Abulafia 2008, 76–89, 95–101; Aznar Vallejo 1986; Fernández-Armesto 1996, 141–146.

38 Vgl. Fernandéz-Armesto 1987, 195; Verlinden 1995b, 83.

des 15. Jahrhunderts stieg das Interesse an diesen Inselgruppen – nicht zuletzt aus noch zu erwähnenden wirtschaftlichen Gründen – stetig an, was auch einen verstärkten Zuzug von Siedlern mit sich brachte.[39] Um 1450 wurden schließlich noch die beiden Azoreninseln der Westgruppe, Corvo und Flores, entdeckt, die der portugiesische König Afonso V. im Jahr 1453 Herzog Afonso von Bragança, seinem Onkel, zum Lehen gab. Dieser trat sie aber schon kurze Zeit später an den Infanten Henrique ab, was durch eine Nennung der beiden Inseln in Henriques Testament von 1460 belegt ist.[40]

Die Frühphase der portugiesischen Kolonisation des Madeira-Archipels und der Azoren verlief dabei übrigens fast zeitgleich mit den ersten portugiesischen Erfolgen bei der Erkundung der westafrikanischen Küste. So stießen portugiesische Schiffe in den späten 1440ern bereits bis zur Atlantikmündung des Senegal – eine der möglichen realen Entsprechungen des sagenhaften Goldflusses – vor und etablierten damit erste direkte maritime Kontakte zu den westafrikanischen Reichen südlich der Sahara. Somit stellte die Kolonisation der ost- und zentralatlantischen Inseln nur mehr einen Teilaspekt der zunehmend erfolgreichen portugiesischen Atlantikexpansion dar.[41]

Fernhandelsträume und die wirtschaftliche Realität der Atlantikinseln

Der Beginn der spätmittelalterlichen Atlantikexpansion war – wie eingangs dargelegt – von weitgesteckten Zielen geprägt. Die frühen südeuropäischen Protagonisten hatten dabei die Reichtümer Asiens, wie sie unter anderem von Marco Polo beschrieben worden waren,[42] oder das Gold und die exotischen Produkte Subsahara-Afrikas vor Augen, als sie auf den Atlantik aufbrachen. Bis um 1440 beschränkten sich die tatsächlichen Erfolge aber fast ausschließlich auf die (Wieder-)Entdeckung der ost- und zentralatlantischen Inselgruppen der Kanaren, des Madeira-Archipels und der Azoren, die natürlich mit einem gänzlich

---

39 Vgl. Schmitt 1986, 63–64; Verlinden 1995b, 84–85.

40 Vgl. Schmitt 1986, 63–66.

41 Zur portugiesischen Atlantikexpansion und zum Aufschluss des Seewegs nach Indien siehe den Artikel von Franz Halbartschlager in diesem Band.

42 Dazu u. a.: Polo 1983, 111, 175–176, 185–186, 188–189, 197, 208, 277–278, 286, 289, 292, 303.

anders gelagerten Warenangebot und sehr beschränkten wirtschaftlichen Möglichkeiten aufwarteten. Einen guten Eindruck vom realen und erhofften Warenangebot liefern einige Passagen aus dem Bericht über die Fahrt zu den Kanaren im Jahr 1341 im Auftrag der Krone Portugals, zusammengestellt vom florentinischen Gelehrten Giovanni Boccacchio:

> „Zunächst hatten sie [die Expeditionsteilnehmer] also vier Männer, Bewohner jener Inseln, mitgebracht, ferner sehr viele Felle von Ziegen und Böcken, Talg [*sepum*], Fischtran und Robbenfelle, rote Hölzer, die etwa wie Brasilholz [*uerzinum*] färbten – tatsächlich hätten Kundige erklärt, jenes sei kein Brasilholz –, weiter auch Baumrinde, die auf die gleiche Weise rot färbe, ebenso rote Erde und dergleichen. [...] Dennoch ist deutlich geworden, dass die Inseln nicht reich sind, denn auch den Seeleuten gelang es kaum, die aufgewandten Reisekosten wieder hereinzuholen. [...] Man zeigte ihnen [den Einwohnern der Kanaren] goldene und silberne Münzen, dergleichen war ihnen gänzlich unbekannt. Ebenso wenig kennen sie Gewürze [*aromata*] von irgendeiner Art. Als ihnen goldene Halsbänder, getriebene Gefäße, Lang- und Kurzschwerter gezeigt wurden, war es offenbar, dass sie niemals vorher dergleichen gesehen oder in der Hand gehabt hatten."[43]

Die Produktpalette der Atlantikinseln umfasste also anfangs nur einige tierische und pflanzliche Waren, wobei sich die beteiligten Fernhändler am ehesten noch für die genannten Naturfarbstoffe, später auch den Holzbestand der Inseln interessierten. Edelmetalle und Gewürze gab es nicht und lukrative Handelsmöglichkeiten mit den Altkanariern zeichneten sich ebenso wenig ab. In Summe blieb daher diese Expedition weit hinter den finanziellen Erwartungen ihrer Auftraggeber zurück. Dennoch lässt sich in dieser kurzen Textpassage bereits eine weitere Einnahmequelle, die schon kurze Zeit danach stark ausgebaut werden sollte, erkennen. Dabei handelt es sich um ‚menschliche Ware', also Sklaven.

Die Versklavung von ‚Fremden' an entfernten Küsten sowie der Handel mit Sklaven waren während des Mittelalters gerade im mediterranen Raum etwas durchaus Gewohntes. So verfügten die Sklavenmärkte christlich-mediterraner Hafenstädte im 14. und frühen 15. Jahrhundert über ein breites Angebot, das von muslimischen Gefangenen aus Nordafrika und von der Iberischen Halbinsel über orthodoxe Christen vom Schwarzen Meer und dem Balkan bis hin zu vereinzelten schwar-

[43] Deutsche Übersetzung nach: Schmitt 1986, 49, 52.

zen Sklaven aus Subsahara-Afrika reichte.[44] Es darf also nicht verwundern, wenn dieses Geschäftsmodell relativ rasch auf die sieben besiedelten Kanareninseln angewandt wurde.

Die Altkanarier, die am Beginn des Spätmittelalters auf einer Zivilisationsstufe vergleichbar dem Neolithikum standen und keine Metallverarbeitung kannten, stellten für die europäischen Eindringlinge anfangs eine leichte Beute dar. Daher erreichte der europäische Sklavenfang auf den Kanaren bald beachtliche Dimensionen. So berichtet eine kastilische Quelle von einer baskisch-andalusischen Expedition im Jahr 1393, die mit über 160 versklavten Altkanariern nach Sevilla zurückkehrte.[45] Die schrittweise Inbesitznahme und Christianisierung der Kanaren durch europäische Mächte stellten den Sklavenfang dann zwar in Frage. So war es für die jeweils kolonisierende Macht eigentlich nicht erstrebenswert, wenn zukünftige Untertanen in die Sklaverei weggeführt wurden. Ebenso war aus Sicht der katholischen Kirche die Versklavung von bereits konvertierten Altkanariern nicht zulässig. Dennoch kam dem Sklavenfang auf den Kanaren noch während des gesamten 15. Jahrhunderts eine enorme wirtschaftliche Bedeutung zu, da einerseits die Krone Kastiliens die Versklavung von aufständischen oder Widerstand leistenden Altkanariern als legal betrachtete und andererseits gerade portugiesische Seeleute und Abenteurer im Rahmen ihrer Atlantikerkundungen wiederholt die von Kastilien beanspruchten Kanaren überfielen und dort gefangene Altkanarier als Sklaven wegführten. Selbst zwei päpstliche Bullen aus den Jahren 1434 (*Creator omnium*) und 1435 (*Sicut dudum*), in denen die Versklavung von (christianisierten) Altkanariern unter Androhung der Exkommunikation verboten wurde, änderten nur wenig an dieser Praxis.[46]

Die zunehmende Kolonialisierung der ost- und zentralatlantischen Inseln durch Kastilien und Portugal brachten schließlich eine letzte, aber entscheidende Änderung der ökonomischen Ausrichtung dieser Inseln mit sich. Sowohl auf den Kanaren als auch gerade auf den gänzlich neu besiedelten Inseln des Madeira-Archipels und der Azoren wurden aufgrund des günstigen Klimas und der guten Bodenqualität ab

44 Vgl. Martín Casares 2014.

45 Vgl. Abulafia 2008, 49–54, 74; Fernández-Armesto 1987, 174; Fernández-Armesto 1996, 140; Obenaus 2017b, 200.

46 Vgl. Abulafia 2008, 84–86; Berquist Sole 2018, 20–25; Obenaus 2017b, 200–201; Philipps 1991, 53–54.

der Mitte des 15. Jahrhunderts verstärkt landwirtschaftliche Produkte für den europäischen Markt angebaut. Zu diesen zählte anfangs speziell Getreide, gefolgt von Wein und Zuckerrohr. Dabei griff man schon beim Anbau von Wein mitunter auf Rebsorten aus den italienischen (genuesischen und venezianischen) Inselkolonien im östlichen Mittelmeerraum zurück, während man das Know-how und die Technik zur Pflanzung und Verarbeitung von Zuckerrohr zur Gänze von dort importierte.[47] Der Aufbau und Betrieb dieser ersten atlantischen Zuckerplantagen stellte sich als kapital- und arbeitsintensiv heraus. Für das Kapital sorgten dabei zunehmend ausländische Investoren, bei denen es sich vor allem um Italiener, Flamen und sogar Deutsche handelte, die daher auch als Kolonisten auf diesen Atlantikinseln in Erscheinung traten. Für die nötige menschliche Arbeitskraft griff man hingegen, wie schon möglicherweise vereinzelt auf den Zuckerplantagen des Mittelmeerraums,[48] neben freien Arbeitern auch auf Sklaven zurück. Zum Einsatz kamen dabei in gewissen Quantitäten versklavte Altkanarier, aber in viel stärkerem Ausmaß bereits Sklaven aus Subsahara-Afrika. Diese waren seit den 1440ern aufgrund des Vordringens der Portugiesen an der westafrikanischen Atlantikküste in immer größeren Mengen auf den europäischen Sklavenmärkten erhältlich und prägten mit ihrer erzwungenen Migration die Besiedelung der neuen europäischen Inselkolonien im Atlantik mit.[49] Das neue atlantische Modell der Plantagenwirtschaft verbunden mit Sklavenarbeit wurde in der Folge auch auf die um 1456 entdeckten Kapverdischen Inseln transferiert und gegen Ende des 15. Jahrhunderts auf São Tomé und Príncipe im Golf von Guinea eingeführt. Am Beginn des 16. Jahrhunderts gelangte es schließlich in den karibischen Raum, wo es sich dann in einem beispiellosen Ausmaß aus-

47 Vom venezianische Fernhändler Alvise Cadamosto stammt ein interessanter Einblick in die Wirtschaftsleistung Madeiras aus dem Jahr 1455. Deutsche Übersetzung bei: Schmitt 1986, 172–174. Zur wirtschaftlichen Umgestaltung der Atlantikinseln ab der Mitte des 15. Jhdts.: Fernández-Armesto 1987, 117; 197–200; Oliveira Marques 2001, 96–99; Philipps 1991, 49; Verlinden 1995b, 83–84.

48 Ob Sklavenarbeit bei der Zuckerproduktion im spätmittelalterlichen Mittelmeerraum eine entscheidende Rolle spielte, wird in der Forschung kontrovers diskutiert. Eine gute Übersicht zu dieser Forschungskontroverse findet sich bei: Ouerfelli 2008, 5–7, 260, 287–292, 308. Dazu auch: Schmitt 1986, 139–141; Philipps 2017, 676.

49 Vgl. Oliveira Marques 2001, 99–100. Dazu auch: Aznar Vallejo 1986, 216; Obenaus 2017b, 211–212; Philipps 1991, 49–52.

breiten und im Endeffekt den Beginn des transatlantischen Sklavenhandels einläuten sollte.[50]

Atlantische Aufbruchstimmung?

Betrachtet man heute die nur mehr bruchstückhaft vorhandenen Informationen zur spätmittelalterlichen europäischen Atlantikexpansion, so fällt auf, wie weit gestreut diese sind. Sie finden sich in geografischen Schriften, auf Karten, im diplomatischen Schriftverkehr, in Papstbullen, in Berichten von Fernhandelskaufleuten und selbst – anekdotenhaft – in den Texten und der Korrespondenz verschiedener Gelehrter dieser Zeit. Ohne Zweifel war man in den großen Hafenstädten des südlichen und westlichen Europa, wie Genua, Palma de Mallorca, Sevilla, Lissabon oder La Rochelle, über die Ziele, tatsächlichen Erfolge und auch Misserfolge der von dort aufgebrochenen Atlantikexpeditionen relativ gut informiert. Andererseits beschäftigten sich mit diesen Themen neben Seeleuten und Fernhändlern sogar einige mit maritimen Angelegenheiten wenig vertraute Herrscher und Päpste, während Renaissance-Gelehrte wie Giovanni Boccaccio (1313–1375) oder Francesco Petrarca (1304–1374) die neusten Informationen zu den Atlantikfahrten und (wieder-)entdeckten Atlantikinseln interessiert sammelten, mit Freunden und Bekannten diskutierten und sich mitunter ironisch dazu äußerten.[51] So erwähnt beispielsweise Francesco Petrarca in *De vita solitaria* die Zeremonie anlässlich der Belehnung Luis de la Cerdas mit den *Insulae Fortunatae*, also den Glücklichen oder Glückseligen Inseln, durch Papst Clemens VI., die im Jahr 1344 in Avignon stattfand und bei der Petrarca persönlich anwesend war, um gleich darauf zu folgendem Seitenhieb auszuholen:

> „Du erinnerst dich sicher, wie er [Luis de la Cerda] mit Krone und Szepter unter dem Jubel der Menge durch die Straßen zog, als ein heftiger Regen vom Himmel fiel und er so durchnässt zurückkehrte, dass man es als Omen dafür auslegte, er werde ein wirklich regen- und wasserreiches Land beherrschen. […] [I]ch weiß aus vielen mündlichen

[50] Vgl. Fernández-Armesto 1987, 200–202; Fynn-Paul 2017, 585; Obenaus 2017b, 212; Philipps 1991, 52.

[51] Von Giovanni Boccaccio stammt vermutlich der heute noch erhaltene und auf Briefen von florentinischen Fernhandelskaufleuten beruhende Bericht über die Fahrt zu den Kanaren im Jahr 1341 im Auftrag der Krone Portugals. Dazu: Scheller 2019, 341–349.

> und schriftlichen Quellen, dass die Bezeichnung ‚glückselig' auf diese Inseln keineswegs zutrifft. Jenes Volk [die Altkanarier] genießt zwar die größte Abgeschiedenheit von allen, ist aber so unzivilisiert und den wilden Tieren ähnlich, dass die Menschen, mehr dem Instinkt gehorchend als aus eigener Entscheidung, nicht wirklich in der Abgeschiedenheit leben, sondern mit den Tieren oder ihren Herden in der Wildnis umherirren."[52]

Mündliche, aber eben auch schriftliche Informationen zu den vermeintlichen und realen Ergebnissen der spätmittelalterlichen Atlantikerforschung kursierten also offensichtlich zu dieser Zeit in Europa. Sie wurden mitunter sogar kurzerhand zur Planung weiterer Unternehmen herangezogen. So bauten die beiden nordfranzösischen Adeligen Jean de Béthencourt und Gadiffer de la Salle ihr Kanaren-Unternehmen von 1402 nachweislich auf Informationen aus dem *Libro del conosçimiento de todos los rregnos e tierras e señoríos*, einem fiktiven Reisebericht aus der zweiten Hälfte des 14. Jahrhunderts, verfasst durch einen heute unbekannten kastilischen Mönch, auf.[53]

Mit den Erfolgen – aber auch den Misserfolgen – bei der Christianisierung und der blutigen Unterwerfung der Altkanarier durch Europäer, mit dem Verkauf von gefangenen Altkanariern auf (süd-)europäischen Sklavenmärken sowie der europäischen Besiedlung und Ausbeutung des noch unbewohnten Madeira-Archipels und der Azoren wuchs das Wissen, aber auch das Interesse an diesen atlantischen Räumen gerade im südlichen und westlichen Europa noch weiter an. Nicht nur einige Genuesen, Portugiesen, Katalanen und Kastilier wurden daher von einer Art von spätmittelalterlicher ‚atlantischer Aufbruchstimmung' erfasst. Vielmehr lassen sich im Verlauf des 15. Jahrhunderts auch Venezianer, Florentiner, Flamen und selbst Deutsche als Abenteurer, Kolonisten, Finanziers oder in irgendeiner Weise benötigte Experten im Rahmen der spätmittelalterlichen Atlantikexpansion nachweisen.[54]

Daher darf es auch nicht verwundern, wenn spätestens in der zweiten Hälfte des 15. Jahrhunderts europäische Abenteurer nicht nur in südlicher Richtung auf den Atlantik aufbrachen, um die portugiesische Suche nach einem Seeweg um Afrika herum nach Indien fort-

---

52 Petrarca 2004, 198 (Buch II, 11). Zur Belehnungszeremonie siehe auch: Schmitt 1986, 206–207.

53 Bontier/Le Verrier 2010, 91–109.

54 Vgl. u. a.: Fernández-Armesto 1987, 199–200; Schmitt 1986, 174; Verlinden 1995a.

zuführen, sondern auch der Westen zunehmend in ihren Blick geriet. Schriftliche Belege dazu sind wieder nur vereinzelt und oft in Bruchstücken erhalten. Dennoch wissen wir heute zumindest von Bemühungen in den Jahren 1480 und 1481, vom englischen Hafen Bristol aus am Atlantik in westlicher Richtung eine sagenhafte Insel namens *Brasylle* zu erreichen,[55] als auch von einer im Jahr 1486 durch die portugiesische Krone erteilten Erlaubnis für eine Atlantikfahrt zur Auffindung und Inbesitznahme von Inseln und Ländern im Westen.[56] Von allfälligen Erfolgen ist jedoch nichts überliefert.

In den 1490ern wurde die ‚atlantische Aufbruchstimmung' im spätmittelalterlichen Europa dann aber in bekannter Weise mehrfach belohnt. So erreichte die in kastilisch-aragonesischem Auftrag unternommene Expedition des gebürtigen Genuesen Christoph Columbus im Jahr 1492 die Inseln der Karibik, jene des möglicherweise ebenso aus Genua stammenden, aber in englischen Diensten stehenden Giovanni Caboto (John Cabot) im Jahr 1497 die Küste Nordamerikas und selbst das portugiesische Langzeitprojekt der Suche eines südlichen Seewegs nach Indien fand 1498 unter dem Kommando von Vasco da Gama einen erfolgreichen Abschluss.

Quellen

Al-Idrīsī 1999 = Al-Idrīsī: La première géographie de l'Occident, hrsg. und übers. von Henri Bresc und Anneliese Nef, Paris 1999.

Al-Ya'qūbī 2019 = Al-Ya'qūbī: The Works of Ibn Wāḍiḥ al-Ya'qūbī, hrsg. und übers. von Matthew S. Gordon, Chase F. Robinson, Everett K. Rowson und Michael Fishbein, 3 Bde., Leiden–Boston 2019.

Bontier/Le Verrier 2010 = Pierre Bontier/Jean Le Verrier: The Canarian, Cambridge u. a. 2010 (unveränderter Nachdruck London 1872).

Isidor von Sevilla 2008 = Isidor von Sevilla: Die Enzyklopädie des Isidor von Sevilla, übers. von Lenelotte Möller, Wiesbaden 2008.

Petrarca 2004 = Francesco Petrarca: Das einsame Leben, hrsg. von Franz Josef Wetz und übers. von Friederike Hausmann, Stuttgart 2004.

Plinius der Ältere 1973–2004 = Plinius der Ältere: Naturalis historiae / Naturkunde, hrsg. und übers. von Roderich König u. a., 32 Bde., München–Zürich–Düsseldorf 1973–2004.

Polo 1983 = Marco Polo: Il Milione. Die Wunder der Welt, hrsg. und übers. von Elise Guignard, Zürich 1983.

55 Vgl. Schmitt 1984, 96–98; Morison 1971, 102–105, 166.

56 Vgl. Schmitt 1984, 100–105.

Pomponius Mela 1994 = Pomponius Mela: Kreuzfahrt durch die Alte Welt, hrsg. und übers. von Kai Brodersen, Darmstadt 1994.

Schmitt 1984/1986 = Eberhard Schmitt (Hg.): Dokumente zur Geschichte der europäischen Expansion, Bd. 1, Die mittelalterlichen Ursprünge der europäischen Expansion, München 1986; Bd. 2, Die großen Entdeckungen, München 1984.

Literatur

Abulafia 2008 = David Abulafia: The Discovery of Mankind. Atlantic Encounters in the Age of Columbus, New Haven–London 2008.

Arco Aguilar u. a. 2016 = María del Carmen del Arco Aguilar u. a.: Un taller romano de purpura en los límites de la Ecúmene, Santa Cruz de Tenerife 2016.

Atoche Peña 2013 = Pablo Atoche Peña: Consideraciones en relación con la colonización protohistórica de las Islas Canarias, in: Anuario de estudios atlánticos 59 (2013), 521–564.

Aznar Vallejo 1986 = Eduardo Aznar Vallejo: La colonización de las Islas Canarias en el siglo XV, in: En la España Medieval 8 (1986), 195–217.

Berquist Sole 2018 = Emily Berquist Sole: From Africa to the Ocean Sea. Atlantic Slavery in the Origins of the Spanish Empire, in: Atlantic Studies 15 (2018) 1, 16–39.

Fernández-Armesto 1987 = Felipe Fernández-Armesto: Before Columbus. Exploration and Colonization from the Mediterranean to the Atlantic, 1229–1492, Philadelphia 1987.

Fernández-Armesto 1995 = Felipe Fernández-Armesto: Medieval Atlantic Exploration. The Evidence of Maps, in: George D. Winius (Hg.): Portugal, the Pathfinder. Journeys from the Medieval toward the Modern World, 1300 – ca. 1600, Madison 1995, 41–70.

Fernández-Armesto 1996 = Felipe Fernández-Armesto: Spanish Atlantic Voyages and Conquests before Columbus; in: John B. Hattendorf (Hg.): Maritime History, Vol. 1 – The Age of Discovery, Malabar 1996, 137–147.

Frenschkowski 2016 = Marco Frenschkowski: Fortunatae Insulae: Die Identifikation mythischer Inseln mit realen geographischen Gegebenheiten in der griechischen und römischen Antike, in: Reinhard von Bendemann/Annette Gerstenberg/Nikolas Jaspert/Sebastian Kolditz (Hg.): Konstruktionen mediterraner Insularitäten (Mittelmeerstudien 11), Paderborn 2016, 43–73.

Fynn-Paul 2017 = Jeffrey Fynn-Paul: Empire, Monotheism and Slavery in the Greater Mediterranean Region from Antiquity to the Early Modern Era, in: Damian Alan Pargas/Felicia Roşu: Critical Readings on Global Slavery, Bd. 2, Leiden–Boston 2017, 553–587.

Köhler 2019 = Stephan Köhler: Der mittelalterliche Atlantikhandel. Eine neue Route für alte Handelskreisläufe?, in: Franz Halbartschlager/Andreas Obenaus/Philipp A. Sutner (Hg.): Seehandelsrouten. Wegbereiter der frühen Globalisierung, Wien 2019, 42–72.

Kolditz 2019 = Sebastian Kolditz: Imaginationen des Ozeans und atlantische Erkundungen im frühen Mittelalter, in: Raimund Schulz (Hg.): Maritime Entdeckung und Expansion. Kontinuitäten, Parallelen und Brüche von der Antike bis in die Neuzeit (Historische Zeitschrift Beihefte 77), Berlin–Boston 2019, 173–204.

Lehners 2001 = Jean-Paul Lehners: Die Anfänge der portugiesischen Expansion, in: Peter Feldbauer/Gottfried Liedl/John Morrissey (Hg.): Vom Mittelmeer zum Atlantik. Die mittelalterlichen Anfänge der europäischen Expansion (Querschnitte 6), Wien–München 2001, 165–187.

López 1951 = Roberto S. López: Majorcans and Genoese on the North Sea Route in the Thirteenth Century, in: Revue belge de philologie et d'histoire 29 (1951) 4, 1163–1179.

Martín Caseres 2014 = Aurelia Martín Caseres: Evolution of the Origin of Slaves Sold in Spain from the Late Middle Ages till the 18th Century, in: Simonetta Cavaciocchi (Hg.): Schiavitù e servaggio nell' economia europea sec. XI–XVIII, Florenz 2014, 409–430.

Mauntel 2017 = Christoph Mauntel: Vom Ozean umfasst. Gewässer als konstitutives Element mittelalterlicher Weltordnungen, in: Friedrich Edelmayer/Gerhard Pfeisinger (Hg.): Ozeane. Mythen, Interaktionen und Konflikte (Studien zur Geschichte und Kultur der iberischen und iberoamerikanischen Länder 16), Münster 2017, 57–74.

Morison 1971 = Samuel Eliot Morison: The European Discovery of America. The Northern Voyages A.D. 500–1600, New York 1971.

Obenaus 2009 = Andreas Obenaus: Genuesen, Katalanen, Portugiesen. Die Anfänge der europäischen Atlantikexpansion, in: Alexander Marboe/Andreas Obenaus (Hg,): Seefahrt und die frühe europäische Expansion, Wien 2009, 92–122.

Obenaus 2013 = Andreas Obenaus: Islamische Perspektiven der Atlantikexpansion, Bd. 1, Der islamische Atlantikraum des mittelalterlichen Abendlandes, Wien–Berlin 2013; Bd. 2, Islamische und christliche Atlantikerkundung im Mittelalter, Wien–Berlin 2013.

Obenaus 2017a = Andreas Obenaus: Die mittelalterliche islamische Welt und der Atlantik. Geographische Konzepte und frühe Erkundungsversuche; in: Friedrich Edelmayer/Gerhard Pfeisinger (Hg.): Ozeane. Mythen, Interaktionen und Konflikte (Studien zur Geschichte und Kultur der iberischen und iberoamerikanischen Länder 16), Münster 2017, 75–92.

Obenaus 2017b = Andreas Obenaus: Ursprung und Frühphase des atlantischen Sklavenhandels bis um 1600, in: Thomas Ertl (Hg.): Erzwungene Exile. Umsiedlung und Vertreibung in der Vormoderne (500 bis 1850), Frankfurt am Main–New York 2017, 197–220.

Oliveira Marques 2001 = António Henrique de Oliveira Marques: Geschichte Portugals und des portugiesischen Weltreichs, Stuttgart 2001.

Ouerfelli 2008 = Mohamed Ouerfelli: Le Sucre. Production, commercialisation et usages dans la Méditerranée medieval (The Medieval Mediterranean 71), Leiden–Boston 2008.

Picard 1997 = Christophe Picard: L'océan Atlantique musulman. De la conquête arabe a l'époque almohade, Paris 1997.

Philipps 1991 = William D. Philipps Jr.: The Old World Background of Slavery in the Americas, in: Barbara L. Solow (Hg.): Slavery and the Rise of the Atlantic System, Cambridge 1991, 43–61.

Philipps 2017 = William D. Philipps: Slavery in Late Medieval Europe, in: Damian Alan Pargas/Felicia Roşu (Hg.): Critical Readings on Global Slavery, Bd. 2, Leiden–Boston 2017, 665–698.

Rumeu de Armas 1960 = Antonio Rumeu de Armas: El obispado de Telde, Madrid–Las Palmas 1960.

Santamaría Arández 1980 = Alvaro Santamaría Arández: La reconquista de las vías marítimas, in: Anuario de estudios medievales 10 (1980), 41–133.

Scheller 2019 = Benjamin Scheller: Kaufleute als Ethnographen. Die Berichte über die Expeditionen zu den Kanarischen Inseln und an die Küste Westafrikas des 14. und 15. Jahrhunderts, in: Raimund Schulz (Hg.): Maritime Entdeckung und Expansion. Kontinuitäten, Parallelen und Brüche von der Antike bis in die Neuzeit (Historische Zeitschrift Beihefte 77), Berlin–Boston 2019, 335–360.

Schmieder 2015 = Felicitas Schmieder: Der Fall von der Erdscheibe, oder: Wie begrenzt war die Welt im Spätmittelalter?, in: Achim Landwehr (Hg.): Grenzerfahrungen (Studia Humaniora 48), Düsseldorf 2015, 51–73.

Sevillano Colom 1972 = Francisco Sevillano Colom: Los viajes medievales desde Mallorca a Canarias, in: Anuario de estudios atlánticos 18 (1972), 27–57.

Simek 2016 = Rudolf Simek: Vinland! Wie die Wikinger Amerika entdeckten, München 2016.

Verlinden 1995a = Charles Verlinden: European Participation in the Portuguese Discovery Era, in: George D. Winius (Hg.): Portugal, the Pathfinder. Journeys from the Medieval toward the Modern World, 1300 – ca. 1600, Madison 1995, 71–80.

Verlinden 1995b = Charles Verlinden: Prince Henry in Modern Perspective, in: George D. Winius (Hg.): Portugal, the Pathfinder. Journeys from the Medieval toward the Modern World, 1300 ca. 1600, Madison 1995, 81–88.

Wallerstein 1986 = Immanuel Wallerstein: Das moderne Weltsystem, Bd. 1, Die Anfänge kapitalistischer Landwirtschaft und die europäische Weltwirtschaft im 16. Jahrhundert, Wien 1986.

Atlantikküste Afrikas

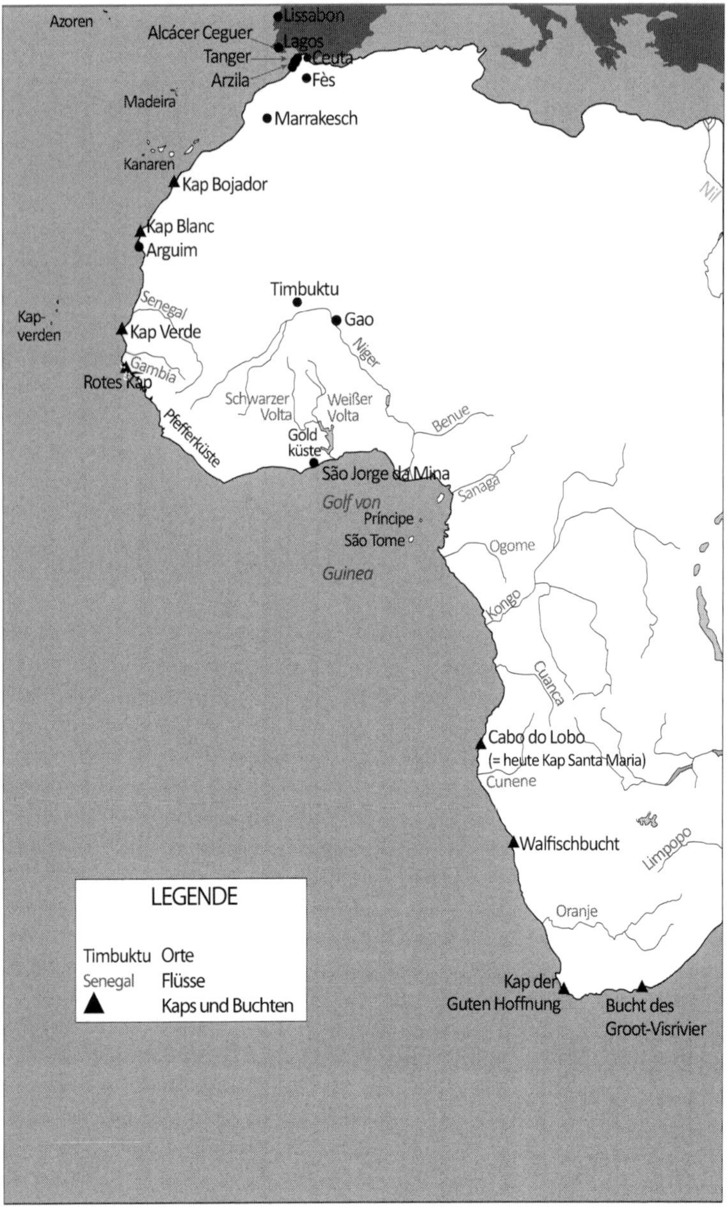

Der Weg um Afrika

Das erste Jahrhundert portugiesischer Expansionsgeschichte

Franz Halbartschlager

Der folgende Beitrag thematisiert die erste Phase portugiesischer Expansionsgeschichte im 15. Jahrhundert, die etwas mehr als 80 Jahre umfasst. Begrenzt wird diese Epoche von zwei wichtigen Meilensteinen: der portugiesischen Eroberung von Ceuta (1415) und der Ankunft der ersten Flotte von Vasco da Gama im indischen Calicut (1498). Dazwischen lag die Generationenaufgabe einer gezielten Suche nach einem Seeweg zwischen Europa und Südasien, um den afrikanischen Kontinent herum. Die Landung der Portugiesen in Indien ist ein weltgeschichtlich bedeutsames Ereignis und der Aufbau eines portugiesischen Kolonialstaates in den Küstengebieten des Indischen Ozeans ein Höhepunkt der nationalen Geschichtsschreibung Portugals. Dies führte dazu, dass die Geschichtswissenschaft die vorgelagerte Epoche – die eben im Mittelpunkt dieses Beitrages steht – oft nur rückschauend betrachtet und im Sinne der Vorbereitung auf diese Erfolgsgeschichte interpretiert hat. Der folgende Artikel wird in aller Kürze dieses erste Jahrhundert portugiesischer Expansionsgeschichte skizzieren.

Der Auftakt: Die Eroberung von Ceuta 1415

Im Spätsommer 1415 erstürmte ein christliches Heer unter portugiesischer Führung die muslimische Hafenstadt Ceuta in Nordwestafrika. Dieses Ereignis stellt für das kleine iberische Königreich eine Art Epochengrenze dar, den „Ausbruch Portugals aus seinen mittelalterlichen Grenzen", wie es die Historikerin Leonor Freire Costa beschreibt.[1] Aber auch im weltgeschichtlichen Kontext gilt die Eroberung von Ceuta gewissermaßen als chronologischer Auftakt für die europäische Expansionsgeschichte. Daher scheint ein Blick auf die Beweggründe

---

[1] Costa 2007, 191.

für diesen Angriff – auch im Sinne der Motivlage für die portugiesische Überseeexpansion – aufschlussreich. In der wichtigsten zeitgenössischen Quelle, der *Crónica de tomada de Ceuta* von Zurara[2] steht zu lesen, dass König João I. (geb. 1357, reg. 1385–1433) mit dem Feldzug Richtung Nordafrika beabsichtigt habe, „Gott einen großen Dienst zu erweisen [...], Ruhm und Ansehen zu erlangen [...] und der Ritterschaft Ehre zukommen zu lassen."[3] Überdies wird aber auch erwähnt, dass eine Schlüsselperson bei der Auswahl des Kriegszieles Ceuta João Afonso de Alenquer gewesen sein soll, der Schatzmeister der Krone, zugleich wichtigster Wirtschaftsberater am Königshof und Sprachrohr von portugiesischen Fernhändlern. Besonders für diese galt die strategisch günstig gelegene Hafenstadt als ein lohnendes Ziel, weil Ceuta eine Drehscheibe des internationalen Handels sowie ein Terminal der maghrebinischen Karawanenrouten war.[4] In der historischen Nachbetrachtung und Analyse kann man den Angriff auf Ceuta demnach als eine machtpolitische Demonstration der portugiesischen Krone und des stützenden Adels einordnen, christlich-religiös begründet, weil der Kriegszug als Kreuzzug geführt wurde, und mit einem klaren wirtschaftspolitischen Ziel verbunden.[5] Dieses Dreigestirn an treibenden Faktoren war – vereinfachend zusammengefasst – auch für die portugiesische Überseeexpansion prägend.

Zu ergänzen ist in diesem Zusammenhang noch, dass die Eroberung von Ceuta im christlichen Europa mit Wohlwollen aufgenommen wurde und das internationale Ansehen der portugiesischen Königsdynastie damit gesteigert werden konnte.[6] Entgegen den Erwartungen der Wirtschaftslobbyisten entwickelte sich das Projekt Ceuta aber zu einem ökonomischen Desaster und mündete in einer politischen Sackgasse. Die eroberte Hafenstadt wurde zwar als erster hochgerüsteter Stützpunkt Portugals in Übersee ausgebaut, blieb aber eine isolierte und umkämpfte Exklave im Feindesland. Alle erträumten wirtschaft-

2 Die Chroniken von Gomes Eanes de Zurara zählen zu den wichtigsten Quellen portugiesischer Geschichte des 15. Jahrhunderts, gelten aber als sehr tendenziös, weil Zurara ein Gefolgsmann von Heinrich dem Seefahrer war.

3 Zurara 1915, 30–33.

4 Cruz 1999, 55–63; Halbartschlager 2019, 105–109.

5 Cruz 1990, 73–80.

6 Am Konzil von Konstanz hatte der portugiesische Gesandte im Jahr 1416 über die Eroberung von Ceuta durch die Portugiesen berichtet und die Stadt als „Tor und Schlüssel für ganz Afrika" bezeichnet. Siehe: Comissão Executiva 1960, Bd. 2, No. 114, 238.

lichen Optionen gingen nicht auf, das Hinterland der Stadt verschloss die Zugänge nach Ceuta und internationale Handelsrouten wurden in der Folge in benachbarte muslimische Städte umgelenkt.[7]

Expansionskonzepte und Formen kolonialer Besitzergreifung

Der Historiker Vitorino Magalhães Godinho vertrat die Meinung, dass das Königreich Portugal nach der Eroberung von Ceuta 1415 drei mögliche Handlungsoptionen für die zukünftige Ausgestaltung seiner Außen- und Überseepolitik gehabt hätte: erstens, weitere territoriale Eroberungen auf dem Gebiet des Meriniden-Sultanats (Marokko), zweitens, Ausweitung von Handels- und Erkundungsfahrten entlang der westafrikanischen Küste oder drittens, ein verstärktes internationales Engagement (Politik und Handel) in Richtung westliches Mittelmeer.[8] Aus den folgenden politischen Handlungen, besser Entwicklungen, ist ersichtlich, dass die portugiesische Krone sich künftig eher in Richtung Atlantik orientierte und vorerst keine Initiativen setzte, eine Regionalmacht im westlichen Mittelmeer zu werden. Was Eroberungen auf dem Gebiet von Marokko einerseits sowie Handelsfahrten entlang der westafrikanischen Küste andererseits betrifft, war zunächst keine klare Präferenz erkennbar, aber Initiativen, die in beide Richtungen zielten. Das lässt sich laut Godinho dadurch erklären, dass Interessensgruppen mit divergierenden Strategien die Krone beeinflußten und eine weitere Ausrichtung der Überseeexpansion in ihrem Sinne erwirken wollten. Konkret waren dies einerseits der Adel und andererseits das Bürgertum, insbesondere Fernhändler.

Der portugiesische Adel drängte den König zu weiteren territorialen Eroberungen auf dem Gebiet des heutigen Marokko. Bei Zurara wird erwähnt, dass König João I. noch im Sommer 1415 eine Fortsetzung des Krieges ankündigte – dies wahrscheinlich auf Druck einzelner Adelsfamilien –, jedoch bereits im Herbst 1415 und bis zum Rest seiner Regierungszeit davon Abstand nahm. Für den Adel war der Krieg eine Art Existenzberechtigung und sinnstiftend (z. B. Ehre und Titel), vor allem aber auch ein ökonomischer Faktor (z. B. Erwerb neuer Grundherrschaften). Das Königreich Portugal hatte zu Beginn des 15. Jahrhunderts mehr oder weniger abgesicherte und durch Friedensschlüsse fixierte Grenzen. Die Eroberung von Ceuta und eine damit angesto-

7 Russell 2001, 59–80.

8 Godinho 1962, 129.

ßene Expansionspolitik boten jedoch neue Betätigungsfelder und Einkunftsmöglichkeiten für den Adel.[9]

Anders waren die Ziele der Bürgerschaft, vor allem der Händler gelagert. Ihr Interesse bestand im Erschließen neuer Handelsrouten und –partnerschaften. Internationaler Handel konnte aber nur erfolgreich sein, wenn wenige Störungen auftraten. Kriege oder Kriegsrhetorik gegen benachbarte Regionen und Handelsstädte waren geschäftsschädigend. Obwohl dies quellenmäßig kaum belegbar ist, kann man dennoch davon ausgehen, dass zu Beginn des 15. Jahrhunderts portugiesische Händler in den Hafenstädten der Iberischen Halbinsel und Nordwestafrikas tätig waren, möglicherweise bis in die Region des heutigen Südmarroko. Die Eroberung von Ceuta könnte einen Anstoss für eine Ausweitung der Horizonte portguiesischer Fernhändler entlang der westafrikanischen Küste Richtung Süden gegeben haben.[10]

Diese beiden Interessensgruppen standen – vereinfacht zusammengefasst – für unterschiedliche Expansionskonzepte, der Adel für territoriale Eroberungen, die Bürger und Händler für eine Ausweitung von Handelsfahrten. Die portugiesische Krone gab – in unterschiedlicher Intensität – beiden Expansionskonzepten nach. In manchen historischen Analysen wird die Meinung vertreten, dass die bestimmende Rolle von Heinrich dem Seefahrer (geb. 1394, gest. 1460, drittältester überlebender Sohn von König João I. und seiner Gemahlin Filipa von Lancaster) in der Frühzeit der portugiesischen Überseegeschichte daher rührt, weil er in der Lage war, die beiden Interessensgegensätze – zwischen Adel und Bürgertum, zwischen Eroberung und Handelsfahrten – zu überbrücken und zugleich beide Stoßrichtungen zu fördern.[11] Aus diesen beiden Expansionskonzepten entwickelten sich im Laufe des 15. Jahrhunderts zwei Formen kolonialer Besitzergreifung: Einerseits der Stützpunktekolonialismus, basierend auf erschlossenen Seerouten und regelmäßig verkehrenden Handelsflotten zwischen den portugiesischen Handelsburgen (Port.: *Feitorias-Fortalezas*) in Afrika und Asien sowie dem Mutterland. Andererseits etablierte Portugal Siedlungskolonien mit Plantagenökonomien auf den atlantischen Inselarchipelen im Verlauf des 15. Jahrhunderts (Madeira, Azoren, Kap Verden, São Tomé und Ilha do Príncipe) und ab dem 16. Jahrhundert in Basilien. Eine Besonderheit, die sich nur bedingt in diese kolonialen Systeme einord-

9 Oliveira 1999, 128–130.

10 Coelho 1994, 25–44.

11 Oliveira 1999, 132.

nen lässt, stellte die portugiesische Eroberungspolitik in Marokko dar. Dort wurden zwar mehrere Hafenstädte als Stützpunkte ausgebaut, doch intensiver Handel fand – aufgrund der politischen Rahmenbedingungen – kaum statt, ebensowenig Siedlungskolonisation. Portugals Marokkopolitik im 15. Jahrhundert war stark von einer Kreuzzugsmentalität geprägt und – mehr oder weniger – eine Fortsetzung der Reconquista Südportugals im Hochmittelalter.

Betrachtet man nun die Chronologie und die Entwicklungsschritte der portugiesischen Expansionsgeschichte des 15. Jahrhunderts in Richtung Südatlantik und weiter in den Indischen Ozean im Detail, dann lassen sich vier Phasen beschreiben, die sich an prägenden Meilensteinen festmachen lassen.

Phase 1: Von Ceuta bis zum Kap Bojador (1415 bis 1434)

Die erste Phase liegt zwischen der Eroberung von Ceuta (1415) und der ‚Bewältigung' des Kap Bojador (1434, heute Südmarokko bzw. Westsahara).

Bis 1434 erreichten portugiesische Schiffe die atlantischen Inselarchipele Madeira (erstmals 1419) und Azoren (erstmals vermutlich 1427 die östlichste Insel Santa Maria); die Kanaren, nördlich des Kaps gelegen, stellten eine Besonderheit dar, weil die Inselgruppe schon seit der Antike bekannt war, bereits im 14. Jahrhundert von europäischen Schiffen erreicht und teilweise auch kolonisiert wurde. Dies ist ein Grund dafür, dass die Region bei internationalen Händlern nicht unbekannt war.[12] Die Hürde und damit gewissermaßen die Grenze Richtung Süden war aber das Kap Bojador. Über mehr als ein Jahrzehnt galt dieses Kap als unüberwindbar, was neben den naturräumlichen Besonderheiten auch mit einer stark autosuggestiv wirkenden Entmutigung der Schiffsbesatzungen zu erklären ist. Eine natürliche Barriere für die Seefahrt stellten die ungünstigen Wetterbedingungen mit häufigem Nebel und die komplexen Meeresströmungen um das Kap dar. Heute geht man davon aus, dass die vorherrschenden Wind- und Meeresströmungen an der Küste Nordwestafrikas mit verantwortlich dafür waren, dass die portugiesischen Schiffe gewissermassen auf den Atlantik hinausgetrieben wurden und so die Inselarchipele Madeira und Azoren erreichten. 1434 wurde aber der Bann des Kap Bojador durch Gil Eanes gebrochen, der auf seiner zweiten Erkundungsfahrt im Auftrag von Heinrich

12 Siehe dazu auch den Artikel von Andreas Obenaus in diesem Band.

dem Seefahrer das Kap umsegelte und damit klar stellte, dass auch das Meer südlich davon befahren werden konnte.[13]

Während in dieser ersten Phase die Handels- und Erkundungsfahrten entlang der südmarokkanischen Küste und in Richtung der vorgelagerten Inselgruppen zügig voranschritten, gab es keine weiteren Eroberungsversuche auf dem Gebiet des heutigen Marokko. 1415 hatte die portugiesische Krone beschlossen, Ceuta als Stützpunkt auszubauen und diesen als Vorposten für weitere Eroberungen zu verwenden. Dazu kam es aber nicht, im Gegenteil. Bereits im Sommer 1419 wurde ein erster Rückeroberungsversuch von Seiten des Meriniden-Sultanats gestartet, an dem sich auch Truppen aus Granada beteiligten.[14] Die Portugiesen konnten ihre Position zwar verteidigen, aber die Lage in Ceuta blieb – aufgrund der besonderen Umstände – prekär. Mehrfach gab es am Königshof Überlegungen, ob es nicht ratsam wäre, den befestigten Hafen in Nordafrika wieder aufzugeben, weil Ceuta enorme Ressourcen verschlang und zudem schwer zu versorgen war.

Für die zentrale Versorgung des Stützpunkts wurde wahrscheinlich bereits vor 1434 in Lissabon eine *Casa de Ceuta* (Ceuta-Haus) gegründet,[15] zunächst ein Lagerhaus in den Tejo-Kais von Lissabon, aus dem sich später eine Art Behörde entwickelte, die alle Belange Ceuta betreffend bearbeitete.

Wie zentral gesteuert die portugiesischen Handels- und Erkundungsfahrten in Richtung Nordwestafrika in den ersten Jahrzehnten des 15. Jahrhunderts tatsächlich waren, ist nicht mit Gewissheit zu sagen. Der Chronist Zurara schreibt in seiner *Crónica do descobrimento e conquista de Guiné*, dass Heinrich der Seefahrer – wahrscheinlich ab den 1420er Jahren – über einen Zeitraum von 12 Jahren „Jahr für Jahr mit hohem Einsatz seiner eigenen Mittel“[16] Schiffe ausrüstete, um den Küstenverlauf bis zum Kap Bojador zu erkunden. Heute kann man davon ausgehen, dass diese Schiffe tatsächlich Handelsschiffe waren, die Ware mitführten, unterwegs gute Geschäfte abschließen sollten und nebenbei auch einen Erkundungsauftrag hatten. Die historische Forschung hat aus Heinrich dem Seefahrer den überragenden Akteur und Organisator dieser frühen portugiesischen Seefahrten gemacht. Daran ist sicher nicht zu zweifeln und seine Bedeutung wird durch die vorhandene

13 Hamann 1968, 51.

14 Russell 2001, 71–72.

15 Caetano 2015, 65–86.

16 Zurara 1989, 177.

Quellenlage unterstrichen. Dass auch andere Fernhändler in die transkontinentalen Seefahrten Richtung Nordwestafrika investiert haben, lässt sich aber auch dadurch nachvollziehen, dass ab den 1440er Jahren die portugiesische Krone protektionistische Maßnahmen setzte, um die Geschäfte und Handelsprojekte des Infanten zu begünstigen.[17]

Zusammengefasst kann gesagt werden, dass sich in den 20 Jahren nach der Eroberung von Ceuta der portugiesische Schiffs- und Handelsverkehr im Dreieck Iberische Halbinsel, Westafrika und Inseln im Atlantik ausgeweitet und verdichtet hatte. Auch das außenpolitische Handeln der portugiesischen Krone – und das ist ebenso ein interessanter Indikator – zeigte das zunehmende Interesse des Königsreiches und seiner führenden Akteure an Überseepolitik. Schon 1415 hatte König João I. die Bezeichnung *Senhor de Ceuta* (Herr von Ceuta) seinen Titeln hinzugefügt.[18] Ab 1424 war Portugal in einen diplomatischen Konflikt mit Kastilien um den Besitz der Kanaren verstrickt – ein Thema, das selbst am Konzil von Basel 1435/1436 noch debattiert wurde.[19] Bemerkenswert war in jedem Fall das Selbstbewusstsein Portugals in der Verteidigung seiner überseeischen Positionen gegenüber anderen christlichen Königreichen Europas.

Phase 2: Debakel von Tanger und erster Handelsstützpunkt in Arguim (1434 bis 1455)

Die zweite Phase umfasst den Zeitraum von 1434 bis zur Gründung der ersten portugiesischen Handelsniederlassung in Westafrika auf der Insel Arguim (im heutigen Mauretanien) 1455. Dieses Ereignis erscheint deswegen als Meilenstein relevant, weil Arguim gewissermaßen die erste Handelsburg der Portugiesen in Übersee war und damit eine neue Strategie eröffnet wurde, die im Stützpunktekolonialismus mündete.

Zunächst zu den politischen Rahmenbedingungen: Die 1430er und 1440er waren turbulente und unruhige Jahrzehnte im Königreich Portugal, die einige politische Umbrüche brachten, welche wiederum auf die Entwicklung der Überseeexpansion rückwirkten. Nach König

---

17 Ein Hinweis darauf ist eine *Carta de privilégio* zugunsten von Heinrich dem Seefahrer, datiert mit 22. Oktober 1443, publiziert in: Marques 1988, Bd. 1, Doc. 339, 435–436.

18 Russell 2001, 52.

19 Cabrera 1994, 35–49.

João I. bestieg sein ältester Sohn Duarte I. (geb. 1391, reg. 1433–1438) den Thron, der intellektuell gute Voraussetzungen mitbrachte. Die Umstände seiner Regierungszeit waren dennoch unglücklich. Der frühe Tod des Königs löste eine innenpolitische Krise aus. Sein Sohn und Nachfolger Affonso V. (geb. 1432, reg. 1438–1481) war damals erst sechs Jahre alt. Ein Regentschaftsstreit zwischen der Mutter des Königs und Herzog Pedro von Coimbra, ältester Onkel väterlicherseits und später auch Schwiegervater, eskalierte in den folgenden Jahren und brachte das Königreich in innenpolitische Turbulenzen. Pedro setzte sich ab 1441 als Regent durch und konnte mit seiner markanten Politik (z. B. Förderung des Handels und Beschränkung der Adelsrechte) das Königreich wieder stabilisieren.[20] Für die Überseeexpansion war relevant, dass Pedro selbst großes Interesse an Handelsfahrten zeigte, sogar eigene Schiffe ausrüstete[21] und die Überseepolitik maßgeblich förderte. Somit waren die frühen 1440er Jahre von einer gewissen Dynamik gekennzeichnet, was dadurch zum Ausdruck kommt, dass in den Quellen viele Handels- und Erkundungsfahrten in diesem Jahrzehnt dokumentiert sind. Die labile innenpolitische Lage eskalierte jedoch 1446 und mündete in einem Bürgerkrieg, aus dem Affonso V. und seine Parteigänger als Sieger hervorgingen, während Pedro auf dem Schlachtfeld von Alfarrobeira (1449) fiel. Es folgte ein spürbarer Regimewechsel und der zuvor entmachtete Adel gewann neuerlich an Einfluss auf den jungen König, was zu einer Neuausrichtung der Politik führte. Das Interesse der Krone an weiteren Handels- und Erkundungsfahrten Richtung Süden brach in den 1450er Jahren unvermittelt ab. Außenpolitisch wollte sich das Königreich unter Affonso V. künftig stärker auf der Iberischen Halbinsel und in Westeuropa engagieren, später rückte auch der Krieg gegen Marokko wieder in den Fokus.

Bezogen auf die Handels- und Erkundungsfahrten entlang der westafrikanischen Küste in dieser zweiten Phase fällt auf, dass im Vergleich zu den ersten Jahrzehnten in den vorhandenen Quellen nun mehr und detailliertere Informationen über einzelne Seefahrten, Schiffe, ihre Kapitäne und Besatzungen zu finden sind. Insbesondere betrifft das die Pionierfahrten und die Erstberührungen. Die Umschiffung des Kap Bojador stellte hier gewissermaßen einen Umbruch dar. Oben wurde schon erwähnt, dass das Kap höhere Ansprüche an Schiffe und Navigation stellte. Es ist daher naheliegend, dass aufgrund dieser Erfahrun-

20 Marques 1996.
21 Oliveira 1999, 140.

gen eine schrittweise Weiterentwicklung im Schiffsbau einhergegangen sein dürfte. Der Chronist Zurara erwähnt – bezogen auf das Jahr 1440 – erstmals den Einsatz einer *caravela* auf den Westafrikafahrten,[22] was aber nicht bedeutet, dass das Schiff nicht auch schon zuvor auf dieser Strecke segelte. Über die genaue Herkunft und die ursprünglichen Charakteristika dieser Schiffe gibt es bis heute verschiedene Thesen.[23] Der Historiker Aurélio de Oliveira geht davon aus, dass zwischen 1434 und 1440 die Karavelle im Sinne der Bedürfnisse der portugiesischen Seefahrten im küstennahen Atlantik schrittweise umgebaut und zu einem flexiblen und gut manövrierbaren „Instrument der Überseeexpansion"[24] entwickelt wurde.

Das Entlangtasten portugiesischer Schiffe an der westafrikanischen Küste Richtung Süden ging nach 1434 – glaubt man den vorhandenen Quellen – zügig voran. Schon im darauffolgenden Jahr war im Auftrag von Heinrich dem Seefahrer neuerlich eine Expedition unterwegs, die von Afonso Gonçalves Baldaia geleitet wurde und 1436 bis zu einem Ort gelangte, der in den Quellen *Rio do Ouro* (Goldfluss) genannt wurde, obwohl es sich um eine Meeresbucht handelte. Der Name rührt daher, weil man dort auf Menschen traf, die Goldschmuck oder Goldstaub bei sich trugen.[25] Die nächste Etappe wurde durch die vier nachweisbaren Fahrten von Nuno Tristão (zwischen 1441 und 1446) bewältigt. Dieser umsegelte das Kap Blanc (1441), landete wahrscheinlich in der Bucht von Arguim (1443) und erreichte als erster Europäer (zumindest quellenmäßig belegt) 1444 die *Terra dos Negros* (Land der Schwarzen), in etwa im Bereich der Mündung des Senegal.[26] Zeitgleich waren auch andere Pionierfahrten unterwegs: Dinis Dias umsegelte 1444 das Westkap Afrikas (Port.: *Cabo Verde,* heute die Halbinsel, auf welcher Dakar, die Hauptstadt des Senegal liegt); wieder Nuno Tristão erreichte 1446 die Mündung des Gambia und Álvaro Fernandes fuhr im gleichen Jahr weiter bis zum *Cabo Roxo* (Rotes Kap) im Grenzgebiet der heutigen Staaten Senegal und Guinea Bissau.[27] Das war für rund 10 Jahre – soweit dokumentiert – der südlichste Punkt, den portugiesische Schiffe an der afrikanischen Westküste erreichten. Diese chrono-

22 Zurara 1989, 187–188.
23 Domingues 1990, 177–195; Marboe 2009, 16–17.
24 Oliveira 1999, 137.
25 Zurara 1989, 182–186.
26 Lisboa 1994, Bd. 2, 1046–1047.
27 Hamann 1968, 54–58.

logische Aufzählung stellt aber nur die Fahrten dar, die über die Grenze des geografisch Bekannten – aus portugiesischer Perspektive – hinaussegelten. In den Quellen sind beträchtlich mehr Fahrten erwähnt, was ein Hinweis darauf ist, dass ein Schiffsverkehr zwischen Portugal und den Küstenregionen in Westafrika in dieser Phase in gewisser Regelmäßigkeit stattfand und dabei auch eine Routine in der Bewältigung der maritimen wie auch der sozio-kulturellen Herausforderungen (z. B. Begegnung mit lokalen Händlern) entwickelt wurde.

Auch an der marokkanischen Küste gab es in dieser zweiten Phase berichtenswerte Entwicklungen. Nach der Eroberung von Ceuta (1415) blieb eine weitere territoriale Expansion in der Region auf der Agenda des Königreiches, fand jedoch erst wieder 1437 statt und ging als „Debakel von Tanger" in die portugiesische Geschichte ein. Die historische Forschung ist sich heute weitgehend einig, dass Heinrich der Seefahrer, der jüngere Bruder des damaligen Königs Duarte I. die treibende Kraft hinter diesem Feldzug war.[28] Die Portugiesen erlitten im Spätsommer 1437 bei der Belagerung von Tanger eine empfindliche Niederlage und mussten demütigende Kapitulationsbedingungen akzeptieren, die im Tausch für einen Abzug aus der Belagerungsfalle von Tanger auch einen Rückzug aus Ceuta vorsahen. Das Abkommen wurde zunächst von beiden Seiten akzeptiert und zur Absicherung der Vereinbarung blieb Fernando (geb. 1402), der jüngste Bruder des Königs, in Marokko als Geisel zurück. Die portugiesischen Cortes lehnten – wahrscheinlich auf Druck von Heinrich dem Seefahrer – 1438 jedoch die „Kapitulation von Tanger" ab, was zur Folge hatte, dass Fernando (und sein kleiner Hofstaat) in marokkanischer Haft (bis zu seinem Tod 1443) und Ceuta weiterhin in portugiesischer Hand blieb.[29] Für das Königreich Portugal war die Niederlage bei Tanger ein herber Rückschlag, der die folgende Ausgestaltung der Expansionspolitik mitbestimmte. Für nahezu zwei Jahrzehnte fanden nun keine weiteren Militärexpeditionen mehr Richtung Marokko statt und Heinrich der Seefahrer, die treibende Kraft hinter den meisten Handels- und Eroberungsprojekten in Nordwestafrika, hatte durch seine verhängnisvolle Rolle in Tanger an politischem Einfluss am Königshof eingebüßt. Auffällig ist auch, dass nach 1437 Unternehmungen mit Bezug zur Überseepolitik für einige Jahre merklich nachließen, wofür es mehrere Erklärungsansätze gibt.

---

28 Russell 2001, 167–194.

29 Ferreira 1994, Bd. 1, 413–415.

Die Nachwirkungen von Tanger (z. B. Ressourcenmangel, Depressionsgefühl nach der Niederlage) könnten dabei ebenso eine Rolle gespielt haben, wie die nach 1438 hereinbrechende dynastische Krise.

Was den Organisationsrahmen der Überseeexpansion in dieser zweiten Phase betrifft gab es hinsichtlich der nordwestafrikanischen Küste keine großen Veränderungen. Ceuta blieb weiterhin der einzige portugiesische Stützpunkt in Marokko, der von außen versorgt werden musste.

Bezüglich der Expansion in die Küstengewässer Richtung Westafrika fand in den 1430er und 1440er Jahren eine Verdichtung des Schiffsverkehrs statt, der von Portugal aus in diese Region unterwegs war. Prioritär ging es darum, gewinnbringende Handelsgeschäfte abzuschließen; ergänzende Erkundungsaufträge sollten vor allem der Recherche nach neuen Geschäftspartnern und Produkten dienen. Wir können davon ausgehen, dass diese Handelsfahrten von verschiedenen Schiffseignern, Investoren und auch internationalen Händlerkonsortien organisiert wurden, zumeist mit Beteiligung von Heinrich dem Seefahrer. Besonders seine Projekte sind in den zeitgenössischen Quellen und Chroniken gut dokumentiert, wodurch eine gewisse Verzerrung seiner Rolle einhergeht. Dass man auf dieser Seeroute einerseits gute Geschäfte abschließen konnte und andererseits auch verschiedene Schiffseigner und Händler unterwegs waren, zeigt die Tatsache, dass 1443 der Versuch gestartet wurde, die Handelsroute im Interesse von Heinrich dem Seefahrer zu kontrollieren. So ist eine *Carta de privilégio* (Privileg-Brief) zu verstehen, die in der königlichen Kanzlei von Affonso V., aber wahrscheinlich im Auftrag des Regenten Pedro im Oktober 1443 ausgestellt wurde. Darin wird festgehalten, dass niemand ohne ausdrücklicher Genehmigung oder Lizenz des Infanten Heinrich die Seeroute jenseits des Kap Bojador befahren dürfe. Für Zuwiderhandeln wurde als Strafe die Beschlagnahmung der Schiffe und der dazugehörigen Fracht angedroht.[30] Wer dennoch eine Handelsfahrt Richtung Westafrika unternehmen wollte, konnte um eine Lizenz bei Heinrich ansuchen, der mit einem festgelegten Prozentsatz am Geschäft beteiligt werden musste. Im Zusammenhang mit der Entwicklung des portugiesischen Stützpunktekolonialismus stellt dieses Privileg von 1443 einen wichtigen Meilenstein dar, weil das Dokument das erste seiner Art ist, mit dem der portugiesische Überseehandel zentral gesteuert und kontrolliert wurde.

---

30 *Carta de privilégio* zugunsten von Heinrich dem Seefahrer, datiert mit 22. Oktober 1443, publiziert in: Marques 1988, Bd. 1, Doc. 339, 435–436.

Ein weiterer wichtiger organisatorischer Entwicklungsschritt war die Errichtung der ersten befestigten Faktorei oder dauerhaften Handelsniederlassung an der westafrikanischen Küste, in der Bucht von Arguim. Die Quellenlage zu den Ursprüngen ist sehr dürftig, sodass man heute nur annehmen kann, dass die Gründung irgendwann zwischen 1448 und 1464 stattfand, wobei die meisten Informationen auf das Jahr 1455 als Beginn hinweisen. So auch der Bericht des Seefahrers Cadamosto, der zwei Reisen nach Westafrika (1455 und 1456) unternahm und dabei auch in die Bucht von Arguim kam, wo er offensichtlich eine dauerhafte Niederlassung von portugiesischen Händlern – im Auftrag und unter dem Schutz von Heinrich dem Seefahrer – vorfand.[31] Soweit aus den Quellen bekannt, stellte das eine Änderung der bis dahin üblichen Handelsstrategien dar. Bei den ersten Begegnungen und Handelsversuchen zwischen Europäern und der lokalen Bevölkerung an der westafrikanischen Küste dürften nur sehr periphere soziale Kontakte stattgefunden haben, wobei die meisten Geschäfte in Form von *silent trade* abgewickelt wurden.[32] Die Errichtung einer portugiesischen Faktorei in Arguim, die wohl anfangs nur aus einem überdachten Lager bestand und später um Wohngebäude und vielleicht schützende Palisaden erweitert wurde, stellte eine Änderung der Gepflogenheiten dar. Der Handel mit der lokalen Bevölkerung an diesem Küstenabschnitt wurde ab nun systematisiert, die Seehandelsroute damit regelmäßig befahren. Im Gegenzug wurde in Portugal – ähnlich der *Casa de Ceuta* – ab 1455 eine Behörde gegründet, die *Feitoria dos tratos de Arguim* (Faktorei für den Handel mit Arguim), die den Handel mit Westafrika organisatorisch abwickeln sollte. Die Behörde hatte anfangs ihren Sitz in Lagos, dem Überseehafen in Südportugal, unweit der Festung von Prinz Heinrich dem Seefahrer in Sagres. Nach 1463 wurde diese Institution nach Lissabon verlegt.

Phase 3: Verpachtung des Überseehandels und Gründung von São Jorge da Mina (1455 bis 1482)

Die dritte Phase war von einigen Experimenten und Umbrüchen geprägt, wobei der Tod von Heinrich dem Seefahrer (gest. 1460) sicher

31 Cà da Mosto 1989, 74.

32 Das kann man sich in etwa so vorstellen: Die Handelspartner platzierten ihre Produkte, zogen dann ab und warteten auf Gegenangebote. Das Geschäft kam erst zustande, wenn sich Angebot und Nachfrage trafen.

die stärkste Wirkung entfaltete. Als Meilenstein für den Abschluss dieser Phase kann die Anlage der Handelsburg von São Jorge da Mina an der Goldküste (heutiges Ghana) gelten. Damit einher ging ein neuer Aufbruch in der Expansionspolitik des Königreiches (tatsächlich ab den späten 1470er Jahren), was vor allem durch die zentrale und zielgerichtete Koordination in den Händen des Infanten und späteren Königs João II. (geb. 1455, reg. 1481–1495) begründet lag.

Die politische Geschichte des Königreichs Portugal in dieser Phase war von der langen Regierungszeit von König Affonso V. (geb. 1432, Kg. ab 1438, reg. 1449–1481) geprägt. Obwohl die Geschichtswissenschaft ihm den Beinamen *O Africano* (der Afrikaner) gegeben hat, was mit den Eroberungen in Marokko während seiner Herrschaft begründet werden kann, war die portugiesische Überseeexpansion nicht im Fokus seiner Außenpolitik. Wichtiger war ihm die Anerkennung seiner Dynastie durch andere europäische Monarchien. In diesem Sinn ist auch das Engagement Portugals in den europäischen Kreuzzugsprojekten der späten 1450er Jahre (vor allem nach der osmanischen Eroberung von Konstantinopel 1453 und Belgrad 1456) zu verstehen, für die König Affonso V. eine Armee ausrüstete. Als sich die Kreuzzugspläne in Südosteuropa jedoch zerschlugen, lenkte Portugal dieses Heer gegen Marokko, wo 1458 die Eroberung der kleinen Hafenstadt Alcácer Ceguer gelang.[33] Die folgenschwerste außenpolitische Entscheidung von König Affonso V. war aber sein Eingreifen in den Kastilischen Erbfolgekrieg (1474 bis 1479), der erstmals in der europäischen Geschichte des Spätmittelalters auch in den ‚kolonialen Einflussgebieten' geführt wurde, wo Portugal in der Folge in die Defensive geriet. 1475 führte Ferdinand von Aragón einen Angriff auf den Stützpunkt Ceuta.[34] Ebenso fanden Zusammenstöße zwischen portugiesischen und kastilischen Schiffen an der Goldküste statt.[35] Der Krieg wurde durch die Friedensverträge von Alcáçovas (1479) und Toledo (1480) beendet.[36] Isabella von Kastilien konnte ihre Thronansprüche durchsetzen, anerkannte jedoch die portugiesischen Besitzungen und Handelsinteressen in Westafrika, mit Ausnahme der Kanarischen Inseln, die von nun an der kastilischen Krone zugeschlagen wurden. Der Vertrag brachte Rückschläge für Portugals Überseeambitionen, aber zumindest eine

33 Russell 2001, 316–326.

34 Cruz 1999, 115.

35 Mendonça 1994, 45–60.

36 Radulet 1994, Bd. 1, 42–44.

Klärung von Interessen und Einflusszonen. So erhielt die portugiesische Krone eine Art Blanko-Vollmacht für weitere Erkundungsfahrten in den Süden Afrikas und in Richtung Asien, vertragsgemäß für „weitere Inseln, Küsten, Länder, entdeckt oder noch zu entdecken", also für Gebiete, welche von europäischen Schiffen bis dahin noch nicht einmal berührt worden waren. Vereinbarungen fanden auch in Bezug auf Nordwestafrika statt: Marokko, das *Reyno de Fez*, wurde als Einflussgebiet Portugals ausgewiesen und damit für portugiesische Eroberungspläne freigegeben. Umgekehrt verpflichtete sich der König von Portugal, die *Conquista do Reyno de Granada* (Eroberung des Königreichs von Granada) Kastilien zu überlassen.[37]

Was die Ausweitung der geografischen Dimensionen entlang der westafrikanischen Küste betrifft, brachten die Jahrzehnte zwischen 1455 und 1482 Erstberührungen in den Küstenabschnitten des Golfs von Guinea. 1456 erreichte der schon erwähnte italienische Seefahrer Cadamosto erstmals eine Insel des Archipels der Kapverden, westlich der afrikanischen Westspitze gelegen.[38] Die Inselgruppe sollte als Anlaufstelle für die weitere Expansion Richtung Süden eine strategisch wichtige Rolle spielen und – nach dem Modell Madeiras – als Siedlungskolonie mit Plantagenwirtschaft eine Weiterführung dieser kolonialen Strategie bringen. In den späten 1450er Jahren erreichten portugiesische Schiffe (unter dem Kommando von Diogo Gomes, Antonio da Noli und Antoniotto Usodimare) die Mündung des Gambia-Flusses, wo sie neuerlich mit lokalen Goldhändlern in Kontakt kamen. Unter dem Kommando von Pedro de Sintra stand schließlich eine Expedition (1461/1462), die bis in die Gegend des heutigen Monrovia (Liberia) segelte und damit erstmals an der Pfefferküste Westafrikas landete.[39] Diese Expedition war noch im Auftrag von Heinrich dem Seefahrer abgesegelt, doch war der Infant bei ihrer Rückkehr bereits verstorben. Danach setzte vorübergehend ein gewisser Stillstand in den Erkundungsfahrten in Richtung Süden ein, zumindest ist aus den vorhandenen Quellen keine weitere Expedition über die Grenzen des Bekannten hinaus abzulesen. Erst in den frühen 1470er Jahren gibt es wieder Berichte über neu erschlossene Küstenabschnitte. Von nennenswerter

37 *Tratado de paz entre Castilla y Portugal*, Alcáçovas, 4. September 1479, publiziert in: Fonseca/Ruiz Asencio 1995, 68–92.

38 Hamann 1968, 60.

39 Oliveira 1999, 144–147.

und nachhaltiger Bedeutung war die Landung einer kleinen Flotte unter João de Santarém und Pêro Escobar im Jänner 1471 an der Goldküste, in der Nähe des späteren Handelsstützpunktes São Jorge da Mina. Hier traf man offensichtlich auf Handelspartner, die über größere Goldmengen für den Tauschhandel mit den Portugiesen verfügten, weshalb der Küstenabschnitt wahrscheinlich schon von den Zeitgenossen als *Costa da Mina* (Küste der Minen) bezeichnet wurde,[40] was auf die mehr oder weniger nahegelegenen Goldminen Westafrikas hinweist. Insgesamt ist die Quellenlage zu dieser Erkundungsfahrt – wie auch von anderen im gleichen Zeitraum stattfindenden Seefahrten – sehr dürftig. Oftmals liegen nur die Namen von Kapitänen vor: Soeiro da Costa, Fernão do Pó, Lopo Gonçalves und Rui Sequeira. Dieser geringe Informationsstand lässt sich dadurch erklären, dass die genannten Expeditionen nicht im königlichen Auftrag durchgeführt wurden, sondern in der Zeit der Verpachtung des Überseehandels an den Lissaboner Großhändler Fernão Gomes von 1469 bis 1474 stattfanden.[41] So landeten Berichte zu diesen Erkundungsfahrten nicht in königlichen Archiven oder wurden in offiziellen Chroniken niedergeschrieben. In diese Zeit fällt auch die Erstberührung mit den Golfinseln des Archipels von São Tomé und Ilha do Príncipe (1472 Fernão do Pó) sowie die erstmalig dokumentierte Überquerung des Äquators durch europäische Schiffe vor der westafrikanischen Küste (1473 oder 1474, Lopo Gonçalves).[42] Danach folgte eine längere Zäsur und keine neuen – zumindest keine dokumentierten – Reisen über den bis dahin bekannten geografischen Raum hinaus, was durch den schon erwähnten Kastilischen Erbfolgekrieg und seine Auswirkungen auf die Überseeexpansion bedingt war.

Mit der zuvor erwähnten Eroberung der marokkanischen Küstenstadt Alcácer Ceguer im Oktober 1458 hatte Portugal seine Kreuzzugs- und Eroberungspolitik in Marokko wieder aufgenommen, die seit dem Tanger-Feldzug von 1437 ausgesetzt war. Alcácer Ceguer wurde als zweiter portugiesischer Stützpunkt in der Region ausgebaut, war jedoch aus strategischen wie ökonomischen Gründen weitgehend unbedeutend. Sicher bedingt durch die Schwäche des Meriniden-Sultanats gab es in den folgenden Jahren mehrfach portugiesische Angriffe auf marokkanische Küstenstädte, wobei Tanger immer eine besondere Priorität

40 Halbartschlager 2019, 103–104.

41 Sottomayor 1994, Bd. 1, 469–470.

42 Hamann 1968, 104–118.

hatte. Allein 1463/1464 unternahmen die Portugiesen drei Versuche, die Stadt an der Südwestflanke der Straße von Gibraltar zu erobern, die jedoch allesamt fehlschlugen. 1471 gelang dann die bis dahin größte territoriale Erwerbung in Nordmarokko, die zeitgleich mit dem dynastischen Umbruch von den Meriniden zu den Wattasiden stattfand. Der erste Wattasiden-Sultan Muḥammd aš-Šayḫ (reg. 1471–1504) schloss mit Affonso V. einen zwanzigjährigen Waffenstillstand und akzeptierte zudem die portugiesische Besetzung der Städte Tanger, Arzila und Larache, einschließlich deren Umland. Zwar verließ der Großteil der lokalen Bevölkerung die neu okkupierten Städte, dennoch war der Prestigegewinn für das Königreich Portugal enorm.

Was den organisatorischen Ablauf der portugiesischen Überseeexpansion in dieser dritten Phase betrifft, gab es einige größere Veränderungen. Nach dem Tod von Heinrich dem Seefahrer (gest. 1460) wurde sein Adoptivsohn Fernando (1433 bis 1470), zugleich der jüngere Bruder von König Affonso V., mit den atlantischen Inselarchipelen belehnt. Sein Anspruch als *Senhorio das Ilhas* (Herr der Inseln) auf „Pachten, Steuern und Gerichtsbarkeit, alles wie zuvor Infante Heinrich hatte" wurde teilweise noch im Todesjahr von Heinrich dem Seefahrer bestätigt.[43] In den Jahren von Fernando und seiner Nachfolgerin und Witwe Beatriz (ab 1470, für ihren Sohn, den späteren König D. Manuel I.) änderte sich die Wirtschaftspolitik auf den Inselarchipelen schrittweise. Private Investoren und Handelsgesellschaften, die aus der Zeit von Heinrich dem Seefahrer stammten wurden nun aus profitablen Projekten (z. B. die Zuckerproduktion auf Madeira) zurückgedrängt und die Kolonialwirtschaft mehr oder weniger zentralisiert. Der Historiker Charles Verlinden sieht darin auch eine ideengeschichtliche Grundlage für das später ausformulierte Kronmonopol in der portugiesischen Kolonialökonomie.[44]

Anders verlief die Entwicklung im Handelsverkehr mit den westafrikanischen Küstenplätzen. Das 1443 Heinrich dem Seefahrer gewährte Privileg wurde nach seinem Tod nicht auf seinen Adoptivsohn übertragen, sondern verblieb unter Kronkontrolle. Dies ist wohl ein Hinweis darauf, dass die Handelsfahrten nach Arguim inzwischen recht einträglich waren, wobei man am Königshof insbesondere am Gold-

43 *Carta de doação régia* zugunsten von D. Fernando, datiert mit 3. Dezember 1460, publiziert in: Marques 1988, Bd. 1, Doc. 464, 593–594.

44 Verlinden 1983.

handel interessiert war.[45] In diesem Sinne kann auch die Verlegung der *Feitoria dos tratos de Arguim* von Lagos nach Lissabon 1463 interpretiert werden. Wie oben erwähnt geriet dennoch im Laufe der frühen 1460er Jahre der Ausbau von Handelskontakten zu den Küstenregionen Westafrikas allmählich ins Stocken. Die vorhandenen Quellen geben keine Erklärung dafür. Aus den nachfolgenden Ereignissen kann jedoch darauf geschlossen werden, dass der portugiesische Königshof den organisatorischen und finanziellen Aufwand weiterer Seefahrten südlich des bis dahin Bekannten vorerst nicht tragen wollte oder konnte. Dies führte dazu, dass in den 1460er und 1470er Jahren die Krone Pachtverträge mit Einzelpersonen oder Handelsgesellschaften abschloss und darin einzelne Handelsfahrten, den Handel mit bestimmten Produkten oder auf festgelegten Routen auf befristete Zeit gegen Gebühr verpachtete; seltener finden sich Quellenhinweise für Abkommen auf Basis von Umsatzbeteiligungen. Gewinnchancen oder Verlustrisiken lagen damit ausschließlich bei den Pächtern. Die Krone konnte auf diese Weise weiterhin eine gewisse Kontrolle der Überseepolitik und des Überseehandels in Händen halten, zugleich aber den eigenen Aufwand verringern. Belegbare Beispiele für solche Pachtverträge gibt es mehrere, am bekanntesten ist jedoch der Vertrag, den die portugiesische Krone im November 1469 auf vier Jahre mit dem Lissaboner Bürger und Großhändler Fernão Gomes abschloss.[46] In dem Abkommen pachtete dieser den gesamten Güterverkehr zwischen Portugal und Westafrika – mit Ausnahme der Faktorei von Arguim und von abgegrenzten Küstenregionen Guineas vor den Kap Verden – für 200 000 *réis* jährlicher Gebühr. Ein interessantes Detail des Vertrages war, dass Gomes sich gegenüber der Krone verpflichten musste, jährlich zumindest 100 *léguas* (das entspricht in etwa 600 km) der für die Portugiesen noch unbekannten afrikanischen Küste Richtung Süden durch seine Kapitäne erkunden zu lassen. 1473 wurde der Vertrag um ein weiteres Jahr verlängert.[47] Die oben erwähnten Erkundungsfahrten entlang der Küsten des Golfs von Guinea in den frühen 1470er Jahren waren demnach Vertragsgegenstand und fanden folglich im Auftrag von Fernão Gomes statt. Möglicherweise hatten die Landung an der Goldküste (Jänner 1471) und erste Tauschgeschäfte mit Gold dazu

45 Vilar 1974, 48–55.

46 Sottomayor 1994, Bd. 1, 469–470.

47 *Carta do arrendamento dos resgates de Guiné ao Fernão Gomes*, datiert mit 1. Juni 1473, publiziert in: Marques 1988, Bd. 3, Doc. 97, 129–130.

geführt, dass die portugiesische Krone nach 1474 die Westafrika-Handelsfahrten neu organisierte.

Diese Politik trug wahrscheinlich bereits die Handschrift des zukünftigen Königs João II. (geb. 1455, reg. 1481–1495), der als Infant ab 1474 von seinem Vater die Überseeagenden übertragen bekam. Ähnlich wie sein Großonkel Heinrich der Seefahrer wurde auch João II. zu einer Schlüsselfigur für die portugiesische Expansionsgeschichte des 15. Jahrhunderts. Wahrscheinlich wurde die *Lei geral* (Allgemeines Gesetz) zur Ausgestaltung des zukünftigen portugiesischen Überseehandels, datiert mit August 1474, bereits auf Initiative des damaligen Infanten verabschiedet. Darin wird jedenfalls festgeschrieben, dass der gesamte Schiffsverkehr Richtung Westafrika von nun an von königlichen Bewilligungen abhängig sein sollte.[48] Die historische Forschung sieht in diesem Dokument den Beginn des portugiesischen Kronmonopolhandels und einer zentral gesteuerten Überseepolitik. Allerdings wurde die weitere Entwicklung durch den heraufziehenden Krieg zwischen Portugal und Kastilien (Kastilischer Erbfolgekrieg) unterbrochen oder verschoben.

Der Wortlaut der Friedensschlüsse von Alcáçovas und Toledo, wie auch folgende politische Handlungen in den frühen 1480er Jahren lassen darauf schließen, dass die Überseepolitik einen neuen Stellenwert am portugiesischen Königshof einnahm, was vor allem für die Handelsfahrten Richtung Westafrika galt. Ein wichtiger Meilenstein in diesem Zusammenhang (und damit der Abschluss der dritten Phase) stellte die Errichtung des Handelsstützpunktes São Jorge da Mina im Jänner 1482 an der Goldküste dar. Anders als Arguim war São Jorge da Mina eine im königlichen Auftrag geplante und errichtete Handelsburg und in ihrer Form eine Art Prototyp für spätere Stützpunkte in den Küstengebieten des Indischen Ozeans.

Phase 4: Kap der Guten Hoffnung und Seeweg nach Indien (1482 bis 1498)

Die folgenden eineinhalb Jahrzehnte portugiesischer Expansionsgeschichte waren von einer konkreten Zielsetzung und einer sehr klaren politischen Leitlinie geprägt, nämlich der Suche nach einem Seeweg zu

[48] *Ley Geral d'El Rey Dom Affonso*, datiert mit 31. August 1474, publiziert in: Marques 1988, Bd. 3, Doc. 115, 153–154.

den Gewürzmärkten Asiens.[49] Den Abschluss dieser Phase markiert die erste Indienfahrt von Vasco da Gama (1497–1499), die zur Eröffnung des Seeweges zwischen Europa und Südasien (1498) führte.

Innenpolitisch durchlebte Portugal in diesem Jahrzehnt eine turbulente Zeit. Eine Adelserhebung konnte König João II. nur mit Mühe niederschlagen (1483/1484).[50] Eine Konsequenz dieser Krise waren starke Zentralisierungsmaßnahmen durch die Krone, die auch Resonanz in der Überseepolitik hatten. Außenpolitisch blieb für das Königreich Portugal die Konkurrenz mit Kastilien um Positionen in der Überseepolitik latent. Der Vertrag von Alcáçovas und Toledo hatte zwar am Beginn der Herrschaft von König João II. eine Klärung der Übersee-Positionen gebracht, aber die erste Kolumbusfahrt in die Karibik (1492/1493) veränderte die Rahmenbedingungen neuerlich. Kolumbus landete auf seiner Rückreise im Frühjahr 1493 – aufgrund widriger Wetterbedingungen – in Lissabon und wurde dort dem König vorgeführt.[51] João II. vertrat nach dem Bericht von Kolumbus die Ansicht, dass die neu entdeckten Länder und Inseln im Westen – gemäß der Vereinbarung mit Kastilien – in der Einflusszone Portugals lagen. Es folgten Verhandlungen mit Kastilien, die im Juni 1494 in den Vertrag von Tordesillas mündeten. Dieses bilateral ausgehandelte und kurial bestätigte Vertragswerk sollte fortan die kolonialen Interessenssphären zwischen den beiden Königreichen Portugal und Kastilien neu regeln. Dafür wurde eine Teilungslinie im Atlantik definiert, die 370 Seemeilen westlich der Kapverden gezogen wurde. Auch wenn der Vertrag von Tordesillas in der historischen Forschung zumeist als Erfolgsgeschichte im Sinne Kastiliens eingeordnet wird, so konnte zweifelsohne auch das Königreich Portugal dadurch die Ziele seiner Überseepolitik weitgehend absichern. Den Diplomaten von König João II. war es einerseits gelungen, die kastilische Konkurrenz weit vom profitablen Handel an der Goldküste wegzudrängen und damit zugleich die Kontrolle der zukünftigen Seeroute nach Indien, um den afrikanischen Kontinent herum, abzusichern.[52] Ein interessantes Detail des Vertrages ist die Tatsache, dass die oben genannte Trennungslinie ursprünglich näher am afrikanischen Kontinent gezogen, jedoch auf Druck Portugals im Laufe der Verhandlungen Richtung Westen verlegt wurde. Infolgedes-

---

49 Godinho 1962, 153.

50 Sanceau 1959, 164–183.

51 Costa 1994, 258–260.

52 Ribeiro 1994, 11–18.

sen geriet der östlichste Teil Lateinamerikas, das heutige Brasilien, in den Bereich des portugiesischen Sektors. Dies hat in der historischen Forschung immer wieder zu Spekulationen Anlass gegeben, dass allenfalls am portugiesischen Königshof schon vor der Kolumbusreise Kenntnisse über den Küstenverlauf in Südamerika bestanden, wofür es aber keine eindeutigen Quellenbelege gibt. Vielmehr könnte die portugiesische Krone auch an einer Verbreiterung des Sicherheitskorridors für den Golf von Guinea interessiert gewesen sein.

Wie am Beginn dieses Abschnittes erwähnt, kann für diese vierte Phase von einer tatsächlich gezielten Suche eines Seeweges zu den Gewürzproduzenten Asiens gesprochen werden. Für die Erkundungsfahrten von der Goldküste Richtung Südatlantik spielten nunmehr merkantile Interessen nur noch eine untergeordnete Rolle, die Flotten sollten primär geografische Informationen einsammeln und den Südatlantik zu einem portugiesischen *mare clausum* transformieren.[53] Dafür gibt es mehrere Indikatoren. Zum ersten Mal führten portugiesische Erkundungsschiffe *padrões* (Wappenpfeiler) mit, die aus Holz oder Stein gefertigt und mit dem Emblem der portugiesischen Monarchie versehen waren. Diese wurden an strategisch wichtigen Küstenplätzen in Afrika und Asien aufgepflanzt und galten als Zeichen für die ‚Besitzergreifung der Seeroute' durch die Portugiesen, wobei diese Symbolik in erster Linie gegen europäische Konkurrenzmächte gerichtet war und weniger als Zeichen einer territorialen Besitzergreifung interpretiert werden kann.[54] Im Kontrast zu den offen gezeigten Symbolen stand eine andere Strategie, die in der Zeit von König João II. weiterentwickelt wurde und die der Historiker Oliveira als „Politik der Geheimhaltung von Daten und Ergebnissen" im Zusammenhang mit der Seefahrt bezeichnet.[55] Demnach sollten die neu gewonnen Informationen geheim gehalten werden und nur der portugiesischen Krone zugänglich sein. Die Weitergabe von wichtigen Informationen im Zusammenhang mit der Seefahrt wurde streng bestraft, allenfalls auch mit dem Tod. Diese Politik war wohl auch dafür verantwortlich, dass die Quellenlage zu den Erkundungsfahrten in den 1480er und frühen 1490er Jahren dürftig ist, weil möglicherweise Berichte bewusst vernichtet wurden, damit diese nicht Konkurrenten in die Hände fielen. Dies betrifft vor

53 Oliveira 1999, 151.

54 Corte-Real 1960, David 1994, Bd. 2, 857–860.

55 Oliveira 1999, 150.

allem die Seefahrten unter dem Kommando von Diogo Cão (1482–1484 und 1485/1486) sowie von Bartolomeu Dias (1487/1488). Soweit man heute rekonstruieren kann, erreichte Diogo Cão auf seiner ersten Fahrt die Kongo-Mündung und segelte danach weiter bis zum *Cabo do Lobo* (heutiges Angola). Seine zweite Erkundungsfahrt führte wahrscheinlich bis in die Walfischbucht (heutiges Namibia).[56] Die Expedition von Bartolomeu Dias (1487/1488) schloss dort an, umsegelte 1488 erstmals die Südspitze Afrikas und erreichte wahrscheinlich das Mündungsgebiet des Groot-Visrivier (in den portugiesischen Quellen *Rio Infante)* bereits an einer Stelle, wo der Küstenverlauf des afrikanischen Kontinents sich Richtung Nordosten biegt.[57] Damit war die Westumsegelung Afrikas – soweit quellenmäßig dokumentiert – erstmals geglückt und der Indische Ozean erreicht. Das ersehnte Ziel war tatsächlich zwar noch in weiter Ferne, aber geografische Informationen begannen ineinander zu greifen und die Unbekannte – nämlich die Ausdehnung des afrikanischen Kontinents Richtung Süden – war entschlüsselt. Wir können davon ausgehen, dass Dias eigentlich den Auftrag hatte, bis nach Indien weiter zu segeln. Als allerdings die Mannschaft meuterte entschied sich der Kommandant 1488 zur vorzeitigen Rückkehr nach Europa.

Wie zielgerichtet die Pläne und Strategien am portugiesischen Königshof auf der Suche nach einem Seeweg von Europa nach Indien damals diskutiert und entwickelt wurden, illustriert ein weiteres Projekt, dass hier erwähnt werden muss und mit den Namen Pêro da Covilhã[58] und Afonso de Paiva[59] in Verbindung steht. Die beiden sollten als Geheimagenten des Königs Richtung Indien und Ostafrika (an den Hof des legendären Priesterkönigs Johannes) reisen und Informationen zu Geografie, Politik und Wirtschaft einsammeln, die das Bild vor einer erfolgreichen Seefahrt von Portugal Richtung Südasien vervollständigen sollten. Aus der Weltsicht und Reiseerfahrung von Menschen des späten 15. Jahrhunderts klingt dieser Plan äußerst verwegen. Covilhã und Paiva trennten sich in Arabien. Paiva starb wahrscheinlich schon früh auf dem Weg nach Äthiopien. Covilhã hingegen erreichte tatsächlich Indien und später wahrscheinlich auch Ostafrika. Es gelang ihm

56 Hamann 1968, 130–172, 190–262.

57 Hamann 1968, 263–350.

58 Largato 1994, Bd. 1, 324–325.

59 Rodrigues 1994, Bd. 2, 861–862.

sogar, seinen Bericht mit Empfehlungen zum Verlauf des Seeweges nach Indien an den portugiesischen Königshof zurückzuschicken. Alle diese Informationen zusammengefügt stellten die Basis für die erste Indienfahrt von Vasco da Gama dar.

Die starke Fixierung auf die Suche nach einem Seeweg von Europa nach Indien ließ die portugiesische Marokkopolitik in dieser vierten Phase stark in den Hintergrund treten. Zwar war durch den Vertrag von Alcáçovas/Toledo und bestätigt durch den Vertrag von Tordesillas das *Reino de Fez* als portugiesische Einflusszone festgelegt worden, aber König João II. zeigte wenig Interesse, Ressourcen seines Königreiches in Nordwestafrika einzusetzen. Dabei waren die Rahmenbedingungen für die Anlage weiterer portugiesischer Stützpunkte an der marokkanischen Küste günstig. Aufgrund von vermehrten Überfällen kastilischer Freibeuter auf muslimische Hafenstädte hatten sich gleich mehrere Küstensiedlungen (Safim 1480, Azamor 1486, Messa 1494/1497) unter portugiesischen Schutz gestellt, doch wurden diese Plätze erst in der Zeit von König Manuel I. mit portugiesischen Festungen ausgestattet.[60]

Erwähnenswert erscheint aber ein anderes ‚koloniales Projekt' aus dieser Phase, das sich schwierig in die bisherigen Traditionsstränge (Eroberung und/oder Handel) portugiesischer Überseepolitik eingliedern lässt. Wie bereits erwähnt erreichten Schiffe unter Diogo Cão 1482 die Kongo-Küste und berührten damit erstmals das ausgedehnte afrikanische Kongo-Königreich des Manikongo (in etwa auf dem Gebiet der heutigen Staaten Demokratische Republik Kongo, Republik Kongo und Angola gelegen). Nach dem missglückten Erstkontakt und der Entführung von Geiseln durch die Portugiesen wurde in den späten 1480ern eine diplomatische Offensive zwischen dem Kongo-Königreich und Portugal gestartet, die ihren ersten Höhepunkt in einem groß angelegten ‚Hilfsprojekt' 1491 erfuhr. König João II. reagierte auf einen Hilferuf des Manikongo Nzinga a Nkuwu (ca. 1480–1505) mit der Entsendung einer Delegation von Missionaren (Franziskaner), Handwerkern und Bauern nach Zentralafrika, die „das Leben der Menschen im Kongo-Königreich verbessern sollten", wie es in dem Hilferuf des Manikongo sinngemäß heißt, vor allem aber einen Missionsauftrag erfüllen wollten.[61] Ohne hier ins Detail gehen zu können, startete damit eine verhängnisvolle Entwicklung, die letztendlich zu einem politischen

60 Cruz 1999, 118–120.

61 Kivouvou 1980, 28–31; Thornton 1981, 183–204.

Zusammenbruch des Kongo-Reiches im Laufe des 17. Jahrhunderts führte. Aus den vorhandenen Quellen ist die portugiesische Motivlage für diese Vorgehensweise nicht gänzlich klar zu erkennen. Vielleicht spielten altruistische Überlegungen auch eine gewisse Rolle, ein treibendes Motiv war aber sicher der Zugang zu den großen Sklavenmärkten der Kongo-Region.

Ein letzter Blick gilt noch den Organisationsformen des portugiesischen Kolonialismus im letzten Jahrzehnten vor der Eröffnung des Seeweges nach Indien sowie einer Bilanz der erzielten Ergebnisse. Im Vergleich zum Beginn des 15. Jahrhunderts hatten sich enorme Entwicklungsschritte vollzogen. Der Status quo vor der Abreise von Vasco da Gama Richtung Indien zeigte folgendes Bild: Das Königreich Portugal kontrollierte damals vier befestigte Städte an der nordmarokkanischen Küste: Ceuta (seit 1415), Alcácer Ceguer (ab 1458), Tanger (ab 1471) und Arzila (ab 1471); drei weitere Städte in der Region hatten sich unter portugiesischen Schutz gestellt. Zudem unterhielt das Königreich zwei Handelsburgen, Arguim (seit 1455) und São Jorge da Mina (seit 1482); möglicherweise gab es noch weitere temporäre Niederlassungen, die jedoch in den vorhandenen Quellen nicht nachgewiesen werden können. Portugiesische Siedlungskolonien waren auf Madeira und den Azoren bereits in der ersten Hälfte des 15. Jahrhunderts angelegt worden; die Kapverden wurden ab den 1460er Jahren kolonisiert, die Inseln São Tomé und Ilha do Príncipe ab den 1470er Jahren. Jede Insel hatte eine sehr spezifische Besiedlungsgeschichte, ähnlich war aber für alle die eingeführte Plantagenökonomie auf Basis von Sklavenarbeit.

War zu Beginn des 15. Jahrhunderts die portugiesische Überseepolitik noch stark von privater Initiative geprägt (Handelsfahrten verschiedener Großhändler, Gründung von privaten Siedlungskolonien auf den Inseln), so verstärkte sich im Laufe des Jahrhunderts ein Trend hin zu einer Art ‚Verstaatlichung', insbesondere was den Überseehandel betrifft. Die historische Forschung hat dafür den Begriff der portugiesischen Kronmonopolpolitik eingeführt, die spätestens mit dem oben zitierten *Lei Geral* von 1474 sehr deutliche Züge annahm und in der Zeit von König João II. sehr akzentuiert weiterentwickelt wurde. Ein Zeichen dieser Politik war die Gründung zentraler Behörden in Lissabon, die die Überseepolitik kontrollierten und administrierten. Es wurde oben bereits die *Casa de Ceuta* (Gründung vor 1434) und die *Feitoria dos tratos de Arguim* (Gründung um 1455) erwähnt. Ab 1482 ist eine *Casa da Guiné e da Mina* (Haus von Guinea und der Minenregion) nachweisbar, die den Handel mit der Goldküste organisatorisch abwickelte.[62] Ab 1486 gab es zudem eine *Casa dos Escravos* (Sklavenhaus), die mit der Abwicklung des Sklavenhandels betraut war und deren Funktion – im Unterschied zu den anderen Behörden – nicht über eine topgrafische Zuordnung auf Regionen, sondern über die Art des ‚Handelsgutes' definiert wurde.[63] Ein Vorgriff auf die Zukunft ist die *Casa da Índia* (Indienhaus), die (wahrscheinlich) 1503 gegründet wurde und sich innerhalb kürzester Zeit – aufgrund des enormen Volumens an umgesetzten Handel und Geld – zur mächtigsten Behörde der portugiesischen Überseepolitik entwickelte.[64]

Ausblick und Bewertung

Den Abschluss dieser Epoche portugiesischer Überseegeschichte markierte die Eröffnung des Seeweges von Europa nach Südasien durch die Expedition unter dem Kommando von Vasco da Gama (1497–1499), die in ihrer Tragweite und weltgeschichtlichen Bedeutung oft mit der ersten Amerikafahrt von Christoph Kolumbus verglichen wird. Tatsächlich war aber die Seefahrt von Vasco da Gama – um den afrikanischen Kontinent herum – sowohl logistisch wie navigatorisch eine unvergleichlich schwierigere Aufgabe, weil damit nicht nur drei Kontinente berührt, sondern auch zwei Ozeane gequert werden mussten. Zudem war die Seeroute von Lissabon nach Calicut zumindest drei Mal länger als die Strecke zwischen Palos und Guanahani.

Eingangs wurde erwähnt, dass das 15. Jahrhundert in der portugiesischen Expansionsgeschichte als eine Zeit der langen und gezielten Vorbereitung auf die Eröffnung des Seeweges zwischen Europa und Indien gesehen wird. Diese Einschätzung ist jedoch zu eindimensional und berücksichtigt nicht die zahlreichen – hier in aller Kürze dargestellten – politischen Umbrüche und Einflussfaktoren auf politisches Handeln im Königreich Portugal in dieser Epoche. So kann man abschließend feststellen, dass in dieser hier beschriebenen Zeit portugiesischer Überseegeschichte viele Erfahrungen im Bereich Seefahrt und technische Innovationen in der Schifffahrt aufgebaut und weiterentwickelt wurden, die später den großen Erfolg Portugals als kontrollierende Seemacht bedingten. Ähnliches – und dieser Bereich ist bis-

[62] Sottomayor 1994, Bd. 2, 737–738.
[63] Vogt 1973, 1–16.
[64] Sottomayor 1994, Bd. 1, 517–520.

her weniger detailliert untersucht – gilt auch für die Organisation von Erstkontakten mit unbekannten außereuropäischen Gesellschaften und Kulturen, ebenso wie für den Aufbau von Organisationsformen für die Eingliederung kolonialer Gebiete in die Politik und Wirtschaft des Königreiches Portugal.

Quellen

Cà da Mosto 1989 = Alvise da Cà da Mosto: Reise nach Westafrika, in: Gabriele Pögl/Rudolf Kroboth (Hg.): Heinrich der Seefahrer oder die Suche nach Indien, Stuttgart–Wien 1989, 43–160.

Comissão Executiva 1960–1974 = Comissão Executiva das Comemorações do Quinto Centenário da Morte do Infante Dom Henrique (Hg.): Monumenta Henricina, 15 Bde., Coimbra 1960–1974.

Fonseca/Ruiz Asencio 1995 = Luís Adão da Fonseca/José Manuel Ruiz Asencio (Hg.): Corpus documental del Tratado de Tordesillas, Valladolid 1995.

Marques 1988 = João Martins da Silva Marques (Hg.): Descobrimentos portugueses. Documentos para a sua história, 3 Bde., Lissabon 1988.

Zurara 1915 = Gomes Eanes de Zurara: Crónica de tomada de Ceuta por El Rei D. João I., hrsg. von Francisco Maria Esteves Pereira, Coimbra 1915.

Zurara 1989 = Gomes Eanes de Zurara: Die Eroberung von Guinea auf Befehl des Infanten D. Henrique, in: Gabriele Pögl/Rudolf Kroboth (Hg.): Heinrich der Seefahrer oder die Suche nach Indien, Stuttgart–Wien 1989, 161–259.

Literatur

Caetano 2015 = Carlos Caetano: Um olhar sobre a Casa de Ceuta, in: Cadernos do Arquivo Municipal 4 (2015), 65–86.

Coelho 1994 = António Borges Coelho: Mercadores portugueses nos séculos XIV e XV, in: António Borges Coelho: Clérigos, mercadores, ‚judeus' e fidalgos. Questinar a história – II, Lissabon 1994, 25–44.

Corte-Real 1960 = João Afonso Corte-Real: Padrões de Portugal. Realidade e sonho dos descobrimentos geográficos, in: Ethnos 6 (1960), Separata.

Costa 1994 = João Paulo Costa: Cristóvão Colombo, in: Luís de Albuquerque (Hg.): Dicionário de História dos Descobrimentos portugueses, Bd. 1, Lissabon 1994, 258–260.

Costa 2007 = Leonor Freire Costa: Portugal und der Atlantik: Die Rolle des Ozeans für die portugiesische Identität, in: Michael Kraus/Hans Ottomeyer (Hg.): Novos Mundos – Neue Welten. Portugal und das Zeitalter der Entdeckungen, Dresden 2007, 191–203.

Cruz 1999 = Maria Augusta Lima Cruz: Os portugueses em Marrocos nos séculos XV e XVI, in: Aurélio de Oliveira/Maria Augusta Lima Cruz/Inácio Guerreiro/Francisco Contente Domingues (Hg.): História dos descobrimentos e expansão portuguesa, Lissabon 1999, 53–123.

David 1994 = Dionísio David: Padrões dos descobrimentos, in: Luís de Albuquerque (Hg.): Dicionário de História dos Descobrimentos portugueses, Bd. 2, Lissabon 1994, 857–860.

Domingues 1999 = Francisco Contente Domingues: A construção naval portuguesa (séculos XV–XVI), in: Aurélio de Oliveira/Maria Augusta Lima Cruz/Inácio Guerreiro/Francisco Contente Domingues (Hg.): História dos descobrimentos e expansão portuguesa, Lissabon 1999, 177–195.

Ferreira 1994 = João Pedro Rosa Ferreira: Fernando, in: Luís de Albuquerque (Hg.): Dicionário de História dos Descobrimentos portugueses, Bd. 1, Lissabon 1994, 413–415.

Godinho 1962 = Vitorino Magalhães Godinho: A Economia dos Descobrimentos Henriquinos, Lissabon 1962.

Godinho 1981 = Vitorino Magalhães Godinho: Os descobrimentos e a economia mundial, Lissabon 1981.

Halbartschlager 2019 = Franz Halbartschlager: Die Carreira da Mina. Eine Seehandelsroute zwischen Portugal und der westafrikanischen Goldküste im 15. und 16. Jahrhundert, in: Franz Halbartschlager/Andreas Obenaus/Philipp A. Sutner (Hg.): Seehandelsrouten. Wegbereiter der frühen Globalisierung (Expansion – Interaktion – Akkulturation. Globalhistorische Skizzen 35), Wien 2019, 102–137.

Hamann 1968 = Günther Hamann: Der Eintritt der südlichen Hemisphäre in die europäische Geschichte. Die Erschließung des Afrikaweges nach Asien vom Zeitalter Heinrichs des Seefahrers bis zu Vasco da Gama (Veröffentlichung der Kommission für Geschichte der Mathematik und der Naturwissenschaften 6), Graz–Köln–Wien 1968.

Kivouvou 1980 = Prosper Kivouvou: Angola. Vom Königreich Kongo zur Volksrepublik, Köln 1980.

Largato 1994 = Mariana Largato: Pêro da Covilhã, in: Luís de Albuquerque (Hg.): Dicionário de História dos Descobrimentos portugueses 1, Lissabon 1994, 324–325.

Lisboa 1994 = João Luís Lisboa: Nuno Tristão, in: Luís de Albuquerque (Hg.): Dicionário de História dos Descobrimentos portugueses 2, Lissabon 1994, 1046–1047.

Marboe 2009 = Alexander Marboe: Zur Einführung: Schiffsbau und Nautik im vorneuzeitlichen Europa, in: Alexander Marboe/Andreas Obenaus (Hg.): Seefahrt und die frühe europäische Expansion (Expansion – Interaktion – Akkulturation. Historische Skizzen zur Europäisierung Europas und der Welt 15), Wien 2009, 11–35.

Marques 1996 = Alfredo Pinheiro Marques: Vida e obra do Infante D. Pedro, Lissabon 1996.

Mendonça 1994 = Manuela Mendonça: O comércio da costa africana nas relações entre Portugal e Castela na última metade do século XV, in: Manuela Mendonça (Hg.): As relações externas de Portugal nos finais da Idade Media, Lissabon 1994, 43–60.

Oliveira 1999 = Aurélio de Oliveira: O Atlântico: sua integração geográfica e economica, in: Aurélio de Oliveira/Maria Augusta Lima Cruz/Inácio Guerreiro/Francisco Contente Domingues (Hg.): História dos descobrimentos e expansão portuguesa, Lissabon 1990, 125–157.

Radulet 1994 = Carmen Radulet: Tratado de Alcáçovas, in: Luís de Albuquerque (Hg.): Dicionário de História dos Descobrimentos portugueses 1, Lissabon 1994, 42–44.

Ribeiro 1994 = António Silva Ribeiro: Tordesilhas à luz da estratégia, in: Vértice 63 (1994), 11–18.

Rodrigues 1994 = Vitor Rodrigues: Afonso de Paiva, in: Luís de Albuquerque (Hg.): Dicionário de História dos Descobrimentos portugueses 1, Lissabon 1994, 861–862.

Russell 2001 = Peter Russel: Prince Henry 'the Navigator' – a Life, London 2001.

Sanceau 1959 = Elaine Sanceau: The Perfect Prince. A Biography of the King Dom João II., Porto 1959.

Sottomayor 1994 = Pedro Sottomayor: Fernão Gomes, in: Luís de Albuquerque (Hg.): Dicionário de História dos Descobrimentos portugueses 1, Lissabon 1994, 469–470.

Sottomayor 1994 = Pedro Sottomayor: Casa da Mina, in: Luís de Albuquerque (Hg.): Dicionário de História dos Descobrimentos portugueses 2, Lissabon 1994, 737–738.

Thornton 1982 = John Thornton: Early Kongo-Portuguese Relations: A new Interpretation, in: History in Africa 8 (1981), 183–204.

Verlinden 1983 = Charles Verlinden: Les origines du monopol royal dans l'économie coloniale portugaise au XVIième siècle, in: Boletim da Faculdade de Direito de Coimbra (1983), separata.

Vilar 1984 = Pierre Vilar: Gold und Geld in der Geschichte. Vom Ausgang des Mittelalters bis zur Gegenwart, München 1984.

Vogt 1973 = John L. Vogt: The Lisbon Slave-House and African Trade, 1486–1521, in: Proceedings of the American Philosophical Society 117 (1973), 1–16.

Das Fremde im Blick

Früher Kulturkontakt und gegenseitige Wahrnehmung von Europäern und Indigenen in den Amerikas

Astrid Windus

Die Geschichte des frühen Kulturkontakts zwischen Europäern und indigenen Völkern in den Amerikas ist Teil der transkulturellen Wissens- und Kommunikationsgeschichte. Die Grundlage hierfür bilden geschichtswissenschaftliche Arbeiten, die sich seit den späten 1970er Jahren mit der gegenseitigen Wahrnehmung von Europäern und Indigenen im Kontext von europäischer Expansion und Eroberung beschäftigen.[1] In Abgrenzung zu der bis dahin meist ereignisgeschichtlich geprägten Historiografie und ‚Entdeckungsgeschichte' Lateinamerikas, die mit Bezug auf europäische Quellen das Augenmerk auf die Expansion der Europäer legte, begründeten sie eine neue Forschungslinie. Sie ist geprägt durch einen kulturhistorischen, multiperspektivischen Zugang, der auch indigene Sichtweisen stärker in den Mittelpunkt rückte. Zunächst noch eine Randerscheinung, ist dieser verflechtungsgeschichtliche Zugang zur Geschichte des Kulturkontakts inzwischen in den historiografischen Mainstream eingegangen. Daran anschließend etablierte sich, auch angesichts des zunehmenden Einflusses der poststrukturalistischen Theorie seit den 1980er Jahren, in der Historiografie zur Geschichte des Kulturkontaktes in den Amerikas die Sprechweise von der (diskursiven) Konstruktion oder ‚Erfindung' Amerikas durch die Europäer.

Dieser Linie folgend werde ich einige Aspekte der gegenseitigen Wahrnehmungsgeschichte zwischen Europäern und Indigenen im Kontext der Eroberung der Amerikas zu Beginn der Neuzeit beleuchten. Als Quellengrundlage dienen mir hierfür sowohl Schrift- als auch Bildquellen.

1 Z. B. Bitterli 1976; Gewecke 1986; Pagden 1993.

Wissen über außereuropäische Welten zu Beginn der Neuzeit

Die Wahrnehmung der neuen, fremden Welten und ihrer Bewohner, mit denen die spanischen und portugiesischen Seefahrer und Eroberer in den Amerikas im späten 15. und frühen 16. Jahrhundert in Kontakt traten, erfolgte auf Grundlage des zeitgenössischen europäischen Wissens über Regionen jenseits der bekannten Welt.

Einen Eindruck von den Vorstellungen über außereuropäische Welten und die Art des geografischen Wissens am Ende des 15. Jahrhunderts gibt uns die 1493, also ein Jahr nach der ‚Entdeckung' Amerikas, veröffentlichte Weltchronik des Nürnberger Stadtarztes Hartmann Schedel. Das Buch erzählt, basierend auf älteren Chroniken, die Weltgeschichte seit der Schöpfung und enthält insgesamt mehr als 1800 Holzschnitte. Es verbindet unterschiedliche Wissenspartikel, wie die christliche Heilsgeschichte, antikes astronomisches und naturkundliches Wissen und mittelalterliche Reiseberichte.

In der Schedelschen Weltchronik werden die jenseits der christlichen Welt angesiedelten Völker nicht nur als ‚Heiden' oder ‚Barbaren' im Sinne nichtchristlicher, unzivilisierter Völker dargestellt, sondern als nicht eindeutig der menschlichen Spezies zugehörige exotische Wesen. In dieser auf antike und mittelalterliche Überlieferungen zurückgehenden Diskurstradition gehören hierzu die Einäugigen (*Monocoli*) und Einfüßler (*Monopoden*), die mundlosen *Astomi*, die kopflosen *Acephali*, die hundsköpfigen, bellenden *Cynocephali*, die großohrigen *Phanesi* und die *Skiapoden* oder Schattenfüßler, die einen einzigen riesigen Fuß aufweisen, mit dem sie sich selbst Schatten spenden können.[2]

Diese stereotype Vorstellung von Monstervölkern, die am Rande der zivilisierten Welt leben und das barbarische, das heißt nicht-griechische, nicht-römische und auch nichtchristliche Andere verkörpern, hatte einen positiven Gegenentwurf, der die tugendhafte Version des fremden Anderen repräsentierte. So wurden die im Kaukasus und der eurasischen Steppe lebenden Skythen und die afrikanischen Äthiopier als schöne, tugendhafte, gerechte, bescheidene und glückliche Menschen beschrieben, während die im nördlichen Europa verorteten Hyperboreer als Volk galten, das in vollkommener Glückseligkeit und im Überfluss in einem irdischen Paradies lebte.[3]

---

2 Gewecke 1986, 63.

3 Gewecke 1986, 64 ff.

Das europäische Wissen über außereuropäische Welten wurde jedoch neben diesen Überlieferungen durch einen weiteren Faktor geprägt: die bereits im 15. Jahrhundert mit der portugiesischen Erforschung der afrikanischen Küste begonnene europäische Expansion, insbesondere die Entdeckung Amerikas 1492 durch Christoph Kolumbus sowie die Entdeckung des Seewegs nach Indien durch Vasco da Gama 1498. In Portugal und Spanien wurden die zentralen Umschlagplätze für Waren und Informationen aus Indien und den Amerikas – die Lissaboner *Casa de Índia* und das 1503 gegründete Handelskontor in Sevilla, die *Casa de Contratación* – zu Orten, an denen sich Wissen über die Neue Welt akkumulierte. Hier wurden die von Händlern und Seefahrern nach Europa gebrachten Nachrichten und Informationen zusammengeführt und archiviert.[4]

Europäische Blicke auf die Indigenen

Vor diesem grob skizzierten Wissensszenario zu Beginn des 16. Jahrhunderts stellt sich nun die Frage, wie die ersten Europäer, die den amerikanischen Kontinent betraten, diesen wahrgenommen haben. Was sah Christoph Kolumbus, als er amerikanischen Boden betrat?

Es ist hinreichend bekannt, dass Kolumbus eigentlich den westlichen Seeweg nach Indien finden wollte, um einen besseren Zugang zum Gewürzhandel zu eröffnen, der ein überaus einträgliches Geschäft war. In seinem Bordbuch beschreibt er die von ihm vorgefundenen Territorien so auch als Indien zugehörige Inseln. Er sieht hier vieles von dem, was er aus der europäischen Tradition über die Völker am Rande der Welt bereits weiß. In einem Eintrag aus seinem Bordbuch vom 4. November 1492 heißt es:

> „Noch weiter entfernt treffe man Männer an, die nur einäugig seien, und solche, die eine Hundeschnauze hätten, welche sich von Menschenfleisch nährten und jeden Menschen, dessen sie habhaft würden, sofort enthaupteten, um sein Blut zu trinken und ihn zu entmannen."[5]

Seine Beschreibungen postulieren neben Menschenfressern auch die Existenz von Monstern, Sirenen und Amazonen, stellen aber gleichzeitig Amerika als irdisches Paradies dar:

---

4 Pieper 2000, 51; Burke 2014, 62.

5 Kolumbus 1989, 92–93.

„Die ‚Spanische Insel' [*Hispaniola*] ist ein wahres Naturwunder: ihre zahlreichen Gebirge, weiten Ebenen und fruchtbaren Landschaften eignen sich in hervorragender Weise zur Anlage von Pflanzungen, zur Viehzucht und zur Errichtung von Städten und Ortschaften. [...] hier gibt es viele Gewürze und große Goldminen, wie auch andere Erzgruben. Die Bewohner dieser Insel sind [...] ohne Unterschied des Geschlechts vollkommen nackt, wie sie Gott erschaffen."[6]

Ähnliche Beschreibungen enthält auch der bekannte *Mundus Novus*-Brief, den Amerigo Vespucci 1502 an seinen Mäzen Lorenzo de Medici verfasste. Vespucci hatte zwischen 1497 und 1504 die Nordostküste Südamerikas erkundet. Er schreibt:

„Der Boden jener Gebiete ist sehr fruchtbar, und die Landschaft ist lieblich. Das Land ist überreich an Hügeln, Bergen, endlosen Tälern und gewaltigen Flüssen [...]. Die mächtigsten Bäume gedeihen dort ohne Pflege, und viele von ihnen bringen Früchte hervor, die sowohl köstlich im Geschmack als auch für den menschlichen Körper zuträglich sind. [...] Und sollte es tatsächlich in irgendeinem Teil der Erde das irdische Paradies geben, so glaube ich, daß es sicher nicht weit von jenen Regionen entfernt ist."[7]

Im Hinblick auf die indigene Bevölkerung folgen Vespuccis Beschreibungen scheinbar rationaleren Kriterien.[8] Er beschreibt ihr nacktes Äußeres, ihre großen, wohl proportionierten Leiber, ihre langen, schwarzen Haare und anmutigen, edlen Gesichtszüge, ihre durchbohrten Lippen und Wangen, Nasen und Ohren. Sie würden nie krank und könnten 150 Jahre alt werden. Die Menschen lebten, so Vespucci, ohne Staat, Gesetze, Könige oder Glauben und ohne jeglichen Besitz. Sie seien kriegerisch, kämpften aber mit primitiven Waffen und ohne jede Taktik und seien dabei außerordentlich grausam. Vespucci schreibt den Menschen eine enthemmte Sexualität und den Hang zum Kannibalismus zu, den auch Kolumbus einige Jahre zuvor bereits erwähnt hatte:

„Sie pflegen nämlich einander (und besonders die Sieger die Besiegten) aufzuessen, und Menschenfleisch ist bei ihnen eine allgemein übliche Speise."[9]

---

6 Kolumbus 1982, 69.

7 Wallisch 2002, 25.

8 Wallisch 2002, 19–23.

9 Wallisch 2002, 21.

Kolumbus und Vespucci betonen nachdrücklich die Authentizität und Richtigkeit ihrer Aussagen, indem sie auf ihren Augenzeugenstatus verweisen. Vespucci vermittelt gar den Eindruck, sich ethnologischer Methoden zu bedienen, indem er als teilnehmender Beobachter den Alltag der Menschen teilt.[10]

Obgleich die Natur in den Texten stark im Sinne antiker und christlicher Paradiesdiskurse idealisiert wird, lassen sich aus ihnen zahlreiche Informationen herausfiltern: die glatten, schwarzen Haare der Menschen und der dünne Bartwuchs der Männer; die Art, Beschaffenheit und Größe ihrer Häuser oder ihr Schlaf- und Essverhalten; die Topografie und die natürlichen Ressourcen, die ihre Lebensgrundlage bilden. Andere Aussagen scheinen jedoch hauptsächlich Aufschluss über Kolumbus' und Vespuccis eigene Kultur zu geben. Die Texte vermitteln kein Wissen über die Religion der Indigenen, über soziale Strukturen und kulturelle Praktiken, da das einzige Referenzsystem, dessen sich die Autoren zur Beschreibung des Vorgefundenen bedienen, das europäische ist. Dieses Vorgehen war jedoch ungeeignet dazu, andere als die in Europa bekannten kulturellen Systeme zu erklären.

Das vielleicht prägnanteste Beispiel hierfür ist der Kannibalismus, der als alltägliche Ernährungspraxis geschildert und seines eigentlich rituellen Kontextes enthoben wird. Aber auch gegenüber andersartigen Sozialformen oder religiösen Systemen scheinen Kolumbus und Vespucci geradezu blind zu sein und folgern aus dem Nichtvorhandensein des Bekannten ein generelles Nichtvorhandensein kultureller Ordnung und Zivilisation. Zweifellos ist dies auch auf die sprachliche und kulturelle Differenz während des Erstkontaktes zurückzuführen. In dieser Frühphase gab es keine Übersetzer, die Kommunikation war chaotisch, von Improvisation und Missverständnissen geprägt.[11] Dennoch hatte das dabei produzierte Wissen über die fremde Welt einen nachhaltigen, für die autochthone Bevölkerung fatalen Einfluss auf das Verhältnis zwischen Indigenen und Europäern. Denn die Konstruktion der indigenen ‚Anderen' als menschenfressende Naturvölker ohne soziale Struktur, ohne Religion, interne Hierarchien und Besitz legitimierten in der auf den Erstkontakt folgenden Phase der Kolonisierung die Unterwerfung dieser Völker zum Zwecke der Zivilisierung.

Das am Beispiel der Texte von Kolumbus und Vespucci beschriebene ambivalente Stereotyp der amerikanischen Indigenen als sanfte,

---

10 Wallisch 2002, 17.

11 Gruzinski 2002, 48.

Abb. 1: Frau erschlägt einen Spanier (1509)

Von der neüwen welt

darüß võ den völckern andere kaufftẽ/vñ sind võ vns
gangen/mit dem geding/dz sy zů vns nach fünff tagen
vff das höchst sorgten wider zekummen/ wann wir ir
so lang warteten/vnd also haben sy den weg angriffen
vnnd wir die widerfart zů vnsern schiffen genen.

dem Paradies entsprungene und stark sexualisierte Naturwesen einerseits und menschenfressende Wilde andererseits zieht sich durch nahezu alle frühen europäischen Amerikatexte. Diese Wahrnehmung artikulierte und verbreitete sich jedoch nicht nur in Schriftquellen, wie den handschriftlichen und gedruckten Neuen Zeitungen[12] oder Reisebeschreibungen. Das Bild wurde auch visualisiert, zum Beispiel auf Karten, Holzschnitten und Kupferstichen, die im 16. und 17. Jahrhundert die Reiseberichte der Seefahrer, Konquistadoren und ‚Entdecker' illustrierten.[13]

So bedienen sich auch die Holschnitte, mit denen ab 1509 Vespuccis in zahlreiche Sprachen übertragener *Mundus Novus*-Brief illustriert wurde, sexualisierter Bilder und stellen die Anthropophagie in den Vordergrund. Am Beispiel von zwei Blättern aus einer deutschsprachigen Übersetzung von Vespuccis Brief von 1509 (Abb. 1, Abb. 2) erläuterte Melanie Ulz, dass auch die bildliche Darstellung der autochthonen Bevölkerung Amerikas auf antike und mittelalterliche Vorstellungen, Stereotype des ‚Fremden' und ‚Wilden' und die damit verbundene Ikonografie zurückgreift.

So zeigt Abb. 1, wie ein Spanier von drei schönen Frauen angelockt wird, während eine weitere, jedoch hässliche und alte Frau, im Begriff ist, diesen von hinten mit einer Keule zu erschlagen. Im oberen Teil des Drucks steht eine Gruppe nackter, langhaariger Männer und Frauen, die einander zugewandt sind, ihre Blicke und Posen deuten erotische Absichten an.

Abb. 2 zeigt auf der unteren Bildebene eine Gruppe nackter Indigener, darunter eine Mutter mit ihrem Kind, einen sitzenden Mann, eine weitere Figur, die sich der Frau mit Kind zuwendet und einen Bogen in der Hand hält, sowie einen Mann, der im Stehen uriniert. Im oberen Bildteil sind zwei Indigene damit beschäftigt, menschliche Arme und ein Bein mit einem Beil auf einem quadratischen Stein zu zerteilen.

Die Szene mit den drei verführerischen Frauen in Abb. 1 greift ikonografisch das Motiv des Paris-Urteils auf, das in der Kunst seit der Antike stark verbreitet war. Demnach musste der trojanische Königs-

---

12 Die *Newe Zeytungen* waren keine Zeitungen im heutigen Sinne, sondern Nachrichtenblätter, die über bestimmte, meist aufsehenerregende Ereignisse oder Entdeckungen berichteten und im Heiligen Römischen Reich seit dem 16. Jahrhundert – zunächst in handschriftlicher, ab dem 17. Jahrhundert in gedruckter Form – zirkulierten.

13 Pieper 2000, 14–15, 30 ff.

Abb. 2: Leben und Sitten (1509)

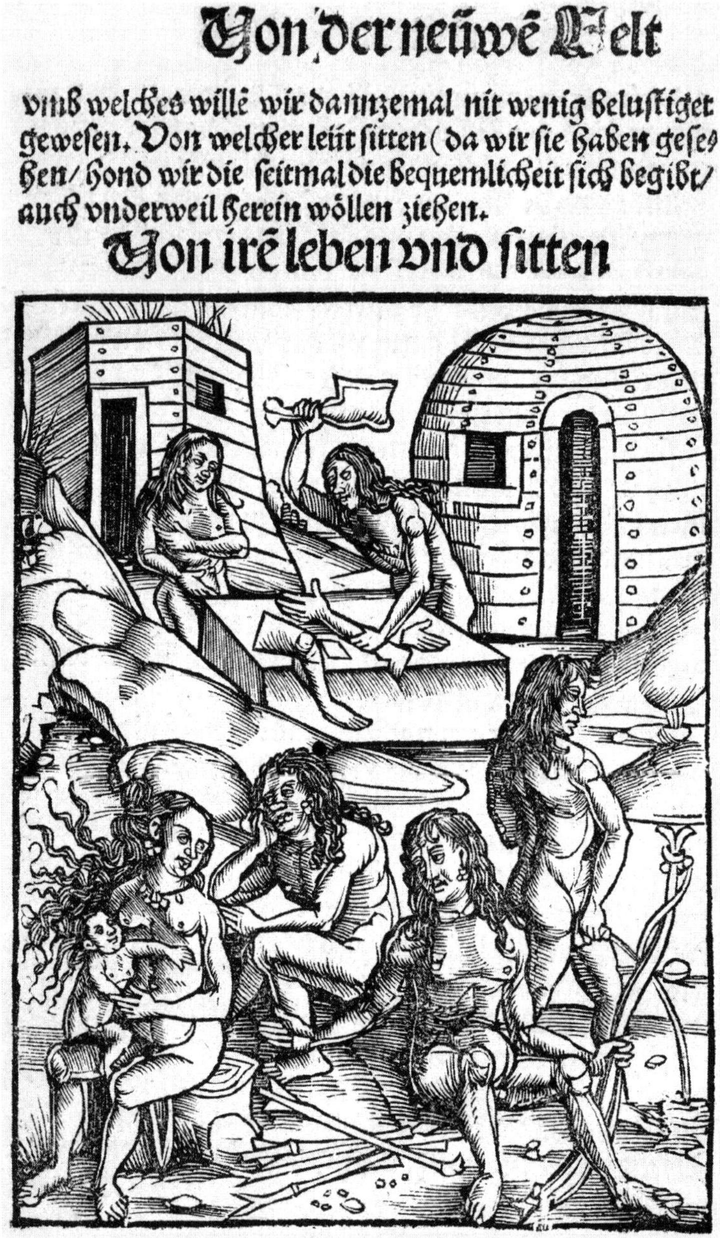
Von der neüwē Welt

vmb welches willē wir dannzemal nit wenig belustiget
gewesen. Von welcher leüt sitten (da wir sie haben gese-
hen/ hond wir die seitmal die bequemlicheit sich begibt/
auch vnderweil herein wöllen ziehen.

Von irē leben vnd sitten

sohn Paris das Urteil darüber fällen, welche der drei Göttinnen Hera, Aphrodite und Athene die Schönste sei. Die Frau mit der Keule hingegen verweist auf Hexen- oder Furiendarstelllungen, die nackten, langhaarigen und sexualisierten Indigenen ähneln Darstellungen der mittelalterlichen ‚Wildleute', die jenseits der zivilisierten städtischen Zentren in den Wäldern lebten.[14] Das Motiv des kannibalistischen Metzgertischs schließlich steht in einem ikonografischen Zusammenhang mit antisemitischen Darstellungen der Ritualmordlegende. „Die Illustrationen", so Ulz, „folgen also zum Teil der Textvorlage des Berichts (Nacktheit, Federschmuck), zum Teil bekannten, wesentlich älteren Bildformeln für Wildheit."[15]

Schriftliche wie auch visuelle Überlieferungen zeigen, dass die Wahrnehmung Amerikas und seiner Bewohner*innen in frühen Texten und Bildern ganz maßgeblich durch bereits bestehende, europäische Wissensbestände und Techniken der sprachlichen und bildlichen Darstellung geprägt war. Abgesehen davon beeinflussten strategische und ökonomische Intentionen der Verfasser*innen den Inhalt. Während die Schilderung Amerikas als Paradies voller natürlicher Ressourcen auch darauf abzielte, die Geldgeber der Expeditionen für weitere Investitionen zu motivieren, waren die aufsehenerregenden Berichte über amerikanische Menschenfresser und ihre Illustrationen für Verleger und Druckereien ein einträgliches Sujet.

Obgleich Kolumbus' und Vespuccis Texte Augenzeugenwissen vermitteln, gaben sie nur bedingt die vorgefundenen Gegebenheiten wahrheitsgetreu wieder. Die Historikerin Susanne Burghartz stellte diesbezüglich, mit Bezug auf Hans Ulrich Gumbrecht[16], die These auf, dass erst eine größere räumliche Distanz und eine „geringere Präsenz der Darstellungsintentionen" es ermöglichten, auf bestimmte Fremdheitsmerkmale der Neuen Welt einzugehen. Die Wahrnehmung von Kolumbus sei zu stark durch seine Absichten und die Erwartungen seiner Auftraggeber geprägt gewesen. Das Neue würde „nicht einfach in der Erstbegegnung entdeckt und dann dem bisherigen Wissen einverleibt. Vielmehr muss das Neue als Neues überhaupt erst durch Reflexion zugänglich gemacht werden."[17]

---

14 Frübis 1995, 27.

15 Ulz 2016, 94.

16 Gumbrecht 1987.

17 Burghartz 2004, 188.

Die Wissensakkumulation in Europa nahm mit dem Fortschreiten der europäischen Expansion sehr schnell so große Ausmaße an, dass auch Personen daran beteiligt waren, die Amerika nie gesehen hatten. In der *Casa de la Contratación* in Sevilla wurden innerhalb weniger Jahre große Mengen an Informationen zusammengetragen, die es Forschern von Spanien aus ermöglichte, mittels vergleichender Studien zu exakteren Erkenntnissen über die Neue Welt und ihre Bewohner zu kommen, als es Kolumbus oder Vespucci jemals möglich gewesen wäre.[18]

Das europäische Bild von den indigenen Anderen veränderte sich im Verlauf der Kolonisation und Eroberung. Mit der permanenten Anwesenheit von Europäern in den Amerikas wurden auch die Berichte zahlreicher und differenzierter. Hierzu trug insbesondere das von den katholischen Missionaren zum Zweck der Christianisierung zusammengetragene Wissen über die autochthonen Kulturen, ihre Sprachen, ihre Geschichte und kulturellen Praktiken bei. Eine zweite Gruppe von Autoren, die an diesem Prozess mitwirkten, sind die von den Missionaren erzogenen und ausgebildeten indigenen Eliten oder Mestizen[19], die Wissen über die eigene, lokale Kultur und Geschichte niederschrieben.[20]

Diese beiden Quellengruppen bilden den Ausgangspunkt für die Beschäftigung mit der indigenen Perspektive auf den Kulturkontakt.

Indigene Blicke auf die Europäer

Wie auch in den europäischen Texten wird das Bild des ‚Anderen' in den Quellen indigener Autorschaft beziehungsweise Co Autorschaft unter Rückgriff auf eigene Wissensbestände konstruiert. Allerdings basieren die wissenschaftlichen Erkenntnisse über die indigene Wahrnehmung der Europäer auf einem sehr viel kleineren Bestand an materiellen Überlieferungen, als dies für die umgekehrte Perspektive der Fall ist. Diese auch als ethnohistorisch bezeichneten Quellen stammen meist aus den Vizekönigreichen Neuspanien[21] und Peru des 16. und 17. Jahrhunderts.

Eine dieser Quellen ist die zwischen ca. 1547 und 1585 verfasste, zwölfbändige *Historia General de las cosas de la Nueva España* (Allge-

---

18 Burke 2014, 62.

19 Mestize/*mestizo*: Nachfahre von spanischen und indigenen Eltern.

20 Gunsenheimer/Schüren 2016, 34.

21 Das Vizekönigreich Neuspanien umfasste das heutige Mexiko, Belize, die zentralamerikanischen und karibischen Länder, Venezuela (bis 1717), Teile des nordamerikanischen Südwestens und Territorien in Asien, darunter die Philippinen.

meine Geschichte der Dinge Neuspaniens) des Franziskaners Bernardino de Sahagún. Aufgrund seines Aufbewahrungsortes in der Biblioteca Medicea Laurenziana in Florenz wird das Werk auch ‚Florentiner Codex' genannt.

Bernardino de Sahagún wurde 1529 nach Mexiko geschickt, um an der Christianisierung der indigenen Bevölkerung mitzuwirken. Er war dort als Lehrer am Colegio de Santa Cruz in Tlatelolco – heute ein Stadtteil der mexikanischen Hauptstadt – tätig, wo er die Söhne des indianischen Adels unterrichtete und selbst die aztekische Sprache (*nahuatl*) lernte. Sahagún sammelte seit 1540 mit Hilfe indigener Assistenten umfassende Daten über die Nahua-Kultur des zentralmexikanischen Hochlands, über Lebensgewohnheiten, Religion, Mythologie und Geschichte, soziale und politische Organisationsformen, Kindererziehung, Astronomie, Flora und Fauna sowie die spanische Eroberung. Seine Mitarbeiter befragten dafür hauptsächlich ältere Menschen, das heißt, es handelt sich um Wissensbestände, die auf persönlichen Erfahrungen, Erinnerungen und mündlichen Überlieferungen basieren.[22] Dieses Wissen sollte den europäischen Missionaren zur Verfügung gestellt werden, damit sie vor dem Hintergrund einer umfassenden Kenntnis der autochthonen Kulturen eine nachhaltige Evangelisierung betreiben konnten.[23]

Die *Historia general* gilt als erstes enzyklopädisch aufgebautes ethnografisches Werk der Region. Sie ist zweisprachig, auf Spanisch und Nahuatl, verfasst und mit zahlreichen Bildern versehen. Aufgrund der indigenen Co-Autorenschaft und der Bebilderung, die in mancherlei Hinsicht an ikonografische Traditionen der zentralmexikanischen Bilderhandschriften anknüpft, gilt die *Historia general* als ein transkulturelles Medium. Doch wenngleich es unumstritten ist, dass hier eine durch indigene Perspektiven geprägte Sicht auf die Welt sowie auf die Eroberung und die spanischen Konquistadoren gezeichnet wird, gelten sowohl ihr enzyklopädischer Charakter als auch die Darstellungsformen vieler Bilder als Charakteristika europäischer Medien. Dennoch: Wie Anja Bröchler es formuliert, erzählt uns der ‚Florentiner Codex' eine andere Geschichte der Eroberung, als zum Beispiel der Bericht des Hernán Cortés. „In Sahagúns Werk", so Bröchler, „kommen die Mexica selbst zu Wort: Sie schreiben ihre Geschichte in ihrer eigenen Sprache, dem Nahuatl."[24]

22 Bröchler 2008, Abs. 4.

23 Prem 2008, 118.

24 Bröchler 2008, Abs. 2.

Das 12. Buch der *Historia General* berichtet über die Eroberung Mexikos und über den ersten Kontakt zwischen Azteken und Spaniern aus indigener Sicht.[25] So beschäftigt sich das erste Kapitel mit Zeichen und Weissagungen, die der Ankunft der Spanier vorangingen:

> „Einmal waren auf der Jagd oder stellten Vogelnetze aus die Leute, die am Wasser wohnen. Sie fingen einen Vogel von aschgrauer Farbe, wie einen Kranich. Darauf kamen sie, ihn Moctezuma zu zeigen [...] Eine Art Spiegel befand sich auf dem Kopf des Vogels, scheibenförmig, rund, mit einem Loch in der Mitte. Dort erschienen der Himmel, die Sterne, das Sternbild des Feuerbohrers. Und Moctezuma nahm das als ein großes unheilvolles Vorzeichen für sich [...]. Und als er zum zweiten Mal hinsah auf den Kopf des Vogels [...] sah er gleichsam Leute aufgerichtet kommen, als Eroberer kommen, zum Kriege gerüstet, von Hirschen getragen."[26]

Der aztekische Herrscher Moctezuma sieht die Zukunft in einem Spiegel, der sich auf dem Kopf eines Vogels befindet. Die Spanier erscheinen hier bereits als Eroberer, wobei als besonderes Merkmal hervorgehoben wird, dass sie auf „Hirschen" reiten. Als die Kunde von der tatsächlichen Ankunft der Spanier Moctezuma erreicht, schickt er Gesandte mit Geschenken zum Schiff des Heerführers Hernán Cortés, um diesen zu begrüßen. Im 5. Kapitel wird diese Begegnung geschildert, die den Beginn der Kommunikation zwischen Europäern und Indigenen darstellt:

> „Als sie auf das Schiff gestiegen waren, aßen sie, jeder einzelne, Erde vor dem Kapitän. Darauf beteten sie zu ihm, sprachen zu ihm: Es höre der Gott! Es betet ihn an sein Vasall Moctezuma, der die Stadt Mexiko regiert. [...]. Dann schmückten sie den Kapitän. Sie ziehen ihm an: die Türkisschlangenmaske, daran befindet sich der Federkopfschmuck und daran befinden sich [...] die Schlangenohrpflöcke. Und sie [...] legen ihm um den Hals das aus mehreren Edelsteinketten bestehende Halsband mit der Goldscheibe in der Mitte. [...] Und an seinen Beinen befestigen sie die Edelsteinstrümpfe mit den Goldschellen, und sie geben ihm [...] den Schild, der goldene Längsstreifen, Muschelquerstreifen hat, einen breiten Saum von Quetzalfedern [...]. Und

---

25 Die nachfolgenden Quellenzitate finden sich in ausführlicher Form in Windus 2011, 69–72.

26 Sahagún 1990, 244.

> Obsidiansandalen legen sie vor ihm hin. Und die anderen drei Trachten, Göttertrachten, legten sie geordnet vor ihm hin."[27]

Moctezumas Gesandte sprechen Cortés als Gott an, versehen ihn mit göttlichen Attributen, indem sie ihn in kostbare Gewänder einkleiden und mit Gold und Edelsteinen schmücken. Sie reagieren auf die Fremdheit und Andersartigkeit der Spanier gemäß der ihnen zur Verfügung stehenden Erklärungsmuster und Handlungsweisen. Wie in Kapitel 7 deutlich wird, kommen sie geschockt von dieser Begegnung zurück, da ihnen die Spanier auch ihre Waffen vorgeführt hatten. Moctezuma war entsetzt,

> „als er hörte, wie herabfällt ihr Befehl, das Gewehrgeschütz, [...] zum Ohnmächtigwerden, zum Taubwerden. Und wenn der Schuß fällt [...], Feuer regnend, Funken sprühend. [...] Und wenn die Kugel einen Berg trifft, wie er da zusammenstürzt, in Trümmern liegt. Und wenn sie einen Baum trifft, so wird er zerpulvert [...]."[28]

Die Boten beschreiben die Spanier als in Eisen gekleidet und mit Eisen bewaffnet. Getragen werden sie von Hirschen und sind dadurch „dachhoch". Sie bedecken ihre Körper vollständig, bis auf ihre „Kalkgesichter". Ihre Haare seien kraus und gelb, wie auch ihre Bärte. Aufmerksamkeit erregt auch das Brot, das die Spanier essen, das „wie Fürstenspeise" sei, „groß, weiß, nicht schwer, [...] wie gemahlene Maisstengel, [...] etwas honigsüß, [...] schmeckend."

Diese Neuigkeiten jagten Moctezuma dem Text nach solch eine Angst ein, dass er beinahe in Ohnmacht fiel. Er schickte daraufhin seine Zauberer, Hexenmeister, Krieger und Häuptlinge zu den Spaniern, „die für alles sorgen sollten, was an Speise nötig war. Hühner, Eier, weiße Maisfladen und was sie verlangen würden und was sie sonst noch befriedigen könnte, und sie sollten sie gut beobachten."[29]

Moctezuma schickte den Fremden auch Gefangene für den Fall, dass die Spanier deren Blut trinken wollten. Diese empfanden jedoch Ekel, da die Speisen mit Blut bespritzt worden waren.[30]

---

[27] Sahagún 1990, 248.

[28] Sahagún 1990, 251–252.

[29] Sahagún 1990, 252–253.

[30] Sahagún 1990.

Sahagúns Bericht beschreibt die Begegnung der beiden Gruppen als Kulturschock, als eine Kommunikation, die durch die Annahme der Azteken geprägt war, dass es sich bei den Spaniern um Götter handelte. Alle Versuche, sie durch die ihnen bekannten religiösen Sprach-, Speise- und Verhaltensregeln milde zu stimmen, scheiterten. Moctezuma befahl seinen Spähern, die Spanier zu beobachten und sich Kenntnisse über ihr Wesen zu verschaffen. Auch wies er sie an, ihnen – falls möglich – „einen bösen Blick" zuzuwerfen oder „sie mit einem Zauberspruch" zu besprechen, „damit sie entweder erkranken, sterben oder umkehren." Doch sie vermochten dies nicht umzusetzen und berichteten dem Herrscher der Azteken nach ihrer erneuten Rückkehr: „Wir sind kein Widerpart, wir sind wie nichts."[31]

Eine andere ethnohistorische Quelle, die indigene Blicke auf die europäischen Anderen eröffnet, stammt aus dem Andenraum des frühen 17. Jahrhunderts. Es handelt sich um die Chronik Felipe Guaman Poma de Ayalas *El primer nueva corónica i buen gobierno* (Die erste neue Chronik und gute Regierung) von 1615.[32]

Felipe Guaman Poma de Ayala wurde nach der spanischen Eroberung Perus zwischen den 1530er und den 1550er Jahren geboren. Er lernte von katholischen Priestern Lesen und Schreiben und war zwischen den 1560er und 1580er Jahren als indigener Assistent und Übersetzer bei den spanischen Kampagnen zur Ausrottung des Götzendienstes tätig. Auch danach stand er in engem Kontakt zu den kirchlichen und weltlichen Kontroll- und Verwaltungsinstanzen der Spanier.[33]

Die fast 1200 Seiten umfassende *Nueva corónica* war an den spanischen König Philipp III. gerichtet – erreichte diesen jedoch wahrscheinlich nie.[34] Mit ihr wollte Guaman Poma sowohl einen Überblick über die vorspanische Geschichte der andinen Völker geben, als auch die durch die spanische Eroberung verursachte Krise der andinen Gesellschaften anprangern und den König dazu bewegen, dem zerstörerischen Verhalten der Kolonisatoren Einhalt zu gebieten. Der Text handelt die Geschichte der Menschheit seit biblischer Vorzeit ab. Auf die Darstel-

31 Sahagún 1990.

32 Die Beschreibung der Quelle sowie die hier angeführten Zitate stellen eine überarbeitete Version von Textauszügen aus Windus 2001, 66–67, 73–78 dar.

33 Adorno 2000, XLIV–XLV.

34 Nähere Informationen zur Entstehungsgeschichte und strukturellen Komposition des Textes finden sich bei Adorno 2002.

lung der Weltzeitalter folgen Kapitel über die inkaischen Könige und ihre Herrscherhäuser, über die politische Aufteilung des Reiches, die Gesellschaftsstruktur, Gesetzgebung und den Kalender der Inka, über Traditionen, Feiertage und religiöse Praktiken. Guaman Poma berichtet über die Eroberung und die Kolonialgeschichte, beschreibt das spanische Verwaltungssystem und seine Amtsträger, den Klerus und die kolonialen Lebensgewohnheiten und gibt Auskunft über die Ausübung der christlichen Religion durch die Indigenen. In allen Kapiteln seiner Kolonialgeschichte weist er auf die Misshandlung, Ausbeutung und Demütigung der andinen Bevölkerung durch die Spanier hin.

Das Werk verbindet Texte in Spanisch und *quechua* (der inkaischen Staatssprache) mit beinahe 400 ganzseitigen Zeichnungen, was es zu einer außergewöhnlichen, an der Schnittstelle von Schriftlichkeit, Oralkultur und Visualität angesiedelten Quelle für die vorspanische und kolonialzeitliche Geschichte der Region macht. Die Forschung geht davon aus, dass Guaman Poma nicht nur Autor der Texte ist, sondern auch die Zeichnungen selbst angefertigt hat. Besonderes Augenmerk einiger Historiograf*Innen und Bildwissenschaftler*innen liegt dabei auf der Einbeziehung andiner Raumkonzepte und Repräsentationsweisen in seinen Darstellungen. Dadurch würden Bedeutungen hervorgebracht, die über die eigentliche, mittels europäischer Darstellungskonventionen kommunizierte Botschaft der Bilder hinausgingen.[35]

Guaman Poma war selbst christlich erzogen worden und stand in engem Kontakt zur Kultur der Eroberer, die er in seinem Werk auch direkt anspricht. Wie auch die *Historia general* von Sahagún gilt die *Nueva corónica* als ein transkultureller Text, in dem sich die im Laufe der Kolonialzeit vollzogenen kulturellen Transformationsprozesse widerspiegeln. Hier verbinden sich klassische europäische Darstellungsformen mit andinen Sichtweisen und Repräsentationssystemen sowohl auf sprachlicher wie auch auf visueller Ebene. Im Hinblick auf die Überlieferung von Wissen über den Erstkontakt zwischen Europäern und Indigenen ist, wie auch bei Sahagún, die relativ große zeitliche Distanz zu berücksichtigen, die zwischen dem Eintreffen der Spanier in Peru und der Niederschrift der *Nueva corónica* liegt, die auf ca. 1615 datiert wird. Denn die Eroberung der Hauptstadt der Inka, Cuzco, war bereits 1533 beendet. Wie bei den Mitarbeitern Sahagúns basier-

35 Rolena Adorno hat 1979 erstmals auf dieses Phänomen hingewiesen und seitdem intensiv zu diesem Thema geforscht. Siehe: Adorno 1979, 27–50. Vgl. auch Adorno 2000.

ten auch Guaman Pomas Informationen auf der mündlichen Überlieferung von Zeitzeugen.

In dem Kapitel über die spanische Eroberung Perus berichtet Guaman Poma von den ersten Nachrichten, die dem Inkaherrscher Atahualpa Inka von Boten zugetragen wurden. Die Spanier schliefen demnach nie und sie, wie auch ihre Pferde, äßen Silber und Gold. Sie trügen Sandalen aus Gold und hätten Waffen aus Eisen. Tag und Nacht sprächen sie mit ihren Papieren, ihre Gesichter seien mit Wolle bedeckt, sodass man nur die Augen sehe und ihre Köpfe bedeckten sie mit bunten Töpfen. Ihre Kleidung sei aus feinstem Silber und die Schwerter beschrieben sie als lange Schwänze, die rücklings an ihnen herabhingen. Aus der Art der Spanier zu essen, zu sprechen und sich zu kleiden, schlossen sie, dass es unter ihnen keine Anführer gäbe, außer einem, der ein schwarzes Gesicht und weiße Zähne und Augen gehabt hätte und sehr viel mit allen sprach. Der Inkaherrscher erschrak angesichts der Schilderungen und veranlasste, dass den Spaniern und ihren Pferden Frauen gebracht würden, die ihnen zu Dienste stehen sollten.[36]

Die ersten Eindrücke der Inka von den Fremden ähneln denen der Azteken. Die metallenen Waffen und die Rüstungen, die Pferde und die von Bärten bedeckten Gesichter wirkten auf sie besonders bedrohlich, aber auch ihr unerklärliches Verhalten insgesamt erzeugten Angst und veranlassten Moctezuma ebenso wie Atahualpa, den Spaniern Geschenke zu bringen und sich ihnen freundlich mit Geschenken zu nähern.

Auffällig an Guaman Pomas Überlieferung ist der Eindruck, die Spanier würden Gold und Silber essen. Guaman Poma visualisiert diese Idee von den europäischen Anderen bereits in Zusammenhang mit dem Abschnitt über die erste Expedition der Konquistadoren Francisco Pizarro, Diego de Almagro und Pedro de Candía nach Peru im Jahr 1527 (Abb. 3). Auf dem Bild und dem darauf bezogenen Text schildert er das Zusammentreffen des Vaters von Atahualpa, Huayna Capac Inka, mit Pedro de Candía in Cuzco – ein Treffen, das allerdings nie stattgefunden hatte. Candía hatte lediglich die Stadt Tumbes besucht, wo er sich von dem von Huayna Capac erbauten Sonnentempel beeindruckt zeigte.[37] Laut Guaman Poma hätte Huayna Capac Pedro de Candía in einem Tragesessel durch Eilboten zu sich bringen lassen, um ihn kennen zu lernen. Der Herrscher hätte den Spanier gefragt, was er äße, und dieser hätte ihm durch Zeichen geantwortet, dass er Gold und

36 Guaman Poma de Ayala 1615/1616, f. 381 [383].

37 Guaman Poma de Ayala 1615/1616, f. 396 [371].

Abb. 3: Huayna Capac fragt Pedro de Candía, was er isst. Candía antwortet: „Gold". (1615/1616)

Silber äße. Daraufhin schenkte Huayna Capac ihm Goldstaub, Silber und goldenes Geschirr.[38]

Das Bild zu diesem Ereignis zeigt den Inkaherrscher und den Spanier, die einander zugewandt sind. Zwar befinden sie sich auf gegenseitiger Augenhöhe, doch Huayna Capac sitzt auf einem Hocker, seine Füße stecken in Sandalen. Der Inka trägt seine Herrscherinsignien, die purpurne, an seinem Stirnband befestigte Stirnquaste (*mascapaycha*) und den Kopfputz (*suntur pawqa*). Dem gegenüber kniet der Spanier vor Huayna Capac. Die Zeichnung stellt damit auf sehr subtile Weise die Hierarchien zwischen den beiden klar: Huayna Capac ist der legitime Herrscher, dem der Eroberer kniend zu begegnen hat.

In ähnlicher Weise ist seitens der Forschung ein weiteres Bild aus der Chronik gedeutet worden, das die Begegnung zwischen Atahualpa, Pizarro, Almagro und dem mitreisenden Priester Vicente de Valverde zeigt (Abb. 4).[39] Atahualpa sitzt im Zentrum des Bildes auf seinem Stufenthron, umgeben von seinen Kriegern und den Herrschern der vier Provinzen des Inkareichs, die er leicht überragt. Aus seiner Perspektive gesehen knien vor ihm rechts Pizzarro und Almagro, links steht der Priester, der allerdings deutlich kleiner dargestellt ist als die beiden Spanier. Ebenfalls auf der linken Seite steht neben dem Priester, mit einem nach oben weisenden Zeigefinger, der indianische Übersetzer Felipe. Rolena Adorno hat das Bild vor dem Hintergrund der hierarchischen Raumordnung gedeutet, die eine der Grundlagen der andinen Ontologie darstellt. Dementsprechend nimmt Atahualpa durch seine erhöhte Position im Zentrum zweifelsfrei die höchste Hierarchiestufe ein. Darauf folgen seine Untertanen und der Übersetzer, die alle die Köpfe der Spanier überragen. Aufgrund des andinen Hierarchiegefälles zwischen rechts (höher) und links (niedriger) deutet Adorno den Priester als die auf der untersten Hierarchiestufe angesiedelte Figur, gefolgt von Pizzarro und Almagro.[40] Auch hier stellt das Knien eine Pose der Unterordnung dar.

Bekräftigt wird diese Sichtweise durch den auf das Bild bezogenen Text, der die Kommunikation zwischen Atahualpa und den Spaniern kurz schildert.[41] Hierzu gehört auch die inzwischen klassische Szene zwischen Atahualpa und Vicente de Valverde, der den Herrscher

38 Guaman Poma de Ayala 1615/1616.

39 Guaman Poma de Ayala 1615/1616, f. 384 [386].

40 Adorno 1979, 36–37.

41 Guaman Poma de Ayala 1615/1616, f. 385 [387].

Abb. 4: Diego de Almagro, Francisco Pizarro und Vicente de Valverde vor Atahualpa Inka in Cajamarca. Rechts daneben der Übersetzer Felipe. (1615/1616)

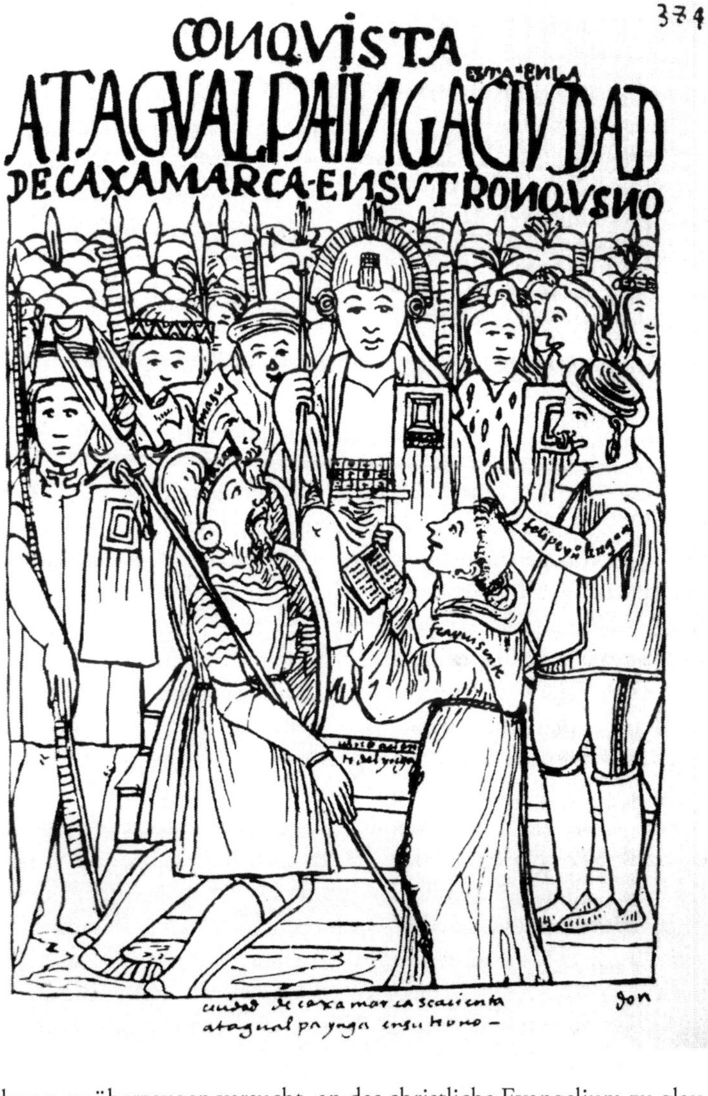

davon zu überzeugen versucht, an das christliche Evangelium zu glauben und das Kreuz anzubeten, woraufhin Atahualpa erwidert, dass er seine eigenen Götter anbete, wie die Sonne, die nie sterbe, und dass er nach ihren Gesetzen lebe. Er fragt den Priester, woher er wisse, dass es nur den einen rechten Gott gebe, und dieser antwortet, dass die Bibel ihm dies gesagt habe. Atahualpa bittet darum, das Buch haben zu dürfen. Mit großer Majestät, so Guaman Poma, nimmt er es in die Hand, blättert darin, doch es spricht nicht zu ihm. Daraufhin wirft er das Buch weg – eine Handlung, die die Spanier zum Anlass nehmen, die Inka mit Waffen anzugreifen.

Trotz seiner Vertrautheit mit der europäischen Kultur und seines christlichen Glaubens schildert Guaman Poma nicht die Indigenen als Barbaren, sondern die in seinen Augen goldgierigen, brutalen und unerbittlichen Spanier. Die vorspanischen Inka werden in seinen Texten hingegen mit zivilisatorischen Attributen versehen. Nicht die Inka sind es, die kein Gesetz und keinen Herrscher haben, die ohne Hierarchien und soziale Ordnung leben. Diese Eigenschaften scheinen vielmehr auf die Horde der Konquistadoren zuzutreffen, deren Verhalten in der Kontaktsituation für die Inka völlig unkalkulierbar ist.

Fazit

Ein Vergleich der ethnohistorischen, den Erstkontakt aus indigener Perspektive beschreibenden Überlieferungen und der europäischen Texte von Kolumbus und Vespucci zeigt, dass Kleidung, Körperbeschaffenheit und Essgewohnheiten in beiden Fällen zentrale Kriterien für die Wahrnehmung der jeweils Anderen darstellten. Die Konstruktion von Wissen erfolgte durch Rückgriffe auf bestehende Wissensbestände sowie durch Erfahrungswissen im Umgang mit bedrohlichen, unkalkulierbaren Situationen.

Die Konstruktion des europäischen beziehungsweise indigenen Anderen ist nicht auf Texte beschränkt. Bilder fungieren als ein zentrales Medium zur Vermittlung und Kommunikation dieses Wissens. Weiterhin zeigt die vergleichende Text- und Bildlektüre, dass Wissen nicht einheitlich ist, dass es kein ‚wahres Wissen' über die Anderen geben kann, sondern dass die Ordnung und Systematisierung, aber auch die sprachliche und visuelle Darstellung von Informationen und Erfahrungen ganz unterschiedlichen kulturellen Mustern und Praktiken folgt und zu sehr diversen Wahrnehmungen ein und derselben Situation führen kann.

Literatur

Adorno 1979 = Rolena Adorno: Icon and Idea: A Symbolic Reading of Pictures in a Peruvian Indian Chronicle, in: The Indian Historian 12 (1979) 3, 27–50.

Adorno 2000 = Rolena Adorno: Guaman Poma. Writing and Resistance in Colonial Peru, Austin 2000.

Adorno 2002 = Rolena Adorno: A Witness unto Itself: The Integrity of the Autograph Manuscript of Felipe Guaman Poma de Ayala's El primer nueva corónica y buen gobierno (1615/1616), in: Fund og Forskning, Det Kongelige Bibliotek, Copenhagen 2002; http://www2.kb.dk/elib/mss/poma/docs/adorno/2002/index.htm [5.2.2021].

Bitterli 1976 = Urs Bitterli: Die ‚Wilden' und die ‚Zivilisierten': Grundzüge einer Geistes- und Kulturgeschichte der europäisch-überseeischen Begegnung, München 1976.

Bröchler 2008 = Anja Bröchler: Sprechende Bilder – bildhafte Texte: Das Verhältnis von Bild und Text im Buch XII des Florentiner Codex (1578-80) des Fray Bernardino de Sahagún, in: Zeitenblicke 7 (2008) 2; http://www.zeitenblicke.de/2008/2/broechler/index_html, URN: urn:nbn:de:0009-9-15391 [5.2.2021].

Burghartz 2004 = Susanna Burghartz: Alt, neu oder jung? Zur Neuheit der Neuen Welt, in: Achatz von Müller/Jürgen von Ungern-Sternberg (Hg.): Die Wahrnehmung des Neuen in Antike und Renaissance, Leipzig 2004, 182–200.

Burke 2014 = Peter Burke: Papier und Marktgeschrei. Die Geburt der Wissensgesellschaft, Berlin 2014.

Frübis 1995 = Hildegard Frübis: Die Wirklichkeit des Fremden. Die Darstellung der Neuen Welt im 16. Jahrhundert, Berlin 1995.

Gewecke 1986 = Frauke Gewecke: Wie die neue Welt in die alte kam, Stuttgart 1986.

Gruzinski 2002 = Serge Gruzinski: The Mestizo Mind. The intellectual dynamics of colonization and globalization, New York–London 2002.

Guaman Poma de Ayala 2021= Felipe Guaman Poma de Ayala: El primer nueva corónica y buen gobierno [1615/1616], Kopenhagen, Det Kongelige Bibliotek, GKS 2232 4°; http://www5.kb.dk/permalink/2006/poma/383/en/text/?open=idm46287306144304 [5.2.2021].

Gumbrecht 1987 = Hans Ulrich Gumbrecht: Wenig Neues in der Neuen Welt. Über Typen der Erfahrungsbildung in spanischen Kolonialchroniken des XVI. Jahrhunderts, in: Wolf-Dieter Stempel/Karlheinz Stierte (Hg.): Die Pluralität der Welten. Aspekte der Renaissance in der Romania, München 1987, 227–249.

Gunsenheimer/Schüren 2016 = Antje Gunsenheimer/Ute Schüren: Amerika vor der europäischen Eroberung (Neue Fischer Weltgeschichte 16), Frankfurt am Main 2016.

Kolumbus 1982 = Christoph Kolumbus: Brief an Luis de Santangel, in: Emir Rodríguez Monegal (Hg.): Die Neue Welt. Chroniken Lateinamerikas von Kolumbus bis zu den Unabhängigkeitskriegen, Frankfurt am Main 1982, 67–77.

Kolumbus 1989 = Christoph Kolumbus: Bordbuch, Frankfurt am Main 1989.

Pagden 1993 = Anthony Pagden: European Encounters with the New World. From Renaissance to Romanticism, New Haven u. a. 1993.

Pieper 2000 = Renate Pieper: Die Vermittlung einer neuen Welt. Amerika im Nachrichtennetz des habsburgischen Imperiums, 1493–1498, Mainz 2000.

Prem 2008 = Hanns J. Prem: Geschichte Alt-Amerikas, 2. Aufl. (Oldenbourg Grundriss der Geschichte 23), München 2008.

Sahagún 1990 = Bernardino de Sahagún: Aus der Welt der Azteken. Die Chronik des Fray Bernardino de Sahagún, Frankfurt am Main 1990.

Ulz 2016 = Melanie Ulz: Bildlichkeit und Affekt. Zur sinnlichen Wahrnehmung des Visuellen in der Geschichte, in: Bärbel Kuhn/Astrid Windus (Hg.): Geschichte für Augen, Ohren und Nasen. Sinnliche Wahrnehmungen in der Geschichte, St. Ingbert 2016, 91–99.

Wallisch 2002 = Robert Wallisch: Der Mundus Novus des Amerigo Vespucci. (Text, Übersetzung und Kommentar), Wien 2002.

Windus 2011 = Astrid Windus: Von Goldessern und Revolutionären. Europa und die Europäer aus lateinamerikanischen Perspektiven, in: Bärbel Kuhn/Holger Schmenk/Astrid Windus (Hg.): Europäische Perspektiven im Geschichtsunterricht (Historica et Didactica. Fortbildung Geschichte 2), St. Ingbert 2011, 64–84.

Abbildungen

Abb. 1: Frau erschlägt einen Spanier, Holzschnitt.
In: Amerigo Vespucci: Diß Büchlin saget, wie die zwen durchlüchtigsten Herren Her Fernandus K. zu Castilien und Herr Emanuel K. zu Portugal haben das weyte Mör ersuchet und funden vil Insulen unnd ein nüwe Welt … vormals unbekant, Straßburg 1509, Blatt 24b.
© Universitätsbibliothek Freiburg i. Br./Historische Sammlungen (Signatur: UB Freiburg, J 4672,m).

Abb. 2: Leben und Sitten, Holzschnitt.
In: Amerigo Vespucci: Diß Büchlin saget, wie die zwen durchlüchtigsten Herren Her Fernandus K. zu Castilien und Herr Emanuel K. zu Portugal haben das weyte Mör ersuchet und funden vil Insulen unnd ein nüwe Welt … vormals unbekant, Straßburg 1509, Blatt 5b.
© Universitätsbibliothek Freiburg i. Br./Historische Sammlungen (Signatur: UB Freiburg, J 4672,m).

Abb. 3: Huayna Capac fragt Pedro de Candía, was er isst. Candía antwortet: „Gold".
In: Felipe Guaman Poma de Ayala: El primer nueva corónica y buen gobierno [1615/1616], Kopenhagen, Det Kongelige Bibliotek, GKS 2232 4°, f. 369 [371].
URL: http://www5.kb.dk/permalink/2006/poma/371/es/text/ [05.02.2021].

Abb. 4: Diego de Almagro, Francisco Pizarro und Vicente de Valverde vor Atahualpa Inka in Cajamarca. Rechts daneben der Übersetzer Felipe.
In: Felipe Guaman Poma de Ayala: El primer nueva corónica y buen gobierno [1615/1616], Kopenhagen, Det Kongelige Bibliotek, GKS 2232 4°, f. 384 [386].
URL: http://www5.kb.dk/permalink/2006/poma/386/es/text/ [05.02.2021].

Die Integration des amerikanischen Doppelkontinents in die Globalisierungsprozesse

Friedrich Edelmayer

Ich widme den Beitrag Katharina Arnegger anlässlich ihres kürzlich überstandenen ‚runden' Geburtstags sowie zum Dank für die langjährige Kooperation im Rahmen der Lehre der Globalgeschichte an der Universität Wien.

Als Christoph Kolumbus (span. Cristóbal Colón, ital. Cristoforo Colombo) mit Unterstützung der kastilisch-aragonesischen Monarchen 1492 im Atlantischen Ozean nach Westen aufbrach, wollte er einen neuen Seeweg nach Asien entdecken. Sein Hauptziel war es, direkt an die asiatischen Gewürze heranzukommen, um so die teuren Zwischenhändler im Indischen Ozean und im Mittelmeer auszuschalten und hohe Zoll- und Mautzahlungen zu umgehen.[1] Auch wenn er es selbst Zeit seines Lebens nicht wahrhaben wollte, entdeckte er einen neuen Kontinent, der wenig später Amerika genannt werden sollte. Ähnlich zufällig war die Entdeckung der Küste des südamerikanischen Nordostens, die der Portugiese Pedro Álvares Cabral 1500 auf seinem Weg nach Indien – ebenfalls, um asiatische Gewürze zu erwerben – zufällig anlief. Um die Flauten und widrigen Strömungen an der afrikanischen Westküste zu vermeiden, war er zu weit nach Westen abgekommen und gilt als der Entdecker des heutigen Brasilien. Während die Portugiesen zu Beginn des 16. Jahrhunderts den südamerikanischen Kontinent erst einmal mehrheitlich ignorierten, begannen die Kastilier (= Spanier) rasch, zuerst die karibischen Inseln, kurz danach auch das nord- und südamerikanische Festland in ihr eigenes und in die globalen

1 Zur Suche nach Gewürzen allgemein vgl. Turner 2018.

Wirtschaftssysteme einzubauen. Auf den folgenden Seiten werden die wichtigsten Eckpunkte dieser iberischen Interaktionen dargestellt.[2]

Die Ankunft der Europäer bedeutete für die amerikanischen Gesellschaften zuerst einmal gravierende Veränderungen.[3] Es waren nicht so sehr die kriegerischen Auseinandersetzungen, die die indigene Bevölkerung massiv reduzierten, sondern vor allem Krankheiten aus der Alten Welt, also aus Eurasien und Afrika, die die Amerikaner massenhaft töteten. Während die Menschen der Alten Welt seit Jahrtausenden miteinander in Kontakt gestanden waren und somit einen Pool an Antikörpern entwickeln konnten, lebten die Amerikaner so isoliert, dass sie keine Immunität gegen die ihnen unbekannten Krankheiten besaßen. So kam es zu Prozessen, die sich Ende des 18. und während des 19. Jahrhunderts im ebenfalls isolierten Australien wiederholen sollten.[4] Virale Krankheiten wie Pocken, Masern, Mumps, Grippe und Gelbfieber rafften in manchen Regionen Amerikas zwischen 90 und 100 Prozent der Bevölkerung hinweg. So lebten beispielsweise auf der Insel La Española, dem Gebiet der heutigen Staaten Haiti und Santo Domingo, im Jahre 1492 ein bis drei Millionen Menschen, um 1520 gab es dort gerade noch 16 000 Indigene, um die Mitte des 16. Jahrhunderts war die ursprüngliche Bevölkerung verschwunden. Dramatisch war auch der Bevölkerungsrückgang in Mexiko. Dort lebten 1519, dem Jahr, in dem Hernán Cortés das Land betrat, ungefähr 25 Millionen Menschen. 1532 gab es noch knapp 17 Millionen, 1548 sechs Millionen, 1605 eine Million und 1620 nur mehr circa 730 000 Indigene. Nicht ganz so katastrophal scheint der Bevölkerungsverlust in Peru gewesen zu sein, wobei hier das Zahlenmaterial etwas unsicherer ist. Angaben über die dortige vorspanische Bevölkerung schwanken zwischen drei und dreißig Millionen Menschen, die Forschung geht von einem Bevöl-

2 Ausdrücklich sei darauf hingewiesen, dass im vorliegenden Artikel, der sich nach Wunsch des Bandherausgebers an ein breiteres Publikum richten soll, auf frühere Publikationen des Autors zum Thema resümierend zurückgegriffen wird. Dabei kann es auch zu einzelnen wörtlichen Textübernahmen kommen. Diese werden entgegen den Gepflogenheiten in akademischen Arbeiten nicht als Direktzitate ausgewiesen, weil das den Lesefluss nur behindern würde. Allerdings wird in den Anmerkungen darauf verwiesen, wo die wiederverwendeten Textstellen des Autors schon früher abgedruckt wurden.

3 Dieser und der nächste Absatz stammen in überarbeiteter Form aus Edelmayer 2015a, 41 f.; allgemein zum Thema vgl. neben vielen anderen Monografien Hernández Sánchez-Barba 2012.

4 Edelmayer 2013, 65.

kerungsverlust zwischen 50 und 65 Prozent aus.[5] Schließlich existieren aktuelle Neuberechnungen für Mesoamerika, also für die heutigen Staaten Costa Rica, El Salvador, Guatemala, Honduras, Nicaragua und Panamá. Dort reduzierte sich laut Peter Gärtner in manchen Regionen die indigene Bevölkerung zwischen dem Beginn der spanischen Eroberung und dem Jahr 1800 auf nur 10 Prozent der Gesamtbevölkerung.[6]

Dass die Bevölkerung im heutigen Lateinamerika nicht gänzlich europäisiert wurde, hängt damit zusammen, dass bis zum 19. Jahrhundert relativ wenige Europäer einwanderten, unter denen es außerdem einen bedeutenden Überschuss an Männern gab. Somit kam es ab dem Beginn der spanischen und portugiesischen Herrschaft zu sexuellen Kontakten zwischen Indigenen und Europäern. Dies führte zu einem Prozess, den man *mestizaje* (Vermischung) nennt.[7] Dieses Phänomen wurde noch weitaus komplexer durch die massive und erzwungene Ankunft afrikanischer Sklaven, die als billige Arbeitskräfte die nahezu völlig ausgerottete indigene Bevölkerung ersetzen mussten. Die Afrikaner hatten meist in der entstehenden Plantagenwirtschaft, vor allem in der Karibik und in Brasilien, sowie im Bergbau zu arbeiten. Doch auch sie hatten sexuellen Kontakt mit der sich langsam vermischenden euro-amerikanischen Bevölkerung. Bis zum 18. Jahrhundert führte das beispielsweise im spanischen Machtbereich zu einer Klassifizierung der Bevölkerung, die nicht nur Wörter für Menschen afrikanischer, amerikanischer und europäischer Abstammung hatte, sondern auch für alle Formen der Vermischung. Diese wurden auch bildlich dargestellt.[8]

Die Begründung der amerikanischen Reiche und deren Integration in den globalen Warentransfer setzte zuerst einmal die genaue Kennt-

---

5 Die Zahlen stammen aus Edelmayer 2005, 49.

6 Gärtner 2020, Tabelle 11, 108.

7 Die Literatur zu diesem Thema ist äußerst umfangreich und wird hier nicht ausführlich zitiert. Einen guten Überblick zu diesem Phänomen in einer globalen Perspektive bieten Gagnon/Giguère 2014; an älterer Literatur noch immer informativ: Rosenblat 1954; zu Zentralamerika neuerdings Gärtner 2020, 115–126.

8 Im Internet sind zahlreiche Bildquellen leicht zugänglich, z. B. https://www.researchgate.net/figure/Las-castas-en-la-America-colonial-Fuente-Las-Castas-anonimo-Siglo-XVIII-Museo_fig1_262185906 [19.1.2021]; http://historiasinhistorietas.blogspot.com/2013/01/el-mestizaje-en-america.html [19.1.2021]; https://www.pinterest.com/pin/366339750920035454/ [19.1.2021]; vgl. auch https://www.culturaydeporte.gob.es/museodeamerica/actividades2/cursos-y-conferencias/patrimonio-para-jovenes.html [19.1.2021].

nis der geografischen Gegebenheiten voraus.[9] Diese stellten im neuentdeckten Kontinent eine immerwährende Quelle der Überraschungen dar. Folgt man dem Bordbuch der ersten Reise des Kolumbus, mussten die spanischen Monarchen denken, dass sich in der Neuen Welt das irdische Paradies befände. Denn das geografische Verständnis des Kolumbus war vor allem geprägt von seiner Lektüre. Dazu ein Beispiel: Im Werk *Imago Mundi* des französischen Theologen Pierre d'Ailly aus dem Jahr 1410 hatte er gelesen, dass sich das irdische Paradies in einer Zone milden Klimas in Äquatornähe befände. Weil er nicht endgültig sicher war, nun das Paradies wirklich entdeckt zu haben, stellte er ganz einfach fest, dass, da die Theologen und die Philosophen das irdische Paradies im Fernen Osten lokalisiert hätten und das Klima der neuentdeckten Länder sehr mild sei, er sich nun im Fernen Osten befände. Während seiner dritten Reise gewann Kolumbus noch größere Gewissheit, das irdische Paradies gefunden zu haben, musste dafür allerdings die Erkenntnisse, die er sich aufgrund seiner Lektüre angeeignet hatte, modifizieren, damit die Angaben der alten Autoren mit seinen eigenen Beobachtungen synchronisiert werden konnten. Das klingt dann so:

> „[...] die Erde ist nicht rund in der Form, wie es beschrieben wird. Vielmehr hat sie die Form einer sehr runden Birne mit Ausnahme der Stelle, wo die Birne ihren Stiel hat. Denn dort ist sie viel höher. Man könnte auch sagen, die Erde ist wie ein sehr runder Ball, und an einer Stelle sieht sie aus wie die Brust einer Frau, und der Teil der Brustwarze ist der höchste Teil, der dem Himmel am nächsten ist, und dieser Teil wäre demnach unterhalb der Äquinoktiallinie und in diesem Meer am Ende des Orients [...] Der heilige Isidor und Beda und Strabo und der Meister der scholastischen Geschichte und der heilige Ambrosius und Scotus und alle heiligen Theologen stimmen darin überein, dass das irdische Paradies im Orient ist [...] Ich nehme nicht an, dass das irdische Paradies die Form eines rauen Berges hätte, wie uns die genannten Autoren zu zeigen versuchen, außer man nimmt an, es ist dort, wo sich der Stil der Birne befindet [...]."[10]

Die Beschreibung von Kolumbus klingt kurios, doch heute wissen wir, dass die Erde tatsächlich nicht rund wie ein Ball ist, sondern, grob gesprochen, eher die Form einer unregelmäßigen Kartoffel hat.

---

9 Dieser Absatz stammt in überarbeiteter Form aus Edelmayer 1996, 46–48.

10 Pérez de Tudela et al. 1994, 1107–1113 [eigene Übersetzung aus dem Spanischen].

An dieser Stelle muss noch einmal daran erinnert werden, dass die Spanier keinen neuen Kontinent gesucht hatten, sondern einen Weg, um billiger an die asiatischen Gewürze heranzukommen. Wie viel Gewinne sich mit dem Gewürzhandel machen ließen, sei am Beispiel der ersten Weltumsegelung demonstriert. Der Portugiese in spanischen Diensten Ferdinand Magellan (port. Fernão de Magalhães, span. Fernando de Magallanes) verließ 1519 mit fünf Schiffen, die eine gemeinsame Ladekapazität von 520 Fässern hatten, den Hafen von Sevilla, um neuerlich den Westweg zu den Gewürzinseln zu suchen. Die fünf Schiffe kosteten samt ihrer Ausrüstung 8 334 335 Maravedís. Magellan verstarb nach einer Reise durch den südlichen Atlantik und den Pazifik 1521 auf den Philippinen, das Kommando der Expedition übernahm der Baske Juan Sebastián Elcano. Dieser kehrte mit einem einzigen Schiff, der Victoria, 1522 auf dem Weg über den Indischen Ozean und entlang der afrikanischen Westküste nach Spanien zurück. Drei Schiffe waren verlorengegangen, eines war bereits im Atlantik desertiert. Die Victoria fasste nur 85 Fässer, also 16,3 Prozent der Ladekapazität der ursprünglichen Flotte. Dennoch erbrachte der Verkauf der mitgebrachten Gewürze, vor allem Nelken, Muskatnüsse und Zimtrinden, einen Gesamterlös von 8 680 551 Maravedís. Der Gewinn der Expedition machte also trotz des Verlustes der anderen Schiffe 346 216 Maravedís aus. Wie Guillermo Morán Dauchez erst kürzlich betont hat, mag ein Gewinn von 4,15 Prozent in drei Jahren gering erscheinen (er war dennoch hoch im Vergleich zu den heutigen Bankzinsen), doch wäre die gesamte Flotte zurückgekommen, hätte man mit den Gewürzen rund 50 Millionen Maravedís erzielen können. In diesem Fall wäre der Gewinn der Expedition bei ungefähr 500 Prozent gelegen.[11]

Doch zurück zu Amerika: Das, was die Spanier dort vorfanden, überforderte sie eindeutig und ließ sich nur schwer in ihr bekanntes Weltbild einordnen. Es fehlten ihnen für Tiere, Pflanzen und Menschen schlichtweg die Worte, weshalb sie die unbekannten Phänomene mit dem ihnen bekannten Vokabular zu beschreiben versuchten oder einfach indigene Begriffe übernahmen. Das hat bis heute seine Spuren hinterlassen, selbst in der deutschen Sprache.

Beginnen wir mit den Menschen: Da Kolumbus angeblich in Asien gelandet war, mussten die dortigen Bewohner wohl *indios* (Inder) sein. Das Wort wurde in den meisten europäischen Sprachen beibehalten, im Deutschen wurden aus den Indern eben Indianer, im Englischen

[11] Morán Dauchez 2019, 294.

blieben sie *Indians.* 1524 begründete der spanische König Karl I. (Carlos I) – als Kaiser des Heiligen Römischen Reichs ist er bekannter unter dem Namen Karl V. – ein eigenes Ratsgremium für die ‚Neue Welt' – auch dieser Begriff zeigt, wie sehr die Europäer durch die unglaublichen und zahlreichen neuen Eindrücke überfordert waren –, das allerdings nicht *Consejo de América* (Amerikarat) genannt wurde, sondern *Consejo de Indias* (Indienrat). Der Irrtum des Kolumbus wurde also in der spanischen Administration übernommen. In diesem Zusammenhang ist schließlich auch die Geografie zu nennen: Die Inselgruppen der Bahamas sowie der Großen und Kleinen Antillen in der Karibik werden noch heute unter dem Sammelbegriff Westindische Inseln zusammengefasst – Kolumbus und sein Irrtum haben sich also nachhaltig durchgesetzt.

Das eben Geschilderte lässt sich auch im Bereich der Pflanzen und Tiere nachweisen. Eines der begehrtesten asiatischen Produkte im Europa des Spätmittelalters und der Frühen Neuzeit war der Pfeffer, der deshalb auch äußerst hohe Preise erzielte. Obwohl Kolumbus angeblich in Asien gelandet war, fand er in der Karibik allerdings keinen Pfeffer, sondern Chilischoten, die allerdings wegen ihrer Schärfe Eigenschaften aufwiesen, die jenen des Pfeffers ähnelten. Dies zeigt sich schon im Namen des bis dahin unbekannten Produktes. Während der Pfeffer im Spanischen mit dem Wort *pimienta* bezeichnet wird, wurde das unbekannte neue Gewächs *pimiento*[12] und die Früchte in gemahlener Form *pimentón*[13] genannt.

Die Chilischote veränderte die Ernährungsgewohnheiten der gesamten Welt.[14] Diese wurden auch durch andere amerikanische Pflanzen verbessert, man denke nur an agrarische Produkte wie den Tabak, die

---

12 Bei Covarrubias Orozco 1611, 871, dem Verfasser des ersten erklärenden Wörterbuchs der spanischen Sprache, heißt es zu *pimienta:* „Pfeffer. Aromatisches Gewürz, das aus dem östlichen Indien gebracht wird, lateinisch *piper,* wovon sein Name abgeleitet wird. […]." Zu *pimiento* lautet die Eintragung ebenda: „Chili [im Deutschen auch (scharfer) Paprika]. Ein Busch, der eine bestimmte farbige Frucht hervorbringt, und diese brennt wie Pfeffer, wenn man sie bearbeitet, indem man sie im Ofen röstet, und sie ersetzt den Pfeffer"; [eigene Übersetzungen aus dem Spanischen].

13 Bei Moliner 1991, Bd. 2, 743, ist unter *pimentón* zu lesen: „Chili [(scharfer) Paprika]. Pulver, das man gewinnt, indem man die gefärbte Chilischote mahlt, nachdem man sie getrocknet hat, und das wird zum Würzen verwendet." [Eigene Übersetzung aus dem Spanischen].

14 Zuletzt Arndt Anderson 2016; Walton 2018.

Tomate, die Kartoffel, die Gartenkürbisse, die beispielsweise für die Gewinnung des steirischen Kürbiskernöls verwendet werden, verschiedene Feuerbohnen wie die Käferbohne, die Erdnuss, den Mais oder die Sonnenblume. Der Kakao hat sogar seine ursprüngliche Bezeichnung, aus dem mexikanischen Náhuatl stammend, beibehalten (*cacahuatl*). Aus ihm gewannen die Azteken ein Getränk unter dem Namen *xocóatl* (Schokolade). Auch der Maniok (Cassava), den die Portugiesen aus Südamerika vornehmlich nach Afrika brachten, die aus dem heutigen Mexiko stammende Vanille oder ein Baum mit dem Náhuatl-Namen *ahuacatl* (Avocado), der heutzutage eine der beliebtesten Speisefrüchte liefert, sind in diesem Kontext zu nennen.[15]

Die Verbreitung der Pflanzen und Tiere aus der Neuen in die Alte Welt und umgekehrt[16] wird unter dem Begriff *Columbian Exchange* (Kolumbischer Austausch) subsummiert. Der Begriff geht auf Alfred W. Crosby zurück.[17] Teil dieses Austausches war auch die Einfuhr von Pflanzen und Tieren aus Eurasien und Afrika nach Amerika. Dieser Vorgang veränderte den Kontinent noch nachhaltiger als die Alte Welt. Zu Beginn war die wohl wichtigste Pflanze das Zuckerrohr, das schon bald im Rahmen der Plantagenwirtschaft großflächig angebaut wurde. Da die Zuckergewinnung sehr arbeitsintensiv war, die indigene Bevölkerung aber durch die eingeschleppten Krankheiten auf den karibischen Inseln zur Gänze und auf dem Festland zu bis zu 90 Prozent umgekommen war, der Bedarf an Zucker in Europa jedoch immer mehr anwuchs, wurden aus Afrika zahlreiche Sklaven importiert. Ebenfalls in großem Maße wurde bald unter Einsatz von Sklavenarbeit Kaffee in Amerika produziert, der seinen Ursprung in Äthiopien hat.

Eine weitere Frucht, die ursprünglich aus Asien stammt, ist die Banane, die seit dem Beginn des 16. Jahrhunderts bereits in der Karibik auf Plantagen gepflanzt wurde und den Bedarf nach afrikanischen Sklaven noch bedeutend anhob. Bereits im 16. Jahrhundert kam auch die Weinrebe nach Amerika, wo sie zuerst in Peru und in Chile verbreitet wurde, später durch Missionare auch im Norden von Mexiko, beispielsweise im heutigen US-amerikanischen Kalifornien.[18] Daneben

[15] Ausführlicher bei Edelmayer 2015a, 45–47; bei Edelmayer 2015b, 29, findet sich eine illustrative Grafik über den interatlantischen Pflanzenaustausch.

[16] Dieser und die nächsten beiden Absätze stammen in leicht überarbeiteter Form aus Edelmayer 2015a, 47–49.

[17] Crosby 1972.

[18] Hausberger 2000, 489 f.

sind auch die Oliven und Zitrusfrüchte wie Orangen und Zitronen zu erwähnen, die ursprünglich aus China stammten und auf dem Weg über den Mittelmeerraum in die Neue Welt verpflanzt wurden, sowie alle möglichen Fruchtsorten, beispielsweise die Birne. Vor allem Weizen, aber auch Gerste, Korn und Hafer veränderten wegen ihres großflächigen Anbaus und ihres im Vergleich zum Mais größeren Bedarfs an Boden maßgeblich die amerikanischen Landschaften. Auch der ursprünglich aus Asien stammende Reis ist hier zu erwähnen.

Im Rahmen des *Columbian Exchange* müssen auch die Tiere erwähnt werden, die den Atlantik überquerten. Die Neue Welt trug auf diesem Gebiet relativ wenig bei, sieht man vom Truthahn ab, den bereits Cortés aus Mexiko nach Europa mitführte und der in Österreich noch immer auch unter dem Namen Indian, indi(ani)scher Hahn, bekannt ist, oder vom Meerschweinchen, das in Europa zum beliebten Haustier wurde. Bereits im 16. Jahrhundert waren es besonders die amerikanischen Papageien, die das Prestige der Fürstenhöfe oder reicher Bürgerfamilien erhöhten.[19] Auffällig ist auch, dass mexikanische Federarbeiten in Europa sehr geschätzt waren – so kommen diese schon in einem Inventar des späteren Kaisers Ferdinand I. im Jahre 1524 vor.[20] In der Gegenrichtung sind die zahlreichen europäischen Haustiere zu erwähnen, die in Amerika unbekannt waren. Schon auf den ersten spanischen und portugiesischen Schiffen fuhren Pferde, Rinder, Schafe, Ziegen und europäisches oder afrikanisches Geflügel mit.[21] Die von den Europäern mitgebrachten Pferde wilderten rasch aus, beispielsweise im nördlichen Mexiko oder in den Pampas Südamerikas. Sie hatten kaum natürliche Feinde, vermehrten sich rasch und bildeten große Herden. Die Indigenen begannen bald, diese Pferde zu nutzen. Nomadische Gesellschaften wie in den Great Plains in den heutigen Vereinigten Staaten oder im südamerikanischen Gran Chaco konnten so ihre Mobilität beträchtlich verbessern und leichter an Nahrungsressourcen herankommen. Damit wurde es beispielsweise im Norden leichter, die Bisons zu jagen.[22] Wegen der verbesserten Ernährungssituation erholte sich in jenen Gegenden die indigene Bevölkerung relativ rasch von den Verlusten, die die von den Europäern eingeschleppten Krankheiten verursacht hatten. Auch diese Krankheiten sind natürlich Teil des *Columbian Exchange*, obwohl

19 Pieper 1999; Edelmayer 2016, 17.

20 Edelmayer 2010, 2751.

21 Guintard 2017, vor allem die Karte über die Verbreitungswege der Tiere, 156.

22 Döring 1984.

keine Krankheiten von Amerika in die Alte Welt kamen. Die Syphilis dürfte es nach neuesten Erkenntnissen schon vor Kolumbus in der Alten Welt gegeben haben.[23]

Die Überforderung der Europäer, die ihnen fremden Kulturen zu begreifen, führte nicht nur häufig zu deren mehr oder minder gewaltsamen Ausrottung oder zumindest Unterdrückung, sondern trieb zuweilen auch kuriose Blüten. So berichtete Hernán Cortés, der Eroberer von Mexiko, mit besonderer Abscheu von den Menschenopfern, die er bei den Azteken beobachtet hatte, und davon, dass bei den religiösen Zeremonien das Fleisch der Opfer auch gegessen werden würde. Karl V. und seine Räte führten die Menschenopfer nicht auf religiöse Notwendigkeiten im Rahmen des aztekischen Glaubensgebäudes zurück, sondern auf den Mangel an für Menschen essbarem Fleisch. 1523 ordnete der König daher an, dass ausreichende Mengen an Vieh nach Mexiko gebracht werden sollten, damit die Bewohner dort genug Fleisch zu essen hätten und umso schneller mit der Menschenfresserei aufhörten, die Menschenopfer selbst wurden strengstens verboten.[24] Der Mythos vom Kannibalismus in der Neuen Welt sollte sich aber hartnäckig halten, zusätzlich befeuert durch weitere Berichte, zum Beispiel jenem des deutschen Landsknechts Hans Staden, der im Dienste des portugiesischen Königs 1553 in Brasilien in die Gefangenschaft des Volks der Tupinambá geriet und nach seiner Freilassung einen Bericht publizierte, der einen schaurigen Titel trug: *Warhaftige historia und beschreibung eyner landtschaft der wilden, nacketen, grimmigen menschenfresserleuthen, in der Newenwelt America gelegen* [...]. Dieses Buch erschien 1557 und hatte seine Auswirkung auf das Amerikabild die folgenden Jahrhunderte. Selbst Alexander von Humboldt berichtete noch am Beginn des 19. Jahrhunderts, er hätte im heutigen Venezuela von Kannibalismus gehört.[25]

Begegnet uns hier das pure Unverständnis gegenüber anderen Kulturen, muss dennoch festgehalten werden, dass die spanischen und portugiesischen Kronen nach jeder Eroberung danach trachteten, möglichst genaue geografische Informationen über die neuen Territorien zu erhalten. Zu inkludieren waren in den Rahmen dieser Informationen auch exakte Angaben über die Vielfalt und Unterschiedlichkeit der

[23] Erdal 2006.

[24] Baudot 1992, 29.

[25] Zu Staden vgl. Schäffauer 2011.

autochthonen Ethnien, über ihre Religionen und Gebräuche, über ihre Steuerformen, ihre Gesetze und auch, um ein weiteres Beispiel zu nennen, die Erbrechte des einheimischen Adels. Die Triebfeder für dieses detaillierte Interesse ist nicht im Bereich der Wissenschaften zu suchen, sondern vielmehr in der Notwendigkeit, amerikanische Strukturen auf ihre Verwendbarkeit im Rahmen der neu aufzubauenden europäischen Verwaltungen untersuchen zu wollen.

Da die europäische Bevölkerung in der Neuen Welt viel zu gering an Zahl war, als dass man auf die Kooperation des einheimischen Adels hätte verzichten können, zeigte sich besonders die spanische Krone daran interessiert, das rechtliche Herkommen und auch die Gebräuche der indigenen Bevölkerung zu schützen und zumindest Teile ihrer Strukturen zu erhalten, solange nicht dadurch die Christianisierung oder die Ausbeutung der Ressourcen behindert wurde. Weiter machte sich die Krone auch den prähispanischen Verwaltungsapparat zunutze. Beispielsweise wurde 1530 seitens des Königs verlangt, sämtliche „Malereien der Tribute", also die mexikanischen Codizes samt ihren Kommentaren über die Tribute in Náhuatl, zu sammeln, um aufbauend auf dem alten Abgabensystem nun die neuen, kastilischen Abgaben festzuschreiben. Auf diese Art und Weise wurden auch die Strukturen der einheimischen Gesellschaften im System der Kolonialverwaltung integriert, wobei versucht wurde, diese Strukturen sukzessive zu hispanisieren.[26]

Spätestens ab der zweiten Hälfte des 16. Jahrhunderts begann auch die wissenschaftliche Beschäftigung mit den neu entdeckten Ländern. So verfasste der Mediziner, Ornithologe und Botaniker Francisco Hernández de Toledo die berühmte *Historia Natural de las Indias*, eine Beschreibung der Pflanzen und Tiere Mexikos. Dieser war zwischen 1571 und 1577 im Auftrag und mit dem Geld König Philipps II. durch Mittelamerika und Mexiko gereist. Der König schätzte das Werk von Hernández so sehr, dass er persönlich den Auftrag gab, eine verkürzte Version zu drucken, die wegen verschiedener widriger Umstände allerdings erst viel später erschien. Zu erwähnen ist auch, dass Juan de Ovando, der Präsident des Indienrates, im Auftrag Philipps II. 1569 und 1570 Fragenkataloge nach Amerika versandte. Mit deren Hilfe sollten Informationen über Land und Leute, Gebräuche und Gesetze der Einheimischen, aber auch über die Geografie, die Flora und Fauna gesammelt werden. 1577 schließlich verfasste Juan López de Velasco einen weiteren Fragenkatalog. Aufgrund der so gewonnenen Informationen verfü-

26 Edelmayer 1996, 48.

gen wir heute über hervorragendes Material zu ganz Hispanoamerika. Allerdings trachtete Philipp II. ab 1582, die gesammelten Informationen möglichst geheim zu halten und verbot ihren Druck.[27] Diese Änderung in der Informationspolitik ist nicht zuletzt auf die zunehmende Korsarengefahr zurückzuführen. Seeräuberische Unternehmungen wie jene des Francis Drake provozierten in Spanien immer größere Ängste. Der König begann eifrig darüber zu wachen, damit andere europäische Mächte nicht in seinen Herrschaftsbereich eindrangen. Zu viel an Information hätte dieses Eindringen nur zu sehr erleichtert.[28]

Die Portugiesen und Spanier begannen auch rasch, den Kontinent in die Weltwirtschaft zu integrieren. Die entstehende Plantagenwirtschaft, die anfänglich vor allem Zucker für die europäischen Märkte produzierte, wurde ohnedies schon genannt. Diese ist auch verantwortlich für ein Geschäftsmodell, das unter dem Namen Dreieckshandel bekannt ist. Mit den Gewinnen, die der in Amerika produzierte Zucker, später auch Tabak und Kaffee, abwarfen, wurden in Europa Waren für die afrikanischen Märkte gekauft, unter anderem Werkzeuge aus Eisen. Diese wurden an den afrikanischen Westküsten gegen Sklaven eingetauscht, die wiederum in der Plantagenwirtschaft Amerikas arbeiten mussten.[29]

Während der Zucker Amerika eroberte, verbreitete sich neben der Chilischote vor allem der Tabak besonders rasch über den gesamten Globus, nicht nur in Europa und Afrika, sondern auch in Asien, wo er ebenfalls zu einem beliebten Genussmittel wurde.[30] Er erreichte schon im 17. Jahrhundert Gegenden der Welt, die den Europäern noch völlig unbekannt waren, nämlich Australien. Doch wie gelangte der Tabak so schnell dorthin? Es waren wohl die Fischer aus der Stadt Makassar auf der heute indonesischen Insel Sulawesi, die ihn nach Nord- und Westaustralien brachten und damit die Rechte bezahlten, Seegurken für den chinesischen Markt zu fangen und zu trocknen.[31] Die Makassaren wiederum müssen ihn von portugiesischen Gewürzhändlern erhalten haben.

Die Produkte der Neuen Welt veränderten den gesamten Globus also innerhalb kürzester Zeit. Das wichtigste dieser Produkte wurde bisher allerdings verschwiegen, nämlich das amerikanische Silber. Dieses

27 Edelmayer 2017, 127 f.

28 Vgl. Edelmayer 2012.

29 Ausführlich und genau beschrieben bei Pfeisinger 2005.

30 Menninger 2005.

31 Edelmayer 2015c, 213.

entwickelte sich zum wichtigsten Motor der Globalisierungsprozesse. Vor allem die Spanier importierten dieses Edelmetall in immer größeren Mengen aus Amerika nach Europa, ab den 1570er Jahren auch auf die spanischen Philippinen, wo vor allem chinesische Händler an das begehrte Produkt herankamen. Das Silber begann in großen Mengen aus Amerika abzufließen, nachdem 1545 die Lagerstätten in Potosí im heutigen Bolivien entdeckt worden waren. Dazu kamen in der zweiten Hälfte des 16. Jahrhunderts noch reiche Silberminen in Mexiko und in Peru. Um eine Vorstellung von den riesigen Edelmetallmengen zu bekommen, hier einige Zahlen: Im ersten Jahrzehnt des 16. Jahrhunderts wurden ungefähr 200 000 Pesos an Edelmetallen pro Jahr aus der Neuen Welt nach Spanien importiert, im zweiten Dezennium waren es bereits 360 000 Pesos pro Jahr, in den Dreißigerjahren 920 000 Pesos, um im Zeitraum zwischen 1541 und 1550 bereits die Millionengrenze zu überschreiten (1,73 Millionen Pesos). Zwischen 1551 und 1560 wurden durchschnittlich 2,96 Millionen Pesos pro Jahr importiert, 1561 bis 1570 4,19 Millionen pro Jahr, 1571 bis 1580 4,82 Millionen, 1581 bis 1590 8,80 Millionen, um im letzten Jahrzehnt des Jahrhunderts auf 11,52 Millionen Pesos pro Jahr anzuwachsen, auf einen Wert, der im 17. Jahrhundert erst ab 1661 wieder überschritten wurde. Diese Edelmetallimporte verursachten in Spanien, aber auch in ganz Europa das, was unter dem Schlagwort der ‚Preisrevolution' in die Historiografie eingegangen ist.[32] Das heißt, das Leben in Europa wurde um vieles teurer, als es noch im 15. Jahrhundert gewesen war. Denn das in jenem Jahrhundert neu produzierte Silber war relativ rasch im Zuge des Gewürzhandels nach Asien abgeflossen, die in Europa im Umlauf befindliche Silbermenge war somit relativ gleich geblieben und die Preise hatten sich nicht oder kaum erhöht. Spätestens ab der zweiten Hälfte des 16. Jahrhunderts verlor das Silber jedoch in Europa wegen der nun erhöhten Menge, die sich im Umlauf befand, deutlich an Kaufkraft.

Das amerikanische Silber wurde damit zum Fluch für Europa. Den spanischen Monarchen ermöglichte es jedoch, ihre Hegemonialpolitik auf dem Kontinent und in den außereuropäischen Territorien umzusetzen. Die spanische Außenpolitik wurde, von wenigen Ausnahmen abgesehen, nur von Kastilien finanziert und nicht von den anderen Ländern der Krone. Zu diesen kastilischen Finanzen trug das amerikanische Silber ungefähr 25 Prozent pro Jahr bei. Wegen des amerikanischen Silbers war die spanische Monarchie zwischen der Mitte des 16. und der

32 Vgl. Edelmayer 2015a, 44 f.

Mitte des 17. Jahrhunderts nicht nur die alles beeinflussende Supermacht in Europa, sondern auch im atlantischen und pazifischen Raum und zwischen 1581 und 1640, als auch Portugal in Personalunion mit der spanischen Monarchie vereint war, sogar im Indischen Ozean.[33]

Das amerikanische Silber floss jedoch weiterhin in großen Mengen auf dem Weg über Europa nach Asien ab, denn die dortigen Gewürze verloren nicht an Attraktivität. Dazu kam schließlich auch noch ein anderer Weg, über den das Silber nach Asien gelangte. Magellan hatte zwar die Passage von Amerika zu den Philippinen entdeckt, doch sollte es noch bis 1565 dauern, bis die günstigen Strömungen im nördlichen Pazifik gefunden wurden, die die Rückkehr von den Philippinen nach Amerika, meist zum Hafen von Acapulco in Mexiko, ermöglichten. Der Pazifik wurde so zu einem „spanischen See", wie es in einem sehr lesenswerten Buch schon im Titel heißt.[34] 1571 begründeten schließlich die Spanier ihr Verwaltungszentrum in der Stadt Manila und begannen ihren regen Handelsaustausch mit China und auch Japan.[35] Da in diesem Jahr ein regelmäßiger jährlicher Schiffsverkehr mit der sogenannten Manila-Galeone (span. *Galeón de Manila* oder *Nao de China*) zwischen Amerika und den Philippinen eingerichtet wurde, der bis 1815 Bestand haben sollte, gilt es als das Geburtsjahr des globalen Handels.[36] China, das damals gerade sein Abgabensystem auf Silber umstellte, hatte einen enormen Bedarf an diesem Edelmetall, weshalb chinesische Händler zahlreich nach Manila strömten, um chinesische Produkte wie Seide, Porzellan oder Lacke gegen das spanisch-amerikanische Silber einzutauschen. Diese Produkte gelangten dann nach Amerika und wurden in bedeutenden Mengen weiter nach Europa verschifft. Die spanische Münze des sogenannten *Real de a ocho* (engl. *Spanish Dollar*) wurde zu einer wirklichen Weltwährung, die in manchen Gebieten auch Überprägungen erfuhr und bis in das 19. Jahrhundert hinein das internationale Währungssystem und den globalen Handel dominierte.[37]

Auch traditionelle Feinde der Spanischen Monarchie wie die Republik der Vereinigten Niederlande verwendeten das spanische Silber, speziell für ihre Handelsgeschäfte in Südostasien. Dazu ein illustratives Beispiel: Die Niederländer begannen ab dem Beginn des 17. Jahr-

33 Um vieles ausführlicher bei Edelmayer 2019a und 2019b.

34 Buschmann et al. 2014.

35 Tremml-Werner 2015.

36 Vgl. Flynn/Giráldez 1995.

37 Vgl. auch La plata 2008.

hunderts, die Portugiesen aus dem südostasiatischen Raum mit seinen lukrativen Gewürzinseln zu vertreiben, was sich in Anbetracht der oben geschilderten Gewinnmöglichkeiten durch den Gewürzverkauf nach der Weltumsegelung von Elcano erklären lässt. Zu diesem Zweck hatten sie 1602 eine eigene Handelskompanie begründet, die Vereinigte Ostindische Kompanie (niederl.: *Vereenigde Oostindische Compagnie*, VOC). Zu deren wichtigstem Hauptquartier wurde bald die Stadt Batavia, das heutige Jakarta auf der indonesischen Insel Java. Um Batavia anlaufen zu können, ohne auf feindliche portugiesische Schiffe im Indischen Ozean zu treffen, suchten die Kapitäne der VOC einen neuen Seeweg. Sie entdeckten eine Westwindzone im Indischen Ozean, heute hauptsächlich bekannt unter dem englischen Begriff *Roaring Forties*, die es auf der südlichen Hälfte der Erde um den 40. Breitengrad ermöglicht, rasch von Westen nach Osten zu gelangen. Die Kapitäne mussten nur rechtzeitig nach Norden steuern, um nach Batavia zu gelangen. 1629 wurden die *Roaring Forties* einem Schiff der VOC zum Verhängnis, nämlich der gleichnamigen Batavia, die sich auf ihrer Jungfernfahrt von den Niederlanden nach Java befand. Das Schiff führte neben Juwelen zwölf Kisten mit Silber der VOC im Wert von 250 000 Gulden mit sich, kam im Indischen Ozean zu weit nach Osten ab, nahm zu spät den Kurs nach Norden und strandete Anfang Juni 1629 auf einem Korallenriff bei den Houtman Abrolhos Inseln, ungefähr 80 Kilometer westlich der heutigen Stadt Geraldton in Westaustralien. Die Tragödien, die sich danach abspielten, müssen an dieser Stelle nicht näher erläutert werden.[38] Von Bedeutung im Zusammenhang mit dem vorliegenden Artikel ist vielmehr die Tatsache, dass die Reste des Wracks zwischen 1963 und 1976 erforscht und gehoben wurden. Dabei kamen auch zwei der ursprünglich zwölf Silberkisten – zehn waren bald nach dem Schiffbruch geborgen worden – zutage. Diese Silbermünzen zeigen deutlich die Dominanz des spanischen Silbers im internationalen Handelsverkehr des 17. Jahrhunderts, sind doch spanische Prägungen im Schatzfund besonders häufig vertreten. Zu finden sind Münzen aus den Prägestätten in Burgos, Granada, Madrid, Segovia, Sevilla und Toledo, doch auch Prägungen aus Mexiko, Potosí oder Santafé de Bogota, wo Silber erst seit 1622 gemünzt wurde, sind vertreten. Diese Münzfunde zeigen einmal mehr den weiten Weg des amerikanischen Silbers in den asiatischen Raum.[39]

[38] Ausführlich dargestellt bei Edelmayer 2013, 20–22.

[39] Ausführlich bei Edelmayer 2013, 21.

Die spanische und portugiesische Entdeckung des amerikanischen Doppelkontinents samt der Inselwelt der Karibik veränderte den gesamten Globus rasch in einer noch nie davor gesehenen Art und Weise. Menschen, Pflanzen, Tiere und Krankheiten wurden auf der gesamten Erde in neue Umwelten versetzt, die Bevölkerung in Amerika sah sich mit existenzbedrohenden neuen Lebensumständen konfrontiert, der Extravismus der Europäer, vornehmlich des Silbers im spanischen Machtbereich, hatte seine nachhaltigen Auswirkungen bis hinein ins 19. Jahrhundert für das Weltwirtschaftssystem. Die Mehrheit der Menschen, die heute in den Amerikas leben, haben europäische oder afrikanische Wurzeln, seit dem 19. Jahrhundert auch asiatische. Die Wende vom 15. zum 16. Jahrhundert markiert somit den Beginn von Globalisierungsprozessen, die sich in den folgenden Jahrhunderten immer mehr beschleunigten und die heute angesichts einer weltweiten Pandemie immer häufiger und lauter kritisiert werden.

Literatur

Arndt Anderson 2016 = Heather Arndt Anderson: Chillies. A Global History, London 2016.

Baudot 1992 = Georges Baudot: La Corona y la Fundación de los Reinos Americanos (La Corona y los Pueblos Americanos 5), Madrid 1992.

Böttcher 2005 = Nikolaus Böttcher: „How could we do without sugar and rum“. Der Sklavenhandel in der Karibik vom 16. bis zum 19. Jahrhundert, in: Bernd Hausberger/Gerhard Pfeisinger (Hg.): Die Karibik. Geschichte und Gesellschaft 1492–2000 (Edition Weltregionen 11), Wien 2005, 71–84.

Buschmann et al. 2014 = Rainer F. Buschmann/Edward R. Slack/James B. Tueller: Navigating the Spanish Lake. The Pacific in the Iberian World, 1521–1898, Honolulu 2014.

Covarrubias Orozco 1611 = Sebastián de Covarrubias Orozco: Tesoro de la Lengua Castellana o Española, Madrid 1611 (Nachdruck Madrid 1984).

Crosby 1972 = Alfred W. Crosby: The Columbian Exchange: Biological and Cultural Consequences of 1492, Westport, Conn. 1972.

Döring 1984 = Jürgen Döring: Kulturwandel bei den nordamerikanischen Plainsindianern. Zur Rolle des Pferdes bei den Comanchen und den Cheyenne, Berlin 1984.

Edelmayer 2005 = Friedrich Edelmayer: Die spanische Monarchie und Amerika im 16. Jahrhundert, in: Friedrich Edelmayer/Bernd Hausberger/Barbara Potthast (Hg.): Lateinamerika, 1492–1850/70 (Edition Weltregionen 12), Wien 2005, 39–61.

Edelmayer 2010 = Friedrich Edelmayer: Fernando I y sus inventarios – Ferdinand I and his Inventories, in: Fernando Checa Cremades (Hg.): Los inventarios de

Carlos V y la familia imperial – The Inventories of Charles V and the Imperial Family, Bd. 3, Madrid 2010, 2641–2788.

Edelmayer 2012 = Friedrich Edelmayer: Freibeuter im Dienste ihrer Könige. Die Karibik im 16. Jahrhundert, in: Andreas Obenaus/Eugen Pfister/Birgit Tremml (Hg.): Schrecken der Händler und Herrscher. Piratengemeinschaften in der Geschichte (Expansion – Interaktion – Akkulturation. Globalhistorische Skizzen 21), Wien 2012, 168–183.

Edelmayer 2013 = Friedrich Edelmayer: Australien im langen 19. Jahrhundert (1788–1900), in: Hermann Mückler/Gabriele Weichart/Friedrich Edelmayer (Hg.): Australien, 18. bis 21. Jahrhundert. Geschichte und Gesellschaft (Edition Weltregionen 22), Wien 2013, 59–86.

Edelmayer 2015a = Friedrich Edelmayer: Elemente einer Globalgeschichte Lateinamerikas: Verflechtungen ökologischer, soziokultureller und hegemonialer Art, in: Margarete Grandner/Arno Sonderegger (Hg.): Nord-Süd-Ost-West-Beziehungen. Eine Einführung in die Globalgeschichte (Gesellschaft – Entwicklung – Politik 16), Wien 2015, 38–65.

Edelmayer 2015b = Friedrich Edelmayer: Der globale Transfer von Pflanzen und Tieren in der Neuzeit, in: Friedrich Edelmayer/Sven Tost (Hg.): Flora und Fauna im globalen Kontext – eine Transfergeschichte. In Memoriam Markus Cerman (Historische Sozialkunde. Geschichte – Fachdidaktik – Politische Bildung 4/2015), Wien 2015, 27–36.

Edelmayer 2015c = Friedrich Edelmayer: Betrachtungen zu Australien im Rahmen einer Globalgeschichte, in: Margarete Grandner/Arno Sonderegger (Hg.): Nord-Süd-Ost-West-Beziehungen. Eine Einführung in die Globalgeschichte (Gesellschaft – Entwicklung – Politik 16), Wien 2015, 212–254.

Edelmayer 2016 = Friedrich Edelmayer: La recepción del Nuevo Mundo en el Sacro Romano Imperio en el siglo XVI, in: Junta de Andalucía, Consejería de Cultura (Hg.): In Medio Orbe. Sanlúcar de Barrameda y la I Vuelta al Mundo. Actas del I Congreso Internacional sobre la I Vuelta al Mundo, celebrado en Sanlúcar de Barrameda (Cádiz) los días 26 y 27 de septiembre de 2016, Sevilla 2016, 17–23.

Edelmayer 2017 = Friedrich Edelmayer: Philipp II. Biographie eines Weltherrschers, 2. Aufl., Stuttgart 2017.

Edelmayer 2019a = Friedrich Edelmayer: Bühne der Außenpolitik. Ringen an vielen Fronten, in: Walther L. Bernecker/Mariano Delgado/Friedrich Edelmayer/Nikolas Jaspert/Ursula Prutsch/Stefan Rinke: Weltreich Spanien. Das Goldene Zeitalter (Wissenschaftliche Buchgesellschaft), Darmstadt 2019, 83–96.

Edelmayer 2019b = Friedrich Edelmayer: Der Bankrott als stetiger Begleiter. Segen und Fluch des Silbers, in: Walther L. Bernecker/Mariano Delgado/Friedrich Edelmayer/Nikolas Jaspert/Ursula Prutsch/Stefan Rinke: Weltreich Spanien. Das Goldene Zeitalter (Wissenschaftliche Buchgesellschaft), Darmstadt 2019, 97–104.

Erdal 2006 = Y. S. Erdal: A Pre-Columbian Case of Congenital Syphilis from Anatolia (Nicaea, 13th Century AD), in: International Journal of Osteoarchaeology 16 (2006), 16–33.

Flynn/Giráldez 1995 = Dennis O. Flynn/Arturo Giráldez: Born with a “Silver Spoon”: The Origin of World Trade in 1571, in: Journal of World History 6 (1995) 2, 201–221.

Gärtner 2020 = Peter Gärtner: Zwischen zwei Kontinenten. Geschichte und Gegenwart Zentralamerikas (Studien zur Geschichte und Kultur der Iberischen und Iberoamerikanischen Länder / Estudios sobre Historia y Cultura de los Países Ibéricos e Iberoamericanos 17), Münster 2020.

Gagnon/Giguère 2014 = Denis Gagnon/Hélène Giguère (Hg.): Le Métis comme catégorie sociale. Revendications: agencéité et enjeux politiques, in: Revue Anthropologie et Sociétés 38 (2014) 2.

Guintard 2017 = Claude Guintard: Los animales también participan en la historia global. Las primeras importaciones de bovinos a América a partir del segundo viaje de Cristóbal Colón (1493), in: Francisco Toro Ceballos (Hg.): CAROLVS. Homenaje a Friedrich Edelmayer (CAROLVS. Primer Congreso internacional del Ayuntamiento de Alcalá la Real y la Diputación Provincial de Jaén. Se celebró en Alcalá la Real los días 20 y 21 de mayo del año 2016), Alcalá la Real 2017, 151–156.

Hausberger 2000 = Bernd Hausberger: Für Gott und König. Die Mission der Jesuiten im kolonialen Mexiko (Studien zur Geschichte und Kultur der Iberischen und Iberoamerikanischen Länder / Estudios sobre Historia y Cultura de los Países Ibéricos e Iberoamericanos 6), Wien–München 2000.

Hernández Sánchez-Barba 2012 = Mario Hernández Sánchez-Barba: América española. Historia e identidad en un mundo nuevo, Las Matas (Madrid) 2012.

La plata 2008 = La plata de la nao de China. Encuentro entre dos imperios: España y China. Colección José Antonio de la Fuente, colección Pilar Coomonte y Nicolás Gless. Del 20 de septiembre al 8 de diciembre de 2008, Museo de Arte Oriental de Salamanca, Torre de los Anaya, Salamanca 2008.

Menninger 2005 = Annerose Menninger: Drogen aus der Neuen Welt. Tabak und Schokolade als Paradigmen für Interkultur- und Medizingeschichte, in: Friedrich Edelmayer/Bernd Hausberger/Barbara Potthast (Hg.): Lateinamerika, 1492–1850/70 (Edition Weltregionen 12), Wien 2005, 115–136.

Moliner 1991 = María Moliner: Diccionario del uso del español, Bd. 2: H–Z, Madrid 1991.

Morán Dauchez 2019 = Gillermo Morán Dauchez: Autos de Cristóbal de Haro sobre la devolución de las cantidades que adelantó para las dos Armadas del Maluco, in: Sociedad Mercantil Estatal de Acción Cultural, S.A. (Hg.): El viaje más largo. La primera vuelta al mundo, [Madrid] 2019, 294; online unter: https://www.accioncultural.es/es/el-viaje-mas-largo-ebook [25.1.2021].

Pérez de Tudela et al. 1994 = Juan Pérez de Tudela/Carlos Seco Serrano/Ramón Ezquerra Abadía/Emilio López Oto (Hg.): Colección documental del descubrimiento (1470–1506), Madrid 1994.

Pfeisinger 2005 = Gerhard Pfeisinger: „Kein Fass Zucker, an dem nicht Blut klebt“. Plantagenökonomie in der Karibik vom 17. bis ins 19. Jahrhundert, in: Bernd Hausberger/Gerhard Pfeisinger (Hg.): Die Karibik. Geschichte und Gesellschaft 1492–2000 (Edition Weltregionen 11), Wien 2005, 49–70.

Pieper 1999 = Renate Pieper: Papageien und Bezoarsteine. Gesandte als Vermittler von Exotika und Luxuserzeugnissen im Zeitalter Philipps II., in: Friedrich Edelmayer (Hg.): Hispania-Austria II. Die Epoche Philipps II. (1556–1598) / La época de Felipe II (1556–1598) (Studien zur Geschichte und Kultur der Iberischen und Iberoamerikanischen Länder / Estudios sobre Historia y Cultura de los Países Ibéricos e Iberoamericanos 5), Wien–München 1999, 215-224.

Tremml-Werner 2015 = Birgit Tremml-Werner: Spain, China, and Japan in Manila, 1571–1644. Local Comparisons and Global Connections (Emerging Asia 1), Amsterdam 2015.

Rosenblat 1954 = Ángel Rosenblat: La población indígena y el mestizaje en América, Buenos Aires 1954.

Schäffauer 2011 = Markus Klaus Schäffauer: Die Vision der Gegessenen: Hans Staden, Autor des Kannibalismus, in: Alexandra Curvelo/Madalena Simões (Hg.): Portugal und das Heilige Römische Reich (16.–18. Jahrhundert) / Portugal e o Sacro Império (séculos XVI–XVIII) (Studien zur Geschichte und Kultur der Iberischen und Iberoamerikanischen Länder / Estudios sobre Historia y Cultura de los Países Ibéricos e Iberoamericanos 15), Münster 2011, 105–126.

Turner 2018 = Jack Turner: Las especias. Historia de una tentación, Barcelona 2018. (englische Originalausgabe: Jack Turner: Spice. The History of a Temptation, London 2004.)

Walton 2018 = Stuart Walton, The Devil's Dinner. A Gastronomic and Cultural History of Chili, New York 2018.

Aufbau und Verwaltung der iberischen Kolonialreiche

Eberhard Crailsheim

Die europäische Expansion war das Produkt einer langfristigen Entwicklung, die sich im 15. Jahrhundert stark beschleunigte.[1] Portugal und Spanien[2] waren die ersten Staaten, die sich dabei als Entdecker profilierten und Kolonien in Afrika, Asien und Amerika errichteten. Alle darauffolgenden ‚Kolonisationsunternehmen' sollten sich an diesen Modellen orientieren beziehungsweise daran messen. Dabei gab es jedoch erstens zahlreiche Unterschiede zwischen Spanien und Portugal und zweitens waren die Kolonialsysteme intern nicht homogen. Der vorliegende Beitrag bietet einen Überblick und einen Vergleich zwischen den beiden iberischen Kolonialmodellen, vor allem im 16. Jahrhundert. Der Fokus liegt dabei weniger auf historischen Abläufen, Wirtschaft, Gesellschaft oder Kultur, sondern auf dem strukturellen Aufbau und der staatlichen Organisation der beiden iberischen Kolonialsysteme, besonders in Amerika und Asien.[3]

Das spanische Kolonialreich

Nach dem ersten Schwung der spanischen Entdeckungen in Amerika und dem Abklingen der Enttäuschung, dass man Asien 1492 doch nicht erreicht hatte, machte sich die Erkenntnis breit, dass man die ungestüm eroberten Gebiete auch nachhaltig verwalten musste. Schon Christoph

---

1 Marboe/Obenaus 2009.

2 Der Einfachheit halber wird im Folgenden vom Königreich ‚Spanien' gesprochen, obwohl der Begriff ‚Kastilien' zumeist korrekt wäre.

3 Einführende Darstellungen: Wendt 2007; Reinhard 2008; Pelizaeus 2017. Darüber hinaus Conrad/Randeria/Römhild 2013; Moraña/Dussel/Jáuregui 2008; Yun-Casalilla 2019; Kamen 2004; Elliott 2006; Bethell 1984–2008, Bd. 1-2.

Kolumbus hatte zu erkennen, dass nach den Entdeckern und Eroberern, die Bürokraten und Verwalter an der Reihe waren, denn 1499 wurde er als Gouverneur von Hispaniola durch einen Untersuchungsrichter ersetzt. Nachdem die ersten Entdeckungsfahrten und Vorstöße ins Landesinnere mit einem eher lockeren Regelwerk auskamen, wurden später zahlreiche konkrete Vorgaben zum Aufbau der Kolonien erstellt.

Auf rechtlicher Ebene waren die eroberten Gebiete in Übersee eigentlich keine ‚Kolonien', denn sie stellten einen integralen und gleichberechtigten Bestandteil der spanischen Monarchie dar, basierend auf denselben Rechtsgrundsätzen. Dass dennoch von Kolonien gesprochen wird, liegt vor allem an zwei Gründen: erstens an der rechtlichen und sozialen Stellung der Indigenen, die als unmündig und nicht voll rechtsfähig angesehen wurden, und zweitens an der wirtschaftlichen Bevormundung durch Spanien, das sich ein Handelsmonopol vorbehielt.[4]

Ursprünglich war die spanische Krone in Amerika daran interessiert, Stützpunktkolonien und Handelsniederlassungen nach portugiesischem Vorbild in Afrika zu gründen. Doch schon zwischen 1495 und 1498 kam man zu dem Schluss, dass dies in den neu entdeckten Gebieten nicht zielführend wäre. Daraufhin ging man zu einer anderen Art der Kolonisation über, bei der weite Territorien im Namen der Krone in Besitz genommen wurden.[5]Bei diesen Eroberungen wurde dieselbe Methode angewandt wie bei den Expeditionen von Kolumbus. Die Krone schloss Abmachungen (*capitulaciones*) mit Personen, die sich verpflichteten Entdeckungsfahrten und Eroberungszüge zu unternehmen und die neuen Länder für die Könige in Besitz zu nehmen. Im Gegenzug erhielten die Kommandanten dieser Eroberungszüge spezielle und teils vererbbare Titel (*adelantado*, Generalkapitän, Admiral oder Gouverneur) und übten militärische, richterliche und zivile Gewalt über die Mitglieder der Expedition und später auch die Bewohner der eroberten Gebiete aus. Die Aufgabe des Kommandanten war es „durch organisatorische und kolonisatorische Maßnahmen das neu gewonnene Territorium militärisch und politisch zu sichern und die Grundlagen für eine dauerhafte Herrschaft zu legen."[6] Die *capitulaciones* waren so angelegt, dass sie die Handlungsfreiheit des Kommandanten durch verschiedene Pflichten reglementierten und so

4 Pietschmann 1980, 45–46; König 2006, 34.

5 Die ältere Literatur bezeichnet diese als Siedlungskolonisation, treffender wäre der Begriff Beherrschungskolonie. Reinhard 2008, 4-5; Osterhammel 1995, 17.

6 Pietschmann 1980, 22.

diesen ‚privaten' Expeditionen einen öffentlich-rechtlichen Charakter gaben. War der Kommandant erfolgreich, so kam es oft – wie im Falle Kolumbus' – zu einem Konflikt mit der Krone um die Ausübung der Macht und die Gestaltung der neu geschaffenen Kolonien, wobei sich die Krone meist durchzusetzen vermochte. Kern des Konfliktes war vorwiegend die Nachhaltigkeit des Unternehmens, denn während der Kommandant und seine Truppen (*conquistadores*) fast immer auf rasche Beute aus waren, lag der Krone an der dauerhaften Eingliederung des Gebietes und seiner Bewohner in ihren Herrschaftsbereich. Bei diesem Vorgehen kann man der spanischen Krone mit Fug und Recht Doppelzüngigkeit vorwerfen, da sie nach dem ‚Musterfall Kolumbus' in den *capitulaciones* Privilegien vergab, deren Rücknahme sie – jeweils nach Klagen der Unterführer der Expeditionen – schon implizit mitplante.[7] Mittelfristig strebte ein „zielbewusstes kastilisches Königtum, das zwar wenige Mittel investierte, aber nichtsdestoweniger die unbedingte Kontrolle behalten wollte," keine zügellose Herrschaft der *conquistadores* an, sondern „ein von Juristen kontrolliertes bürokratisches Imperium."[8]

In der Zeit der administrativen Improvisation, die bis zur Mitte des 16. Jahrhunderts dauerte, entwickelten sich Praktiken in der Kolonialverwaltung, die allmählich feste Formen annahmen. Eines der zentralen Instrumente der spanischen Herrschaftsausübung war die *encomienda*. Dabei wurde verdienten *conquistadores* die Kontrolle über Dörfer oder ganze Regionen ‚anvertraut' (*encomendar*), meist für mehrere Generationen. Die Pflichten der *encomenderos* bestanden darin, sich in den jeweiligen *encomiendas* anzusiedeln, der Kolonialregierung weiterhin als Kämpfer zur Verfügung zu stehen und für den Schutz und die Missionierung der ihnen unterstellten Indigenen zu sorgen. Im Gegenzug hatten sie den alleinigen Anspruch auf deren Tribut, sowohl in Naturalabgaben als auch in Form von Arbeitsleistungen. Dieses auf Ausbeutung der indigenen Arbeitskraft beruhende System war auf mehreren Ebenen konstitutiv für das spanische Kolonialsystem. So wurde damit erstens das Beutestreben der *conquistadores* befriedigt, zweitens blieb die Kampfkraft erhalten, da viele der Kämpfer in der Region blieben und nicht weiterzogen, was angesichts der numerischen Unterlegenheit der Spanier essenziell war, drittens ermöglichte es die Missionierung der Indigenen und viertens etablierte es das spanische Organisations- und Tributsystem. Mit anderen Worten, es ermöglichte die Kontrolle

7 Pietschmann 1980, 18–20, 22, 27–29; Seed 1998; Restall 2003.

8 Reinhard 2008, 67, 69.

der Indigenen und mobilisierte ihre Arbeitskraft sowie die zur Verfügung stehenden wirtschaftlichen Ressourcen zum Nutzen der kolonialen Oberschicht. Es sollte sich jedoch bald herausstellen, dass die *encomenderos* ihren Pflichten eher zögerlich nachkamen, während sie ihre Rechte oft skrupellos ausnutzten.[9]

Die Missionierung der neu entdeckten Gebiete war eine der vornehmlichen Aufgaben der spanischen Könige, weshalb Missionare der verschiedenen Mönchsorden bei fast allen Expeditionen dabei waren. Während sich die Missionare und *conquistadores* zu Beginn gut ergänzten, kam es schon bald zu Auseinandersetzungen, besonders nach dem Aufstieg letzterer zu *encomenderos*. Ein zentraler Streitpunkt war die Verpflichtung der *encomenderos*, für die Missionierung der ihnen zugeteilten Indigenen zu sorgen, was oftmals vernachlässigt wurde. Ganz im Gegenteil, die Indigenen wurden von ihnen ausgebeutet und misshandelt. Diese Missstände wurden durch die Mönchsorden am spanischen Hofe angeprangert. Der bekannteste Verteidiger der Indigenen war der Dominikanermönch Bartolomé de las Casas, der 1516 zum offiziellen Beschützer der Indigenen ernannt wurde. Das Hauptanliegen der Missionare am Hof war es, die Krone daran zu erinnern, dass die Mission unter den Indigenen mit allen Mitteln unterstützt werden musste. Da es auch im Interesse der Krone lag, dass die *encomenderos* nicht zu mächtig wurden, festigte sich die Allianz zwischen Krone und Kirche. Die Missionsberichte, die die Gräuel der *encomenderos* offenlegten, schufen eine willkommene Legitimation für die Krone zwischen 1512 und 1536 die *encomienda* zurückzustutzen und deren Inhaber politisch in die Schranken zu weisen. Für die Indigenen bedeuteten die neuen Gesetze einen enormen Unterschied, sie wurden nämlich zu freien (wenn auch unmündigen) Vasallen der Krone und ihre Versklavung wurde verboten. Zwar hatten sie immer noch umfangreiche Verpflichtungen gegenüber Krone und *encomenderos*, doch wurde das *encomienda*-System stark begrenzt.

Durch diese und weitere Maßnahmen schuf sich die katholische Kirche eine gute Ausgangsposition für die Missionierung der Indigenen und für den Aufbau einer machtvollen Stellung in den Kolonien. Die Missionierung war schließlich einer der Pfeiler der päpstlichen Bulle von 1493 gewesen, die der spanischen Expansion die Rechtsgrundlage bot. Doch auch gegenüber der Kirche stellte die Krone ihre Autorität sicher, wobei das Patronats-Recht (*patronato*) der Schlüsselfaktor war.

9 König 2006, 21–22, 25; Pietschmann 1980, 22–24.; Hidalgo Nuchera 1995.

Als Ausgleich für den hohen administrativen und finanziellen Aufwand der spanischen Krone für die Eroberung und Sicherung der kolonialen Gebiete übertrug ihr Papst Julius II. 1508 in allen Kolonien ein beinahe vollständiges Kontrollrecht. Somit nahm sie einen enormen Einfluss auf die Entwicklung der Kirche in den Kolonien, sodass man beinahe schon von Staatskirchentum sprechen kann.[10]

Die kolonialen Städte waren Kristallisationspunkte des Herrschaftssystems und wurden meist in unmittelbarer Nähe indigener Ansiedlungen angelegt. Alle Spanier hatten in Städten zu leben und erhielten in der Umgebung Land zur Bebauung (durch Indigene). Sie wurden zu Bürgern erklärt und wählten eine Stadtregierung, das *cabildo*. Dieses hatte militärische, zivile und richterliche Befugnisse, die oft weit über das eigentliche Stadtgebiet hinausreichten, womit es einen großen Einfluss hatte. Die Ballung der Kolonialmacht in den Städten ermöglichte das Überleben, angesichts einer zahlmäßig weit überlegenen indigenen Umgebung. Das Wirtschaftssystem der Stadt war aber auf den Austausch mit dem Umland angewiesen und so entwickelte sich ein ökonomisches und soziales Zusammenleben zwischen Spaniern und Indigenen. Dieses wurde einerseits nach spanischen Vorgaben konzipiert, hatte sich jedoch nach den lokalen Möglichkeiten zu richten und reifte so zu einer neuen Form der Gemeinschaft, als Ergebnis kultureller, sozialer und wirtschaftlicher Aushandlungsprozesse zwischen beiden Gruppen.[11]

Da das Zusammenleben von Spaniern und Indigenen jedoch die Ausbeutung letzterer förderte, wurde ab der Mitte des 16. Jahrhunderts eine räumliche Trennung zwischen Spaniern und Indigenen in den Kolonien verordnet, sodass zwei Gesellschaftssysteme entstanden, die *república de indios* und die *república de españoles*. Auf diese Weise wurden zwar große Teile der indigenen Bevölkerung vor Ausbeutung und Misshandlung geschützt, andererseits ging ihre beabsichtigte Anpassung an europäische Gesellschaftssysteme nicht wie geplant vonstatten. Was aber den Spaniern an ‚zivilisatorischem' Einfluss auf das indigene Sozialverhalten genommen wurde, übernahm die katholischen Kirche, die ihre Missionare und Priester in alle Dörfer entsandte.[12]

---

10 Pietschmann 1980, 30–31, 34–35, 38; König 2006, 41–42, 63; Schwaller 2016; Boxer 1978.

11 Reinhard 2008, 72–75; Pietschmann 1980, 23–24, 52; Windus/Crailsheim 2013.

12 Pietschmann 1980, 35–36; König 2006, 61.

Im Allgemeinen gelang es der Krone recht gut Kirche, *encomenderos* und Städte zu kontrollieren, sodass sie ihre Autorität in den Kolonien wahren konnte. Zum Ausgleich praktizierte sie eine Politik der ausgewählten Privilegien, um sich der Loyalität wichtiger Machtgruppen zu versichern. Besonders die Kaufmannschaft, die Handwerker und der indigene Adel wurden unterstützt und in ihren Rechten bestärkt. Im Gegenzug konnte die Krone auf Finanzhilfen, Militärdienst und die Kontrolle indigener Bevölkerungsteile bauen. Somit schuf sie ein komplexes System zur Herrschaftsstabilisierung in den Kolonien, wobei verschiedene Gruppierungen auch gegeneinander ausgespielt wurden.

In Spanien war seit 1493 Juan Rodriguez de Fonseca, der Kaplan der Königin, für alle Angelegenheiten in Übersee verantwortlich, die er im Kastilischen Rat, der obersten Verwaltungsbehörde am Hof, vertrat. Um die wachsende Bürokratie der kolonialen Angelegenheiten zu bewältigen, wurde zudem 1503 in Sevilla eine kollegiale Ratsbehörde, die *Casa de la Contratación*, gegründet, ein staatliches Handelshaus. Seine Hauptverantwortung war die Regelung und Organisation der Schifffahrt und des Handels mit den Kolonien sowie der Steuern und der Migration. Darüber hinaus wurde 1524 der Indienrat am Hof gegründet, der die Leitung der kolonialen Administration übernahm. Dieser *Consejo de Indias* hatte die Bereiche Justiz, Finanz, Militär, Kirche (Patronat) und des Zivilen über und war weisungsgebend für alle Kolonialbeamten.[13]

Zwischen 1527 und 1559 wurde in Spanischamerika der institutionelle Rahmen der Territorialverwaltung geschaffen, wie er für die nächsten Jahrhunderte bestehen bleiben sollte. Die umfangreiche Sammlung der „Neuen Gesetze" (1542) stellte dabei eine Art politische Konstitution dar, die den Orientierungsrahmen bildete. Darauf aufbauend wurden weitere Gesetzestexte erstellt und gesammelt, die zur Bürokratisierung Spanischamerikas beitrugen. Die wichtigste veröffentlichte Sammlung von Gesetzen stammt aus dem Jahre 1680, die *Recopilación de Leyes de los Reynos de las Indias*. Aufgrund der großen räumlichen Distanz zu den Kolonien hatten die regionalen Behörden jedoch eine beträchtliche Autonomie in der Auslegung der Vorgaben. In der selbstständigen Gesetzgebungspraxis in den Kolonien lässt sich zudem klar erkennen, dass auch regionale Besonderheiten in die Bestimmungen aufgenommen wurden. Auf regionaler Ebene blieb man so zwar handlungsfähig, doch sorgte diese Situation auch dafür, dass das ‚Indiani-

13 Brendecke 2009, 157–168; Pietschmann 1980, 39, 44-45, 110–112.

sche Recht' in seiner Gesamtheit ein Sammelsurium an zentralen und regionalen Gesetzen wurde, das nie vollständig erfasst werden konnte.[14]

Im Jahre 1535 wurden in Amerika neben beziehungsweise über bestehenden Generalgouvernements das Vizekönigreich Neuspanien (im heutigen Mexiko und Mittelamerika) und 1543 das Vizekönigreich Peru (in Südamerika) geschaffen. Höchste Instanz war der Vizekönig, der das monarchische Herrschaftsprinzip nach außen repräsentierte. Im Prinzip war die spanische Kolonialverwaltung durch eine strenge Kategorisierung der Verwaltung in fünf Bereiche gekennzeichnet: Ziviles, Justiz, Finanz, Militär und Religion. Ein wesentliches Charakteristikum des Systems war jedoch, dass der Spitzenbeamte, als zentrale Autorität eines Territoriums, mehrere Führungsämter eines Bereichs innehatte. So wurde der Vizekönig auch zum Gouverneur, Präsidenten des Gerichtshofes und Generalkapitän, womit er in zivilen, rechtlichen und militärischen Belangen das Sagen hatte. Hinzu kam, dass er als Vertreter des Königs auch das kirchliche Patronat verwaltete und somit lediglich der Finanzbereich separiert blieb, der weitgehend der Zentralverwaltung in Spanien unterstand und lokal vom königlichen Finanzrat (*Junta de Real Hacienda*) geleitet wurde. Man darf sich die Territorialverwaltung der Kolonien außerdem nicht als scharf umrissen vorstellen, denn es gab starke Überlappungen von Zuständigkeiten und häufig kam es zu Kompetenzstreitigkeiten zwischen Vizekönigen, Gouverneuren und Gerichtshöfen.[15]

Als Machtbalance zu den Gouverneuren und zur Gewährleistung einer gewissen Rechtssicherheit gründete die Krone ab 1511 kollegiale Gerichtshöfe (*audiencias*) mit umfassenden Befugnissen, die die obersten juridischen Institutionen der Kolonien darstellten. Neben ihrer Kompetenz in Straf- und Zivilangelegenheiten hatten die jeweiligen Richter auch eine Berater- und Kontrollfunktion und entschieden in wichtigen Angelegenheiten mit. So stellten sie die Mehrzahl der Mitglieder des *Real Acuerdo*, was einem kolonialen Staatsrat gleichkam, und der *Junta de Real Hacienda*. Die Beamten in Spanischamerika hielten sich für rund fünf Jahre in einer Kolonie auf und hatten so eine Mittlerstelle zwischen der Krone und der sich formierenden lokalen spanischen und kreolischen Oligarchie.

---

14 Pietschmann 1980, 51–53, 106–107.

15 Pietschmann 1980, 50, 119–128; zu den Philippinen, siehe z. B. Driesch 1984; Wendt 1990.

Im mittleren Verwaltungsbereich setzte die Krone – neben den *encomenderos* – spezielle Beamte (Provinzgouverneure, *corregidores* oder *alcaldes mayores*) ein, die die zivile Verwaltung innehatten, militärische Aufgaben versahen und Recht sprachen. Damit kam es auch auf dieser Ebene zur Bündelung des zivilen, militärischen und juridischen Bereichs. Die Distrikte umfassten oft sowohl spanische als auch indigene Munizipien. Da das Gehalt dieser Beamten eng bemessen war, wurde es gängige Praxis, sich durch illegalen Handel und Vorteilsnahme auf Kosten der eigenen Soldaten und der lokalen Bevölkerung zu bereichern. Dadurch wurde diese Verwaltungsebene bald uneffektiv und teils systemschädigend.

Die untere Verwaltung der einzelnen Munizipien wurde in den spanischen und indigenen Städten vom Stadtrat übernommen. Während die spanischen Munizipien durchwegs städtischen Charakter hatten, bestanden die indigenen eher aus verstreut liegenden Dörfern, die durch Zusammenlegungen immer wieder umgeformt wurden und wuchsen. Zwar waren indigene Munizipien ähnlich strukturiert wie die der Spanier, doch hatten sie – wegen ihrer ‚Unmündigkeit' – weniger Befugnisse und wurden durch eigene *corregidores* oder *protectores de indios* vertreten. Die unteren Ämter wurden anfangs vom indigenen Adel übernommen, später wurden sie durch Wahl ermittelt.

Die Finanzverwaltung war der am stärksten zentralisierte Bereich der Verwaltung. Die kolonialen Finanzkassen (*cajas reales*) unter Leitung der Finanzbeamten (*oficiales reales*) unterstanden direkt dem Indienrat in Spanien. Die kolonialen Einnahmen der Krone kamen zu Beginn vor allem aus Handelssteuern, dem Bergregal (speziell Silberabbau), dem Kirchenzehent und dem Tribut, den jeder Indigene zahlen musste. Bis zum 18. Jahrhundert wuchs die Anzahl der Abgaben und Steuern auf insgesamt achtzig an.

Das zentrale militärische Anliegen der Kolonialverwaltung war nach Abschluss der Eroberungen die Absicherung der besetzten Gebiete. An wichtigen Hafenstädten wurden Festungen angelegt und Flotten patrouillierten neuralgische Meerengen und eskortierten die Konvois der Handelsschiffe zum Schutz gegen Überfälle europäischer Konkurrenten. Zu Lande hatten zum einen die *encomenderos* die Aufgabe mit Pferden und Schusswaffen zur Verteidigung der Kolonie bereitzustehen. Zum anderen waren prinzipiell alle Spanier in Übersee verpflichtet im Angriffsfall zu den Waffen zu eilen. Diese Wehrpflicht wurde jedoch Ende des 16. Jahrhunderts durch Geldzahlungen abgelöst und neben den regulären Truppen wurde ein geordnetes städtisches Milizsystem eingeführt. Die Milizbataillone der Städte bestanden aus Regimentern, die von der Krone, den Kaufmannsgilden und den Städten selbst organisiert, ausgerüstet und bezahlt wurden. Dabei gab es viele Einheiten, die von Indigenen, Afrikanern oder gemischten Ethnien gestellt und geführt wurden.

Während es sich bei den spanischen Kolonien somit in der Theorie um ein äußerst bürokratisiertes System im absolutistischen Stil handelte, muss man in der Praxis einräumen, dass sich nur ein Teil der Anweisungen verwirklichen ließ und dass bis weit ins 18. Jahrhundert traditionelle patrimoniale Elemente vorherrschten, was den persönlichen Beziehungen im Verwaltungsgefüge eine übermäßige Macht verlieh (Nepotismus). Was die Umsetzung der zentralen Anweisungen anlangt, so entschieden im Endeffekt die Beamten vor Ort gemeinsam mit den lokalen Oligarchien, was tatsächlich angewandt wurde. Oft gehorchte man offiziell den unmöglich umzusetzenden oder lästigen Anweisungen, befolgte sie dann jedoch nicht, nach dem Motto: „Wir hätten ja gerne, aber es ging einfach nicht" („obedezcase, per no se cumpla"). In diesem Sinne, lässt sich im Laufe der Jahrhunderte die Tendenz erkennen, dass lokale Eliten und Karrierebeamte die Durchsetzungskraft der Krone verringerten, die immer häufiger gezwungen war, ihre Ziele mit punktuellen Privilegien und Zugeständnissen zu ‚erkaufen'.[16]

Das portugiesische Kolonialreich

Portugal bewegte sich beim Aufbau seines asiatischen Kolonialreiches zu Beginn in einem ganz anderen Kontext als Spanien am amerikanischen Festland. Der Indische Ozean stellte mit seiner Vielfalt an Kulturen und seinen elaborierten Handelssystemen eine völlig divergierende Hintergrundfolie dar, vor der ‚Fremdherrschaft' etabliert wurde. Brasilien, das erst Jahre später kolonisiert werden sollte, wies mehr Ähnlichkeiten mit dem spanischen Modell auf. Ganz allgemein wurden die wichtigsten portugiesischen Kolonialagenden zentral im Staatsrat in Lissabon beschlossen und auch sonst wurden alle spezifischen kolonialen Angelegenheiten in den regulären Regierungsräten entschieden. Eine Ausnahme bildete lediglich die *Casa da Índia*, die für die Faktoreien in Übersee, den Kolonialhandel und die transozeanische Schiff-

[16] Pietschmann 1980, 46–59, 73, 76, 128–145; König 2006, 35–40; Rinke 2014, 33.

fahrt verantwortlich zeichnete.[17] Eine stärkere Angleichung an das spanische System erfolgte erst durch die Personalunion mit Spanien (1580–1640), besonders als 1604 unter Philipp III. der *Conselho da Índia e Conquistas Ultramarinas* gegründet wurde, ein zentrales Verwaltungsorgan für überseeische Angelegenheiten, ähnlich dem Indienrat in Madrid. Kirchliche Themen, Finanzangelegenheiten und juridische Berufungsverfahren wurden jedoch weiterhin separat in allgemeinen portugiesischen Räten behandelt, und auch die *Casa da Índia* behielt ihre gesonderten Aufgabenbereiche. Somit war die portugiesische Kolonialpolitik weiterhin stärker mit den regulären Staatsangelegenheiten verwoben als in Spanien.[18]

Die kolonialen Institutionen, die das portugiesische Kolonialreich trugen, waren zwar überall im Reich die gleichen, doch folgten sie zwei verschiedenen Mustern. Im ersten Fall, in Asien und an der afrikanischen Küste, war das Kolonialmodell autoritär gestaltet, vom König organisiert und kommerziell angelegt. Dabei wurde die Krone selbst zur Handelsgesellschaft. Das zweite Modell, in Brasilien und auf den atlantischen Inseln, basierte auf Privatkapital, delegierte Regierungsverantwortung und zielte auf landwirtschaftliche Entwicklung ab. Dabei wurde die Krone zum Franchisegeber, der gegen Vorauszahlungen weitgehend auf die Profite der Unternehmungen verzichtete.[19] Im Folgenden werden die beiden Modelle des portugiesischen Kolonialsystems nacheinander analysiert.

Stutzpunktkolonien in Afrika und Asien

Den Portugiesen ging es bei ihrer Expansion in Asien, wie anfangs auch den Spaniern, vor allem darum, das europäische Gewürzmonopol der italienischen Seestädte zu umgehen. Als Vasco da Gama 1498 erstmals Indien erreichte, war zwar das Tor zu den asiatischen Gewürzen aufgestoßen, doch wollten die Portugiesen nun die völlige Ausschaltung der traditionellen Gewürzrouten und die Monopolisierung des Gewürzhandels mit Europa. Der Aufbau eines Netzwerks an Küstenstützpunkten, die in Ostafrika und vor allem Asien zwischen 1505 und 1515 mit Waffengewalt erobert wurden, diente genau diesem Ziel.[20]

---

17 Sie wurde zum Vorbild für die *Casa de la Contratación* in Sevilla

18 Pietschmann 1980, 173–178; Diffie/Winius 1977, 316.

19 Diffie/Winius 1977, 301.

20 Disney 2009, 151–152.

Die Portugiesen erkannten rasch, dass der Küstenhandel im Indischen Ozean mit ihren überlegenen Hochseeschiffen gut zu beherrschen war, und so begannen sie mit gezielten Gewaltakten Konkurrenten abzuschrecken, um den Seehandel vor Indiens Westküste zu dominieren und Abgaben zu verlangen. Dadurch schufen sie sich zahlreiche Feinde, die dazu beitrugen, dass das portugiesische Kolonialreich permanenten Bedrohungen lokaler Mächte ausgesetzt war – in größerem Maße als dies in Spanischamerika der Fall war. Hinzu kam der steigende Druck durch das Osmanische Reich, insbesondere nachdem dieses Aden (1538) und Basra (1547) erobert hatte.[21] Während also die portugiesischen Flotten offensiv auftraten, wappneten sich die Festungen und Stadtanlagen an den Küsten gegen deren permanente Aggression. Eine weitere Gefahr ging auch bald darauf von Spanien aus, denn seit 1565 expandierte Spanien auch in Asien, wo sich sein Geltungsbereich auf die Philippinen, die Marianneninseln und zeitweise Teile der Molukken erstrecken sollte.

Im Gegensatz zu den spanischen Beherrschungskolonien eroberte Portugal in Asien jedoch nur Städte, die es zu befestigten Stützpunktkolonien ausbaute, als Basis für die Kontrolle des Seehandels. Herrschaft über größere Landstriche oder indigene Bevölkerungsgruppen wurde lediglich an Indiens Westküste und auf Ceylon ausgeübt. Abgesehen davon war das portugiesische Imperium in Asien vorrangig auf die Beherrschung der See ausgerichtet. Der eigentliche *Estado da Índia*, also die portugiesischen ‚Asienkolonien', bestand aus einem Netz aus Städten, Festungen und Gebietsansprüchen zwischen Mozambique und China, die unter der direkten Herrschaft Portugals standen.[22]

Die Einheiten aus Festungen, portugiesischen Ansiedlungen und indigenen Dörfern wurden *capitanias* genannt und von einem Offizier kommandiert, der vom König ernannt wurde. Dabei gab es kleinere, in der Form von Festungsstädten wie Macao, und größere, wie Ceylon. Mehrere dieser *capitanias* wurden zu eigenen Staaten zusammengefasst, die von einer Zentralregierung unter einem Generalgouverneur oder einem Vizekönig geleitet wurden, wie Indien (1505) oder Angola (1571). Die portugiesischen Atlantikinseln (Azoren, Madeira, Kapverden), die Festungen in Marokko und São Jorge da Mina (in Ghana) waren hingegen direkt Lissabon unterstellt.[23]

---

21 Reinhard 2008, 29–30; Disney 2009, 146.

22 Disney 2009, 145–146.

23 Magalhães Godinho 2001, 66, 74.

Die Kronbeamten und Soldaten (*soldados*) zusammen mit den Portugiesen, die vor Ort eine Familie gegründet hatten (*casados*), stellten nie mehr als maximal sieben Prozent der Stadtbevölkerung dar. Die ‚portugiesischen' Stützpunkte waren also überwiegend asiatisch und durch Sklaven teils auch afrikanisch geprägt. Der Anteil der Portugiesen in ihren asiatischen Kolonien war also noch weitaus geringer als der der Spanier in Amerika und lag zu keiner Zeit über 14 000. Da außerdem der Anteil an portugiesischen Frauen äußerst klein war, entstand auch keine nennenswerte kreolische Schicht, wohl aber eine mestizische, die sich aus den *casados* (Höchstzahl 5500 um 1600) und indigenen Frauen entwickelte. Die *casados* zeigten jedoch kaum Loyalität zur portugiesischen Krone, es sei denn, es erschien ihnen opportun, was zumeist im Fall von imminenten Bedrohungen vorkam.[24]

Die portugiesische Kolonialverwaltung in Asien glich der Verwaltung Portugals und nahm darüber hinaus Anleihen beim spanischen Verwaltungssystem im Mittelmeerraum. Im Jahre 1505 begann das territoriale Ausgreifen und das Vizekönigreich des *Estado da Índia* wurde geschaffen. Die Regierungszeit der obersten Beamten war mit drei Jahren kürzer angesetzt als in Spanischamerika. Auch hier findet sich die Bündelung von Ämtern, sodass der Vizekönig als solcher die königliche Macht repräsentierte, als Gouverneur die administrative Gewalt und als Generalkapitän den militärischen Oberbefehl innehatte. Hinzu kamen diplomatische Aufgaben, Teile der finanziellen und kommerziellen Administration und die Organisation der kirchlichen Angelegenheiten, da er auch das Patronatsrecht des portugiesischen Königs vertrat. Noch in Portugal erhielt er seine Anweisungen (*regimiento*) und in Goa standen ihm seit 1563 der vizekönigliche Staatsrat (*Conselho de Estado*) und der Finanzrat (*Conselho da Fazenda*) zur Seite.[25]

Die Verwaltungsstruktur des portugiesischen Kolonialreichs in Afrika und Asien etablierte sich, so wie das spanische in Amerika, bis zur Mitte des 16. Jahrhunderts. Sie umfasste den obersten Gerichtshof (*rela*ção), eine Finanzaufsicht, ein Büro für Militärangelegenheiten und einen obersten Marinekommandanten. Die Ämter der Festungskommandanten (*capitão-mor* oder *capitão-geral*) wurden als Gnadenerweise der Krone vergeben, konnten aber auch weiterverkauft oder vererbt werden. Dies geschah nicht etwa des Gehaltes wegen, sondern

24 Diffie/Winius 1977, 322, 331; Disney 2009, 147–148; Boxer 1977, 53.

25 Magalhães Godinho 2001, 76; Disney 2009, 159, 161; Diffie/Winius 1977, 323–324.

wegen der Aussichten auf zusätzliche Gewinne – vor allem aus Handel und Patronage –, die ein solches Kommando versprach. Die enorme Ausdehnung des Imperiums schwächte die Zentralmacht des Vizekönigs und bewirkte eine Dezentralisierung, die den Festungskommandanten und den Stadträten (*senados da câmara*) abseits der Westküste Indiens viel Autonomie ermöglichte. Um zumindest die wichtigsten Festungen besser zu kontrollieren, wurde die Macht auf dieser mittleren Ebene aufgeteilt. Die Militärkommandanten bekamen einen Finanzkontrolleur sowie einen Richter beigestellt, der Stellvertreter des Kommandanten war.[26]

Auf Munizipalebene übten die Stadträte (vor allem in Goa, Cochin, Colombo, Malakka und Macao) die lokale Regierungsmacht aus, hoben Steuern ein, sprachen Recht und hatten diplomatische Verhandlungsmacht mit den benachbarten Reichen. Sie vertraten außerdem die Interessen der lokalen *casados* vor dem Vizekönig und hatten dabei beträchtliche Verhandlungsmacht durch die Möglichkeit Kredite oder Geldspenden zu vergeben. In der Umgebung von Goa, nördlich von Mumbai/Bombay, auf Hormus, in Malakka und besonders auf Ceylon lebte auch eine größere Zahl an Indigenen als Untertanen der Krone. Diese stellten angesichts der kleinen Zahl von Portugiesen in den Stützpunkten insgesamt zwischen 75 und 90 Prozent der Bevölkerung des *Estado da Índia*. Summa summarum handelte es sich aber um eine geringe Anzahl, gemessen an Spanischamerika. Regierungsgewalt wurde in indigenen Gemeinden über bestehende präkoloniale Institutionen ausgeübt, die, ebenso wie Landrechte oder Gesetze, kaum verändert wurden.[27]

Ähnlich wie in Spanischamerika war die Kirche auch in Asien eine starke Stütze der Kolonialregierung Portugals. Kreuzzugsmentalität (gegen den Islam) und Missionierungseifer verbanden sich zu einem starken ideologischen Motor der Expansion. Schon vor Spanien hatte Portugal seit 1456 das Patronatsrecht inne, das der Krone freie Hand bei fast allen kirchlichen Angelegenheiten ließ. Mit der Ankunft der Jesuiten in Goa (1542) und der Einführung der Inquisition (1560) wurde die Ausweitung der Mission und eine sozial-religiöse Kontrolle der Gesellschaft erreicht. Da die Krone ihren im Patronatsrecht verankerten Verpflichtungen nur mangelhaft nachkam, mussten sich die

---

26 Souza 1986, 18, 21–23; Disney 2009, 160–163; Magalhães Godinho 2001, 75.

27 Boxer 1977, 274; Disney 2009, 164; Souza 1986, 23; Diffie/Winius 1977, 322, 329–333; Reinhard 2008, 33.

Missionare zusätzliche Einkommensquellen suchen, die sie vor allem in landwirtschaftlichen Betrieben und im Falle der Jesuiten auch im Seehandel (speziell zwischen China und Japan) fanden. Unter dem Einfluss der Jesuiten wurde die zunächst gelebte Toleranz gegenüber Andersgläubigen auf den wenigen portugiesischen Territorien immer kleiner und christliche Normen durchdrangen, wie in Spanischamerika, zunehmend und gegen soziale Widerstände, die traditionellen lokalen Glaubens- und Gesellschaftsformen.[28]

Für den finanziellen Erhalt des *Estado da Índia* wandte die Krone drei unterschiedliche Strategien an: erstens sanktionierte Plünderungen und Kaperfahrten, zweitens die Teilnahme am Innerasienhandel und drittens dessen Kontrolle und Besteuerung. Während die erste Strategie kaum vorrangig war und nur bis ca. 1520 von Vertretern der Krone praktiziert wurde, stellte der portugiesische Innerasienhandel, der in Monopolen über bestimmte Waren oder Destinationen organisiert war, eine größere Finanzstütze der Krone dar. Das Exklusivrecht des Handels auf ausgewählten Routen wurde über Konzessionen an bestimmte Personen (oftmals Festungskommandanten) vergeben, die diese dann exklusiv nutzten oder weiterverkauften. Insbesondere der Konzessionshandel zwischen Macao und Nagasaki warf Ende des 16. Jahrhunderts enorme Gewinne ab. Die dritte Strategie sah vor, ein weiteres Einkommen durch die Vergabe von Handelslizenzen (*cartazes*) und durch die Einnahmen aus Handelszöllen zu erzielen. Basierend auf dem Anspruch der portugiesischen Könige den Indischen Ozean zu beherrschen, mussten alle Schiffe *cartazes* erwerben und portugiesische Häfen anlaufen, wo sie hohe Zölle zahlen mussten.[29]

Das portugiesische Kolonialsystem in Asien sollte jedoch nie die Stabilität erreichen, die die Spanier in Amerika erlangten. Schon mit der Union der spanischen und portugiesischen Kronen im Jahre 1580 und spätestens mit dem Aufstieg der Holländer in Asien begann der Abstieg des *Estado da Índia*. Um 1630 waren die Einnahmen der Krone aus dem durch die Niederländische und Englische Ostindienkompanie (VOC und EIC) stark bedrängten Handel zurückgegangen, sodass nun ein Drittel aus Erträgen ihres Landbesitzes in Westindien und Ceylon stammte. Seit 1620 stiegen zunehmend die Holländer zur

28 Magalhães Godinho 2001, 55–56; Disney 2009, 163–165; Souza 1986, 24–25; Diffie/Winius 1977, 322, 335.

29 Feldbauer 2003, 130–133; Disney 2009, 152–157; Souza 1986, 19–20; Diffie/Winius 1977, 321.

dominanten Macht in Südostasien auf und als es 1663 zum Friedensvertrag mit Portugal kam, blieb nur noch ein Rumpf des ehemaligen portugiesischen Imperiums in Asien erhalten (vor allem Goa, Diu und Macao).[30] Dies hatte zur Folge, dass Brasilien zur bedeutendsten Kolonie Portugals wurde.

Die Beherrschungskolonie in Brasilien

Die portugiesische Kolonie in Amerika stand zwar in der Tradition der Stützpunktkolonien, weist aber mehr Ähnlichkeiten mit Spanischamerika auf. Zu Beginn nahm Brasilien allerdings nicht den Stellenwert ein, den die amerikanischen Besitzungen für Spanien hatten, dann der *Estado da Índia* war von größerer Bedeutung für Lissabon. So wurde in den ersten dreißig Jahren nach der Entdeckung kein Versuch einer größeren Inbesitznahme unternommen. Stattdessen errichtete man kurzlebige Handelsposten, in denen man Brasilholz sammelte, das in Europa als Farbstoff gefragt war. Erst 1532 wurde als Reaktion auf französische Bestrebungen ebenfalls Handelsposten in dieser Gegend zu errichten mit São Vicente (nahe dem heutigen São Paulo) eine permanente Ansiedlung gegründet. Aus Ermangelung finanzieller Ressourcen wurde dann aber die Kolonisation an zwölf Privatpersonen von meist niederem Adels (*donatários*) vergeben. Deren ‚lehensherrliche' Rechte reichten jedoch weiter als die der spanischen *encomenderos*, da sie nämlich in ihren 15 großen Gebietsstreifen uneingeschränkte Macht in zivilen, militärischen und juridischen Angelegenheiten erhielten. Die Krone behielt sich lediglich das Recht vor, bestimmte Steuern einzuheben, während der *donatário* die Pflicht hatte, das Land zu erschließen (vor allem für den Zuckerrohranbau) und zu besiedeln.

Knapp zwei Dekaden später wurde das Unvermögen der *donatários* evident, ihren Verpflichtungen nachzukommen und das französische Siedlungsstreben in Brasilien zu stoppen. Dies führte dazu, dass einige von ihnen ihre Rechte verloren und die Krone 1549 eine Flotte mit tausend Kolonisten entsandte, um in Bahía eine Stadt zu gründen und zur zentralen Hauptstadt zu machen. Ein Generalgouverneur wurde eingesetzt, dem die verbleibenden *donatários* untergeordnet wurden, womit sich auch in Brasilien das bürokratische Herrschaftsprinzip des monarchischen Absolutismus nach spanischem Muster etablierte. Der portugiesischen Krone sollte es zwar 1567 gelingen, die französischen

---

30 Disney 2009, 168–171.

Okkupationsbestrebungen in Brasilien zu unterbinden. Im Jahre 1621 besetzten jedoch die Niederländer für über drei Jahrzehnte weite Teile der Kolonie, mit Blick auf die lukrative Zuckerproduktion der Region.

Brasilien hatte keinen separaten Rechtsstatus und es gab auch kein gesondertes ‚Indianisches Recht' wie in Spanischamerika. In der Kolonie selbst wurde die Rechtspflege zunächst von einem Generalrichter und ab 1609, wie in Asien, von der *relação* geregelt, vergleichbar mit der spanischen *audiencia*. Die Richter der *relação* verfügten über großes Mitspracherecht in zahlreichen amtsfremden Belangen und sollten sich als die verlässlichsten Vertreter der Krone in Brasilien erweisen.

Im Laufe der Zeit nahm die Macht des Generalgouverneurs zu und im 17. Jahrhundert führten viele den Titel eines Vizekönigs. Dabei fand wiederum eine Ämterakkumulation statt, sodass zivile, juridische und militärische Bereiche gebündelt wurden und nur die Finanzverwaltung in den Händen eines *provedor-mor* lag. Die mittlere Verwaltungsebene in den Distrikten wurde von einem *capitão-mor* ausgeübt, dem ein Richter gesondert zur Seite stand. Viele dieser Provinzgouverneure stiegen zu reichen Land- und Plantagenbesitzern auf und entwickelten so ein stärkeres Selbstbewusstsein als ihre spanischen Amtskollegen. In den Städten lag die Macht wie in Spanischamerika in den Händen des Stadtrates, der jedoch bis zum Ende des 17. Jahrhunderts gewählt wurde, während die spanische Verwaltung den Ämterkauf vorsah. Damit konnten auch die Stadträte selbstsicherer gegenüber den Beamten der Krone auftreten, als dies in den spanischen Kolonien möglich war. Ein weiterer Unterschied bestand darin, dass die indigene Bevölkerung keine eigene Munizipalorganisation erhielt, sondern jesuitischen Missionaren unterstand. Auf diese Weise wurden die Jesuiten zu einem besonders zentralen Machtfaktor in Brasilien. Da jedoch, anders als in Spanischamerika, die Versklavung der indigenen Bevölkerung lange erlaubt blieb, waren diese Dörfer konstant den Angriffen von mestizischen Sklavenjägern ausgesetzt.[31]

Konklusion

Die Kolonialsysteme der beiden iberischen Monarchien hatten zahlreiche Gemeinsamkeiten. Beide versuchten Institutionen aus Europa in Amerika und Asien zu etablieren und errichteten dort nach bekanntem

31 Pietschmann 1980, 76, 172–178; Bendocchi Alves 2013, 46; König 2006, 44–51, 72–80; Rinke 2014, 36, 43; Diffie/Winius 1977, 316.

Muster lange erprobte politische Behörden und Ämter, die die Basis der iberischen Verwaltungssysteme darstellten: Spitzenbeamte mit gebündelten Machtbefugnissen, autonome Stadträte, machtvolle Gerichtshöfe. Beide Monarchien mussten sich jedoch dem Problem der großen Distanz stellen, was Kontrollen erschwerte und besonders der mittleren Verwaltungsebene große Freiheiten erlaubte.

Daneben gab es zahlreiche Unterschiede zwischen den Kolonialsystemen, wobei vor allem das Verhältnis zu den Indigenen zu nennen ist. Beide unternahmen zwar Bemühungen, die Mission voranzutreiben, aber die spanische Krone ging deutlich weiter, wenn es darum ging, die Indigenen als Untertanen der Krone zu sehen. Nirgends erreichten sie eine Gleichstellung mit der kolonialen Oberschicht, doch war ihr Rechtsstatus in Spanischamerika besser als in Brasilien, wo es nicht einmal ein gesondertes Gesetz für Kolonialangelegenheiten gab.

Während sich Brasilien und Spanischamerika einfach vergleichen lassen, da beide dem Typ der Beherrschungskolonie zuzuordnen sind, ist der Vergleich mit dem *Estado da Índia* weitaus schwieriger, da dieser sich aus kleineren Stützpunkten zusammensetzte und andere Ansprüche an das Funktionieren eines kolonialen Systems stellte. Auf Verwaltungsebene gab es jedoch, wie sich gezeigt hat, auch in Asien eine große Ähnlichkeit, wie koloniale Herrschaft intern organisiert war, auch wenn das Verhältnis zu den benachbarten Gemeinwesen in Asien ein völlig anderes war.

Literatur

Bendocchi Alves 2013 = Débora Bendocchi Alves: Brasilien, in: Silke Hensel/Barbara Potthast (Hrsg.): Das Lateinamerika-Lexikon, Wuppertal 2013, 44–51.

Bethell 1984-2008 = Leslie Bethell (Hg.): The Cambridge History of Latin America, Cambridge 1984–2008.

Boxer 1977 = Charles Ralph Boxer: The Portuguese Seaborne Empire, 1415–1825, London 1977.

Boxer 1978 = Charles Ralph Boxer: The Church Militant in Iberian Expansion, Baltimore 1978.

Brendecke 2009 = Arndt Brendecke: Imperium und Empirie. Funktionen des Wissens in der spanischen Kolonialherrschaft, Köln–Weimar–Wien 2009.

Conrad/Randeria/Römhild 2013 = Sebastian Conrad/Shalini Randeria/Regina Römhild (Hg.): Jenseits des Eurozentrismus. Postkoloniale Perspektiven in den Geschichts- und Kulturwissenschaften, Frankfurt am Main 2013.

Diffie/Winius 1977 = Bailey W. Diffie/George D. Winius: Foundations of the Portuguese Empire 1415–1580 (Europe and the World in the Age of Expansion 1), Minneapolis 1977.

Disney 2009 = Anthony R. Disney: A History of Portugal and the Portuguese Empire. Vol. 2: The Portuguese Empire, Cambridge 2009.

Driesch 1984 = Wilhelm von den Driesch: Grundlagen einer Sozialgeschichte der Philippinen unter spanischer Herrschaft (1565–1820), Frankfurt am Main 1984.

Elliott 2006 = John Huxtable Elliott: Empires of the Atlantic World. Britain and Spain in America, 1492–1830, New Haven 2006.

Feldbauer 2003 = Peter Feldbauer: Estado da India. Die Portugiesen in Asien 1498–1620, Wien 2003.

Hidalgo Nuchera 1995 = Patricio Hidalgo Nuchera: Encomienda, tributo y trabajo en Filipinas (1570–1608), Madrid 1995.

Kamen 2004 = Henry Kamen: Empire. How Spain Became a World Power, 1492–1763, New York 2004.

König 2006 = Hans-Joachim König: Kleine Geschichte Lateinamerikas, Stuttgart 2006.

Magalhães Godinho 2001 = Vitorino Magalhães Godinho: The Portuguese Empire 1565–1665, in: The Journal of European Economic History 30 (2001), 49–104.

Marboe/Obenaus 2009 = Alexander Marboe/Andreas Obenaus (Hg.): Seefahrt und frühe europäische Expansion, Wien 2009.

Moraña/Dussel/Jáuregui 2008 = Mabel Moraña/Enrique D. Dussel/Carlos A. Jáuregui: Coloniality at Large. Latin America and the Postcolonial Debate. Latin America Otherwise, Durham 2008.

Osterhammel 1995 = Jürgen Osterhammel: Kolonialismus. Geschichte, Formen, Folgen, München 1995.

Pelizaeus 2017 = Ludolf Pelizaeus: Der Kolonialismus. Geschichte der europäischen Expansion, Wiesbaden 2017.

Pietschmann 1980 = Horst Pietschmann: Die staatliche Organisation des kolonialen Iberoamerika. Handbuch der lateinamerikanischen Geschichte – Teilveröffentlichung, Stuttgart 1980.

Reinhard 2008 = Wolfgang Reinhard: Kleine Geschichte des Kolonialismus, Stuttgart 2008.

Restall 2003 = Matthew Restall: Seven Myths of the Spanish Conquest, New York 2003.

Rinke 2014 = Stefan Rinke: Geschichte Lateinamerikas. Von den frühesten Kulturen bis zur Gegenwart, München 2014.

Schwaller 2016 = John F. Schwaller: The Church in Colonial Latin America, https://www.oxfordbibliographies.com [28.8.2020].

Seed 1998 = Patricia Seed: Ceremonies of Possession in Europe's Conquest of the New World, 1492–1640, Cambridge 1998.

Souza 1986 = George Bryan Souza: The Survival of Empire. Portuguese Trade and Society in China and the South China Sea 1630–1754, Cambridge 1986.

Wendt 1990 = Reinhard Wendt: Europäische Expansion, Kolonialherrschaft und kultureller Wandel. Die Einführung westlicher Rechtssysteme auf den Philippinen, in: Jahrbuch für Geschichte Lateinamerikas 27 (1990), 305–335.

Wendt 2007 = Reinhard Wendt: Vom Kolonialismus zur Globalisierung. Europa und die Welt seit 1500, Paderborn 2007.
Windus/Crailsheim 2013 = Astrid Windus/Eberhard Crailsheim (Hg.): Image-Object-Performance. Mediality and Communication in Cultural Contact Zones of Colonial Latin America and the Philippines, Münster 2013.
Yun-Casalilla 2019 = Bartolomé Yun-Casalilla: Iberian World Empires and the Globalization of Europe 1415–1668, Singapur 2019.

Arbeitsteilung und ungleicher Tausch im transatlantischen Raum aus globalhistorischer Perspektive

Andrea Komlosy

Die maritime Expansion europäischer Mächte, die an der Wende vom 15. zum 16. Jahrhundert transkontinentale Ausmaße erreichte, wies je nach Weltregion und Richtung unterschiedliche Verläufe auf. Während sie gegenüber den Gesellschaften Amerikas das Zeitalter des Überseekolonialismus mit katholisch-europäischem Überlegenheitsanspruch einleitete, stellten die Verbindungen mit asiatischen Regionen Handelskontakte im gegenseitigen Interesse her. Nicht nur nach außen muss die Art der Kontakte räumlich, zeitlich und in Bezug auf den Gegenstand differenziert werden; ebenso verhielt es sich mit den Teilregionen Europas, das wir hier in seiner geografischen Erstreckung vom Atlantik bis zum Ural verorten. Aufgrund der großen Unterschiede im regionalen Expansionsverhalten ist die Verwendung eines Homogenität vorspiegelnden Europa-Begriffes irreführend. Nicht alle europäischen Mächte und Regionen nahmen am transkontinentalen Aufbruch teil. Es gab zwischen den Teilräumen so große Gefälle in Bezug auf politisch-militärische Stärke und ökonomische Entwicklung, dass auch die europäischen Binnenbeziehungen unter dem Aspekt von Dominanz und Abhängigkeit betrachtet werden müssen.[1]

Nach außen orientierten sich die Beziehungen der Teilräume in unterschiedliche Richtungen; nicht immer ging es dabei um Expansion oder Eroberung. Russlands territoriale Expansion war im Gefolge der Zurückdrängung der Tataren nach Osten und Südosten gerichtet, erst im 18. Jahrhundert erfolgte die Orientierung auf die Ostsee. Der zentraleuropäische Erweiterungsraum lag, in Fortsetzung der mittelalterlichen Wendenkreuzzüge und der Ostkolonisation, in Ost- und

---

1 Vgl. die Beiträge in Ertl/Komlosy/Puhle 2014.

Südosteuropa. Der skandinavische Norden konkurrierte mit deutschen Fürsten, Polen und später auch mit Russland um das Baltikum und mischte auch in der transatlantischen Expansion mit. Italienische Stadtstaaten boten sich durch ihre Lage als Ausgangspunkt für Handelskontakte im Mittelmeer- und Schwarzmeerraum an. Westeuropäische Mächte waren über die Kreuzzüge ins Heilige Land, die Errichtung von Kreuzfahrerstaaten sowie die Übernahme der politischen Herrschaft auf den Mittelmeerinseln Zypern, Sizilien und Kreta durch fränkische Adelige bereits im Hochmittelalter ins mediterrane koloniale Geschehen involviert. Hier lag die Brutstätte der Plantagensklaverei. Als die Osmanen durch ihre imperiale Konsolidierung den Handel zwischen dem Mittelmeerraum und Asien erschwerten, gewann die Umfahrung Afrikas an Bedeutung. In Kooperation mit genuesischen Geldgebern trieben spanische und portugiesische Herrscher die Erschließung von Seewegen nach Asien voran – und der Genuese Christoph Kolumbus landete in der Karibik, die er für Indien hielt. Südosteuropa war in das Expansionsgeschehen lediglich als Zielregion von Erweiterungen aus der Apenninenhalbinsel, aus Zentraleuropa und aus dem Osmanischen Reich eingebunden.

Im Fokus dieses Bandes steht die maritime Expansion westeuropäischer Akteure in die Neue Welt. Diese verfolgten verschiedene Ziele. Ursprünglich ging es beim Aufbruch darum, Handelswege nach Süd- und Ostasien zu erschließen, um die Nachfrage nach Gewürzen und Spezereien zu decken. Als sich herausstellte, dass ein neuer Kontinent entdeckt worden war, ging es darum, dessen Ressourcen für die Mutterländer zu erschließen. Dabei handelte es sich um Gold und Silber aus Bergwerken, Pelze aus dem Handel mit Indigenen sowie *cash crops* aus der Plantagenwirtschaft. Die Eroberung der fremden Territorien und die Errichtung politischer Herrschaft diente diesem Zweck. Im Fall von Spanien folgte sie der Logik der flächenhaften Territorialisierung, die die Reconquista der Iberischen Halbinsel in die Conquista der überseeischen Gebiete fortsetzte. Die imperiale Staatsbildung in Europa fand ihre Entsprechung im Aufbau des Kolonialreiches, beides sicherte Abenteurern und Adeligen sozialen Aufstieg als Händler oder als koloniale Verwalter. Der Aufbruch nach Übersee stand von Anbeginn an im Zeichen imperialer Konkurrenz zwischen den Kolonialmächten. Im Vertrag von Tordesillas (1494) einigten sich die Könige von Kastilien und Aragón (Spanien) sowie Portugal auf die Teilung ihrer Einflussgebiete entlang einer Nord-Süd-Linie, die 370 Meilen westlich der Kapverden verlief. Damit fiel nicht nur Brasilien an Portugal, sondern auch

Afrika kam im portugiesischen Einzugsbereich zu liegen, was Portugal beim Erwerb von SklavInnen als Arbeitskräfte für die Zuckerplantagen begünstigen sollte. In Nordamerika steckten die konkurrierenden Kolonialmächte ihre Einzugsbereiche über *chartered companies* ab, privilegierte Kompagnien, die mit Rückendeckung der Kronen Land in Besitz nahmen, bevor sie es noch betreten hatten.

Der Umgang mit der einheimischen Bevölkerung reichte von der militärischen Unterwerfung, dem Tauschhandel, der Erhebung von Steuern und Tributen bis hin zur Mobilisierung der Indigenen als Arbeitskräfte im Bergbau und in der Landwirtschaft. Diese besaßen keine Abwehrkräfte gegen die Krankheitserreger der Eroberer. Sie fielen den Krankheiten massenhaft zum Opfer, sodass die Conquista in mehrfacher Hinsicht einen demografischen Aderlass mit sich brachte. Indigene Eliten wurden mitunter in das System der kolonialen Extraktionsökonomie und in die Rivalität mit kolonialen Konkurrenten hineingezogen. Umgekehrt entstanden zwischen den Kolonialverwaltern vor Ort und den Zentralstellen im Mutterland oft Konflikte um politischen Einfluss und die Aneignung des Raubgutes. Koloniale Macht allein reichte nicht immer aus, um die Gewinne im Mutterland in Wachstum umzusetzen. Spanien und Portugal verfügten nicht über ein Bürgertum, das die Kolonialwaren zum Aufbau weiterverarbeitender Industrien nutzte. Sie tauschten diese gegen Fertigwaren aus England, sodass englische Industrielle und Händler in die Lage versetzt wurden, Profite aus dem Kolonialhandel anderer Kolonialmächte abzuschöpfen.

Amerika: Übungsfeld für die europäische Hegemonie?

Die hier skizzierte transatlantische Expansion steht in der europäischen Historiografie vielfach im Mittelpunkt des Interesses an der Geschichte von Kolonialismus, Imperialismus und Herrschaft über die Dritte Welt. Lange Zeit wurde diese Expansion – in apologetisch-legitimierender, aber auch in kritisch-anklagender Manier – als Fortsetzung eines europäischen Sonderweges angesehen, der sich von der klassischen Antike über die mittelalterliche Gewaltenteilung zwischen Staat, Adel und Kirche bis in die Ära des modernen Staates und dessen globaler Expansion fortsetzte. Die Beziehung zu asiatischen und afrikanischen Reichen wurde in dieses Erklärungsmuster eingefügt. Dies war unter anderem dadurch möglich, weil zeitgenössische Intellektuelle wie Georg Wilhelm Friedrich Hegel oder Friedrich Schiller kaum gesicherte empirische Kenntnisse über Asien hatten und ihre Vorstellungen von der europäischen Rolle in der Weltgeschichte im Wesentlichen geschichtsphilosophisch begründet waren.

In der neueren Forschung setzte sich der Beginn der europäischen Expansion im 16. Jahrhundert als die entscheidende Zäsur durch – als jener Moment, zu dem die periphere Rolle Europas am Rande des eurasisch-ostafrikanischen Weltsystems des 13. und 14. Jahrhunderts in eine führende Rolle verwandelt wurde, eine Einschätzung, die auch Andreas Obenaus in der Einleitung zu diesem Band vertritt. Auch hier wird die Kolonisierung der Amerikas zur Charakteristik der europäischen Position in der Welt verallgemeinert. Doch die Dominanz Europas trifft zwar für die transatlantische Welt der westeuropäischen Expansion zu, nicht aber für das Verhältnis europäischer Mächte zu asiatischen und afrikanischen Regionen, die bis ins 18. beziehungsweise 19. Jahrhundert – von Ausnahmen abgesehen – nicht Teil eines von europäischen Interessen geprägten Weltsystems waren.

Immanuel Wallerstein zollte der Eigenständigkeit der afrikanischen und asiatischen Staaten und Regionen Tribut, indem er sie als „Außenarenen" des europäischen Weltsystems bezeichnete.[2] Er wurde deshalb vielfach des Eurozentrismus gescholten, obwohl doch gerade die Ausklammerung der Außenarenen aus der europäischen Dominanz deren Grenzen aufzeigt. Die meisten AsienhistorikerInnen – unabhängig davon, ob sie selbst aus Asien stammen – stimmen mit dieser Einschätzung überein, indem sie Ostasien beziehungsweise Südostasien und den Indischen Ozean als eigenes Weltsystem betrachten.[3] Auch Andre Gunder Frank sieht Asien in seiner gesamten West-Ost-Erstreckung in der Zeit des westeuropäischen Aufbruchs über den Atlantik weiterhin als Zentrum der Weltwirtschaft an.[4] Dabei versteht er die transatlantische Expansion und die koloniale Durchdringung Lateinamerikas und der Karibik als Mittel, mit dem sich europäische Mächte und Händler in den Asienhandel einklinken konnten. Er widerspricht damit vehement der These, dass Europas Aufstieg zu globaler Führung mit der maritimen Expansion des 15./16. Jahrhunderts begann. Die Unterordnung asiatischer Regionen unter (west-)europäische Führung – ein Wandel im globalen Kräfteverhältnis, der als *Great Divergence* in die geschichts-

2 Wallerstein 2004, Bd. 1, 449–484; Bd. 3, 184–275.

3 Hamashita 2013.

4 Frank 2016.

wissenschaftlichen Debatten Eingang fand – setzte erst an der Wende vom 18. zum 19. Jahrhundert ein.[5]

Während es bei der Datierung des europäischen Aufbruchs zu globaler Führung in der Forschung also große Meinungsunterschiede gibt, herrscht weitgehende Einigkeit darüber, dass das 19. Jahrhundert das Jahrhundert der „Europäisierung" der Welt war.[6] Die Rückprojektion europäischer Hegemonie im 19. Jahrhundert auf frühere Jahrhunderte steht also nicht mehr unhinterfragt im Raum.

Wie der europäische Aufstieg zu globaler Dominanz von statten ging, wie also europäische Akteure die Divergenz überwanden, die sie von den führenden Regionen Asiens trennte, darüber scheiden sich jedoch nach wie vor die Geister. Frank weist die genuin europäischen Beiträge zu seinem Aufstieg strikt von sich und verortet die Ursachen des asiatischen Niedergangs in Konflikten, die aus sozialen Widersprüchen des eigenen Erfolgs resultierten.[7] Andere ForscherInnen hingegen messen Fortschritten europäischer Regierungen bei Staatsverwaltung, Wirtschafts- und Wissenschaftsförderung in der frühen Neuzeit maßgebliche Beteiligung bei der Überwindung des Rückstands zu.[8] In diesem Kontext gewinnen auch die Erfahrungen in der Transatlantik-Expansion und -Kolonisierung eine Bedeutung als Übungsräume für die Übernahme globaler Vorherrschaft im 19. Jahrhundert. Hans-Heinrich Nolte spricht vom Atlantik der Frühen Neuzeit als „Jugendzimmer" einer europäischen Hegemonie, die im 19. Jahrhundert global wurde.[9] Asienforscher leisten Frank Schützenhilfe, wenn sie die europäische Dominanz relativieren und von einer Kontinuität des asiatischen Weltsystems unter den Bedingungen des europäisch/westlich beherrschten kapitalistischen Weltsystems ausgehen.[10]

Diese Meinungsverschiedenheiten bestehen auch in Bezug auf das Ende der europäischen Hegemonie, die mit dem Aufstieg der USA im 20. Jahrhundert zu einer westlichen wurde. Manche betonen die fortgesetzte Dominanz des Westens, andere sehen die westliche Hegemonie bereits seit ihrer Herausbildung im 19. Jahrhundert herausgefordert durch Bemühungen asiatischer Akteure um nachholende eigen-

[5] Frank 2016; Pomeranz 2000.

[6] Osterhammel 2009.

[7] Frank 2016, 352–366.

[8] Z. B. Vries 2015.

[9] Nolte 2010.

[10] Hamashita 2013.

ständige Entwicklung; mit den Entkolonisierungsprozessen ab Mitte des 20. Jahrhunderts gewannen diese an Fahrt und bewirkten seit dem wirtschaftlichen Aufstieg asiatischer Schwellenländer zu ernsthaften Konkurrenten des Westens in den 1980er Jahren erneut eine Verkehrung von globaler Zentralität beziehungsweise Hegemonie.

Eine globalhistorische Herangehensweise erfordert also, den atlantischen Raum in seinen Wechselwirkungen mit anderen Weltregionen zu betrachten.[11] Was aus atlantischer Perspektive als Aufstieg Süd- und Westeuropas erscheint, kann im eurasisch-afrikanischen Gesamtkontext weiterhin als marginales Geschehen in einer Welt gedeutet werden, deren Gravitationszentrum in Süd- und Ost-Asien lag. Aus zentraleuropäischer Perspektive ist der asiatische Konkurrenzvorsprung in der Frühen Neuzeit vornehmlich in seiner westasiatischen Ausprägung in Form der osmanischen Expansion bemerkbar. Der Feind im ‚Nahen Osten' bedeutet eine unmittelbare militärische Bedrohung, die in diesem Fall West-, Zentral- und Osteuropa in Gegnerschaft vereinte. Die osmanische Expansion war allerdings auch die Triebkraft, die süd- und westeuropäische Mächte nach neuen Kolonien im Westen sowie nach alternativen Beschaffungsmärkten für SklavInnen in Afrika Ausschau halten ließ.

Handelsgewinn und ungleicher Tausch

Dieser Beitrag zeigt die Vielfalt der Arbeitsverhältnisse in den beteiligten Regionen der transatlantischen Expansion auf. Dazu gehören bezahlte Arbeit für den Markt ebenso wie unbezahlte Subsistenzarbeit, selbständige und unselbständige Arbeit, freie marktvermittelte wie unfreie, erzwungene Arbeit.[12] Wir können Arbeitsverhältnisse nach der Höhe der Löhne und Einkommen, der Qualifikation sowie der gesellschaftlichen Wertschätzung und Achtung unterscheiden. Status, Klasse, Geschlecht und Alter sind dafür Ausschlag gebend, wer die geachteten und einträglichen und wer die unbeliebten, schweren Tätigkeiten verrichten darf beziehungsweise muss. Uns interessiert im Kontext globaler Ungleichheit vor allem die unterschiedliche Verteilung von Arbeit in regionaler Hinsicht und ihre Verbindung durch Handel und überregionale Arbeitsteilung. Wir gehen von der Hypothese aus, dass die eurasischen Handelsbeziehungen in der frühen Neuzeit grosso modo

11 Frank 2016; Nolte 2010.

12 Komlosy 2015.

nicht in die Arbeitsverhältnisse vor Ort eingriffen, während die transatlantischen Beziehungen aufgrund des kolonialen Machtgefälles die einheimische Arbeitskraft in die Exportwirtschaft verpflichteten und die dabei geschaffenen Produkte – vermittelt über Kolonialverwalter in Übersee sowie Händler – in die Mutterländer beziehungsweise andere europäische Metropolen transferierten.

Man kann diesen Unterschied in den überregionalen Beziehungen auch mit Hilfe des Konzepts „ungleicher Tausch" fassen.[13] Handel bedeutet natürlich oft, dass die beteiligten Partner nicht den gleichen Vorteil aus dem Geschäft ziehen können, unter Umständen der Tausch für eine Seite sogar ihre wirtschaftlichen Existenzgrundlagen untergräbt; um „ungleichen Tausch" handelt es sich dabei jedoch nicht. Ungleiche überregionale oder internationale Arbeitsteilung geht über die Übervorteilung im Handel noch hinaus, indem sie einen Eingriff des überlegenen Akteurs in die Produktions- und Arbeitsverhältnisse des unterlegenen oder unterworfenen nach sich zieht. Der überlegene Akteur gewinnt dabei Einfluss auf die Gestaltung der wirtschaftlichen Verhältnisse und die Art und Weise, wie Arbeit so organisiert wird, dass ihre Erträge nicht im örtlichen Rahmen genutzt und verteilt, sondern in die Herkunftsregionen der Kolonisatoren beziehungsweise ihrer Geschäftspartner umgelenkt werden. Er eignet sich nicht nur Handelsspannen an, sondern Werte aus dem Produktionsprozess. Der Transatlantikhandel der Frühen Neuzeit ermöglichte ein solches ungleiches Tauschverhältnis durch Aneignung von Arbeitserträgen. Im Gegensatz dazu kann im Handel zwischen europäischen Händlern mit asiatischen Partnern in diesem Zeitraum keine derartige Ungleichheit konstatiert werden. Mit der Wende vom 18. zum 19. Jahrhundert verwandelten sich jedoch auch die europäisch-asiatischen Handelsbeziehungen in ungleiche Tausch-Verhältnisse.

Die folgenden Abschnitte gehen die atlantische Expansion Region für Region in Bezug auf die Verwandlung örtlicher Arbeitsverhältnisse in ungleiche Tausch-Beziehungen kolonialer Art durch, um sie in einem nächsten Schritt miteinander zu verknüpfen und mit dem Asienhandel europäischer Handelskompanien in Verbindung zu setzen.

[13] Komlosy 2015, 81.

Inselkolonialismus

Die Plantagenwirtschaft mit unfreien Arbeitskräften war keine Erfindung aus der Karibik oder Amerika. Sie wurde bereits im mediterranen Kolonialismus erprobt und verschob sich in dem Maße, wie der osmanische Vormarsch die europäischen Kolonisatoren aus dem östlichen Mittelmeerraum verdrängte, nach Westen. In Süd- und Südwesteuropa war Sklaverei im ausgehenden Mittelalter durchaus üblich. Nun verschob sich die Beschaffung zunehmend nach Afrika, wo Stammesführer südlich der Sahara Kriegsgefangene, aber auch Schuldner, sozial Deklassierte oder für die Landarbeit überschüssige junge Männer nach Norden verkauften. Von den islamischen Reichen in Asien und Nordafrika ging eine starke Nachfrage nach SklavInnen aus.[14]

Auf ihren Erkundungen zur Umfahrung Afrikas setzten sich die Portugiesen auf Madeira, den Azoren und Kapverde fest und errichteten Zuckerplantagen mit afrikanischen SklavInnen. Die Spanier versklavten die einheimische Bevölkerung der Kanarischen Inseln und besorgten weitere SklavInnen aus der islamischen Welt oder dem subsaharischen Afrika. Valencia und andere Mittelmeerhäfen entwickelten sich zu einer Drehscheibe des Sklavenhandels.

Karibik und Südamerika

Als die Europäer schließlich die Karibik und Südamerika erobert hatten, übertrugen sie das Muster der Zuckerplantage. Einheimische Bevölkerungen starben unter dem Druck von Krieg, unbekannten Krankheitserregern und Arbeitszwang massenhaft weg, sodass sich die Mobilisierung afrikanischer SklavInnen über das Meer als Ausweg anbot. Während in den spanisch kolonisierten Gebieten der zentralamerikanischen und andinen Hochkulturen die Indigenen als Arbeitskräfte in das Kolonialsystem integriert wurden, fiel der Zusammenstoß der Kolonisatoren mit den brasilianischen Indianern für diese letal aus, die meisten überlebten ihn nicht. Brasilien wurde zu einer Parade-Zuckerkolonie, die mit afrikanischen SklavInnen bewirtschaftet wurde. Der Vertrag von Tordesillas (1494) erleichterte den Nachschub und machte Portugal zur führenden Sklavenmacht. Es verbuchte die Hälfte der rund

[14] Flaig 2018; Lucassen 2021.

11 Millionen AfrikanerInnen, die zwischen 1500 und 1900 in die Amerikas verbracht wurden.[15]

Der zweite große Einsatzort für SklavInnen waren die Inseln der Karibik. Zunächst vor allem als Stützpunkte für die Eroberung des Festlandes und den Handel genutzt, verwandelten sich diese im 17. Jahrhundert unter verschiedenen, um die Hoheit konkurrierenden Kolonialmächten in Plantagen, auf denen Zuckerrohr sowie andere in Europa nachgefragte *cash crops* wie Tabak, Indigo, Kaffee oder Baumwolle angebaut wurden. Während man in den nordamerikanischen Kolonien in erster Linie auf die Arbeitskraft der europäischen Auswanderer setzte, die als KontraktarbeiterInnen beschäftigt wurden, erwies sich dieses Arbeitsverhältnis für die harte Feldarbeit unter tropischen Bedingungen als ungeeignet. Barbados, Jamaika und Hispaniola, das spätere Sainte Domingue beziehungsweise Haiti, gehörten zu den Hochburgen der Plantagensklaverei. An eine Reproduktion der SklavInnen war unter diesen Bedingungen nicht zu denken, Nachschub wurde aus Afrika besorgt. Im 18. Jahrhundert dehnte sich das System nach Kuba und in die nordamerikanischen Kolonien aus, wo die Sklaverei auch nach der Unabhängigkeit der USA beibehalten und die Sklaven-Plantage ins Landesinnere ausgeweitet wurde.

Die Spanier griffen in ihrem Kolonialreich auf Systeme der Arbeitsbeschaffung zurück, die bereits unter den Azteken und Inkas praktiziert wurden. Im Gegensatz zu deren redistributivem System der Einhebung von Tributen, die nach Statusregeln in der örtlichen Gesellschaft verteilt wurden, stellte der koloniale Zugriff auf Arbeitskräfte und Ressourcen jedoch eine Aneignung durch eine fremde Macht dar, die die Gesellschaft umformte und die Erträge großteils ins Mutterland transferierte. Zu diesem Zweck wurden die Institutionen des *repartimiento*, der *encomienda*, der *mita* und der *reducciones* geschaffen.[16] Mit dem *repartimiento* wurde Kronland an privilegierte Siedler verteilt; es berechtigte sie auch, die Arbeitskraft der BewohnerInnen zu nutzen. Die *encomienda* stellte eine Art feudalen Gutsbetrieb mit gewissen Schutz- und Versorgungspflichten für den Inhaber dar; sie war aber auch der Ort drastischer Erziehungsmaßnahmen zu Gehorsam, Arbeitsfleiß, Katholizismus und zur Übernahme der spanischen Sprache, was einzelne Missionare wie Bartholomäus de las Casas zu Beschwerden und Appellen an die Menschlichkeit der christlichen Könige veranlasste.

15 Füllberg-Stollberg 2010, 91.

16 Hausberger 2005; Komlosy 2015, 117 f.

Auch die spanische Krone erhob Tribute. Neben den *encomiendas* gab es auch selbständige Bauern in Dorfgemeinden, die dazu gezwungen wurden, über ihren Eigenbedarf hinaus Nahrungsmittel für den Markt anzubauen. Um diese besser kontrollieren zu können, wurden sie vielfach durch Missionare in neuen Siedlungen gruppiert, den so genannten *reducciones*. Der koloniale Binnenmarkt war notwendig, um einerseits die Bergbauregionen, andererseits die Plantagenökonomien mit Nahrungsmitteln zu versorgen.

Um die Arbeitskräfteversorgung im Bergbau, einem der zentralen Wirtschaftszweige der spanischen Extraktionsökonomie zu gewährleisten, griff die Krone auf das System der Arbeitskräfterekrutierung, die *mita*, zurück. Im Inkareich diente die *mita* der Verrichtung öffentlicher Dienste. Unter den Spaniern wurde daraus ein einjähriger Arbeitsdienst in Untertagminen, den viele nicht überlebten. Ihre höchste Ausprägung erreichte sie ab 1573 im Silberbergbau von Potosí.[17] Die Umlandgemeinden wurden verpflichtet, im Rotationsverfahren jedes Jahr ein Siebentel ihrer männlichen Bewohner im Alter von 18 bis 50 Jahre in die Minen zu entsenden. Im 16. Jahrhundert wurden jährlich über 16 000 *mitayos* nach Potosí entsandt. Ein Freikauf war möglich, sodass das Bergbauunternehmen neben Arbeitsleistung auch Geldabgaben lukrierte.

SklavInnen aus Afrika

Der afrikanische Kontinent war in die transatlantische Arbeitsteilung über die SklavInnen eingebunden, die von den westafrikanischen Küsten in Schiffen nach Süd-, Mittel- und Nordamerika gelangten. Der Sklavenhandel mit AfrikanerInnen verlagerte sich mit der Nachfrage aus Übersee zunehmend von den Destinationen im Nahen Osten und dem Indischen Ozean nach Westen. Zudem nahm die Intensität der Versklavung durch die stetige Nachfrage der Plantagenbesitzer in der Neuen Welt enorm zu. Seine größte Entfaltung erlebte der transatlantische Handel im 18. Jahrhundert unter britischer Führung. Großbritannien sicherte sich im Zuge des Spanischen Erbfolgekriegs den so genannten *Asiento* (1713), das Monopol auf den Sklavenhandel mit den spanischen Kolonien in Amerika.

Wesentlich für die Ausweitung der Plantagensklaverei im 18. und 19. Jahrhundert war die Nachfrage der in Westeuropa, später auch in den US-Nordstaaten entstehenden Textilfabriken nach Baumwolle. In

17 Hausberger 2005, 183; Komlosy 2015, 118.

den USA bewirkte der Baumwollhunger die stetige Ausdehnung der Plantagen in Richtung Landesinneres; der *Indian Removal Act* (1830) sorgte dafür, dass das dafür notwendige Land von den Indigenen gesäubert und diese immer weiter nach Westen abgedrängt wurden.[18]

Über das Ausmaß der Sklaverei gibt es in der Forschung große Meinungsverschiedenheiten.[19] Die neuesten Schätzungen gehen von 20 Millionen ExportsklavInnen aus Afrika aus, davon zwei Drittel über den Atlantik verbracht, ein Drittel über die traditionellen Routen in die islamische Welt. Bis zu vier Millionen starben bei der mühsamen Zubringung in Afrika, die meist zu Fuß erfolgte, weitere ein bis zwei Millionen überlebten die Überfahrt nicht. Auch nachdem die Briten 1807 den Sklavenhandel und 1833 die Sklaverei verboten, kam der Sklaventransport nicht zum Erliegen. Drei Millionen gelangten auch dann noch vor allem in die spanischen und portugiesischen Kolonien Südamerikas. Auf den britischen Plantagen wurden die SklavInnen durch sogenannte *coolies* ersetzt – KontraktarbeiterInnen, die in Britisch-Indien oder in China angeheuert wurden. In den US-Südstaaten entwickelte sich vor allem bei den kleineren Pflanzern ein patriarchalisches Verhältnis, das die Reproduktion der Sklaven vor Ort erlaubte. Bis zu Beginn des US-Bürgerkriegs wurden vier Millionen SklavInnen in den USA geboren.[20] Langfristig gesehen, bildete der Sklavenhandel mit der islamischen Welt seit dem 9. Jahrhundert eine Konstante für die afrikanischen Herkunftsgebiete, deren Zahl jene der Transatlantik-Exporte überstieg. Das Ausmaß ist höchst umstritten, nicht zuletzt deshalb, weil in Westasien der Übergang zwischen Sklaverei und persönlicher Freiheit ein fließender war und ein höherer Anteil aus der Sklaverei entlassen wurde. Mit der Nachfrage aus Südeuropa sowie der Neuen Welt verschob sich der Export in Richtung Atlantik, bis im 19. Jahrhundert das Osmanische Reich und die Staaten am Indischen Ozean erneut an Bedeutung gewannen.[21] Einige ForscherInnen bestreiten die Verantwortung des europäischen Sklavenhandels und erklären die innerafrikanische Tradition der Versklavung sowie die Nachfrage der islamischen Welt zur Haupttriebkraft auch des transatlantischen Sklavenhandels.[22]

---

18 Komlosy 2015, 151.

19 Füllberg-Stolberg 2010, 90 f.; Zeuske 2016.

20 Füllberg-Stolberg 2010, 96.

21 Lucassen 2021

22 Flaig 2018, 193–198.

In der zweiten Hälfte des 19. Jahrhunderts, als der koloniale Vormarsch europäischer Mächte auf Afrika überhaupt erst einsetzte, nahm der Einsatz von SklavInnen in Afrika selbst zu.[23] Ihre Zahl wird auf acht bis zehn Millionen geschätzt. Die europäische Nachfrage nach Erdnüssen, Palmöl, Kakao und Baumwolle begünstigte nun die Entstehung einer Plantagensklaverei in Afrika selbst.

Das transatlantische Handelsdreieck

Als transatlantisches Handelsdreieck bezeichnet man ein zirkuläres Tauschsystem, in dem europäische Händler an der Westküste Afrikas gegen Fertigwaren SklavInnen erwarben. Zunächst waren darin Kompanien unter staatlichem Schutz involviert, in der Folge wurde es ein Geschäft privater Händler, die oft monatelang die Küsten bereisten, um ihre „Fracht" zu erwerben. Insgesamt wurden zwischen dem 16. und 19. Jahrhundert rund 35 000 Fahrten durchgeführt.[24] Die SklavInnen erzeugten auf den amerikanischen Plantagen jene *cash crops*, die – nach Europa verschifft – die Nachfrage nach Kolonialwaren zum Konsum sowie als Grundlage einer weiterverarbeitenden Industrie deckten. Bei näherem Hinsehen handelte es sich nicht um ein gewöhnliches Handelsgeschehen im Austausch von Spezialitäten und Überschüssen, sondern um eine internationale Arbeitsteilung, die den beteiligten Akteuren ganz bestimmte Rollen in einem Regionen und Standorte übergreifenden Produktionssystem zuwies: gewerbliche Lohnarbeit in Europa, Sklavenarbeit sowie verschiedene Formen bezahlter und unbezahlter Zwangsarbeit in den Amerikas, deren Erzeugnisse zu einer transatlantischen Warenkette zusammengesetzt wurden. Diese hielt die Gesamtkosten für die Produkte niedrig und erlaubte den Abfluss der Gewinne zu den Organisatoren der Warenkette in den europäischen Zentren. Weder die spanische noch die portugiesische Monarchie standen an ihrer Spitze, reichten sie doch einen Teil der Produkte sowie der Wertschöpfung, die über ihr Kolonialsystem abgezogen wurde, an das Handels-, Finanz- und Gewerbekapital aus England, den Niederlanden und Frankreich weiter.

Nutznießer waren die europäischen Exporteure und Sklavenhändler, die afrikanischen Lieferanten, die kolonialen Pflanzer in der Neuen Welt, die Kolonialwarenhändler sowie deren europäische Abnehmer –

---

23 Sonderegger 2006, 36 f.

24 Füllberg-Stolberg 2010, 91.

umso mehr, wenn diese durch die Weiterverarbeitung der Rohstoffe höhere Wertschöpfung erzielen konnten.

Der Historiker Eric Eustace Williams, der sein Heimatland Trinidad und Tobago als Politiker in die Unabhängigkeit führte, war einer der Ersten, der die Wirkungszusammenhänge des Dreieckshandels aufzeigte:

> „Der Dreieckshandel gab der britischen Industrie einen dreifachen Anstoß. Die Neger wurden mit britischen (und orientalischen) Manufakturgütern gekauft; auf die Plantagen geschafft, produzierten sie Zucker, Baumwolle, Indigo, Melasse und andere tropische Produkte, deren Weiterverarbeitung in England neue Industrien schuf, während die Ernährung der Neger und ihrer Eigentümer auf den Plantagen einen weiteren Markt für die britische Industrie, die Landwirtschaft Neuenglands und die Fischerei Neufundlands schuf. Um 1750 gab es kaum eine Handels- und Industriestadt in England, die nicht in irgendeiner Weise mit dem Dreiecks- oder direkten Kolonialverkehr in Verbindung stand. Die erzielten Profite versorgten einen der Hauptströme jener Kapitalakkumulation in England, der die industrielle Revolution finanzierte."[25]

Williams wurde später vielfach dafür kritisiert, den Beitrag der amerikanischen Kolonien zum Aufbau der Industrie in Großbritannien vereinfachend dargestellt beziehungsweise übertrieben zu haben. Das Argument seiner Kritiker, der Gewinn aus dem Handel sowie der Anteil der Importe aus den Kolonien am englischen Nationalprodukt sei viel zu gering gewesen um als Anstoß zu dienen, ist leicht zu entkräften. Erstens kann seine These nicht auf einzelne Transaktionen angewandt werden, sondern auf das Gesamtsystem in seinen wirtschaftlichen Auswirkungen auf die beteiligten Regionen. Wenn zweitens weder Produktions- und Reproduktionskosten noch Lohnkosten der versklavten Arbeitskraft anfallen, kann es nicht verwundern, dass die Kolonialwaren so billig waren.[26]

Die heute nicht mehr zeitgemäße Ausdrucksweise schreckt LeserInnen oft ab. Dabei verdeutlicht Williams den „ungleichen Tausch", der diesem Dreieckshandel mehrfach zugrunde lag und dazu beitrug, dass sich die wirtschaftlichen Grundlagen der beteiligten Akteure aufgrund der ungleichen Machtverhältnisse immer weiter auseinanderentwickelten – eine Dynamik, für die Andre Gunder Frank den Begriff

---

25 Williams 1966, 51 f. Zitiert nach: Frank 1980, 33.

26 Wallerstein 2004, Bd. 3, 143–145.

der „Entwicklung der Unterwicklung" prägte. Williams zeigt auch auf, dass in das transatlantische Handelsdreieck weitere regionale Verflechtungen eingebaut waren, wie der Tausch von Fisch und Molasse zwischen den englischen Kolonien in Nordamerika und den Zuckerplantagen der Karibik. Es gab den kolonialen Binnenmarkt also nicht nur innerhalb des spanischen Kolonialreichs, sondern auch zwischen Nord- und Südamerika. Stets ging es darum, die Plantagenökonomie und die Edelmetallgewinnung am Leben zu erhalten, deren Produkte für die Hofhaltungen und die Verarbeitungsindustrien in den europäischen Mutterländern so wichtig waren. Zudem waren die neuenglischen Kolonien Abnehmer englischer Fertigwaren, bis sie dieser abhängigen Rolle mit der amerikanischen Revolution und Unabhängigkeit ein Ende bereiteten. Bis dahin waren sie Lieferanten von Fisch, Nahrungsmitteln sowie Waldprodukten, insbesondere Felle, die sie von den indigenen Jägern erhandelten.

Transatlantikhandel als Sprungbrett in den Asienhandel

Anders als im Fall der Amerikas lagen den Beziehungen zwischen europäischen und asiatischen Regionen keine kolonialen Macht- und Abhängigkeitsverhältnisse zugrunde. Der Fall des *Estado da Índia*, den die Portugiesen im 16. Jahrhundert auf Goa, der indischen Westküste und Ceylon etablierten,[27] ist ein Gegenbeispiel und macht deutlich, dass der gegenseitige Vorteil auch in diesen Weltregionen durch koloniale Dominanz ersetzbar war, so etwa auch in den niederländischen Kolonien auf Java. In den meisten Fällen waren die asiatischen Regionen zu dem Zeitpunkt, als die europäischen Seefahrer die Routen um Afrika entdeckten, sowohl politisch als auch wirtschaftlich gefestigte Gebilde. Sie gehörten als Produzenten von hochwertigen Gewerbeprodukten zu den Workshops der Welt. Teppiche und Wollstoffe aus West- und Zentralasien, feine Baumwollgewebe (Musseline) und bedruckte Baumwollstoffe (Kalikos) aus Südasien, Seide, Papier, Tapeten und Porzellan aus Ostasien gehörten zu den begehrtesten Luxusartikeln der gehobenen europäischen Gesellschaft, und mit dem Ausbau der maritimen Routen wurden diese Produkte auch breiteren Käuferschichten zugänglich. Die Nachfrage danach beflügelte den Aufbruch nach Süd- und Ostasien, mit dem bekannten Nebeneffekt der „Entdeckung Amerikas". Europäische Händler traten nun vermehrt an die

27 Feldbauer 2003.

Seite der arabischen und persischen Händler, die die maritime Seidenstraße schon bisher befahren hatten. Sie taten dies vor allem in Form von Handelskompanien, die die Gefahren der Passage durch Piraten mit Privilegien und militärischer Rückendeckung ihrer Regierungen bewältigten (1600 *East India Company*, 1601 *Vereenigde Ostindische Kompagnie*, 1664 *Compagnie des Indes Orientales* u. a.). Diese errichteten Stützpunkte an den Küsten des indischen Subkontinents, wo sie die begehrten Waren einkauften;[28] in China herrschte seit dem 15. Jahrhundert ein Außenhandelsmonopol, sodass sie ihre Geschäfte im Hafen von Kanton (Guangzhou) mit Hilfe von chinesischen Zwischenhändlern, den sogenannten *co-hongs* abwickelten.

Was hatten die europäischen Händler im Gegenzug anzubieten? Die europäischen Gewerbeprodukte konnten es mit den asiatischen Exportgewerben nicht aufnehmen. Um trotzdem ins Geschäft zu kommen, setzten die Händler auf Edelmetalle, die in den stark kommerzialisierten Wirtschaften Asiens hoch gefragt waren. Asiatische Staaten litten unter einem notorischen Mangel an Edelmetall zur Münzproduktion. Die Europäer exportierten Silber und Gold also nicht in Form von Münzen, sondern als ungemünztes Metall, das vor Ort in die entsprechenden Zahlungsmittel verwandelt wurde. Hier schließt sich der europäische Handel mit Asien mit dem Transatlantikhandel zu einem globalen System. Da die europäischen Silbervorkommen für den Export keineswegs ausreichten, bildete das in den amerikanischen Minen gewonnene Edelmetall das Eingangstor in den Asienhandel.[29]

Frank leitet daraus die Führungsrolle Asiens in der Weltwirtschaft ab. Er unterschätzt dabei, dass europäische Händler nicht nur als Importeure der asiatischen Produkte für die jeweiligen Binnenmärkte auftraten, sondern diese weltweit weitervermarkteten (Re-Export). Sie kamen sowohl im Austausch gegen SklavInnen, gegen karibische Plantagen- oder neuenglische Meeresprodukte zum Einsatz. Das amerikanische Silber stellte ein Scharnier des frühneuzeitlichen Welthandels dar, der asiatische Handwerkskunst mit Hilfe europäischer Händler in aller Welt vertrieb. Der Preis eines Sklaven wurde entweder in Gold oder in Baumwollstoff angegeben. So entsprach ein kräftiger männlicher Sklave im 18. Jahrhundert 300 Gramm Gold oder einem *Pièce d'Inde*, das heißt 10–15 Ellen Baumwollstoff.[30] Ein Produkt, dessen Erwerb

28 Komlosy 2015, 106 f.

29 Frank 2016, 366–373.

30 Komlosy 2015, 123.

zum gegenseitigen Vorteil von Käufer und Verkäufer erworben wurde, verwandelte sich in der ungleichen Arbeitsteilung des Transatlantikhandels zum Gegenstand eines „ungleichen Tauschs".

Die große Divergenz

Die interkontinentale Arbeitsteilung des Transatlantikhandels koexistierte in der frühen Neuzeit mit dem Handel zwischen europäischen Kompanien und asiatischen Produzenten. Der Zugriff auf die Minen Amerikas war geradezu die Bedingung, dass die asiatischen Gewerbewaren einen Gegenwert in Form von Edelmetall fanden. So verschränkte sich das ungleiche Tauschverhältnis, in dem die westeuropäischen Nationen dominierten, mit einem Tauschverhältnis auf Augenhöhe, in dem die asiatischen Gewerbeprodukte die Wertschätzung bestimmten. Sie zu besitzen und weltweit in den Vertrieb zu bringen, stattete die europäischen Händler mit einem Instrument aus, das das koloniale Machtverhältnis und die europäische Dominanz über alle Produzenten in den Amerikas stärkte, unabhängig davon, ob sie direkt für den Export oder indirekt für die Versorgung der Edelmetalle und *cash crops* produzierenden ArbeiterInnen tätig waren.

Die Frage, wie es europäischen Akteuren – im Zusammenspiel von Staatsmacht und Unternehmen – an der Wende vom 18. zum 19. Jahrhundert gelang, die unterlegene Gewerbekompetenz in eine Führungsposition in der Weltindustrieproduktion zu verwandeln, ist jenseits des Untersuchungszeitraums dieses Beitrags angesiedelt. Die Ursachen dafür sind sowohl in den asiatischen als auch in den europäischen Staaten und mehr noch im Wandel der transkontinentalen Beziehungen zu suchen.

Im Transatlantikhandel bildete der Gewinn im „ungleichen Tausch" die Basis der Kapitalverwertung in den westeuropäischen Verarbeitungsindustrien. Während europäische Akteure im Transatlantiksystem die Arbeitsverhältnisse in den Amerikas in ihrem Interesse transformierten, mischten sich die Asienhandelskompanien nicht in die örtlichen Arbeitsverhältnisse ein. Einen ersten Umschwung brachte die auf dem amerikanischen Silber beruhende Ausweitung der Nachfrage, die ihrerseits den Druck auf die asiatischen Lieferanten erhöhte, größere Mengen zu produzieren und diese in Form und Design den Vorstellungen der Zielgruppen anzupassen. So begann sich das reine Kaufsystem in ein Auftragssystem zu verwandeln, das den europäischen Auftraggebern eine Machtposition gegenüber den Produzenten verlieh.[31] Einen zweiten Umschwung in Richtung der Inkorporierung Asiens in das von westeuropäischen Nationen beherrschte Weltsystem bildete der Übergang vom Handelskapitalismus zum Industriekapitalismus. Die Wirtschaftsphilosophie des Merkantilismus, die seit dem 17. Jahrhundert in den führenden westlichen Nationen Platz Griff, erkannte den Abfluss der Edelmetalle in Richtung Asien als Schaden für Staatskassen, Handelsbilanzen und Nationalökonomien. Stattdessen setzte sie auf eine Stärkung der einheimischen Industriekapazitäten und die Substitution asiatischer Importe durch die Produktion im eigenen Land. Um gegen die asiatische Konkurrenz bestehen zu können, drängten Industrieunternehmer ihre Regierungen zu protektionistischen Maßnahmen. Diese setzten in England, den Niederlanden, Spanien und Frankreich um 1700 mit Importverboten für bedruckte Baumwollstoffe ein und weiteten sich im Laufe des 18. Jahrhundert auf weitere Importwaren aus. Unter diesem Schutz konnte die westeuropäische Industrie im Laufe der Industriellen Revolution ihre führende Position in der Weltindustrieproduktion erringen.[32]

Literatur

Ertl/Komlosy/Puhle 2014 = Thomas Ertl/Andrea Komlosy/Hans-Jürgen Puhle (Hg.): Europa als Weltregion. Zentrum, Modell oder Provinz?, Wien 2014.

Feldbauer 2003 = Peter Feldbauer: Estado da India. Die Portugiesen in Asien 1498–1620, Wien 2003.

Flaig 2018 = Egon Flaig: Weltgeschichte der Sklaverei. 3. Aufl., München 2018.

Frank 1980 = Andre Gunder Frank: Abhängige Akkumulation und Unterentwicklung, Frankfurt am Main 1980.

Frank 2016 = Andre Gunder Frank: ReOrient. Globalwirtschaft im Asiatischen Zeitalter, Wien 2016.

Füllberg-Stolberg 2010 = Claus Füllberg-Stolberg: Transatlantischer Sklavenhandel und Sklaverei in den Amerikas, in: Ulrike Schmieder/Hans-Heinrich Nolte (Hg.): Atlantik. Sozialgeschichte der Neuzeit, Wien 2010, 86–115.

Hamashita 2013 = Takeshi Hamashita: China, East Asia and the Global Economy: Regional and Historical Perspectives, New York–London 2013.

Hausberger 2005 = Bernd Hausberger: Wirtschaft und Wirtschaftsräume, in: Friedrich Edelmayer/Bernd Hausberger/Barbara Potthast (Hg.): Lateinamerika 1492–1850/70, Wien 2005, 171–193.

31 Rothermund 1978, 100.

32 Komlosy 2015, 134 f.

Komlosy 2015 = Andrea Komlosy: Arbeit. Eine globalhistorische Perspektive. 13. bis 21. Jahrhundert. 2. Aufl., Wien 2015.

Lucassen 2021 = Jan Lucassen: The Story of Work, New Haven–London 2021 (in Vorbereitung).

Nolte 2010 = Hans-Heinrich Nolte: Der Atlantik. Jugendzimmer des Weltsystems, in: Ulrike Schmieder/Hans-Heinrich Nolte (Hg.): Atlantik. Sozialgeschichte der Neuzeit, Wien 2010, 13–28.

Osterhammel 2009 = Jürgen Osterhammel: Die Verwandlung der Welt. Eine Geschichte des 19. Jahrhunderts, München 2009.

Pomeranz 2000 = Kenneth Pomeranz: The Great Divergence. China, Europe and the Making of the Modern World Economy, Princeton–Oxford 2000.

Rothermund 1978 = Dietmar Rothermund: Europa und Asien im Zeitalter des Merkantilismus, Darmstadt 1978.

Sonderegger 2006 = Arno Sonderegger: Sklaverei und Sklavenhandel. Zum Beziehungswandel zwischen Europa und Afrika im 18. und 19. Jahrhundert, in: Birgit Englert/Ingeborg Grau/Andrea Komlosy (Hg.): Nord-Süd-Beziehungen. Kolonialismen und Ansätze zu ihrer Überwindung, Wien 2006, 29–50.

Vries 2015 = Peer Vries: State, Economy and the Great Divergence. Great Britain and China, 1680s–1850s, London u. a. 2015.

Wallerstein 2004 = Immanuel Wallerstein: Das moderne Weltsystem, Bd. 1, Die Anfänge kapitalistischer Landwirtschaft und die europäische Weltwirtschaft im 16. Jahrhundert. 2. Aufl., Wien 2004; Bd. 3, Die große Expansion. Die Konsolidierung der Weltwirtschaft im langen 18. Jahrhundert, Wien 2004.

Williams 1966 = Eric Williams: Capitalism and Slavery. 2. Aufl., New York 1966.

Zeuske 2016 = Michael Zeuske: Handbuch Geschichte der Sklaverei. Eine Globalgeschichte von den Anfängen bis heute, Berlin–Boston 2016.

„Europäisierung der Welt"?

Die frühe europäische Expansion im Kontext asiatischer Expansionen

Birgit Tremml-Werner

Einleitung: Kritik an der Erzählung über die europäische Expansion

Beginnen wir den letzten Beitrag in diesem Band mit einer provokanten Frage: Wie sinnvoll ist es, die europäische Expansion ins Zentrum der Untersuchungen zu stellen, wenn doch auch vormoderne Reiche in Asien und Amerika in einem ähnlichen Zeitraum Expansion als zentrales Herrschaftsinstrument einsetzten und damit die Geschicke jener Gebiete und der dort lebenden Menschen nachhaltig beeinflussten? Dieser Artikel stellt eurasische Expansionsmodelle vor, damit sich die Leserschaft selbst eine Antwort auf diese Frage bilden kann. Dabei zielt er nicht auf einen Vergleich von Erfolgsmodellen ab oder überträgt europäische Konzepte auf historische Prozesse in anderen Erdteilen, wie Feudalismus in Afrika oder Renaissance in China, die der britische Anthropologe Jack Goody schon in den 1960er Jahren anprangerte.[1] In vergleichenden Studien zu wirtschaftlichen und politischen Entwicklungen werden für gewöhnlich westeuropäische Entwicklungen als Standard herangezogen.[2] Dies trifft auch auf die (maritime) europäische Expansion zu. Ein historisches Phänomen wird zu einem zentralen Ereignis hochstilisiert, an dem ähnliche Entwicklungen in anderen Regionen und Perioden gemessen werden. Mit gutem Grund hat die Selbstverständlichkeit, mit der die europäische Expansion als Blaupause herangezogen wird, in den letzten Jahrzehnten in postkolonialen Gesellschaften Unbehagen ausgelöst. Die europäische Expansion soll daher nicht länger als Sonderfall, sondern als Phänomen, das sich in eine lange Reihe ähnlicher Prozesse eingliedert, erzählt werden. Für dieses

---

1 Goody 1963; Goody 2009.

2 Vgl. dazu die Beiträge in Fernández-Armesto 1995.

Unterfangen erweist sich der auf Konkurrenz und (Un-)Gleichzeitigkeit historischer Prozesse aufbauende Concurrences-Ansatz als besonders nützlich. Seine Vertreterinnen und Vertreter setzen sich dafür ein, (koloniale) Begegnungen nicht in erster Linie aus europäischer Perspektive zu untersuchen, sondern fordern einen nuancierten Umgang mit der Diversität sämtlicher Akteure, Stimmen und Erfahrungen.[3]

In der Globalgeschichte gilt der Begriff der europäischen Expansion als politisch korrekte(re) Alternative zu ‚Entdeckung' und als unverfänglicher Ersatz für ‚Eroberung'. In einer Vielzahl von Darstellungen hat sich an den eigentlichen Inhalten und Denkmustern jedoch wenig geändert: Nach wie vor handelt es sich bei der Erzählung von der europäischen Expansion um eine, die den europäischen Sonderweg, ein teleologisches Weltbild und Modernisierungsprozesse basierend auf nützlichem Wissen sowie militärischer und navigatorischer Überlegenheit hervorzuheben versucht. Der Zusammenhang zwischen Sprache, Begrifflichkeit und Diskurs hat insbesondere in der deutschen Geschichtsforschung seit Reinhart Koselleck viel Aufmerksamkeit bekommen. Im Zusammenhang mit der europäischen Expansion haben begriffsgeschichtliche Zugänge aufgezeigt, wie die Kolumbusfahrten zum Masternarrativ wurden. In den 1990er Jahren zeigte der US-amerikanische Historiker Robert F. Berkhofer aus Perspektive der indigenen Bevölkerung auf, wie sich die Erzählung ändert, wenn man anstelle von Expansion von Eroberung, Entdeckung, Intervention, Interaktion oder Begegnungen spricht.[4] Darüber hinaus bieten derartige Narrative Nährboden für Vorwürfe eines fortwirkenden Eurozentrismus in der Geschichtswissenschaft.[5] In den letzten beiden Jahrzehnten wurde auch Kritik an der marxistischen Weltsystemtheorie und den daraus resultierenden Studien sowie an der weitgehend fehlenden Auseinandersetzung mit den Auswirkungen indigener Reaktionen als auch der Rolle lokaler Bevölkerungsgruppen in der Expansionsgeschichte immer lauter.[6]

Der vorliegende Beitrag versucht diese Schieflage zu ändern und stellt russische, chinesische und japanische Expansionsmodelle in Asien im 17. und 18. Jahrhundert vor. Bei den drei Beispielen handelt es sich um Reiche, die territoriale Expansion und Handelsnetzwerke gezielt

---

3 Fur 2017, 33–57.

4 Berkhofer 1995, 45.

5 Vgl. Chakrabarty 2000; Dirlik 1999, 1–34.

6 Häkäläinen 2009, 16–20; Subrahmanyam 1998, 74–104.

nutzten, um einen mächtigen Staat zu konsolidieren.[7] Zugegebenermaßen ließen sich aber für einen ähnlichen Zeitraum auch andere Beispiele nennen – dazu zählen neben dem Osmanischen Reich insbesondere das Reich der Komantschen im Südwesten Nordamerikas und das Königreich Mysore in Südindien unter Hyder Ali und dem Tipu Sultan. Die selektive Auswahl der Untersuchungsobjekte legitimiert sich durch die Diversität der Praktiken und den Stand der Forschungsliteratur. So erlauben die gewählten Beispiele eine kritische Auseinandersetzung mit der Frage, wie sich asiatische Expansionsdynamiken von europäischen unterschieden. Ebenso regen sie einen reflektierten Umgang mit Mobilität und Migration als Teil kolonialer und imperialer Bestrebungen als auch mit ethnischen Unterschieden, vielseitigen Akteuren und dem Einfluss wachsender globaler Verbindungen auf autonome Bevölkerungsgruppen an. Dabei liegt besonderes Augenmerk auf der ursprünglichen Bevölkerung und ihren Migrationsbewegungen sowie den Begegnungen zwischen indigenen und expansiven Bevölkerungsgruppen.

Russische Expansion gegen Osten

Seit dem 14. Jahrhundert formierte sich in einem noch namenlosen Gebiet in den endlosen Wäldern zwischen Dnjepr und Wolga ein Reich unter dem Einfluss der Prinzen der Rus. Bereits im 10. Jahrhundert hatten die Rurikiden in Kiew eine eurasische Dynastie gegründet und durch rege Kontakte mit Byzanz und dem Übertritt zum orthodoxen Christentum ihre Herrschaft gefestigt. Im 14. Jahrhundert verlegte die orthodoxe Elite ihren Sitz nach Moskau und die Prinzen in Moskau wurden zu Nachfolgern der Kiewer Rus-Dynastie. Moskau machte sich die Expansionsideen und militärischen Strategien des Byzantinischen Reiches, der Türken und Mongolen zu eigen. Von letzteren übernahmen sie die Fertigkeit, weit voneinander liegende Bevölkerungsgruppen zu kontrollieren. Mitte des 15. Jahrhunderts existierten in Westasien vier mongolische Khanate. So hatten sich vom Khanat der Goldenen Horde, auch bekannt als Kiptschak Khanat, drei Teilreiche abgespalten, nämlich das Khanat von Kasan, das Khanat von Astrachan und

7 Gerade in der englischsprachigen Literatur widmen sich zahlreiche Werke vergleichend Themen wie Kolonialismus, Imperialismus und Herrschaftsexpansion. Siehe stellvertretend dazu Lieberman 2009 und Burbank/Cooper 2010 sowie insbesondere für Asien die Beiträge in Wade 2015.

Expansion des Russischen Reiches

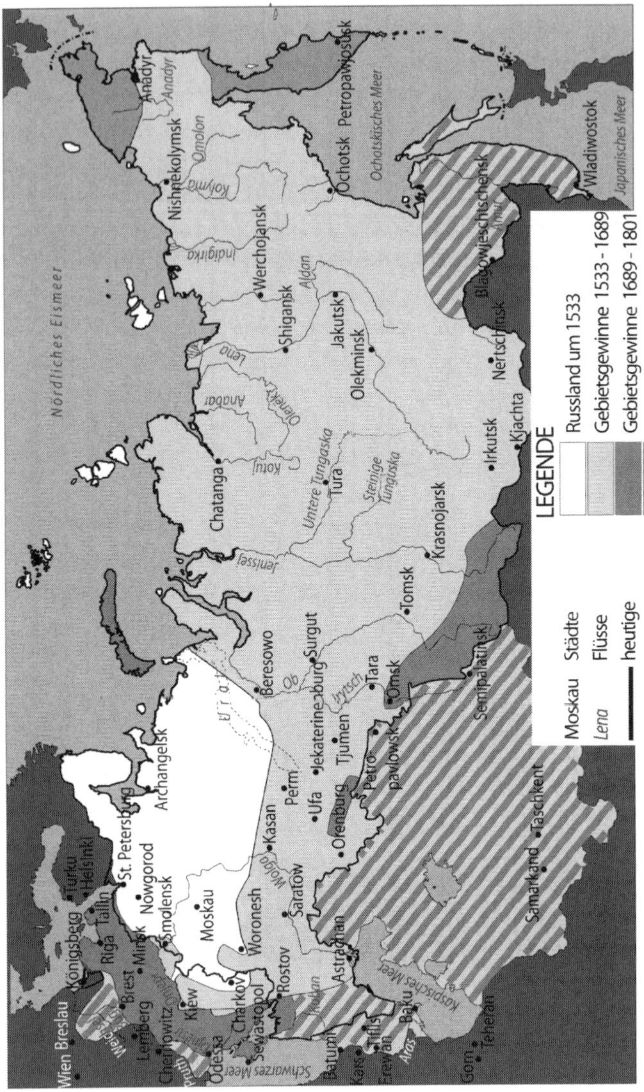

das Krimkhanat. Die Großfürsten von Moskau organisierten regelmäßig Heiratsallianzen mit den Khanen dieser Reiche. Ihre Loyalität zu den Mongolen endete aber nach 1476 und die Goldene Horde begann sich nach 1481 allmählich aufzulösen. Die Heirat Iwans III. mit der Nichte des letzten byzantinischen Kaisers war ein wichtiger symbolischer Schritt, um das Großfürstentum Moskau als Nachfolgereich Ostroms zu inszenieren – ein Prozess, der mit der Annahme des Zarentitels mit byzantinisch-christlichen Insignien durch Iwan IV. im Jahr 1547 abgeschlossen wurde.

Diverse Entwicklungen führten dazu, dass in der Geschichtsschreibung zumeist besonderes Augenmerk auf die russischen Interessen in Europa gelegt wurde. Die Eroberung Nowgorods und dessen Hinterland im Jahr 1478 sowie die Folgen für Finnen und Balten oder die osmanisch-moskowitischen Rivalitäten in der Schwarzmeerregion erregten weit mehr Interesse als die militärischen Auseinandersetzungen mit den Nomaden und Halbnomaden in Zentralasien, die Umsiedelung von nomadischen Stämmen und die weitreichenden Konsequenzen der Eroberung Sibiriens. Die russische Expansion gen Osten weist einige Parallelen zu jener europäischer Kolonialmächte in den Amerikas auf. Dazu gehören die Beteiligung der Kirche und ihrer Missionare sowie der Umgang der herrschenden Elite mit mobilen Bevölkerungsgruppen wie dem in der Eroberung eingesetzten Militär, den Kaufleuten oder aber der indigenen, oft nomadisch lebenden Bevölkerung in den neu eroberten Gebieten.

Mitte des 16. Jahrhunderts eroberten die Streitkräfte Iwans IV. (Großfürst von Moskau 1533–1547, danach Zar bis 1584) die Khanate Kasan und Astrachan und drangen in Richtung des Uralgebirges vor. In einer Audienz in Moskau im Jahr 1555 stimmte Khan Yadegar einer jährlichen Tributleistung von 1000 Säbeln zu.[8] Zar Iwan IV, „Herrscher über ganz Russland", übertrug die Unterwerfung der lokalen Bevölkerung im Osten der reichen Handelsfamilie Stroganow und räumte ihr im Gegenzug Steuerprivilegien ein. Diese beauftragten Kosaken[9] mit der Verteidigung russischer Siedlungen im Ural gegen Angriffe der Tataren aus dem Khanat Sibir. 1577 erhielt der Kosakenanführer Jermak Timofejewitsch, der als Eroberer, Soldat und Flusspirat in die russische Geschichte und Folklore einging, den Auftrag, das Khanat Sibir zu erobern. Bereits in den Jahrzehnten davor war es im Zuge der

8 Lantzeff/Pierce 1973.

9 Berittene Truppen, die als unabhängige Vertreter Moskaus auftraten.

Kolonisation der Uralregion zu Zusammenstößen russischer Siedler mit Bewohnern der tatarisch-mongolischen Hauptstadt Qaschliq und den türkisierten Ureinwohnern gekommen. Nach dem Sieg über die Tartaren bei Tobolsk im Jahr 1582 wurden Jermak und seine Männer im Jahr 1585 aber vom Heer des Kütschüm Khan geschlagen. Nichtsdestotrotz bahnten Jermaks Expeditionen (insbesondere die Erkundung der Flussverbindungen) den Weg für die russische Expansion gen Osten und das Khanat Sibir konnte 1588 endgültig von Russland erobert werden.

Neben den Ambitionen von Privatpersonen und Händlern auf der Suche nach Pelzen institutionalisierten die Zaren durch ihre Vergabe von Territorialrechten über Gebiete, die nicht der Souveränität eines anderes Reiches unterstanden, die Expansion und Kolonisation gen Osten. Der sich außerordentlich rasch vollziehende Expansionsprozess in Asien beruhte auch auf den religiösen Überzeugungen der von der russisch-orthodoxen Kirche unterstützten Siedler und einem starken Sicherheitsbedürfnis. Gegen Ende des 16. Jahrhunderts errichteten russische Behörden befestigte Handelsstützpunkte im Westen Sibiriens (entlang des Jenissei). Von dort konnten russische Pelzhändler in andere Teile des Landes vordringen. 1595 gründeten Kosaken die Stadt Obdorsk am Ob, die seit 1933 wieder den nenzischen Namen Salechard trägt und als berüchtigter Verbannungsort in die Geschichte einging. Mit der Eroberung Sibiriens wurde das Russische Reich zu einem riesigen territorialen Imperium, das über eine multiethnische und vielsprachige Bevölkerung herrschte.

In den darauffolgenden Jahrzehnten halfen Überlandexpansionen und Kolonisation, die Baikalregion und Sibirien ins Russische Reich einzugliedern. Die Russifizierung der Baikalregion ging dabei nicht ohne Gewaltanwendung vonstatten. Indigener Widerstand rief bald die Errichtung russischer Befestigungsanlagen (*ostrogi*) ins Leben. Als Reaktion auf die Willkür und Gewaltbereitschaft der Kosaken wanderten viele Indigene in die Mongolei aus.[10] Mitte des 17. Jahrhunderts erreichten Kolonisten aus Moskau den Pazifik. Eine Gruppe um den russischen Entdecker Iwan Moskwin erreichte im Jahr 1639 die Pazifikküste. Im Jahr 1647 wurde an der Pazifikküste Ochotsk als Winterlager errichtet und zwei Jahre später befestigt. Wenige Jahre darauf wurde es vom indigenen Stamm der Ewenen niedergebrannt. Fehlendes Schiffsbauwissen und Materialengpässe vereitelten die Entwicklung Ochotsks zu einem russischen Hafen. Aus demselben Grund fand die

10 Sablin 2017, 403–404.

Expansion auf die Halbinsel Kamtschatka im Jahr 1682 vom Norden aus über den Land- und nicht über den Seeweg statt.[11]

Aus der Perspektive der indigenen Bevölkerung klingt die Erzählung selbstverständlich anders: Die Expansion und Integration Sibiriens brachte vor allem die Migration und Entwurzelung indigener Bevölkerungsgruppen mit sich. Auch aus Westen kommend fand eine signifikante, nicht ganz freiwillige Migrationsbewegung statt. Darunter befanden sich russische Bauern, die der Leibeigenschaft entflohen, aber auch Zwangsdeportierte. Bei Temperaturen bis zu minus 40 Grad Celsius und ungemütlichem Arktiswind hatten sie sich an der Urbarmachung der stark isolierten Region zu beteiligen und wurden von den langen, harten Wintern auf die Probe gestellt. Die Rückkehr in den Westen war so gut wie ausgeschlossen. Es fehlte unter anderem an Verbindungsstraßen. So ersetzten erst ab 1730 die ersten befestigten Fernstraßen Flüsse und Eisstraßen als Transportwege, in den 1770er Jahren gelang es Exilanten eine Postroute durch die sumpfigen Wälder Westsibiriens zu errichten.

Viele indigene und unabhängig lebende Stämme besiedelten die Weiten Sibiriens. Die Nenzen Westsibiriens und die Nia/Nganasanen in Nord- und Zentralsibirien lebten mit Rentierherden; an der Pazifikküsten hatten sich die Chupki und Yupik Kulturtechniken des Walfanges und der Robbenjagd auf dem Eis zu eigen gemacht. Ihre hoch entwickelte soziale Organisation und ihre Jagdfähigkeiten in den eisigen Breiten, wo sie ihren Wohnsitz in Dörfern zwischen jahreszeitlichen Fangplätzen wechselten, erlaubte eine differenzierte Ökonomie. Im 17. Jahrhundert waren die Nia, die in der Tundra der Halbinsel Taimyr lebten, dazu übergegangen, Rentiere zu domestizieren.[12] Diese Stämme lebten mehrheitlich getrennt von den russischen Gemeinden und setzten geografische Distanz und Isolation als Protektion gegen die Einwanderer aus dem Westen ein. In den Jahren zwischen 1580 und 1720 ließen die russischen Behörden die indigenen Stämme im Norden des Reiches weitgehend ihnen selbst überlassen und trieben lediglich eine Steuer (*iasak*) ein. Diese Periode wird als direkte Herrschaft bezeichnet, die von der indirekten Herrschaft, die bis 1822 andauern sollte, abgelöst wurde. In jenen Jahren trieben dann indigene Anführer Steuern für die russische Regierung ein.[13] Ab Mitte des 19. Jahrhun-

11 Gibson 1970, 60–77.

12 Coates 2004, 61–62.

13 Coates 2004, 183.

derts wurden große Teile der Region östlich des Baikalsees von einer zunehmenden Russifizierung erfasst. Um Separatismus zu verhindern, wurden Selbstverwaltungsrechte beschnitten. Auf diese Einschnitte in die verbliebene indigene Eigenständigkeit folgte jedoch jahrzehntelanger Widerstand.[14]

Allerdings expandierte Russland nicht nur auf Kosten der Nomaden in der Tundra, Taiga und an der Pazifikküste, sondern man war seit dem 17. Jahrhundert auch westlich und südlich von Moskau um territoriale Zugewinne bemüht. Kriegerische Eroberung stand am Beginn der Eingliederung der fruchtbaren Steppenlandschaft im Gebiet der heutigen Ukraine, die als Kornkammer Osteuropas bekannt wurde. Analog verhielt es sich beim Zugang zur Ostsee, bei der Inbesitznahme von Teilen Polens, der Krim am Schwarzen Meer sowie Armeniens und Georgiens im Kaukasus. Vertreibungen, Umsiedelungen und der Verlust der Unabhängigkeit vieler Menschen zwischen der Krim und Schweden waren die Folgen der von Moskau ausgehenden Expansionsbestrebungen in alle Himmelsrichtungen. Diese führten zu permanenten Konflikten mit ähnlich gesinnten Reichen wie jenem der Osmanen, der Schweden, der Habsburger, der Dsungaren und der Qing.

Qing-China und die Expansion unter den Mandschu

Die Jurchen, ein verwandter Stamm der Mongolen, vereinten seit dem 14. Jahrhundert unter einem einzigen System der Grenzherrschaft die östliche Mongolei und Ostsibirien mit der Taiga im Norden, endlosen Wäldern, Graslandsteppen und diverse Bevölkerungsgruppen. Ab 1635 nannten sie sich Mandschu und es war ihnen gelungen, ihre Macht durch militärische und organisatorische Geschicklichkeit zu festigen. Im Jahr 1644 eroberten sie Peking und besiegten die Ming-Dynastie (der letzte Ming-Kaiser verübte Suizid). Dass sie sich daraufhin als neue (und letzte) Herrscherdynastie Chinas etablieren konnten, liegt auch an der Resistenz chinesischer Herrschaftsideologie und der jahrtausendelangen Kontinuität imperialer Traditionen trotz wechselnder Dynastien. Dieses Phänomen hatte bereits während der Herrschaft der Mongolen (Yuan-Dynastie, 1279–1368), die mongolische und Han-Herrschaftsformen kombinierten, Erfolg. Während der anschließenden Han-chinesischen Ming-Dynastie (1368–1644) wurden Teile der mongolischen Kriegerelite in die Mongolei verbannt. Von den Rändern des Chinesi-

[14] Sablin 2017, 402–405.

Expansion Qing-Chinas

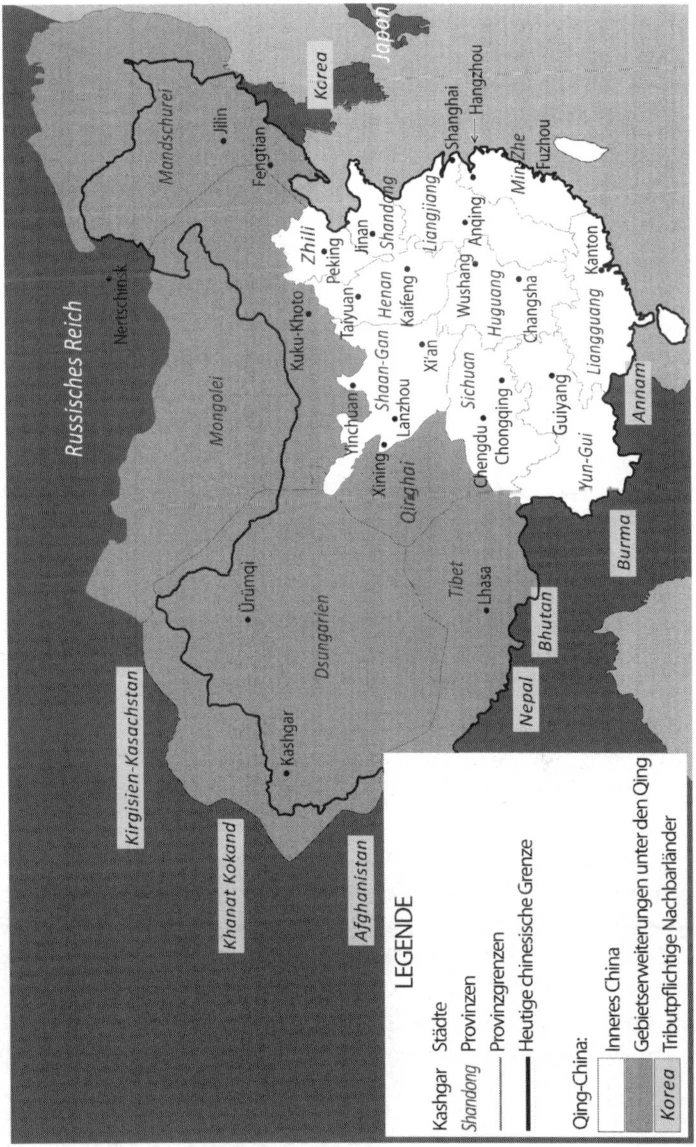

schen Reiches nahmen sie mit der neuen Dynastie in Peking wieder Tributbeziehungen nach dem alten Muster auf. Ähnliches galt im frühen 17. Jahrhundert auch für die Mandschu/Jurchen, die unter dem brillianten Strategen Nurhaci den Handel mit den Ming monopolisierten und 1616 ein eigenes Reich gründeten. An den Grenzgarnisonen etablierte er Bannerarmeen, wobei die Kommandanten der Banner Mitglieder seines Regierungsrates waren und nach 1644 getrennt von der Han-chinesischen Bevölkerung lebten. Nachdem Hong Taiji, der achte Sohn und Nachfolger Nurhacis und neue Anführer der Mandschu, im Jahr 1636 das imperiale Siegel der Yuan von Ejei Khan erlangt hatte, entschied er sich, die Dynastie in Qing umzubenennen.[15]

Obwohl das imperiale China meist als territoriales Reich dargestellt wird, hat die Geschichte der Qing-Expansion auch ein maritimes Kapitel. Die langwährende Forschermeinung über die Abneigung Chinas dem Meer und der Seefahrt gegenüber erscheint im Spiegel der aktuellen Forschung als nicht länger haltbar.[16] In der Tat trug in der Mitte des 15. Jahrhunderts die Mongolengefahr im Westen des Reiches und insbesondere die Angriffe der Oiraten, dazu bei, dass sich die Ming bald nach den Expeditionen der Schatzschiffe unter Zheng He zwischen 1405 und 1433 von maritimen Unternehmungen zurückzogen. Im Jahr 1474 kam es schließlich zu einer Reduktion der Marine auf 140 Schiff, der Rest wurde als Brennholz verwertet.[17] Der maritime Handel privater und halbprivater Akteure war davon freilich nur am Rande betroffen. Gegen Ende der Ming-Herrschaft kam es dann sogar zu einer regelrechten Blüte im Seeverkehr zwischen den Küstenprovinzen Fujian, Guangzhou und Zhejiang mit Südostasien und Japan. Nach der Machtübernahme der Qing formierten Ming-Loyalisten auch genau in jenen maritimen Regionen Widerstand gegen die neue Herrschaft.

Im Jahr 1662 erließ die Qing-Regierung den Erlass, sämtliche Küstenbewohner von Shandong im Norden des Reiches bis Guangdong im Süden ins Landesinnere umzusiedeln – unter anderem um die Südlichen Ming (1644–1662) rund um Zheng Chenggong (1624–1662), dessen Reich sich über Teile Fujians und Taiwan erstreckte, von der Versorgung abzuschneiden.[18] Die Qing investierten in den Aufbau einer Flotte und Küstenverteidigung gegen den Zheng-Clan in Fujian und

15 Elliott 2001.

16 Po 2018, 40–42.

17 Cheng 2013.

18 Elman 2017, 40.

Taiwan. Bekannt ist in diesem Zusammenhang Shi Lang (1621–1696), der ab den 1650ern das Kommando über die maritimen Streitkräfte der Qing führte. Im Jahr 1683 unterwarf er mit einer Flotte von 300 Kriegsschiffen und 20 000 Seeleuten die Pescadores (Penghu-Inseln) und Taiwan.[19] Im Folgejahr wurde das Taiwanregiment gegründet und 8000 Soldaten auf der Insel stationiert, um die Insel gegen indigenen Widerstand zu sichern. Dies sollte den neuen Herrschern trotz zahlreicher indigener Aufstände auch bis 1895 gelingen.

Nach der Konsolidierung der Macht der Qing im ganzen Reich im Jahr 1683 begann unter der langen Regierungszeit Kaiser Kangxis (r. 1661–1722) der Marsch gegen Westen, wie der Historiker Peter Perdue den Beginn der gewaltigen territorialen Expansion bezeichnet.[20] Getrieben von der Idee, alle Mongolen und Han-Chinesen in seinem Reich zu vereinigen, entsandte Kangxi gut gerüstete Truppen und ersann gleichzeitig Allianzen mit benachbarten Rivalen wie dem Zarenreich und östlichen Mongolenstämmen. Bei seinem Versuch, von Nomaden und Halbnomaden (Torguten, Kasachen, Dsungaren und Bucharanen) besiedeltes Land in das chinesische Kaiserreich einzugliedern, stieß er aber auf erheblichen Widerstand. So in der Gegend des heutigen Xinjiang und der Inneren Mongolei, wo Kangxis Heere auf das Khanat der Dsungaren trafen, das 1620 aus dem Zusammenschluss der westlichen Mongolen, der Oiraten, hervorging.[21] Unter Galdan (r. 1671–1697) erstreckte sich der Einfluss des Khanats über die Mongolei und Xinjiang bis nach Tibet. Mit Tibet war die Dsungar-Elite über Heiratsallianzen mit den dort einflussreichen Khoshuud-Mongolen verbunden. (In den Jahren 1717–20 kam es zu einer kurzen direkten Herrschaft der Dsungaren in Tibet.) Über Jahrzehnte behauptete sich das Khanat gegen den wachsenden Druck Chinas und des Zarenreiches. Kangxis vier militärische Interventionen gegen Galdan hielten letzteren nicht davon ab, im Jahr 1677 eine Tributmission an die Qing zu entrichten. Mit diesem traditionsreichen Akt wollte Galdan seine Legitimität gegen rivalisierende mongolische Fraktionen untermauern. Gleichzeitig attackierte er andere Mongolenführer und eroberte viele reiche Oasenstädte im östlichen Turkestan. Sein militärisches Geschick sicherte ihm Macht und bedingungslose Gefolgschaft. Für die Administration seines expandierenden Reiches betraute er tibetanische Ratgeber und veran-

19 Wills 1999, 201–238.

20 Perdue, 2005.

21 Perdue 2015, 205–207.

lasste das Erstellen schriftlicher Dokumente. Dies soll allerdings nicht darüber hinwegtäuschen, dass die bürokratische und militärische Organisation der Qing jener der Dsungaren bei weitem überlegen war.[22]

Rivalisierende Expansionsbestrebungen unter den Qing, den Romanows und den Dsungaren endeten in der Integration Xinjiangs ins Chinesische Reich und der Schaffung einer gemeinsamen Grenzzone zwischen dem Amur und dem Balchaschsee im heutigen Kasachstan an der Grenze zu Xinjiang. Dieser Prozess, der sich in der zweiten Hälfte des 17. Jahrhunderts abspielte und durch den viel beachteten Vertrag von Nertschinsk 1689 zu einem Ende kam, wurde in der Forschung zu einem beliebten Beispiel, um die Bedeutung von Grenzen und von diplomatischen Beziehungen zu hinterfragen und zu theoretisieren.[23] In jenen Jahren versuchten nämlich auch russische Akteure den Einfluss des Zarenreiches in Zentralasien auszudehnen. Nachdem sie 1649 den Amur erreicht hatten, sollten sie auf Widerstand der Mandschu und verschiedener Mongolenföderationen treffen. Qing-Heere zerstörten die russische Festung in Albazin im Jahr 1658. Die russisch-chinesische Rivalität über das Gebiet entlang des Flusses Amur und die geopolitischen Entwicklungen sollten jene indigenen Bevölkerungsgruppen, die den Siedlungskolonialismus von Westen und Südosten überlebt hatten, zwischen zwei expandierende Imperien einklemmen.[24] Als Kaiser Kangxi alle verfügbaren Kräfte im Einsatz gegen die Dsungaren benötigte und zudem eine russisch-mongolische Allianz gegen China fürchtete, schien ein Friedensvertrag der einzige Ausweg. Dafür plädierten auch seine Jesuitenberater und hohe Mandschu-Adelige – beide Gruppen trafen die Russen schließlich in Nertschinsk für Vertragsverhandlungen über zukünftige Wirtschaftsabkommen und um die gemeinsame(n) Grenze(n) zu definieren. Damit wurde nicht nur die Grenzregion, sondern auch die Identität ihrer einheimischen Bewohner festgeschrieben, wie Helena Jaskov es kürzlich formulierte. Einige der Indigenen aus der Amur-Region mussten danach sowohl an Moskau als auch an die Qing Tribut entrichten.[25] Bis zum endgültigen chinesischen Sieg über die Dsungaren, der die Grenzen des Chinesischen Reiches weit nach Zentraleurasien verschob, sollten allerdings noch einige Jahrzehnte vergehen.

22 Perdue 2017.
23 Jaskov 2019, 45–88; Afinogenov 2016.
24 Jaskov 2019, 51–52.
25 Jaskov 2019, 54.

Im Jahr 1696 gelang es Kangxi schließlich Galdan in einen Hinterhalt zu locken. Er schickte ein enormes Aufgebot an Qing-Truppen durch die Wüste Gobi ins heutige Ulan Bataar. In einer entscheidenden Schlacht wurden die Truppen Galdans geschlagen, jedoch waren die geschwächten Qing-Truppen, die vor allem unter Getreideversorgungsengpässen litten, nicht in der Lage, Galdan endgültig zu besiegen. Dies gelang erst im Jahr darauf durch eine Allianz mit dem Dalai-Lama in Tibet. Doch selbst nach Galdans Tod im Jahr 1697 sollten die Dsungaren für weitere fünf Jahrzehnte den Qing trotzen. Erst im Jahr 1720 nutzten die Qing Unstimmigkeiten zwischen den Dsungaren und den Tibetern um ihre Expansion nach Tibet fortzusetzen, wo sie dann Kelzang Gyatso formell als Dalai Lama und Herrscher über Tibet einsetzten und ihm einen Laienminister zur Seite stellten. Über letzteren regierten sie Tibet indirekt.[26] Strategischer Wissenstransfer und systematischer Wissensaufbau gelten seit jeher als Erfolgskonzepte imperialer Expansion und dieser Ansatz spiegelt sich auch in Kangxis Initiative, mithilfe französischer Jesuiten das gesamte Reich zu vermessen und detaillierte Karten anfertigen zu lassen. Der Kangxi Atlas (*Huangyu quanlan tu*), der im Jahr 1718 fertiggestellt wurde, löste die Landkarten italienischer Jesuiten aus dem 17. Jahrhundert ab.

Die Eingliederung Tibets, Xinjiangs und der Mongolei brachte dem Chinesischen Reich eine nie dagewesene territoriale Ausbreitung, bei der sich die Fläche des chinesischen Kaiserreiches mehr als verdoppelte. Aus sozialgeschichtlicher Perspektive und aus Sicht der einfachen Bevölkerung sowie der ethnischen Minderheiten waren die Expansionsbestrebungen der Qing einschneidend: Zwangsrekrutierungen und Assimilationsdruck waren Teil der Mandschu-Herrschaft und führten häufig zu lokalem Widerstand und Rebellionen in den Reihen des Militärs. Dies galt nicht nur für die Aufstände gegen die neue Herrschaft im 17. Jahrhundert, sondern auch für das gesamte 18. Jahrhundert. Die territoriale Expansion ging mit enormen Umsiedlungsprojekten und einem Bevölkerungsanstieg einher. Diese Entwicklungen sollten den Grundstein für das hegemoniale Denken und die geopolitischen Bestrebungen legen, die auch dem heutigen chinesischem Nationalstaat anhaften.

26 Mosca 2013; Oidtmann 2018, 53–94.

Tokugawa-Japan und die Expansion

Ende des 16. Jahrhunderts trat Japan erstmals expansionistisch auf. Unter der Herrschaft Toyotomi Hideyoshis (r. 1582–1598) kam es zu einem der bizarrsten Kapitel frühmoderner Expansionsversuche in Ostasien: dem Imjinkrieg. Getrieben von Größenwahn entsandte Hideyoshi fast eine halbe Million Soldaten auf 700 Schiffen über das Meer auf die Koreanische Halbinsel. Das Zeitalter der Kämpfenden Provinzen (bürgerkriegsähnliche Zustände) in Japan war gerade erst zu Ende gegangen und hatte ein großes Kontingent an Kriegern und Waffen freigesetzt. Im Gegensatz dazu stand nach 200 Jahren Frieden in Korea kaum ausgebildetes militärisches Personal zur Verfügung. Lediglich Admiral Yi Sun-shin vermochte den japanischen Truppen ein wenig Einhalt zu gebieten, bevor 1593 Unterstützung aus China kam. Chinesische Truppen schlugen die japanischen Heere bei Pyongyang. Infolge wechselten zehntausend japanische Truppen die Seiten. Nach dieser Niederlage musste Hideyoshi in Verhandlungen einwilligen, startete im Jahr 1597 allerdings einen zweiten Invasionsversuch, der noch kläglicher scheiterte als der erste.[27] Erklärungsmodelle für Hideyoshis Invasion sind vielfältig und reichen von der Ambition, China die Hegemonie in Ostasien zu entreißen, über wirtschaftliche Beweggründe bis zum unverhältnismäßig starken Anerkennungsbedürfnis eines Despoten niedriger Herkunft.[28] Als gesichert gilt allerdings, dass dieser brutale wie verlustreiche Expansionsversuch in Korea schrecklichen Schaden anrichtete, zur Entvölkerung einzelner Landstriche führte und großes Leid über die Bevölkerung brachte, was sich bis heute im kollektiven Gedächtnis verankert hat.

Nach Hideyoshis Tod im Jahr 1598 kam die Dynastie der Tokugawa an die Macht. Die häufig verwendete Bezeichnung *Pax Tokugawa* für ihre zweieinhalb Jahrhunderte währende, neokonfuzianisch geprägte Herrschaft ist aber irreführend, kam es doch sehr wohl auch zu gewaltsamen Expansionen Richtung Norden und Süden. Was in Japan allerdings fehlte, waren groß angelegte Umsiedelungsprojekte, wenn man vom System der Alternierenden Residenz (*sankin kōtai*), dem sich der landbesitzende Adel (*daimyō*) unterzuordnen hatte, absieht.

Nördlich der japanischen Hauptinsel Honshu auf der Insel Ezo (heute Hokkaido) beschäftigten Händler aus Osaka ab Ende des 17.

---

[27] Kang 2010, 93–95.

[28] Vgl. Swope 2009, 3; Craig 2020.

Jahrhunderts indigene Ainu im Fischfang. Durch Überfischung und den Überkonsum von Wild veränderte sich in dieser Periode die Ökologie von Meer und Wald. Diese Fischerei- und Handelsbeziehungen standen am Beginn einer politischen Neuorganisation durch Beamte der Tokugawa und öffneten die Türen für eine Eroberung des Landes und eine Unterwerfung seiner Bewohner, der Ainu.

Zu Beginn des 17. Jahrhunderts erhielt der Clan der Matsumae von den Tokugawa-Herrrschern das exklusive Recht mit den Ainu, die sich in fünf Gruppen durch Sprache und Bestattungspraktiken unterschieden, Handel zu treiben.[29] Dabei etablierten sie ein Netz an Handelsstützpunkten in Küsten- und Flussnähe, den traditionellen Siedlungsgebieten der Jäger- und Sammlergesellschaften der Ainu. Als offene, multikulturelle Gemeinschaft hatten diese über Jahrhunderte von losen Handels- und Austauschprozessen profitiert und standen den Regulierungen im Zuge des Matsumae-Monopols skeptisch gegenüber. Im Jahr 1669 kam es zu einem verheerenden Krieg über Rohstoffe zwischen zwei rivalisierenden Ainu-Gruppen, die in einer Revolte des Anführers Shakushaln gegen die Japaner endete. Die Kriegshandlungen im Osten Ezos, die mit tödlichen Attacken auf japanische Händler begannen, gelten als letzter Versuch der Ainu, ihre Unabhängigkeit zu verteidigen. Das Tokugawa-Shogunat sah darin freilich eine Gelegenheit, seinen direkten Einfluss auszuweiten, und entsandte Unterstützung für die Generäle der Matsumae.[30] Nach Ende des Aufstandes in Ezo ermutigten die Tokugawa den Ausbau von Landwirtschaft und Fischerei für den Nutzen des Regimes und der Bevölkerung Japans. Ähnlich wie den indigenen Bevölkerungsgruppen der Amerikas blieb auch den Ainu die tödliche Einfuhr unbekannter Krankheiten wie Pocken oder Masern nicht erspart. Auch eine Vermessung von Ezo, Sachalin und der Flussmündung des Amur durch den japanischen Kartografen Mamiya Rinzō (1754–1836), der sich dabei kartographischer Methoden aus dem Westen bediente, waren Teil des Expansionsrepertoires der Tokugawa.[31] Darüber hinaus half die Inszenierung des Fremden und der Andersartigkeit – auch im Zusammenhang mit den Ainu – den Tokugawa, eine japanische Identität zu schaffen. Die Unterschiede zwischen Ainu und Japanern wurden kultiviert. In regelmäßigen Intervallen fanden diplomatische Prozessionen der Ainu in der Hauptstadt Edo (Tokyo) statt.

29 Walker 2006.

30 Walker 2006, 49–53.

31 Walker 2015, 141.

Vertreter der Ainu mussten bei diesen Veranstaltungen verpflichtend traditionelle Kleidung und Haarschnitte tragen.

Auch Gesandte aus dem südwestlich von Japan gelegenen Insel-Königreich Ryūkyū, dem heutigen Okinawa, das bis ins 17. Jahrhundert regelmäßig Tributmissionen nach China entsandte und dessen Händler und Seefahrer seit dem 14. Jahrhundert in den Häfen Südostasiens anzutreffen waren, hatten sich einem ähnlichen diplomatischen Ritual zu fügen. Seit der Invasion des Shimazu-Clans aus Satsuma (auf der südlichen Hauptinsel Kyushu gelegen) im Jahr 1609 galt das bis dahin unabhängige Königreich als Vasall der Shimazu.[32] Die Invasion war Teil einer von den Tokugawa erlaubten Strafexpedition. Diese erfolgte als Reaktion auf die Verweigerung der Ming-treuen Herrscherdynastie Ryūkyūs, als Vermittler in den seit Toyotomi Hideyoshis Koreainvasion (1592–98) besonders schwierigem Verhältnis zu China aufzutreten. 1611 erklärte der König Ryūkyūs in Gefangenschaft in Kagoshima (Satsuma) offiziell seinen Herrschaftsverzicht und legitimierte gemeinsam mit anderen Gefangenen in einer Reihe von Eiden den Vasallenstatus sowie Tributmissionen.[33] Um diese neue Abhängigkeit Ryūkyūs vor chinesischen Gesandten in der Hautstadt Shuri/Naha zu verheimlichen, wurde die königliche Regierung zum Schein aufrechterhalten und bis ins frühe 19. Jahrhundert sowohl an Tokugawa-Japan als auch an Ming/Qing-China Tributmissionen entsandt. Auf diese Weise konnte – ähnlich wie im Fall Ezos/Hokkaidos – die Expansion über Mittelsmänner veranlasst und umgesetzt werden. Auf lange Sicht waren wieder die Tokugawa und das sich nationalstaatlich formierende Japanische Reich die Nutznießer. In den 1870er Jahren wurden dann sowohl Hokkaido als auch Okinawa offizielle japanische Präfekturen.

Nun gibt es aber noch ein weiteres Kapitel der maritimen Expansion Japans in Südostasien. Durch einen Bedeutungswandel des Begriffs „Expansion“ gingen japanische Politiker und Publizisten, aber auch Intellektuelle, im ausgehenden 19. Jahrhundert dazu über, den historischen Einfluss Japans in der südostasiatischen Inselwelt zu unterstreichen und in weiterer Folge auch zu legitimieren.[34] Vor dem Jahr 1895, in dem Japans Kolonialherrschaft über Taiwan begann, hatte der Inselstaat weder über Land noch Leute in Südostasien ein Gewaltmonopol. Allerdings war es den Tokugawa sehr wohl gelungen, auf Märkten in Südostasien mitzu-

32 Turnbull 2009.

33 Smits 1999.

34 Siehe dazu Dusinberre 2020.

bestimmen und zu kontrollieren, welche Schiffe und welche Luxusgüter bei geringstem Souveränitätsverlust nach Japan gelangten. Auch dies ist im weitesten Sinne ein bedeutsamer Teil des vormodernen Expansionsdenkens. Mit der Expansion im nördlichen Pazifik und rund um Ryūkyū verschärften sich dann interimperiale Interessenskonflikte mit China und Russland. Doch selbst wenn japanische Ambitionen im 17. Jahrhundert in Südostasien noch keine konkreten Formen annahmen, bahnten diverse Prozesse (wie verbesserte kommerzielle und militärische Schifffahrt oder maritime Handelsmonopole) den Weg für handfeste maritime und territoriale Expansionsunternehmungen des japanischen Kaiserreichs im späten 19. Jahrhundert als Ezo/Hokkaido, die Kurilen, Okinawa (Ryūkyū) und Taiwan okkupiert, besiedelt, assimiliert und in die Hegemonialmacht integriert wurden.

Seit Ende des 16. Jahrhunderts bemühte sich Japan ebenso um regelmäßige Kontakte außerhalb des sino-zentrischen Kulturkreises. Die Intentionen dahinter waren einerseits wirtschaftlich, andererseits innenpolitisch motiviert: Beteiligung am Seiden-, Silber- und Gewürzhandel in den Häfen Südostasiens, zwischen Thailand und den Philippinen, wo seit Mitte des 16. Jahrhunderts der multiethnische maritime Handel blühte. Seit den 1580er Jahren waren dort auch vermehrt japanische Händler anzutreffen. Private Kaufleute der Küstenregionen Japans besuchten – oft in Kollaboration mit erfahrenen Seeleuten aus Südchina oder Ryūkyū und mit Unterstützung der *daimyō* aus Kyushu (unter anderem auch der Shimazu aus Satsuma) – Häfen in Südostasien. Infolge der Monsunabhängigkeit und neuer Wirtschaftszweige, die aus dem Handelsembargo Ming-Chinas, dem traditionellen Markt für in Japan nachgefragte Luxusgüter, resultierten, bildeten sie bald kleinere Handelsniederlassungen in Hafenstädten wie Manila (Philippinen), Ayutthaya (heutiges Thailand) und Hoi An (heutiges Vietnam).

Der lukrative Fernhandel erweckte auch das Interesse des Herrschers. Toyotomi Hideyoshi wurde ab 1589 der größte Investor im Silber-Seidenhandel, der seit den 1570ern erfolgreich von Portugiesen zwischen Macao und Nagasaki organisiert wurde. Um ihre wirtschaftlichen Interessen abzusichern und Japans Außenhandel weiter auszudehnen, bedienten sich Toyotomi Hideyoshi und Tokugawa Ieyasu formeller Schreiben an benachbarte Herrscher in Südostasien. Durch den Abschluss verbindlicher Vereinbarungen wurden allgemeingültige Normen für Vertreter verschiedener Handelsnationen geschaffen. Dabei kam auch dem Bedürfnis, das neue Herrscherhaus durch ausländische Anerkennung zu legitimieren, eine gewisse Bedeutung zu. Genau diese

Legitimität sollte mit sogenannten Rotsiegellizenzen (*shuinjō*) – benannt nach dem zinnoberroten Siegel der Tokugawa, das diese Dokumente autorisierte – geschaffen werden, mit denen die japanischen Herrscher für die gute und friedliche Absicht ihrer Handelsschiffe (*shuinsen*) bürgten. Die ersten Lizenzen wurden 1604 ausgestellt. Bis zum Ende des Systems im Jahr 1635 wurden 365 Kapitäne japanischer, chinesischer und europäischer Abstammung durch Rotsiegellizenzen in den offiziellen Außenhandel eingebunden. Sogar der Vizekönig in Neuspanien, von dem sich Ieyasu die Etablierung einer direkten Handelslinie zwischen den spanischen Kolonien in Amerika und Japan sowie die Entsendung von Schiffbauexperten erwartete, war unter den Empfängern.[35] Im Vorfeld entsandte Ieyasu japanische Händler mit offiziellen Schreiben an die Herrscher der umliegenden Reiche. Im Jahre 1600 ging der erste Staatsbrief (*kokusho*) an den Sultan von Patani, einem wichtigen Pfefferhafen auf der Malaiischen Halbinsel im heutigen Thailand. Es folgten ähnliche Schreiben nach Annam, Siam und Luzon, mit denen Japan in den drei Jahrzehnten des Rotsiegelhandels auch diplomatische Beziehungen unterhielt. Zwischen 1601 und 1614 wurden 48 offizielle Schreiben direkt vom Shogun, dem Oberhaupt des Bakufu,[36] an zwölf verschiedene Potentaten entsandt.[37]

Stellvertretend für die zahlreichen japanischen Niederlassungen, von denen Relikte unter anderem in Hoi An (Vietnam) und Ayutthaya (Thailand) zeugen, soll hier das japanische Viertel Manilas vorgestellt werden. Als die ersten Spanier zum Zeitpunkt der Eroberung Manilas im Jahr 1571 die ersten Japaner in Luzon trafen, befanden sich darunter viele, die bereits in Japan mit dem Christentum in Berührung gekommen waren. Manche waren gar getauft.[38] Zwei Jahre später berichtete Diego de Artieda dem König von Spanien von Japanern, die auf Luzon mit den Einheimischen, aber auch mit Chinesen Handel trieben. Von letzteren erwarben sie Seide und Alltagsgegenstände und bezahlten mit Silber aus Japan. In seinen Ausführungen geht er – wie es in den kommenden Jahrzehnten viele europäische Beobachter tun sollten – konkret auf den kriegerischen Charakter ein.[39] Zu dieser Ansicht trug vor

35 Nagazumi 2001, 47.

36 Bezeichnung für die Kriegerherrschaft unter dem Shogun.

37 Nagazumi 2001, 48–9.

38 Pastells 1925, 294.

39 Relation of the Western Islands, Called Filipinas, Diego de Artieda, 1573, in: Blair/Robertson/Bourne 1903, Bd. III, 204.

allem die große Zahl japanischer Seefahrer bei, die wegen ihres lockeren Umgangs mit Waffen und Gesetzen von allen umliegenden Mächten als Seeräuber (*wakō*) eingestuft wurden. Um ihre eigenen Interessen zu schützen, machte sich die Tokugawa-Regierung die Bekämpfung der illegalen japanischen Seefahrer zum Ziel, was zur Folge hatte, dass sich viele der unwillkommenen Freigeister in den Hafenstädten Südostasiens, deren sozio-politische Struktur mehr Freiräume bot, niederließen. Auf den nördlichen Philippinen wurde in den 1580ern eine Siedlung als Hafen der Japaner (*Puerto de Japón*) bekannt.[40] Zu Beginn des 17. Jahrhundert wurden die Handelsbeziehungen weiter ausgebaut. Als Folge dessen beherbergte das japanische Viertel in Manila im Jahr 1606 rund 1500 Immigranten aus Japan. Zwei Jahre davor hatten sich Tokugawa Ieyasu und der Generalgouverneur der Philippinen noch auf sechs japanische Handelsschiffe jährlich geeinigt. Zu diesem Zeitpunkt war der Franziskanerorden bereits mit der Supervision und potenziellen Konversion der japanischen Siedler betraut.[41] Die zahlenmäßige Überlegenheit japanischer und chinesischer Siedler gegenüber der spanischen Bevölkerung führte regelmäßig zu Spannungen. 1606 kam es zu einer Revolte gegen die Spanier, die sich kurzfristig auch negativ auf den Rotsiegelhandel in Manila auswirken sollte. Das japanische Viertel Manilas mit dem Namen Dilao wurde schließlich verlegt und außerhalb der Stadtmauern wiederaufgebaut. Berichten zufolge beschäftigte der spanische Generalgouverneur und oberste Befehlshaber 500 japanische Söldner auf einer Expeditionsfahrt auf die Molukken im Jahr 1615.[42] Zu diesem Zeitpunkt war allerdings auch das offizielle Verhältnis zwischen Manila und Edo bereits angespannt. Zwischen 1615 und 1635, dem offiziellen Ende des japanischen Rotsiegelhandels, verkehrten dann nur mehr vereinzelt Handelsschiffe zwischen den Philippinen und Japan.

Im Jahr 1635 erließ das Shogunat schließlich 17 Direktiven, die den Kontakt mit dem Ausland regulieren und die maritime Expansion in Südostasien beenden sollten. Neben dem Verbot des Baus von Überseeschiffen war es japanischen Händlern von nun an untersagt, nach Südostasien zu reisen. Nur eine klar definierte Zahl chinesischer und holländischer Schiffe (aus Batavia) sollte Häfen im heutigen Thailand und Vietnam auf dem Weg nach Japan anfahren und die Versorgung Japans sicherstellen. Auch Händler aus Ryūkyū setzten im 17. Jahrhun-

40 Iwao 1937, 247–51.

41 Tremml-Werner 2015, 148–149.

42 Iwao 1937, 291.

dert Fahrten zu den ehemaligen japanischen Handelsstützpunkten in Siam und Manila fort. Darüber hinaus regelten die Sakoku-Edikte den Umgang mit dem Christentum, das die Tokugawa als gefährliche Ideologie empfanden und folglich dessen Ausübung unter Todesstrafe stellten. Schon in den Jahren davor war es zur Verfolgung und Vertreibung von Christen in Japan gekommen. Einige davon konnten das Land verlassen und ließen sich in Manila nieder. Dabei zielten diese Maßnahmen nicht auf eine Eliminierung des Außenhandels ab, sondern sie sollten die Stärke und das Prestige des Shogunats im Inneren Japans festigen.[43] Die Hälfte der Edikte betrafen den maritimen Fernhandel, was darauf hindeutet, dass es den Tokugawa in erster Linie darum ging, sich das Monopol über Importe aus dem Ausland zu sichern und die finanziellen Profite ihrer Rivalen (dazu gehörten regionale Fürsten in Kyushu ebenso wie europäische Händler) in die eigenen Kassen zu spülen. Die Beschäftigung mit den Sakoku-Edikten bringt also eine unerwartete Perspektive mit sich. Offensichtlich ging es den japanischen Herrschern bei ihren Expansionsbemühungen nie um eine Ausweitung ihres Einflusses außerhalb der eigenen territorialen Grenzen, sondern lediglich um eine stärkere Kontrolle im Inneren.

Schlussbetrachtungen: Europäische oder asiatische Expansion?

Welche Schlüsse lassen sich nun aus den oben beschriebenen historischen Prozessen in Asien ziehen? Der Artikel soll weder zur Relativierung europäischer noch asiatischer Expansionsbewegungen beitragen. Es steht außer Frage, dass jede Art der Herrschaftsausdehnung eines Reiches auf Gewalt basiert und zu jeder Zeit und in allen Teilen der Erde auf Kosten von Mensch und Natur vollzogen wurde. Sowohl in Sibirien als auch in Taiwan oder Hokkaido drangen Siedler aus den expansiven Reichen in die Lebensräume der indigenen Bevölkerung vor, beschnitten deren Rechte auf Land oder Zugang zum Wasser und beraubten sie ihrer Lebensgrundlagen. Darüber hinaus soll die Rede von Expansion nicht darüber hinwegtäuschen, dass indigener Widerstand und naturräumliche Bedingungen dazu führten, dass diese Prozesse – beispielsweise im Russischen Reich, ähnlich wie in weiten Teilen des amerikanischen Doppelkontinents – über Jahrhunderte andauerten.

Abschließend soll nun auf die Rolle Europas im Rahmen der frühmodernen asiatischen Expansion hingewiesen werden. Dies soll sowohl

43 Laver 2011, xi.

anhand empirischer, sprich auf historischen Tatsachen beruhender, als auch anhand analytisch-diskursiver Aspekte erfolgen. Die Mehrzahl der Beiträge in diesem Band argumentiert, dass die europäische Expansion in den Amerikas und in Asien Impulse für andere Weltregionen und Reiche setzte. Eine besonders wichtige Rolle spielte dabei die Entdeckung und der systematische Abbau von Silber in Peru und Mexiko ab dem frühen 16. Jahrhundert. Silberladungen schufen globale Handelsnetzwerke und sicherten den Europäern ihre Position an nicht-europäischen Standorten. Jenes Silber war es dann auch, das Handelsbeziehungen Chinas und Japans zuerst mit Portugiesen und Spaniern und ab dem 17. Jahrhundert vor allem mit Vertretern der Niederländischen Ostindien-Kompanie (VOC) formte. Auch Japan sollte sich ab dem 16. Jahrhundert als globaler Silberproduzent etablieren. Bezeichnenderweise gelang es diversen europäischen Akteuren, angefangen von portugiesischen Kaufleuten und Seefahrern, aber auch Auslandschinesen die Exportwege des japanischen Edelmetalls mitzubestimmen und von den enormen Gewinnspannen zu profitieren. Auch der Vertrag von Nertschinsk, der als zentrales Ereignis für die territoriale Expansion Russlands und Chinas in Zentralasien gilt, wirft Licht auf die Rolle der mobilen Europäer und ihre globalen Projekte: Sowohl französische Jesuiten, die als Lehrer, Astronomen und Berater am Hof Kangxis tätig waren, als auch Schweden in russischer Kriegsgefangenschaft unterstützten den Prozess der Grenzziehung tatkräftig mit ihrem Wissen. Man könnte gar behaupten, dass die Praxis solcher Friedensverträge von Europa nach Asien übertragen wurde.

Auf analytisch-diskursiver Ebene lässt sich feststellen, dass bis heute in der japanischen Geschichtsschreibung über das 16. und 17. Jahrhundert Händler und Missionare aus Portugal, Spanien, Italien, England und Holland, die sich zwischen 1550 und 1640 in Japan aufhielten, einen integralen Bestandteil des Expansionsnarratives bilden. Keine Publikation in der japanischen Geschichtsschreibung, die sich in den letzten hundert Jahren diesen Themen gewidmet hat, kommt ohne Beschreibungen über das „christliche Jahrhundert" oder den Einfluss der *namban* (Barbaren aus dem Süden), wie die Europäer von japanischen Zeitgenossen genannt wurden, aus. Darüber hinaus unterstreichen sie die Bedeutung privater Initiativen in Kooperation mit dem Regime, die Monopolisierung des Außen- und Luxushandels, das Interesse an Neuem, die Offenheit und den Opportunismus als Parallelen zu den Motiven westeuropäischer Seemächte. Auch Russlands Expansionsbestrebungen werden im Kontext eines imperialen Wettstreits gesehen. Ähnlich wie bei der Kolonisation der Amerikas und den damit verbundenen Aktivitäten westeuropäischer Handelskompanien waren auch bei der russischen Kolonisation im Osten semi-autonome Kaufleute, beispielsweise die Stroganow, mit Eigenkapital und politischen Eigeninteressen wesentlich beteiligt. Genauso sind Ähnlichkeiten zwischen den Kosaken und den spanischen Konquistadoren aus dem niedrigen Adel nicht zu leugnen. In der Geschichtsschreibung über die territoriale Expansion der Qing schließlich fehlen derartige Protagonisten zwar nicht gänzlich, doch sind Heldengeschichten nichtstaatlicher Akteure selten. Auch die Rolle der europäischen Expansion wird generell als nebensächlich angesehen.

Somit zeigen diese eurasischen Beispiele zum einen, dass sich weder in Bezug auf die Gleichwertigkeit der expansiven Intentionen noch hinsichtlich der Gleichzeitigkeit der Expansionsbestrebungen ein einheitlicher Schluss ziehen lässt. Zum anderen unterstreichen sie die Verflechtungen von Geschichtsschreibung und Politik sowie die Rolle schriftlicher (National-)Archive. Schließlich waren es die Nachfolgestaaten ehemaliger expansiver Reiche, die ihre Erfahrungen und Verwaltungsakten sammelten. Bevölkerungsgruppen mit anderen Formen von Erinnerungspolitik, wie bei den Komantschen oder bei den Ainu, standen derartige Institutionen nicht zur Verfügung. Letzteres erklärt auch, warum Expansionserzählungen generell die Absichten der Herrschereliten widerspiegeln und dabei die Lebenswelten der beteiligten Akteure oft stark vernachlässigen.

Literatur

Afinogenov 2016 = Gregory Afinogenov: The Eye of the Tsar: Intelligence-Gathering and Geopolitics in Eighteenth-Century Eurasia, ungedr. Dissertation, Harvard University, Cambridge, MA 2016.

Berkhofer 1995 = Robert Berkhofer: Beyond the Great Story: History as Text and Discourse, Cambridge, MA 1995.

Blair/Robertson/Bourne 1903 = Emma Helen Blair/James Alexander Robertson/ Edward Gaylord Bourne (Hg.): The Philippine Islands, 1493–1898. Explorations by Early Navigators, Descriptions of the Islands and Their Peoples, Their History and Records of the Catholic Missions, as Related in Contemporaneous Books and Manuscripts, Showing the Political, Economic, Commercial and Religious, Bd. III, Cleveland 1903.

Burbank/Cooper 2010 = Jane Burbank/Frederick Cooper: Empires in World History: Power and the Politics of Difference, Princeton 2010.

Chakrabarty 2000 = Dipesh Chakrabarty: Provincializing Europe. Postcolonial Thought and Historical Difference, Princeton 2007.

Cheng 2013 = Wei-chung Cheng: War, Trade and Piracy in the China Seas, 1622–1683, Leiden 2013.

Coates 2004 = Ken S. Coates: A Global History of Indigenous Peoples. Struggle and Survival, Basingstoke 2004.

Craig 2020 = Marshall J. Craig: China, Korea, and Japan at War, 1592–1598: Eyewitness Accounts, London–New York 2020.

Dusinberre 2020 = Martin Dusinberre: J. R. Seeley and Japan's Pacific Expansion, in: The Historical Journal 64 (2020) 1, 70–97.

Dirlik 1999 = Arif Dirlik: Is There History after Eurocentrism?: Globalism, Postcolonialism, and the Disavowal of History, in: Cultural Critique 42 (1999), 1–34.

Elliott 2001 = Mark C. Elliott: The Manchu Way: The Eight Banners and Ethnic Identity in Late Imperial China, Stanford 2001.

Elman 2007 = Benjamin A. Elman: Ming-Qing Border Defence, the Inward Turn of Chinese Cartography, and Qing Expansion in Central Asia in the Eighteenth Century, https://www.semanticscholar.org/paper/Ming-Qing-Border-Defence%2C-the-Inward-Turn-of-and-in-Elman/01f11a3fc6100690b33489 5a965e7c9cc7dd7bc5 [19.12.2020].

Fernández-Armesto 1995 = Felipe Fernández-Armesto (Hg.): The European Opportunity, London–New York 1995.

Fur 2017 = Gunlög Fur: Concurrences as a Methodology for Discerning Concurrent Histories, in: Diana Brydon/Peter Forsgren/Gunlög Fur (Hg.): Concurrent Imagineries, Postcolonial Words: Toward Revised Histories, Leiden 2017, 33–57.

Gibson 1970 = James R. Gibson: Russian Occupance of the Far East, 1639–1750, in: Canadian Slavonic Papers / Revue Canadienne des Slavistes 12 (1970) 1, 60–77.

Goody 1963 = Jack Goody: Feudalism in Africa?, in: The Journal of African History 4 (1963) 1, 1–18.

Goody 2009 = Jack Goody: Renaissances. The One or the Many?, Cambridge 2009.

Hämäläinen 2009 = Pekka Hämäläinen: The Comanche Empire. New Haven, Conn. 2009.

Iwao 1937 = Seiichi Iwao: Nanyō Nihonmachi No Seisui, Taipei 1937.

Jaskov 2019 = Helena Jaskov: The Negotiated Geography of the Treaty of Nerchinsk (1689) and the Role of the Jesuits, in: Late Imperial China 40 (2019) 2, 45–88.

Kang 2010 = David C. Kang: East Asia Before the West: Five Centuries of Trade and Tribute, New York 2010.

Lantzeff/Pierce 1973 = Richard A. Lantzeff/George V. Pierce: Eastward to Empire. Exploration and Conquest on the Russian Open Frontier to 1750, Montreal 1973.

Laver 2011 = Michael Laver: The Sakoku Edicts and the Politics of Tokugawa Hegemony, New York 2011.

Lieberman 2009 = Victor Lieberman: Strange Parallels. Southeast Asia in Global Context, c. 800–1830. Volume 2: Mainland Mirrors: Europe, Japan, China, South Asia, and the Islands, Cambridge, Mass. 2009.

Mosca 2013 = Matthew W. Mosca: From Frontier Policy to Foreign Policy. The Question of India and the Transformation of Geopolitics in Qing China, Stanford, Calif. 2013.

Nagazumi 2001 = Yōko Nagazumi: Shuinsen, Tokyo 2001.
Oidtmann 2018 = Max Oidtmann: Forging the Golden Urn. The Qing Empire and the Politics of Reincarnation in Tibet, New York 2018.
Pastells 1925 = P. Pablo Pastells: Historia General de Filipinas, Bd. I, Barcelona, 1925.
Perdue 2005 = Peter C. Perdue: China Marches West. The Qing Conquest of Central Eurasia, Cambridge, MA 2005.
Perdue 2015 = Peter C. Perdue: Crossing Borders in Imperial China, in: Eric Tagliacozzo/Helen F. Siu/Peter C. Perdue (Hg.): Asia Inside Out: Connected Places, Cambridge, MA 2015, 195–218.
Perdue 2017 = Peter Perdue: The Expansion of the Qing Dynasty of China and the Zunghar Mongol State, in: Oxford Research Encyclopedias: Asian History, https://doi.org/10.1093/acrefore/9780190277727.013.7 [29.12.2020].
Po 2018 = Ronald Po: The Blue Frontier. Maritime Vision and Power in the Qing Empire, Cambridge 2018.
Sablin 2017 = Ivan Sablin: Making Baikal Russian: Imperial Politics at the Russian-Qing Border, in: Europe-Asia Studies 69 (2017) 3, 401–425. https://doi.org/10.1080/09668136.2017.1311299 [29.12.2020].
Smits 1999 = Gregory Smits: Visions of Ryukyu: Identity and Ideology in Early-Modern Thought and Politics, Honolulu 1999.
Subrahmanyam 1998 = Sanjay Subrahmanyam: Hearing Voices: Vignettes of Early Modernity in South Asia, 1400–1750, in: Daedalus 127 (1998) 3, 74–104.
Swope 2009 = Kenneth Swope: A Dragon's Head and a Serpent's Tail: Ming China and the First Great East Asian War, Norman, OK 2009.
Tremml-Werner 2015 = Birgit Tremml-Werner: Spain, China and Japan in Manila, 1571–1644. Local Comparisons and Global Connections (Emerging Asia, Bd. 1), Amsterdam 2015.
Turnbull 2009 = Stephen Turnbull: The Samurai Take a King: Okinawa 1609, Oxford 2009.
Wade 2015 = Geoff Wade (Hg.): Asian Expansions: The Historical Experiences of Polity Expansion in Asia, Abingdon 2015.
Walker 2006 = Brett L. Walker: The Conquest of Ainu Lands: Ecology and Culture in Japanese Expansion, 1590–1800, Berkeley 2006.
Walker 2015 = Brett L. Walker: A Concise History of Japan, Cambridge 2015.
Wills 1999 = John Elliot Jr. Wills: Maritime China from Wang Chih to Shih Lang: Themes in Peripheral History, in: Jonathan D. Spence/John Elliot Wills (Hg.): From Ming to Ch'ing, New Haven, Conn. 1979, 201–238.

Autorinnen und Autoren

Eberhard Crailsheim ist Wissenschaftler (científico titular) am Institut für Geschichte des Obersten Rates für wissenschaftliche Forschung (CSIC) in Madrid. Sein Forschungsschwerpunkt umfasst verschiedene Aspekte des Spanischen Imperiums in der Frühen Neuzeit, insbesondere im Bereich der Wirtschafts- und Sozialgeschichte, der Kulturgeschichte der Politik und der Kommunikationsgeschichte.

Friedrich Edelmayer, Professor am Institut für Geschichte der Universität Wien, arbeitet vornehmlich zur europäischen Geschichte der Frühen Neuzeit, zur spanischen, lateinamerikanischen und australischen Geschichte sowie zur Globalgeschichte. Zu diesen Themenkreisen hat er mehr als vierzig Monographien, Sammelbände und Quelleneditionen vorgelegt sowie um die 160 wissenschaftliche Artikel publiziert.

Franz Halbartschlager, langjährige Tätigkeit im Bereich der entwicklungspolitischen Bildungsarbeit. Als Historiker Mitarbeit in Forschungsprojekten und bei Publikationen zur Frühen Neuzeit, insbesondere in den Bereichen interkulturelle Begegnungen und frühe portugiesische Expansionsgeschichte.

Andrea Komlosy, Professorin am Institut für Wirtschafts- und Sozialgeschichte der Universität Wien, arbeitet zu Fragen ungleicher regionaler Entwicklung im kleinräumigen und weltregionalen Maßstab. Die Referenzregionen reichen vom österreichisch-böhmischen Grenzgebiet über die Habsburgermonarchie und ihre Nachfolgestaaten bis zu Fragen der Ungleichheit in der Weltwirtschaft.

John Morrissey ist Historiker, Anglist und Musiker. Er verfasste zahlreiche Publikationen zur Geschichte und Kultur des Mittelmeerraums, unter anderem bei Mandelbaum Amalfi – Moderne im Mittelalter (2020).

Stephan Nicolussi-Köhler studierte in Wien und in Mannheim Geschichte und ist seit 2013 wissenschaftlicher Mitarbeiter am Lehrstuhl für Mittelalterliche Geschichte der Universität Mannheim. Er forscht zu wirtschaftshistorischen Fragestellungen mit Schwerpunkt auf den Mittelmeer- und Alpenraum.

Andreas Obenaus, Referent im Bundesministerium für Bildung, Wissenschaft und Forschung sowie externer Lektor am Institut für Wirtschafts- und Sozialgeschichte der Universität Wien, forscht im Bereich der Frühphase der europäischen Atlantikexpansion sowie der mittelalterlichen und frühneuzeitlichen Seefahrtsgeschichte.

Johannes Preiser-Kapeller ist Arbeitsgruppenleiter am Institut für Mittelalterforschung/Abteilung für Byzanzforschung der Österreichischen Akademie der Wissenschaften. Zu seinen Forschungsschwerpunkten zählen die byzantinische Geschichte im globalen Vergleich, historische Netzwerkanalyse und Komplexitätsforschung sowie Umwelt- und Klimageschichte.

René Tebel ist Historiker. Er war Doktorand am Deutschen Schifffahrtsmuseum in Bremerhaven, forschte und lehrte am Institut für Geschichte der Universität Wien. Zu seinen Spezialgebieten zählen die Geschichte der Kartographie, der Navigation und der Seefahrt.

Birgit Tremml-Werner forscht und lehrt an der Linné-Universität in Växjö, Schweden. Sie beschäftigt sich mit der Geschichte Ost- und Südostasiens zwischen dem 16. und 19. Jahrhundert, wobei der Schwerpunkt ihrer Forschungen auf diplomatischen Beziehungen, Kulturkontakten, vormodernen Handelsnetzwerken und Wissenstransfer liegt.

Astrid Windus ist Privatdozentin am Historischen Seminar der Universität Siegen. Ihre Forschungsschwerpunkte sind die transkulturelle Wissens- und Kommunikationsgeschichte seit der Frühen Neuzeit mit einem Schwerpunkt auf Lateinamerika und den atlantischen Raum, die afro-lateinamerikanische Geschichte sowie verflechtungsgeschichtliche Perspektiven der Visual und Material Studies.